道路·理论·制度·文化

中国特色社会主义论

（修订版）

肖贵清　著

人民出版社

目　录

总　论

中国特色社会主义道路

中国特色社会主义理论

中国特色社会主义制度

中国特色社会主义文化

总 论

中国共产党人的初心和使命[*]

不忘初心，方得始终。"一切向前走，都不能忘记走过的路；走得再远、走到再光辉的未来，也不能忘记走过的过去，不能忘记为什么出发。"①中国共产党在百年风雨征程中经历了无数艰难困苦、跨过了无数沟坎险阻，有困惑、有迷茫、有曲折、有徘徊，但始终不忘建党时的奋斗精神，不忘对人民的赤子之心，终于带领人民赢得了革命胜利、变革了社会制度、谱写了改革新篇，实现了中华民族由衰微走向复兴的伟大转折。

一、党的历史是不断实现初心和使命的历史

习近平总书记在党的十九大报告中指出："中国共产党人的初心和使命，就是为中国人民谋幸福，为中华民族谋复兴。这个初心和使命是激励中国共产党人不断前进的根本动力。"②党的历史本质上就是实现这个初心、完成这个使命的历史，是带领人民创造美好生活、追求民族复兴的历史。在不同历史

———————

　＊　原载《思想理论教育导刊》2017 年第 11 期。2017 年度高校马克思主义理论影响力论文。

　①　《习近平谈治国理政》第二卷，外文出版社 2017 年版，第 32—33 页。

　②　《习近平谈治国理政》第三卷，外文出版社 2020 年版，第 1 页。

时期,党总能站在时代潮头,紧紧抓住时代脉搏,科学分析并有效解决人民追求幸福生活和民族复兴道路上的主要矛盾,在遂行时代任务的历史实践中实现初心、完成使命。

新民主主义革命时期,中国人民深受帝国主义和本国封建势力的剥削与压迫,主权受损、政治腐败、国家分裂、社会动荡成为人民生活日益困苦和中华民族不断衰微的根本原因。此时,中国共产党人的初心和使命体现为推翻帝国主义、封建主义和官僚资本主义对中国的统治,实现民族独立、人民解放、国家统一、社会稳定,为实现人民幸福和民族复兴提供根本政治前提。为完成这一使命,中国共产党团结带领全国各族人民将马克思主义基本原理与中国具体实际相结合,找到了一条农村包围城市、武装夺取政权的革命道路,经过二十八年的浴血奋战,赢得了新民主主义革命胜利,建立了中华人民共和国,实现了由封建专制政治向人民民主的伟大飞跃,中国人民从此将命运牢牢掌握在自己手中,中华民族从此以崭新面貌屹立于世界东方。

新中国成立后,随着全国范围内土地改革的完成和社会主义改造的完成,落后的物质文化水平成为实现人民幸福和民族复兴的主要障碍,"已经是人民对于建立先进的工业国的要求同落后的农业国的现实之间的矛盾,已经是人民对于经济文化迅速发展的需要同当前经济文化不能满足人民需要的状况之间的矛盾"①成为我国社会主要矛盾。这一时期,党的初心和使命表现为在全国范围内建立和完善人民当家作主的社会主义制度,全面开展社会主义现代化建设,为民族振兴和人民的幸福生活提供坚实的物质文化基础。在这一初心激励下,党团结带领人民以昂扬的精神状态和崭新的时代风貌为自身的美好生活与国家的繁荣富强而努力奋斗,生产资料公有制和人民民主的政治制度不断巩固,独立的比较完整的现代工业体系得以建立,人民物质文化生活

---

① 《建国以来重要文献选编》第9册,中央文献出版社1994年版,第341页。

水平不断提升,医疗卫生状况持续改善,人均寿命大幅延长,实现了中国人民由饱受欺凌到追求幸福生活、中华民族由不断衰落到踏上复兴之路的伟大飞跃。同时,党提出要立足中国实际并正确借鉴国外经验,形成要实现马克思主义基本原理与中国具体实际的"第二次结合,找出在中国怎样建设社会主义的道路"①的重要命题,开始探索符合中国国情的社会主义建设道路,为新时期中国特色社会主义事业的创立提供了历史经验、物质基础、理论准备和制度保障。

十一届三中全会以后,"人民日益增长的物质文化需要与落后的社会生产之间的矛盾"②被确定为我国社会的主要矛盾,各种不合理的体制机制成为束缚生产力发展、阻碍综合国力增强和人民生活水平提升的障碍,以经济建设为中心,全面实行改革开放、推进经济社会持续稳定发展以满足人民需要成为党面临的主要任务。这一时期,党的初心和使命体现为领导和团结全国各族人民,解放和发展生产力,建设社会主义市场经济、民主政治、先进文化、和谐社会、美丽中国,为实现人民共同富裕和民族不断振兴而不懈努力。在完成这一使命过程中,党带领人民开辟了中国特色社会主义道路,形成了中国特色社会主义理论体系,确立了中国特色社会主义制度,孕育了中国特色社会主义文化,使千百年来饱受困苦的中国人民实现了生活水平由贫困到温饱再到小康的伟大飞跃,使历经苦难的中华民族迎来了从站起来、富起来到强起来的伟大飞跃,迎来了美好生活和民族复兴的光明前景。

百年历史充分证明,党无论是弱小还是强大、无论是逆境还是顺境,都不忘初心、牢记使命,团结带领人民历经千难万险,付出巨大牺牲,敢于面对曲折,勇于修正错误,为千百万中国人民的幸福生活拼搏进取,朝着中华民族伟大复兴的宏伟目标奋勇前进。

---

① 《毛泽东年谱(一九四九——一九七六)》第二卷,中央文献出版社 2013 年版,第 557 页。
② 《三中全会以来重要文献选编》下,中央文献出版社 2011 年版,第 168 页。

二、新时代共产党人初心和使命的科学内涵

经过百年来的不懈奋斗，特别是四十年来的改革开放，我国经济实力、科技实力、国防实力、综合国力进入世界前列，国际地位大幅提升，党的面貌、国家的面貌、人民的面貌、中华民族的面貌发生了前所未有的变化，中国特色社会主义进入了全面建设社会主义现代化国家的新时代。中国特色社会主义进入新时代的主要依据在于，"我国社会主要矛盾已经转化为人民日益增长的美好生活需要和不平衡不充分的发展之间的矛盾"①。一方面，随着全面建成小康社会目标的实现，人民不仅对物质文化生活提出了更高要求，而且在民主、法治、公平、正义、安全、环境等多方面的要求日益增长。另一方面，随着我国社会生产力水平的显著提高，发展不平衡不充分的问题已经成为制约人民日益增长的美好生活需要的主要因素。这主要体现为经济发展质量和效益的不平衡不充分，区域发展、城乡发展、行业发展的不平衡不充分，经济、政治、文化、社会、生态文明建设各领域的不平衡不充分以及人的发展的不平衡不充分。解决这一矛盾，既要继续解放发展生产力为人民幸福生活奠定坚实的物质基础，又要着力推动经济社会各个领域、各个层次、各个方面平衡发展，为实现人的全面发展提供充分社会条件。

新时代主要矛盾是社会主义初级阶段主要矛盾的新形式和新表现，是原有主要矛盾在新时代的深化和发展。这一变化一方面是关系全局的历史性变化，对党和国家工作提出了许多新要求，应当着力在继续推动发展的基础上，着力解决好发展不平衡不充分的问题。另一方面，"我国社会主要矛盾的变化，没有改变我们对我国社会主义所处历史阶段的判断，我国仍处于并将长期

---

① 《习近平谈治国理政》第三卷，外文出版社 2020 年版，第 9 页。

处于社会主义初级阶段的基本国情没有变,我国是世界最大发展中国家的国际地位没有变"①,全党应当牢牢立足社会主义初级阶段这个基本国情,坚持党的基本路线不动摇。

随着中国特色社会主义进入新时代,中国共产党人初心和使命的具体内涵也不断丰富,一方面继续坚持以经济建设为中心,在新的历史条件下进一步解放发展生产力,为全面建设社会主义现代化国家奠定更加坚实的物质基础;另一方面更加注重"五位一体"总体布局的协调推进和"四个全面"战略布局的统筹推进,坚持以人民为中心的发展思想,落实创新、协调、绿色、开放、共享的发展理念,以人民的共同富裕、人的全面发展为衡量是否发展的根本评价标准和评价尺度,促使发展更加平衡、更加充分,全面推进为人民谋幸福、为民族谋复兴的历史征程。

三、牢记党的初心使命实现民族复兴伟大梦想

实现中国人民的幸福安康、实现中华民族的伟大复兴,既是中国共产党人的初心和使命,又是近代以来无数仁人志士为之奋斗的伟大梦想。这个梦想寄托着亿万中国人民对生活幸福的美好期望、对国家富强的美好祝愿、对民族振兴的美好憧憬,是新时代中国共产党人的总任务和总目标。新时代,中国共产党人一如既往地不忘初心、牢记使命,就是要实现这个中华民族的伟大梦想,使人民生活更加富裕、更加美好、更加幸福,使中华民族更加繁荣、更加兴旺、更加强盛。经过百年来的不懈奋斗,党和人民比任何时候都更接近这一梦想,但仍然需要在新时代奋发向上、顽强拼搏,进行伟大斗争、建设伟大工程、推进伟大事业,最终实现伟大梦想。

实现伟大梦想,必须进行伟大斗争。争取人民幸福和民族复兴的征程不

---

① 《习近平谈治国理政》第三卷,外文出版社2020年版,第10页。

可能一帆风顺,必须经过艰苦卓绝的伟大斗争。当前,随着全面改革的不断深化和市场经济的不断发育,发展不平衡不充分问题日益突出,社会利益分化日趋显著,收入差距持续扩大,人民获得感不高不强,对美好生活的需要有待进一步得到满足,党驾驭市场经济、掌控改革方向的能力有待增强,党风廉政建设的体制机制有待进一步完善,需要通过党在新时代继续带领人民进行新的伟大斗争得到解决。新时代进行具有许多新的历史特点的伟大斗争,就是要更加自觉地坚持党的领导和社会主义制度这一维护人民利益的根本保证,更加深入地推进改革开放这一发展人民利益的基本国策,更加坚定地维护国家统一、民族团结、社会稳定这一实现人民利益的前提基础,更加坚决地战胜一切在政治、经济、文化、社会等领域和自然界出现的困难和挑战等妨害人民利益的种种障碍,不断夺取全面建设社会主义现代化国家历程中的新的胜利。

实现伟大梦想,必须建设伟大工程。能否有效推进党的建设新的伟大工程,永葆党的旺盛生命力和强大战斗力是决定伟大梦想能否实现的决定性因素。历史已经充分证明并将继续证明,"中国共产党是中国工人阶级的先锋队"[①],是全体中国人民和整个中华民族根本利益的忠实代表,没有共产党就没有新中国,没有社会主义制度,没有中国特色社会主义事业,没有人民的幸福生活,没有中华民族的伟大复兴。新时代坚定不移加强和改进党的建设,确保党始终成为中国特色社会主义事业的坚强领导核心,成为民族复兴伟业的中流砥柱,关键在于加强党的政治建设,从政治上确保党的性质不改变、党的领导不动摇,将党建得更加坚强有力。为此必须巩固中央政治权威,确保全党在政治立场、政治方向、政治原则、政治道路上与党中央保持一致;必须严肃党内政治生活,自觉抵制市场原则和资本逻辑对党内政治生活的侵蚀,严格落实党内政治生活准则,坚持和完善民主集中制,净化党内政治生态;必须弘扬

---

① 《中国共产党章程(中国共产党第十九次全国代表大会部分修改,2017 年 10 月 24 日通过)》,《人民日报》2017 年 10 月 29 日。

先进政治文化,自觉践行共产党员的理想信念和价值追求,抵御和反对错误观念和腐朽文化对党员干部的侵蚀;必须永葆党员政治本色,牢记全心全意为人民服务的根本宗旨,在党言党、在党忧党、在党为党,努力为共产主义事业奋斗终身。从而"把党建设成为始终走在时代前列、人民衷心拥护、勇于自我革命、经得起各种风浪考验、朝气蓬勃的马克思主义执政党"①,为党在新时期实现初心、完成使命提供根本保障。

实现伟大梦想,必须推进伟大事业。"中国特色社会主义是改革开放以来党全部理论和实践的主题"②,是党和人民历经千辛万苦、付出巨大代价取得的根本成就,是实现人民幸福和民族复兴的根本遵循,必须倍加珍惜、毫不动摇、始终坚持,不断增强中国特色社会主义道路自信、理论自信、制度自信、文化自信,既不封闭僵化、也不改旗易帜,坚定不移地将这一事业推向前进。在新时代坚持和发展中国特色社会主义事业,就是要贯彻落实习近平新时代中国特色社会主义思想和基本方略。党的十八大以来,以习近平同志为核心的党中央总结改革开放以来的实践经验,运用马克思主义基本原理科学分析当代中国国情和现代化建设实际,适时指出我国社会主要矛盾的深刻变化,做出中国特色社会主义进入新时代的重大判断,"从理论和实践结合上系统回答了新时代坚持和发展什么样的中国特色社会主义、怎样坚持和发展中国特色社会主义这个重大时代课题,创立了习近平新时代中国特色社会主义思想"③。习近平新时代中国特色社会主义思想作为马克思主义中国化的最新成果,是中国特色社会主义理论体系的重要组成部分,是在新时代对马克思列宁主义、毛泽东思想、邓小平理论、"三个代表"重要思想以及科学发展观的继承和发展,是全党为实现人民幸福安康和民族伟大复兴而奋斗的行动指南。

---

① 《习近平谈治国理政》第三卷,外文出版社 2020 年版,第 71 页。
② 《高举中国特色社会主义伟大旗帜　为决胜全面小康社会实现中国梦而奋斗》,《人民日报》2017 年 7 月 28 日。
③ 《中国共产党第十九次全国代表大会关于〈中国共产党章程(修正案)〉的决议》,《人民日报》2017 年 10 月 25 日。

当前,深刻领会习近平新时代中国特色社会主义思想的精神实质和丰富内涵,在各项工作中贯彻落实新时代中国特色社会主义基本方略,就是真正为人民谋幸福、为民族谋复兴。

中国特色社会主义内涵的多维解读[*]

建设和发展中国特色社会主义是我国改革开放和社会主义现代化建设新时期的主旋律，也是当代中国共产党人在理论和实践上的伟大创新。自从1982年邓小平在党的十二大开幕词中，首次提出中国特色社会主义这一概念以来，在党的文献和党和国家领导人的讲话中，以及近三十年报纸杂志发表的与之相关的文章中，国内外学者赋予中国特色社会主义各种各样甚至不尽相同的含义。对中国特色社会主义内涵的解读，应当放到当代中国这一特定的历史背景下，结合改革开放和社会主义现代化建设的实践进行多维度的分析和研究。

一、中国特色社会主义概念的提出

在中国共产党内，最早提出中国特色社会主义概念的是我国改革开放的总设计师邓小平。

第一，邓小平对中国特色社会主义内涵的论述。

1982年9月1日，邓小平在党的十二大开幕词中，简要回顾了党的七大

---

* 原载《思想理论教育导刊》2010年第2期。《思想理论教育》2010年第7期转摘。

以来中国革命和建设的历史后指出："我们的现代化建设，必须从中国的实际出发。无论是革命还是建设，都要注意学习和借鉴外国经验。但是，照抄照搬别国经验、别国模式，从来不能得到成功。这方面我们有过不少教训。把马克思主义的普遍真理同我国的具体实际结合起来，走自己的道路，建设有中国特色的社会主义，这就是我们总结长期历史经验得出的基本结论。"①这是邓小平第一次提出中国特色社会主义的概念，而且主要是从总结历史经验，独立自主地探索符合中国特点的社会主义建设道路的视角提出的。这一概念的提出具有十分重要的意义：一是明确了当代中国社会主义建设的方向，二是使党在十一届三中全会以来在理论上对毛泽东思想的新发展有了科学的称谓，三是在政治上举起了中国特色社会主义的伟大旗帜。

党的十二大之后，随着改革开放和社会主义现代化建设的发展，邓小平多次阐述了中国特色社会主义的内涵。一是走有中国特色的社会主义道路。1984年6月30日，他在会见外宾时说："马克思主义必须是同中国实际相结合的马克思主义，社会主义必须是切合中国实际的有中国特色的社会主义。"②他在比较详细地概括了我国现代化建设的构想之后指出："总的来说，这条道路叫做建设有中国特色的社会主义的道路。"③这也说明，邓小平最初提出中国特色社会主义的概念，主要是指走有中国特色的社会主义建设道路，这也是邓小平论述最多的一层含义。二是有中国特色的社会主义制度。1987年4月16日，他在会见香港特别行政区基本法起草委员会委员时的讲话中指出："我们搞的是有中国特色的社会主义，所以才制定'一国两制'的政策，才可以允许两种制度存在。"④"我们的社会主义制度是有中国特色的社会主义制度，这个特色，很重要的一个内容就是对香港、澳门、台湾问题的处理，就是

---

① 《邓小平文选》第三卷，人民出版社1993年版，第2—3页。
② 《邓小平文选》第三卷，人民出版社1993年版，第63页。
③ 《邓小平文选》第三卷，人民出版社1993年版，第65页。
④ 《邓小平文选》第三卷，人民出版社1993年版，第217页。

'一国两制'。"①三是有中国特色的社会主义发展模式。1988年5月18日，他在会见外宾时指出，世界上的问题不可能都用一个模式解决，中国有中国自己的模式。"我们过去照搬苏联搞社会主义的模式，带来很多问题。我们很早就发现了，但没有解决好。我们现在要解决好这个问题，我们要建设的是具有中国自己特色的社会主义。"②四是有中国特色的社会主义事业。他认为："一九七八年以来，我们又开辟了建设有中国特色社会主义的全新的事业。"③此外，他还对中国特色社会主义的具体内涵做了分析，比如，只有物质文明和精神文明都搞好，才是有中国特色的社会主义。有中国特色的社会主义，是不断发展社会生产力的社会主义，是主张和平的社会主义。

以上分析，大体上梳理了邓小平关于中国特色社会主义内涵表述的主要思想观点。

第二，党的十二大以来党的文献中关于中国特色社会主义内涵的表述。

党的十二大以后，在党的文献以及党和国家领导人的讲话中，越来越多地使用了有中国特色社会主义的概念，建设有中国特色的社会主义逐步成为改革开放和社会主义现代化建设的主题。这从党的十三大到十七大报告的题目中就可以一目了然，因为其关键词都是建设有中国特色的社会主义。

在党的十三大报告中，多次使用了有中国特色社会主义的概念，报告认为，十一届三中全会以后，党在总结新中国成立以来正反两方面经验的基础上，在研究国际经验和世界形势的基础上，开始找到一条建设有中国特色的社会主义的道路，这是马克思主义与中国实际相结合的第二次历史性飞跃。同时，报告指出："有中国特色的社会主义，是马克思主义基本原理同中国现代化建设相结合的产物，是扎根于当代中国的科学社会主义。它是全党同志和

---

① 《邓小平文选》第三卷，人民出版社1993年版，第218页。
② 《邓小平文选》第三卷，人民出版社1993年版，第261页。
③ 《邓小平文选》第三卷，人民出版社1993年版，第269页。

全国人民统一认识、增强团结的思想基础,是指引我们事业前进的伟大旗帜。"①显然,党的十三大所说的有中国特色的社会主义既是指党的创新理论,又是政治上的伟大旗帜。这说明,后来党的十七大报告的论述与党的十三大是一脉相承的。

1989 年,在庆祝中华人民共和国成立四十周年大会上的讲话中,江泽民提出了"邓小平建设有中国特色的社会主义的理论"的概念,指出:"邓小平同志关于建设有中国特色社会主义的理论,是经过十年实践检验而为亿万人民所认识和接受的科学理论,是指引我们继续前进的旗帜。"②同年 10 月,李瑞环在一次座谈会上的讲话中提出:"什么是有中国特色的社会主义? 就是马克思主义基本原理同中国现代化建设相结合。"③显然,这是从理论层面对中国特色社会主义内涵的论述。1991 年,江泽民在纪念建党 70 周年大会上的讲话中,全面论述了有中国特色社会主义的经济、政治和文化的基本要求,在经济、政治和文化的结合上对中国特色社会主义内涵具体而又深刻的诠释。

1992 年 10 月,江泽民在党的十四大报告中,总结了改革开放十四年来的伟大实践,从九个方面概括了建设有中国特色社会主义理论的主要内容。1997 年党的十五大把邓小平建设有中国特色的社会主义理论简称为邓小平理论。1998 年 7 月,江泽民在会见外宾时指出:"什么是有中国特色社会主义? 或者说,什么是邓小平理论? 简单地说,就是在坚持社会主义基本制度的基础上,在实践中探索回答在中国这样一个经济文化比较落后的国家里怎样建设和巩固社会主义。"④他从发展道路、发展阶段、根本任务等几个方面加以分析和论述。

党的十六大以后,以胡锦涛同志为主要代表的中国共产党人全面推进中

---

① 《十三大以来重要文献选编》上,中央文献出版社 2011 年版,第 47 页。
② 《十三大以来重要文献选编》中,中央文献出版社 2011 年版,第 67 页。
③ 《十三大以来重要文献选编》中,中央文献出版社 2011 年版,第 94 页。
④ 《江泽民文选》第二卷,人民出版社 2006 年版,第 192—193 页。

国特色社会主义事业,不断加深对中国特色社会主义的认识。2002 年 11 月,江泽民在一篇介绍党的十六大报告的文章中指出,中国共产党要走的道路,就是中国特色社会主义道路。① 2007 年 10 月,他在党的十七大报告中,从发展道路、理论体系、伟大旗帜三个层面论述了中国特色社会主义的内涵,第一次把邓小平理论、"三个代表"重要思想以及科学发展观等重大战略思想有机整合为中国特色社会主义理论体系,指出高举中国特色社会主义伟大旗帜,最根本的就是要坚持中国特色社会主义道路和坚持这一理论体系。

通过梳理党的十二大以来党的文献资料可以看出,在党的文献中,主要是从建设道路、理论体系、建设事业、政治旗帜等方面来阐释中国特色社会主义的内涵。

二、科学把握中国特色社会主义的内涵

从不同的维度分析和认识中国特色社会主义,对其内涵的理解和把握上是不同的。总体上说,中国特色社会主义的内涵,主要包括建设道路、理论体系、发展模式、共同理想、建设事业等方面。至于把中国特色社会主义解读为中国特色的资本主义、中国特色的新自由主义等等,则是对中国特色社会主义的肆意歪曲。我们主要应从以下几个方面深刻把握中国特色社会主义的科学内涵。

第一,中国特色社会主义首先是指当代中国的发展道路。这也是中国共产党人探索中国特色社会主义的最初动因。

关于中国特色社会主义道路的内涵,2003 年 12 月,胡锦涛在纪念毛泽东诞辰 110 周年座谈会上的讲话中曾经作过论述。他认为,中国革命、建设和改革的长期实践充分证明,独立自主,自力更生,坚定不移地走适合中国国情的

---

① 《中国特色社会主义理论体系形成与发展大事记》,中央文献出版社 2008 年版,第378 页。

发展道路,无论过去、现在和将来,都是我们的根本立足点。各国的国情不同,实现发展的道路也必然不同,不可能有一个适用于一切国家、一切时代的固定不变的模式。我们要坚持的是中国特色社会主义道路,"坚持这条道路,就要坚持中国共产党的领导和社会主义制度,坚持并在实践中不断完善有利于推动中国特色社会主义事业蓬勃发展的各方面的体制制度和方针政策,更好地实现社会主义现代化和中华民族的伟大复兴。坚持这条道路,就要坚持走和平崛起的发展道路,坚持在和平共处五项原则的基础上同各国友好相处,在平等互利的基础上积极开展同各国的交流和合作,为人类和平与发展的崇高事业作出贡献。"①这是对这一道路内涵的最初表述。

2007 年 10 月,胡锦涛在党的十七大报告中,系统地阐述了中国特色社会主义道路的科学内涵:"中国特色社会主义道路,就是在中国共产党领导下,立足基本国情,以经济建设为中心,坚持四项基本原则,坚持改革开放,解放和发展社会生产力,巩固和完善社会主义制度,建设社会主义市场经济、社会主义民主政治、社会主义先进文化、社会主义和谐社会,建设富强民主文明和谐的社会主义现代化国家。"②

中国特色社会主义道路,体现在经济上,就是坚持公有制为主体,多种所有制共同发展的基本经济制度,坚持以按劳分配为主体,多种分配方式并存的分配制度,确立社会主义市场经济体制。体现在政治上,就是坚持党的领导、人民当家作主和依法治国的有机统一,不断完善人民代表大会制度、中国共产党领导的多党合作和政治协商制度、民族区域自治制度以及基层群众自治制度。体现在思想文化上,就是坚持马克思主义在意识形态领域的指导地位,建设社会主义精神文明,发展社会主义先进文化,建设社会主义核心价值体系。体现在社会建设方面,就是按照民主法治、公平正义、诚信友爱、充满活力、安定有序、人与自然和谐相处的总要求,推动建设和谐社会。

---

① 《十六大以来重要文献选编》上,中央文献出版社 2011 年版,第 647 页。
② 《中国共产党第十七次全国代表大会文件汇编》,人民出版社 2007 年版,第 11 页。

关于中国特色社会主义道路的概括,目前还主要集中在如何走中国特色社会主义道路方面,随着实践的发展和认识的不断深化,对中国特色社会主义道路内涵的概括,还需要高度地抽象和凝练,以把握当代中国发展道路的实质,就像毛泽东当年那样,把新民主主义革命道路言简意赅地概括为"农村包围城市、武装夺取政权"①。

第二,中国特色社会主义在理论上是指改革开放以来形成的中国特色社会主义理论体系。

改革开放以来,我们党围绕建设和发展中国特色社会主义,实现中华民族伟大复兴这一主题,不断解放思想,创造性地探索和回答了什么是马克思主义、怎样对待马克思主义,什么是社会主义、怎样建设社会主义,建设什么样的党、怎样建设党,实现什么样的发展、怎样发展等重大理论和实际问题,形成了包括邓小平理论、"三个代表"重要思想和科学发展观等重大战略思想在内的中国特色社会主义理论体系。它以建设和发展中国特色社会主义为主题,坚持实事求是的思想路线,以社会主义本质理论、社会主义初级阶段理论、社会主义市场经济理论和改革开放理论为基石,以经济、政治、文化和社会建设四位一体的现代化建设为总体布局,涵盖了祖国和平统一的科学构想与外交战略、中国特色社会主义的领导力量和依靠力量,是一个完整的理论体系。邓小平是中国特色社会主义理论体系的创立者,邓小平理论构建了中国特色社会主义理论体系的主体内容和基本框架,"三个代表"重要思想和科学发展观等重大战略思想进一步深化了中国特色社会主义的主题,拓宽了中国特色社会主义的视域,丰富和发展了中国特色社会主义的思想内容。

第三,中国特色社会主义是指改革开放以来形成的、引领当代中国取得巨大成就的新的发展模式。也有人称之为"中国经验"或"中国模式"。

当代中国发展模式是对建设和发展中国特色社会主义实践经验的概括和

---

① 《毛泽东年谱(1893—1949)》(修订本)上,中央文献出版社2013年版,第293页。

总结。它以马克思主义为指导,以建设和发展中国特色社会主义,实现中华民族的伟大复兴为目标,它既不同于民主社会主义,又不同于新自由主义,是一种适合中国国情的发展模式。中国模式既立足于中国实际,又坚持科学社会主义的基本原则。既反映了我国社会主义初级阶段的特殊性,体现了我国改革开放和社会主义现代化建设的时代特色,又符合马克思主义基本原理的普遍性和社会主义发展的一般规律,是特殊性和普遍性的统一。其内涵主要体现在:一是把马克思主义基本原理与中国实际相结合,不断实现马克思主义中国化。二是以经济建设为中心,经济、政治、文化和社会建设协调发展。三是实现社会主义基本制度与市场经济的有机结合。四是正确处理改革、发展、稳定的关系。五是独立自主地参与经济全球化,建设创新型国家。六是不断总结经验,实行渐进式改革。

所谓模式,一般来说,就是某种事物的标准形式或使人可以照着做的标准样式。国外学者首先提出关于中国模式问题,说明了国际社会对当代中国发展成就和发展经验的肯定和认同。应当指出,中国模式具有自己的特色,不能机械照搬和简单复制,仍处于不断探索和发展之中,还面临着许多问题和严峻的挑战,需要经过长期实践的检验,还将随着中国共产党对执政规律、社会主义建设规律、人类社会发展规律认识的深化而不断完善。但是,当代中国所提供的也是最重要的经验就是根据自己的国情,选择适合自己的发展道路,这一点相比发展模式本身显得更为重要。

第四,中国特色社会主义是凝聚全国各族人民的共同理想。

党的十二届六中全会把建设有中国特色的社会主义作为现阶段我国各族人民的共同理想,并提出了用共同理想动员和团结全国各族人民的历史任务。党的十四届六中全会又把整个民族牢固树立建设有中国特色社会主义的共同理想,确定为精神文明建设的第一个主要目标。中国特色社会主义是实现共产主义的必经阶段,为建设有中国特色的社会主义而奋斗,也就是为党的最高理想而奋斗。在中国共产党领导下,走中国特色社会主义道路,实现中华民族的伟大复兴,就是当代中国社会各个阶层、各个利益群体普遍认同和接受的共同理想,它具有广泛的社会共识,具有极大的包容性和强大的感召力、亲和力和凝聚力,充分反映了当代中国最广大人民的共同愿望、利益和要求。

中国特色社会主义是全国各族人民的共同理想,是社会主义核心价值体系的主题,是凝聚全国各族人民的精神纽带。一个社会的共同理想反映了人们的共同利益和奋斗目标,为人们提供正确的价值导向,能够有效地把社会各个阶层人们的力量凝聚起来,是实现社会和谐发展的精神动力。树立中国特色社会主义共同理想,有利于人们认同我国社会主义的基本经济制度和政治制度,坚定走中国特色社会主义道路的信心。

第五,中国特色社会主义是中国人民所从事的伟大事业。

所谓事业,是人们所从事的,具有一定目标、规模和系统而对社会发展有影响的经常性的实践活动。中国特色社会主义是一项伟大的社会实践活动,它是由中国共产党领导的,其目的是要依靠全国各族人民的共同努力,通过改革开放,把中国建设成为富强、民主、文明、和谐的社会主义现代化国家。

中国特色社会主义是当代中国实现现代化的发展道路,是实现中华民族伟大复兴的理论体系,是政治上的一面旗帜,是一种新的发展模式,是全国各族人民的共同理想,它还是新时期全国各族人民从事的伟大事业,是一种实践活动。只有中国特色社会主义的伟大实践不走样,建设好这项伟大事业,才能实现全国各族人民的共同理想、中国特色社会主义道路才能越走越宽广,才能为党的创新理论增加新的内容、才能使这一新的发展模式逐渐成熟。

三、中国特色社会主义内涵的文化解读

中国特色社会主义的所谓"中国特色",不仅体现在它既坚持了马克思主义和科学社会主义的基本原理,又适合中国国情,符合当代中国的具体实际,还体现在其思想内容和语言形式都具有中华民族文化的鲜明特色,为当代中国马克思主义增加了民族文化的元素和内涵，使广大人民群众能够认同和接受，有助于实现当代中国马克思主义的大众化。

第一，实事求是。

实事求是一词，最早出自《汉书·河间献王传》中的"修学好古，实事求是"①。后来唐朝学者颜师古对此做了注释，认为实事求是就是"务得事实，每求真是也"②，这一解释使"务实""求是"的意义得以更鲜明的表达。毛泽东在新民主主义革命时期，在与教条主义的错误进行斗争的过程中，对实事求是进行了马克思主义的阐释，赋予新的时代内涵，并把实事求是作为我们党的思想路线的核心。在改革开放和社会主义现代化建设的新时期，邓小平发展了实事求是的思想。他多次强调，毛泽东思想的根本点是实事求是，就是把马克思主义的基本原理与中国的具体实际相结合。实事求是是毛泽东思想的精髓，是马克思主义的精髓。③ 从某种意义上来讲，社会主义现代化建设新时期就是从拨乱反正，恢复党的实事求是的思想路线开始的。邓小平在改革开放之初，强调要解放思想，打破旧的习惯势力和教条主义的思想束缚。江泽民根据变化了的世情、国情和党情，强调在新的历史条件下，要与时俱进。胡锦涛提出，要大力弘扬求真务实精神，大兴求真务实之风。解放思想、与时俱进和求真务实都具有浓郁的中国文化的特色，是在不同发展阶段和不同情况下对实事求是某一方面的强调。解放思想是实事求是的前提，与时俱进、求真务实是做到实事求是的必然要求，解放思想、与时俱进、求真务实的目的和归宿都是为了做到实事求是。从根本上来讲，实事求是是中国特色社会主义的思想精髓。

第二，改革创新。

中华文明历来注重自强不息，革故鼎新。中华民族之所以能在几千年的

---

① 《汉书》第8册，中华书局1962年版，第2410页。
② 《汉书》第8册，中华书局1962年版，第2410页。
③ 《邓小平文选》第二卷，人民出版社1994年版，第126页。

历史进程中生生不息、发展壮大，历经坎坷而不屈，屡遭挫折而不馁，靠的就是这样一种奋发图强、坚韧不拔的精神。"苟日新，日日新，又日新。"①"穷则变，变则通，通则久。"②的变革创新精神是中华民族自强不息，奋发向上的精神支撑。正是在这种革故鼎新精神的指引下，中华民族始终焕发出勃勃生机。

改革开放是新时期最鲜明的特点，改革开放使当代中国的面貌发生了翻天覆地的变化。在改革开放的伟大实践中，也铸就了以改革创新为核心的时代精神。这一时代精神是马克思主义与时俱进的理论品格、中华民族富于进取的文化精神与改革开放的伟大实践相结合的成果，已经深深融入当代中国经济、政治、文化、社会建设的各个方面，成为全国各族人民建设和发展中国特色社会主义，实现中华民族伟大复兴的巨大精神力量。改革开放以来，我国经济体制、政治体制、文化体制以及其他各方面体制改革的不断深化，理论创新、制度创新、科技创新、文化创新成为时代的强音。改革创新反映了当代中国社会进步的发展方向，引领时代进步的潮流，是被最广大人民普遍认同和接受的文化理念，反映了当代中国社会崭新的精神风貌。

第三，小康社会。

小康，最早源出《诗经》："民亦劳止，汔可小康。"③而作为一种社会模式，小康最早在西汉《礼记》中得到系统阐述，成为仅次于"大同"的理想社会模式。改革开放后，邓小平用"小康"一词来表述"中国式的现代化"。

1979年3月在《坚持四项基本原则》一文中，邓小平第一次提出了"中国式的现代化"这个概念，同年3月，他在会见外宾时，把四个现代化称之为"中国式的现代化"。邓小平在同年访问美国和日本期间，实际了解了发达国家的现代化水平，使他对我国实现四个现代化的目标进行了深入的思考。12月6日，他在会见日本首相大平正芳时，第一次用"小康""小康之家"来描述"中

---

① 《四书章句集注》，中华书局2011年版，第6页。
② 《周易译注》，中华书局1991年版，第258页。
③ 《诗经译注》，中华书局2002年版，第443页。

国式的现代化"。他说:"我们要实现的四个现代化,是中国式的四个现代化。我们的四个现代化的概念,不是像你们那样的现代化的概念,而是'小康之家'。"①也就是人均国民生产总值800到1000美元。邓小平关于小康社会的思想,是运用中国传统文化的概念,也是中国人耳熟能详的语言来表述现代化的社会理想,这是马克思主义中国化的又一范例。

第四,以人为本。

中华文明历来注重以民为本,尊重人的尊严和价值。以人为本是科学发展观的核心,这一理念是对中国传统文化中民本思想的扬弃。早在千百年前,中国人就提出"民惟邦本,本固邦宁""天地之间,莫贵于人",强调要利民、裕民、养民、惠民。我们坚持以人为本,就是要坚持党的全心全意为人民服务的根本宗旨,坚持发展为了人民、发展依靠人民、发展成果由人民共享。要始终把实现好、维护好、发展好最广大人民的根本利益作为党和国家一切工作的出发点和落脚点,尊重人民主体地位,发挥人民首创精神,保障人民各项权益,关注人的价值、权益和自由,关注人的生活质量、发展潜能和幸福指数,走共同富裕道路,最终是为了实现人的全面发展。要大力推动经济社会发展,依法保障人民享有自由、民主和人权,实现社会公平和正义。

第五,和谐社会。

和谐是中国传统文化的最高价值原则。中华文明历来注重社会和谐,强调团结互助。在最早的甲骨文中就有"和"字。我国古代思想家早就提出了和谐的思想,追求天人和谐、人际和谐、人自身和谐,向往"人人相亲,人人平等,天下为公"的理想社会。党的十六届六中全会提出:"社会和谐是中国特色社会主义的本质属性,是国家富强、民族振兴、人民幸福的重要保证。"②党的十七大又提出,社会和谐是发展中国特色社会主义的基本要求。建设和发展中国特色社会主义,不仅要实现经济的发展、政治的民主、文化的繁荣,还要

---

① 《邓小平文选》第二卷,人民出版社1994年版,第237页。
② 《十六大以来重要文献选编》下,中央文献出版社2011年版,第648页。

有社会的和谐。以胡锦涛同志为主要代表的中国共产党人提出构建社会主义和谐社会,既抓住了目前影响我国经济社会发展的实际问题,也丰富和发展了中国特色社会主义的内涵。和谐社会的理念既源于马克思主义的社会建设思想,又切合当代中国的实际,具有浓郁的民族文化特色,是马克思主义中国化的重要成果。

中华文明历来注重亲仁善邻,讲求和睦相处。中华民族历来爱好和平。中国人民在对外关系中始终秉承"强不执弱""富不侮贫"的精神,主张"协和万邦"。在构建社会主义和谐社会的同时,高举和平、发展、合作的旗帜,奉行独立自主的和平外交政策,坚定不移地走和平发展道路,倡导建设一个持久和平、共同繁荣的和谐世界。

论中国特色社会主义之"中国特色"*

建设和发展中国特色社会主义,是一项前无古人的伟大事业,是改革开放以来中国共产党人在理论和实践上的重大创新。分析和解读中国特色社会主义的"中国特色",是我们亟须在理论上和实践上搞清楚的重大问题。对这一问题的认识和回答,对于我们在新的历史条件下,高举中国特色社会主义伟大旗帜,坚持中国特色社会主义道路,发展中国特色社会主义具有十分重大的意义。

一、改革开放以来党对中国特色
社会主义的艰辛探索

我国社会主义制度基本确立以后,以毛泽东同志为主要代表的中国共产党人,开始探索符合中国实际的社会主义建设道路,提出了许多不同于苏联社会主义建设的观点,成为探索中国特色社会主义的源头。虽然经过二十多年的艰辛探索,但是直到改革开放以前,仍没有能够突破苏联模式。

---

　　* 本文发表于《山东社会科学》2009 年第 10 期。《中国教育报》2009 年 11 月 9 日转摘。收入教育部高等学校社科发展研究中心编:《中国特色社会主义论坛报告(2008)》,《社会主义新中国 60 年成就与经验》,教育科学出版社 2010 年版。

党的十一届三中全会以后，以邓小平同志为主要代表的中国共产党人，围绕"什么是社会主义，怎样建设社会主义"这一首要的基本问题，不断总结经验，从理论上和实践上真正开始突破苏联模式，建设中国特色社会主义。邓小平指出："我们过去照搬苏联搞社会主义的模式，带来很多问题。我们很早就发现了，但没有解决好。我们现在要解决好这个问题，我们要建设的是具有中国自己特色的社会主义。"①党的十一届六中全会从十个方面初步总结了十一届三中全会以来逐渐形成的中国特色社会主义的"主要点"②。党的十三大明确提出社会主义初级阶段理论，概括了中国特色社会主义理论的十二个基本观点。党的十四大根据邓小平南方谈话精神，从发展道路、发展阶段、根本任务、发展动力、外部条件、政治保证、战略步骤、领导力量和依靠力量、祖国统一九个方面对中国特色社会主义理论的主要内容进行了概括，建构起中国特色社会主义理论的基本框架。

党的十三届四中全会以来，面对变化了的世情、国情、党情，以江泽民同志为主要代表的中国共产党人，围绕建设中国特色社会主义这一主题，提出了发展是党执政兴国的第一要务、发展社会主义民主政治、建设社会主义政治文明、依法治国与以德治国相结合、党在社会主义初级阶段的基本纲领、全面建设小康社会等思想，从理论和实践上进一步发展了中国特色社会主义。1998年12月，在纪念党的十一届三中全会召开20周年大会上的讲话中，江泽民指出："二十年的历史经验归结到一点，就是把马克思主义基本原理同中国具体实际相结合，走自己的路，建设有中国特色社会主义。"③

党的十六大以来，以胡锦涛同志为主要代表的中国共产党人，根据新时期基本国情的阶段性特征变化，提出了坚持以人为本、全面协调可持续的科学发展观、构建社会主义和谐社会、建设社会主义新农村、建设创新型国家、走新型

---

① 《邓小平文选》第三卷，人民出版社 1993 年版，第 261 页。

② 参见《三中全会以来重要文献选编》下，中央文献出版社 2011 年版，第 168—172 页。

③ 《江泽民文选》第二卷，人民出版社 2006 年版，第 263—264 页。

工业化道路、转变发展方式、建设社会主义核心价值体系、加强党的先进性建设、走和平发展道路等重大战略思想,确立了中国特色社会主义经济、政治、文化、社会建设四位一体的总体布局,回答了新形势下建设中国特色社会主义的一系列重大问题,丰富了中国特色社会主义的内涵,推进了建设中国特色社会主义的进程。

纵观改革开放以来党对中国特色社会主义的艰辛探索,从一定意义上讲,就是不断突破苏联模式的束缚,借鉴和吸收其他国家发展经验,批判新自由主义、民主社会主义等错误思潮,探索和建设中国特色社会主义的过程。其重大突破主要体现在以下几个方面。

第一,改变单一的所有制结构和计划经济体制。改革开放以来,我国逐步突破了单一的所有制结构和高度集中的计划经济体制。从所有制结构来看,在坚持公有制主体地位的同时,发展非公有制经济。党的十三大提出,我国的所有制结构应以公有制为主体,非公有制经济是社会主义经济必要的和有益的补充。党的十四届三中全会指出,以公有制经济为主体的多种经济成分共同发展的格局初步形成。党的十五大明确提出,公有制为主体,多种所有制经济共同发展,是我国社会主义初级阶段的一项基本经济制度。这是对传统社会主义所有制理论的突破和创新。

从经济运行方式来看,摒弃了把社会主义基本制度与市场经济对立起来的传统观念,实现市场经济与社会主义基本制度的有机结合。1984年10月党的十二届三中全会提出,社会主义经济是在公有制基础上的有计划的商品经济。1992年1月,邓小平在南方谈话中明确提出"两个不等于"①的思想。同年,党的十四大提出建立社会主义市场经济的目标。党的十四届三中全会进一步明确了建立社会主义市场经济体制的基本框架。党的十六届三中全会对进一步完善社会主义市场经济体制提出了明确的目标和任务。党的十七大

———————

① 《邓小平文选》第三卷,人民出版社1993年版,第373页。

提出了从制度上更好发挥市场在资源配置中的基础性作用,形成有利于科学发展的宏观调控体系。

第二,建立社会主义民主政治、实现由人治向法治的转变。我国在苏联模式的影响下建立起来的高度集权的政治体制存在很多弊端,即使"在苏联也不是很成功的"①。党的十一届三中全会提出政治体制改革的任务,目的是为了保障人民民主,加强社会主义法制,"使民主制度化、法律化,使这种制度和法律具有稳定性、连续性和极大的权威"②。邓小平关于《党和国家领导制度的改革》的重要讲话,是新时期政治体制改革的纲领性文件。从党的十二大到党的十七大,政治体制改革都是历届党的全国代表大会政治报告的重要内容。2004 年把保护人权首次写入宪法。党的十五大明确提出依法治国,建设社会主义法治国家,把坚持党的领导、依法治国、人民当家作主有机统一起来。

第三,深化文化体制改革,建设中国特色社会主义文化。新中国成立以后,我国逐步形成了高度集中的文化管理体制,虽然对促进文化事业的发展发挥了积极作用,但是由于"我们党把意识形态领域的阶级斗争问题看得太重了,夸大了,把文化等同于政治,放到了不适当的地位上,甚至以为把这件事办好了,社会主义就能巩固了"③,因此严重影响了文化事业的发展。改革开放以来,党在总结历史经验的基础上,不再提"文艺从属于政治"的口号,积极推进文化体制改革,推动文化建设和经济建设、政治建设、社会建设协调发展。党的十六届三中全会强调,公益性文化事业和经营性文化产业协调发展。2010 年通过的《关于深化文化体制改革的若干意见》,进一步指出,中国特色社会主义文化要把公益性文化事业与经营性文化产业有机结合,推动社会主义文化全面协调发展,增强我国文化软实力和国际竞争力。

第四,实现经济、政治、文化、社会建设的协调发展。改革开放以后,邓小平

---

① 《邓小平文选》第三卷,人民出版社 1993 年版,第 178 页。
② 《三中全会以来重要文献选编》上,中央文献出版社 2011 年版,第 9 页。
③ 薄一波:《若干重大决策与事件的回顾》下,人民出版社 1997 年版,第 1284 页。

提出，一手抓物质文明建设，一手抓精神文明建设。发展社会主义民主，完善社会主义法制。江泽民强调，社会主义是全面发展全面进步的社会，必须以经济建设为中心，保持社会主义物质文明、政治文明、精神文明的协调发展。党的十六大以后，胡锦涛提出构建社会主义和谐社会的战略任务和目标，通过和谐社会建设来为社会主义物质文明、政治文明、精神文明建设创造有利的社会条件。中国特色社会主义事业的总体布局"由社会主义经济建设、政治建设、文化建设三位一体发展为社会主义经济建设、政治建设、文化建设、社会建设四位一体"协调发展。①

第五，实行改革开放，把坚持独立自主同参与经济全球化结合起来。新时期最鲜明的特点是改革开放。邓小平指出："世界在变化，我们的思想和行动也要随之而变。过去把自己封闭起来，自我孤立，这对社会主义有什么好处呢？……必须开放。否则，不可能很好地坚持社会主义。"②数十年来，我国始终坚持对外开放战略，实现了从封闭半封闭的状态，到全方位、多层次、宽领域的对外开放格局的转变。我国在改革开放过程中，把"引进来"和"走出去"紧密结合起来，积极借鉴人类社会创造的一切文明成果，趋利避害，形成了经济全球化条件下参与国际经济合作和竞争的新优势。

二、中国特色社会主义的"中国特色"之体现

中国特色社会主义既坚持科学社会主义基本原则，又符合当代中国实际和时代特征，是一种在经济、政治、文化、社会建设以及外交等方面都具有鲜明中国特色的社会主义。关于中国特色社会主义有人称之为"中国模式"、也有人称之为"中国道路"或"中国经验"。其实，无论是何种称谓，都体现了不同于苏联模式、民主社会主义和新自由主义发展模式的鲜明的"中国特色"。也

---

① 《十六大以来重要文献选编》中，中央文献出版社 2011 年版，第 696 页。
② 《邓小平文选》第三卷，人民出版社 1993 年版，第 274 页。

从某种程度上说明,包括国际社会在内的有识之士对中国特色社会主义的重视和认同。

1. 中国特色社会主义经济

中国特色社会主义经济既体现社会主义的根本性质和方向,又适合我国社会主义初级阶段社会生产力发展落后和不平衡的状况。

公有制为主体、多种所有制经济共同发展的基本经济制度。从改革开放初期的肯定个体经济是公有制经济必要的补充到把私营经济、中外合资合作经济、外商独资经济同个体经济一起作为公有制经济必要的和有益的补充,再到多种经济成分共同发展,我国形成了以公有制为主体,多种所有制经济共同发展的基本经济制度。公有制经济对经济发展起导向作用,非公有制经济在国民经济的诸多领域中发挥着不可替代的特殊作用。

按劳分配为主体,多种分配方式并存的分配制度。公有制为主体、多种所有制经济共同发展的基本经济制度,决定了以按劳分配为主体,多种分配方式并存的分配制度。按劳分配是社会主义公有制中个人消费品分配的基本原则,体现着社会主义公有制的经济关系与社会主义条件下劳动的社会性质;多种分配方式并存是由我国现阶段生产力水平决定的,是与非公有制经济在我国现阶段经济发展的特殊地位相适应的。完善按劳分配为主体、多种分配方式并存的分配制度,进一步健全劳动、资本、技术、管理等生产要素按贡献参与分配的分配制度,是在当前环境下基本经济制度的必然要求。

社会主义基本制度与市场经济相结合的经济运行体制。市场作为调控经济的一种手段,与社会主义不是对立的,社会主义也可以搞市场经济。社会主义市场经济体制就是在完善社会主义基本经济制度的前提下发挥市场在资源配置中的基础性调节作用的机制。市场机制基础性调节作用的发挥,离不开国家强有力的宏观调控。在社会主义市场经济体制中,政府不仅是宏观经济的平衡者,而且是经济与社会发展的主导性力量,是市场经济有效运行的推动者、组织者与协调者。政府要在充分发挥市场机制作用的同时抑制其弱点与不足,利用国有经济的示范、引导作用促使市场经济健康运行。

渐进式改革与科学发展同时并举,有机结合的建设思路。中国经济的改革,不是对旧有体制的全盘否定,而是对两种体制取长补短、兼收并蓄。坚持渐进式改革,就是坚持尊重群众的首创精神,充分发挥中央与地方两个积极性,有重点、有步骤地推进改革,并处理好改革、发展与稳定的关系,协调好改革进程中的各种利益关系。经济改革与经济发展是紧密联系的,经济的发展是以人为本、全面、协调、可持续的发展。既追求质量与数量的统一,又追求效益与速度的结合;既注重生态保护与资源节约,也注重社会和谐与人民幸福;既注重城乡之间、区域之间统筹规划,同样注重国内发展与对外开放。

2. 中国特色社会主义政治

中国特色社会主义政治深深植根于中国土壤,是马克思主义基本原理同中国具体实际相结合的伟大创造,是中国共产党带领全国各族人民长期奋斗的重要成果,反映了全国各族人民的共同利益和共同愿望,具有鲜明的中国特色。

独具特色的人民民主专政。人民民主专政是我国的国体。我国是工人阶级领导的、以工农联盟为基础的人民民主专政的社会主义国家。人民民主专政是适合中国国情的一种形式。从政权组成的阶级结构来看,包括知识分子在内的工人阶级、占人口大多数的农民阶级、一切拥护社会主义和拥护祖国统一的爱国者,都属于人民的范畴,在人民内部实行民主,对敌人实行专政。从党派之间的关系看,实行中国共产党领导的多党合作和政治协商。人民民主专政"实质上也就是无产阶级专政,但是人民民主专政的提法更适合于我们的国情"①。

---

① 《邓小平文选》第二卷,人民出版社 1994 年版,第 372 页。

适合中国国情的基本政治制度。人民代表大会制度、中国共产党领导的多党合作和政治协商制度、民族区域自治制度是中国特色社会主义的基本政治制度。人民代表大会制是我国的根本政治制度。它具有最广泛的代表性,能真实地表达和体现人民的利益和意志,有利于人民行使自己的权力;它实行民主集中制原则和议行合一原则,能保证中央统一领导,又能保障充分发扬民主,它"最符合中国实际。如果政策正确,方向正确,这种体制益处很大,很有助于国家的兴旺发达,避免很多牵扯"①。中国共产党领导的多党合作和政治协商制度是中国特色社会主义的政党制度,"这是我国具体历史条件和现实条件所决定的,也是我国政治制度中的一个特点和优点。"②中国共产党是执政党,各民主党派是参政党。中国共产党和各民主党派有共同的根本利益,都以四项基本原则为共同准则,以建设中国特色社会主义为共同理想。各民主党派在政治协商、民主监督、参政议政方面发挥着重要作用。民族区域自治是我们党根据我国历史发展、文化特点、民族状况等解决民族问题的基本政策。民族区域自治体现了国家尊重和保障各少数民族管理本民族内部事务的权利以及国家实行民族平等、团结和共同繁荣的原则。各民族自治地方是中华人民共和国不可分割的部分;民族自治地方的自治机关既是一般地方国家机关,又是自治机关;各民族自治地方都必须遵循《宪法》和《民族区域自治法》。邓小平指出:"解决民族问题,中国采取的不是民族共和国联邦的制度,而是民族区域自治的制度。我们认为这个制度比较好,适合中国的情况。"③

最直接、最广泛的基层民主。"扩大基层民主,保证人民群众直接行使民主权利,依法管理自己的事情,创造自己的幸福生活,是社会主义民主最广泛的实践。"④改革开放以来,以民主选举、民主决策、民主管理、民主监督为主要

---

① 《邓小平文选》第三卷,人民出版社 1993 年版,第 220 页。
② 《邓小平文选》第二卷,人民出版社 1994 年版,第 205 页。
③ 《邓小平文选》第三卷,人民出版社 1993 年版,第 257 页。
④ 《江泽民文选》第二卷,人民出版社 2006 年版,第 30 页。

内涵的基层民主得到快速发展。党的十七大首次把发展基层民主纳入中国特色社会主义民主制度的范畴,发展基层民主"是人民当家作主最有效、最广泛的途径,必须作为发展社会主义民主政治的基础性工程重点推进"①。经过几十年的探索和发展,我国基层民主已由农村向城镇、由群众自治向基层政权建设扩展,初步形成城乡居民广泛直接参与、富有生机和活力的民主实践形式。

"一国两制"。"一国两制"是一种崭新的国家结构形式,是在统一的中华人民共和国内,实行单一制兼有复合制特征的国家政权,这是在国家制度上的重大突破。"一国两制"的基本特征是:从实际出发,充分尊重历史、尊重现实,照顾各方面利益,尽最大努力争取用和平的方式,而不是诉诸武力的方式来实现祖国统一,并在实现祖国统一后,国家的主体部分实行社会主义制度,在台湾、香港、澳门保持原有的社会制度和生活方式长期不变。"一国两制"体现了既坚持祖国统一,维护国家主权的原则的坚定性,又体现了尊重历史和现实的策略的灵活性,从而创造性地发展了马克思主义国家学说,是对人类政治文明的独特贡献。邓小平指出,"一国两制","这是个新事物。这个新事物不是美国提出来的,不是日本提出来的,不是欧洲提出来的,也不是苏联提出来的,而是中国提出来的,这就叫做中国特色。"②

3. 中国特色社会主义文化

中国特色社会主义文化,是凝聚和激励全国各族人民的重要力量,为中国特色社会主义建设提供着智力支持、精神动力和思想保证。

马克思主义的指导地位与"一主多元"的文化建设格局。马克思主义的指导地位是由中国共产党和工人阶级在国家政权中的领导地位所决定的。马克思主义既是中国特色社会主义文化建设的指导思想,也是其重要内容。坚持马克思主义在意识形态领域的指导地位,并不是否认文化的多样化发展,

---

① 《十七大以来重要文献选编》上,中央文献出版社 2013 年版,第 23 页。
② 《邓小平文选》第三卷,人民出版社 1993 年版,第 218 页。

而是要正确处理"一元化"和"多样化"的关系。首先,坚持指导思想的一元化,用发展着的马克思主义指导文化建设,牢牢掌握意识形态的指导权、主动权、话语权。其次,用一元化指导思想整合和引领多样化的社会思潮,既尊重差异、包容多样,又有力抵制各种错误思潮和腐朽思想的影响。同时,在这一过程中不断丰富发展自己,使马克思主义一元化指导思想的实践特色、民族特色和时代特色更加富有吸引力和感召力,形成"一主多元"的文化建设格局。

坚持为人民服务和为社会主义服务的价值取向。中国特色社会主义文化建设的根本目的是为了满足人民群众日益增长的精神文化需要,培育有理想、有道德、有文化、有纪律的社会主义公民,促进人的自由而全面发展。中国特色社会主义文化坚持为人民服务和为社会主义服务的方向,这是文化建设的根本出发点和落脚点,也是文化建设做到贴近实际、贴近生活、贴近群众,体现时代发展方向和社会进步要求,能使文化焕发出强大的生命力、吸引力、感染力的根本要求。

继承中华民族优秀的思想文化,利用和借鉴人类文明的共同成果。中国特色社会主义文化建设,坚持以中华优秀文化传统为根基,按照"古为今用"的原则,对丰厚的传统文化进行科学梳理、深入挖掘,取其精华、去其糟粕,使民族优秀文化得以传承、不断发扬光大,从而形成具有中国特色、中国风格、中国气派的优秀文化。同时,按照"洋为中用"的原则,吸收和借鉴人类文明的共同成果,使中国特色社会主义文化植根于当代中国改革开放实践的沃土,既体现中华民族优秀文化的传统,又符合世界文明发展的潮流,成为面向现代化、面向世界、面向未来的,民族的科学的大众的社会主义先进文化。

4. 中国特色社会主义的社会建设

社会建设是贯穿中国特色社会主义事业全过程的长期历史任务。随着我国经济、政治、文化建设的发展,形成了系统的社会建设理论,构建了有利于社会和谐的社会管理与社会运行机制。

改善民生是重点。社会建设是党的性质与宗旨的本质体现和发挥社会主义优越性的必然要求，改善民生是社会建设的重点。主要包括优先发展教育，建设人力资源强国；实施扩大就业的发展战略，促进以创业带动就业；深化收入分配制度改革，增加城乡居民收入；加快建立覆盖城乡居民的社会保障体系，保障人民基本生活；建立基本医疗卫生制度，提高全民健康水平；完善社会管理，维护社会安定团结。

社会体制是核心。改革开放以后，随着经济体制、政治体制、文化体制改革的推进，我国社会体制也开始摆脱原有模式，开始建立适合中国国情的社会体制。党的十六届六中全会提出要"坚持社会主义市场经济的改革方向，适应社会发展要求，推进经济体制、政治体制、文化体制、社会体制改革和创新"①。社会体制改革就是要从教育、就业、收入分配制度、社会保障、医疗卫生、社会管理等方面推进社会体制的改革和创新，建立健全与社会主义市场经济体制相适应、与我国民主政治体制相契合、与我国基本国情相符合、遵循社会建设规律的教育体制、就业体制、收入分配体制、社会保障体制、医疗卫生体制、社会管理体制、公共服务体制等，构建有利于社会和谐的社会运行机制。努力使全体人民学有所教、劳有所得、病有所医、老有所养、住有所居。

社会管理是关键。社会管理是社会建设的重要内容，也是推进社会建设的关键。社会管理的首要任务是构建社会管理新格局。要构建"党委领导、政府负责、公众参与、社会协同"的社会管理新格局。党委领导是根本，政府负责是前提，社会协同是依托，公众参与是基础。其次是重视社会组织管理。对各类社会组织，坚持培育发展和管理监督并重，完善培育扶持和依法管理的政策，发挥各类社会组织提供服务、反映诉求、规范行为的作用。再次是健全社会治安防控体系。加强社会治安综合治理，依法防范和打击违法犯罪活动，

---

① 《十六大以来重要文献选编》下，中央文献出版社2011年版，第651页。

保障人民生命财产安全。完善国家安全战略,健全国家安全体制,切实维护国家安全。

5. 中国特色的和平发展道路

和平发展道路是我国外交政策和国际战略的突出体现,它立足社会主义现代化建设的实践,符合中华民族的历史文化传统,顺应和平与发展的时代潮流。它不同于西方大国崛起的路径,是一种具有鲜明中国特色的发展模式。

争取和平的国际环境发展自己,又以自身的发展促进世界和平。争取和平的国际环境发展自己,是建设中国特色社会主义的迫切要求,邓小平一再强调:"为了使中国发展起来,实现我们的宏伟目标,需要一个和平的国际环境。"①追求和平的国际环境发展自己,始终是改革开放以来我国对外政策的主要目标。中国的和平发展道路还强调要以自身的发展促进世界和平。中国始终坚持反对霸权主义和强权政治,作为维护世界和平的坚定力量,中国越发展,世界和平也就越靠得住。

依靠自身力量和改革创新实现发展,同时坚持实行对外开放。依靠自身力量和改革创新实现发展,中国绝不因自己的发展而引发世界问题,或者把自己的发展建立在牺牲其他国家利益的基础上。中国的发展既不建立在对全世界资源和能源消耗的基础上,也不通过对殖民地国家人民的掠夺来达到发展自己的目的。中国的和平发展在强调依靠自身力量和改革创新实现发展的同时,又强调必须坚持对外开放,"社会主义要赢得与资本主义相比较的优势,就必须大胆吸收和借鉴人类社会创造的一切文明成果,吸收和借鉴当今世界各国包括资本主义发达国家的一切反映现代社会化生产规律的先进经营方式、管理方法。"②

努力实现与各国的互利共赢和共同发展。中国的发展离不开世界,世界的

---

① 《邓小平文选》第三卷,人民出版社 1993 年版,第 94 页。
② 《邓小平文选》第三卷,人民出版社 1993 年版,第 373 页。

繁荣同样需要中国。中国作为一个负责任的发展中大国，把促进共同发展作为外交政策的重要内容。坚持实行互利共赢的对外开放战略，把既符合本国利益、又能促进共同发展，作为处理与各国关系的基本原则，坚持在平等、互利、互惠的基础上同世界各国发展经贸关系，不断为全球贸易持续增长作出贡献。中国努力推动多边经贸关系发展和区域经济合作，积极参与制定和实施国际经贸规则，与各国共同解决合作中出现的分歧和问题，促进世界经济平衡有序发展。

追求建设一个持久和平、共同繁荣的和谐世界。建设一个持久和平、共同繁荣的和谐世界，是世界人民的共同愿望。中国主张各国应尊重彼此自主选择社会制度和发展道路的权利，相互借鉴，取长补短，使各国根据本国国情实现振兴和发展。不同的文明并不注定就会陷入所谓的"文明冲突论"，不同的社会制度也并不注定就走向所谓的"历史的终结"。而一个持久和平、共同繁荣的和谐世界，只能是一个各种文明相互交汇、相互借鉴，所有国家平等相待、彼此尊重，充满活力而又绚丽多彩的世界。

三、建设和发展中国特色社会主义需要解决好的几个问题

改革开放以来，中国特色社会主义建设取得了举世瞩目的伟大成就。但是在发展中也面临着一些困难和突出问题，只有高度重视这些困难和问题，认真加以解决，才能推动中国特色社会主义事业不断发展。

1. 转变经济发展方式

经济发展方式转变是我国经济领域的一场深刻变革，关系改革开放和社会主义现代化建设全局。是适应实现全面建设社会主义现代化国家、满足人民群众过上更好生活新期待的必然要求。

经济发展方式内容十分丰富，不仅包括经济增长方式，还包括经济结构变

化、社会结构的变化、资源和生态环境状况的变化、收入分配的变化等。改革开放以来,党在坚持以经济建设为中心,重视经济增长方式转变的同时,十分重视经济发展方式的问题。党的十二大提出把全部经济工作转到以提高经济效益为中心的轨道上来。党的十三大提出要从粗放经营为主转变到集约经营为主的轨道。党的十四大提出努力提高科技进步在经济增长中的含量,促使整个经济由粗放向集约经营转变。党的十四届五中全会确立经济增长方式根本性转变的战略方针,提出向结构优化要效益、向规模经济要效益、向科技进步要效益、向科学管理要效益。党的十五大把完善分配结构和方式,调整和优化产业结构、不断改善人民生活作为经济发展的重要内容。党的十六大强调走新型工业化道路,大力实施可持续发展战略等。党的十七大明确提出"转变经济发展方式",不仅要提高经济增长效益,还要促进经济结构优化、经济增长与资源环境相协调、发展成果合理分配等,并把它作为"关系国民经济全局紧迫而重大的战略任务"①。

经过数十年的发展,我国经济效益明显提高,经济实力显著增强,人民生活水平显著提高。但从总体上看,经济发展中长期形成的结构性矛盾和粗放型增长方式尚未根本改变、经济发展中出现的一些紧迫问题尚未根本解决。比如结构失衡问题、收入差距扩大问题、资源枯竭问题、生态破坏问题等。这是关系国民经济全局的重大问题,成为长期制约我国社会持续发展的重要障碍。国际金融危机使我国转变经济发展方式问题更加突显出来,转变经济发展方式刻不容缓。

2010年2月,胡锦涛在省部级干部落实科学发展观研讨班上讲话中指出,加快经济发展方式转变,关键是要在"加快"上下功夫、见实效。第一,加快推进经济结构调整,把调整经济结构作为转变经济发展方式的战略重点,加快调整国民收入分配结构,加快调整城乡结构,加快推进城镇化,加快调整区

---

① 《十七大以来重要文献选编》上,中央文献出版社2013年版,第17页。

域经济结构和国土开发空间结构。第二,加快推进产业结构调整,推进传统产业技术改造,加快发展战略性新兴产业,加快发展服务业。第三,加快推进自主创新,加快提高自主创新能力,为加快经济发展方式转变提供强有力的科技支撑。第四,加快推进农业发展方式转变,坚持走中国特色农业现代化道路,推进社会主义新农村建设。第五,加快推进生态文明建设,深入实施可持续发展战略,推动整个社会走上生产发展、生活富裕、生态良好的文明发展道路。第六,加快推进经济社会协调发展,大力推进以改善民生为重点的社会建设,更好推进经济社会协调发展。第七,加快发展文化产业,深化文化体制改革,加快公共文化服务体系建设,加快发展经营性文化产业。第八,加快推进对外经济发展方式转变,不断提高开放型经济水平。

2. 解决收入分配差距问题

改革开放以后,社会主义市场经济体制和分配体制极大地调动了广大人民群众的积极性和创造性,促进了经济社会的快速发展和人民生活水平的显著提高。但是在这一过程中,也出现了收入分配差距持续拉大的现象。这种差距不仅表现在区域之间、城乡之间,而且表现在行业之间。收入差距拉大造成社会利益矛盾多样化、尖锐化、复杂化,甚至出现局部利益冲突的激烈化,直接影响到中国特色社会主义建设的全局。

党的十六届四中全会按照构建和谐社会的要求,强调注重社会公平,合理调整国民收入分配,切实采取措施解决收入差距过大问题,逐步实现全体人民共同富裕。党的十七大进一步指出,初次分配和再分配都要处理好效率和公平问题,把分配公平问题提到更加突出的位置。温家宝在 2010 年春节团拜会上的讲话中提出:"我们所做的一切,都是为了让人民生活得更加幸福、更有尊严。"①胡锦涛在 2010 年 4 月 27 日全国劳模和先进工作者表彰大会上强

---

① 温家宝:《在二〇一〇年春节团拜会上的讲话》,《人民日报》2010 年 2 月 13 日。

调,进一步保障劳动者权益,"要切实发展和谐劳动关系,建立健全劳动关系协调机制,完善劳动保护机制,让广大劳动群众实现体面劳动。"①要注意协调和解决新形势下的人民内部矛盾,尤其是劳资关系,使全体社会成员共享改革开放的成果。

解决收入差距持续拉大问题,一是要建立和完善利益分配机制。建立和完善按劳分配为主体、多种分配方式并存的分配制度,确立劳动、资本、技术和管理等生产要素按贡献参与分配的原则,保护一切合法的劳动收入和合法的非劳动收入。坚决取缔非法收入,整顿不合理收入。改革不合理的制度,努力创造平等竞争的社会环境,使社会各阶层成员获利的权利和机会均等。二是建构适合我国具体实际的利益协调机制,要按照"权利公平、机会公平、规则公平、分配公平"的要求,扩大中等收入者比重,提高低收入者收入水平,调节过高收入。通过多种方式化解社会矛盾,把利益矛盾和冲突控制在社会可承受的范围之内。三是进行利益补偿。主要是对改革过程中利益受损的利益主体或地区实行政策倾斜,特别是对中西部地区和广大农村,包括加强基础设施建设、完善市场条件、支持科技进步、提高劳动者素质等。三是建立利益保障机制,主要是建立覆盖城乡居民的社会保障体系,为全体社会成员编织一张可靠的"安全网",并着力促进社会保障的规范化、均等化。主要内容是以社会保险、社会救助、社会福利为基础,以基本养老、基本医疗、最低生活保障制度为重点,以慈善事业、商业保险为补充。同时,促进企业、机关、事业单位基本养老保险制度改革,探索建立农村养老保险制度。多渠道筹集资金,全面推进城镇职工基本医疗保险、城镇居民基本医疗保险、新型农村合作医疗制度建设。完善城乡居民最低生活保障制度,逐步提高保障水平。完善失业、工伤、生育保险制度。

3. 切实加强党的建设与反腐倡廉

中国共产党是中国特色社会主义事业的领导核心,党的建设是党领导中

---

① 《胡锦涛文选》第三卷,人民出版社 2016 年版,第 369—370 页。

国特色社会主义事业不断取得胜利的重要法宝。新中国成立以来特别是改革开放以来,我们党根据自身历史方位和中心任务的变化,不断提高执政水平、提高拒腐防变和抵御风险能力。但是中国共产党一党长期执政,任重道远,一些党员干部容易产生执政疲劳。党内还存在着一些不适应新形势新任务要求、不符合党的性质和宗旨的问题,"严重削弱党的创造力、凝聚力、战斗力,严重损害党同人民群众的血肉联系,严重影响党的执政地位巩固和执政使命实现。"①

腐败问题是加强党的建设面临的重大问题。腐败问题在一些地方、部门和单位还比较严重,已经影响到党和政府的公信力和凝聚力,成为影响建设和发展中国特色社会主义的严重障碍。党的十六届四中全会指出:"党越是长期执政,反腐倡廉的任务越艰巨,越要坚定不移地反对腐败,越要提高拒腐防变的能力。"②党的十七届四中全会指出:"坚决反对腐败,是党必须始终抓好的重大政治任务。必须充分认识反腐败斗争的长期性、复杂性、艰巨性,把反腐倡廉建设放在更加突出的位置。"③能否有效预防和解决腐败问题,关系人心向背和党的生死存亡,影响中国特色社会主义的成功与否。

中国共产党对腐败问题一直保持着高度的警惕和强烈的忧患意识。邓小平指出,在整个改革开放过程中都要反对腐败,"不惩治腐败,特别是党内的高层的腐败现象,确实有失败的危险。"④江泽民提出:"反腐败斗争是关系党心民心、关系党和国家前途命运的严重政治斗争。"⑤胡锦涛强调,

---

① 《中国共产党第十七届中央委员会第四次全体会议文件汇编》,人民出版社 2009 年版,第 5 页。

② 《十六大以来重要文献选编》中,中央文献出版社 2011 年版,第 295 页。

③ 《中国共产党第十七届中央委员会第四次全体会议文件汇编》,人民出版社 2009 年版,第 34 页。

④ 《邓小平文选》第三卷,人民出版社 1993 年版,第 313 页。

⑤ 《十四大以来重要文献选编》下,中央文献出版社 2011 年版,第 325 页。

要毫不动摇地加强党风廉政建设和反腐败斗争,"以党风廉政建设的新成效取信于民"①。要充分认识在经济全球化和市场经济条件下反腐败斗争的长期性、复杂性和艰巨性,把反腐败问题放在更加突出的位置。中国共产党只有坚持不懈地加强反腐倡廉建设,才能更有效预防和遏制腐败,从而使党成为中国特色社会主义事业的坚强领导核心,成为实现中华民族伟大复兴的根本保证。

---

① 《中国共产党第十七届中央纪律检查委员会第五次全体会议公报》,《人民日报》2010 年 1 月 14 日。

建设和发展中国特色
社会主义的三大法宝[*]

胡锦涛在党的十七大报告和纪念党的十一届三中全会召开 30 周年大会上的讲话中,把解放思想和党在社会主义初级阶段的基本路线称之为建设和发展中国特色社会主义的法宝。这为我们研究这一问题提供了基本的依据,也为我们的研究留下了空间。我们认为,解放思想、改革开放、科学发展是社会主义现代化建设的三个基本问题,是建设和发展中国特色社会主义的三大法宝。我国改革开放和现代化建设的实践证明,正确理解和处理了这三个基本问题及其相互关系,就把握了建设和发展中国特色社会主义的规律和社会主义现代化建设事业的全局。这也是改革开放以来,中国共产党领导全国各族人民建设和发展中国特色社会主义得出的基本结论。

一、解放思想是建设和发展中国特色
社会主义的思想前提

解放思想是改革开放和社会主义现代化建设的思想先导,也是中国特色

———————

　　*　本文发表于《山东社会科学》2009 年第 10 期。《中国教育报》2009 年 11 月 9 日转摘。收入教育部高等学校社科发展研究中心编:《中国特色社会主义论坛报告(2008)》,《社会主义新中国 60 年成就与经验》,教育科学出版社 2010 年版。

社会主义理论体系形成和发展的逻辑起点。解放思想就是在马克思主义指导下，冲破旧的传统观念、习惯势力和主观偏见的束缚，改变因循守旧、不接受新事物的精神状态，就是使主观与客观相符合、理论与实际相符合，就是实事求是。解放思想作为一种思想方法、一种精神状态，是马克思主义最本质的内容，与建设和发展中国特色社会主义密切相关。

关于解放思想，改革开放以来，邓小平、江泽民、胡锦涛等中央领导人有过许多精辟的论述。"文化大革命"结束以后，针对"左"的思想束缚和人们思想僵化的状况，邓小平反复强调要解放思想，并把解放思想与实事求是有机统一起来，在党内开解放思想之先河。邓小平提出："什么叫解放思想？我们讲解放思想，是指在马克思主义指导下打破习惯势力和主观偏见的束缚，研究新情况，解决新问题。"[1]解放思想，就是使思想和实际相符合，使主观和客观相符合，就是实事求是。并指出："一个党，一个国家，一个民族，如果一切从本本出发，思想僵化，迷信盛行，那它就不能前进，它的生机就停止了，就要亡党亡国。"[2]在邓小平这一思想的基础上，江泽民在党的十六大报告中要求，要"善于在解放思想中统一思想，用发展着的马克思主义指导新的实践。"[3]使我们的思想建设和全部工作体现时代性，把握规律性，富于创造性。面对新世纪新阶段新的矛盾和问题，胡锦涛把解放思想提高到一个新的认识高度，认为"解放思想、实事求是、与时俱进，是党的思想路线的根本要求"[4]。"解放思想是发展中国特色社会主义的一大法宝"[5]。

第一，解放思想贯穿建设和发展中国特色社会主义实践的全过程。

建设和发展中国特色社会主义的每一个重大关头，都是以解放思想为先导，或者说建设和发展中国特色社会主义本身就是一个不断解放思想的过程。

---

① 《邓小平文选》第二卷，人民出版社1994年版，第279页。
② 《邓小平文选》第二卷，人民出版社1994年版，第143页。
③ 《十六大以来重要文献选编》上，中央文献出版社2011年版，第10页。
④ 《十七大以来重要文献选编》下，中央文献出版社2013年版，第420页。
⑤ 《中国共产党第十七次全国代表大会文件汇编》，人民出版社2007年版，第1—2页。

粉碎"四人帮"以后，面对我国"在徘徊中前进"的局面，邓小平支持真理标准问题的大讨论，强调解放思想，实事求是，冲破"两个凡是"的思想禁锢，重新确立了党的实事求是的思想路线，做出改革开放的伟大决策，开启了建设和发展中国特色社会主义新的征程。20世纪80年代末90年代初国内外政治风波后，中国改革开放向何处去？针对来自"左"的和右的思想干扰，邓小平发表南方谈话，回答了"什么是社会主义，怎样建设社会主义"等长期困扰人们思想的诸多重大理论问题，党的十四大根据邓小平南方谈话的精神，提出建立社会主义市场经济体制，推进中国特色社会主义进入一个新的发展阶段。世纪之交，根据世情、国情和党情的新变化，以江泽民同志为主要代表的中国共产党人，继续解放思想，围绕"建设一个什么样的党，怎样建设党"的问题，提出"三个代表"重要思想，确立了社会主义初级阶段的基本纲领，回答了社会主义市场经济体制建立过程中遇到的一系列重大问题，包括我国社会主义基本经济制度、公有制实现形式等，把中国特色社会主义事业成功推向新的世纪。党的十六大以来，针对新世纪新阶段发展过程中出现的问题，以胡锦涛同志为主要代表的中国共产党人，提出科学发展观，系统回答了"实现什么样的发展、怎样发展"的问题，进一步深化了对建设和发展中国特色社会主义规律的认识。实践证明，中国特色社会主义事业每发展一步，都是以解放思想为先导的，什么时候思想解放，中国特色社会主义事业就顺利发展，反之，就会停滞不前，就会遭受挫折。

第二，解放思想贯穿中国特色社会主义理论体系形成和发展的整个过程。

"在中国特色社会主义理论体系的形成和发展过程中，我们党对科学社会主义的坚持和发展，对社会主义历史经验的总结和吸取，对中国特色社会主义道路的开辟和拓展，对建设、巩固和发展中国特色社会主义一系列重大问题的新认识、新实践，都是以解放思想为前提为先导的。"[1]中国特色社会主义理

---

[1] 习近平：《当代中国共产党人的庄严责任》，《学习时报》2008年3月17日。

论体系的形成和发展,是以解放思想为前提的。我们党围绕建设和发展中国特色社会主义,实现中华民族伟大复兴这一主题,不断解放思想,创造性地探索和回答了什么是马克思主义、怎样对待马克思主义,什么是社会主义、怎样建设社会主义,建设什么样的党、怎样建设党,实现什么样的发展、怎样发展等建设中国特色社会主义的重大理论和实际问题。在中国特色社会主义理论体系的基本原理中,社会主义初级阶段理论、社会主义本质理论、改革开放理论、社会主义市场经济理论、经济建设理论、政治建设理论、文化建设理论、社会建设理论以及祖国统一理论、党的建设理论等,每一个重大理论问题的突破无不是以解放思想为先导的,既体现了党的理论、路线方针政策的一脉相承性,又在解放思想的前提下不断实现理论创新,推进马克思主义的中国化和当代化。

第三,解放思想已成为当代中国一种新的文化理念。

解放思想作为建设和发展中国特色社会主义的一大法宝,在我国改革开放和现代化建设的历程中起到了巨大的思想先导作用,带动了中国特色社会主义实践和理论的飞跃,已经深嵌在全党和广大人民群众的思想中,成为当代中国一种新的文化意识和文化理念,进而成为激发广大人民群众建设和发展中国特色社会主义的精神动力,不断推动中国特色社会主义的建设和发展。解放思想是新时期我国改革开放和现代化建设的时代强音,反映了当代中国的精神风貌,已经融入中华民族的文化精神,成为实现中华民族伟大复兴的精神力量。解放思想不是一劳永逸的,而是一个永无止境的发展过程。要"坚持解放思想、实事求是、与时俱进,勇于变革、勇于创新,永不僵化、永不停滞,不为任何风险所惧,不被任何干扰所惑,使中国特色社会主义道路越走越宽广,让当代中国马克思主义放射出更加灿烂的真理光芒"①。

---

① 《中国共产党第十七次全国代表大会文件汇编》,人民出版社 2007 年版,第 12 页。

二、改革开放是建设和发展中国特色
社会主义的强大动力

"改革开放是党在新的时代条件下带领人民进行的新的伟大革命,目的就是要解放和发展社会生产力,实现国家现代化,让中国人民富裕起来,振兴伟大的中华民族"①。改革开放赋予社会主义新的生机和活力,是实现社会主义制度的自我完善和发展,其根本目的是为了建设和发展中国特色社会主义。改革开放是中国特色社会主义的强大动力,通过改革开放打破我国原来僵化保守的观念和体制,构建起充满活力、富有效率、更加开放、有利于科学发展的体制机制,从而推动中国特色社会主义的发展。

第一,改革开放是当代中国一场新的伟大革命。

恩格斯指出:"伟大的阶级,正如伟大的民族一样,无论从哪方面学习都不如从自己所犯错误的后果中学习来得快。"②面对十年"文化大革命"造成的危难局面,以邓小平同志为主要代表的中国共产党人,纠正"文化大革命"及其以前的"左"倾错误,果断停止使用"以阶级斗争为纲"的口号,把党和国家工作中心转移到经济建设上来,做出了实行改革开放的历史性决策。30 多年来,我们党始终坚持改革开放不动摇。邓小平指出:"'文化大革命'的教训告诉我们,不改革不行,不制定新的政治的、经济的、社会的政策不行。十一届三中全会制定了这样的一系列方针政策,走上了新的道路。这些政策概括起来,就是改革和开放。"③在改革开放过程中,邓小平又多次强调,"中国一定要坚持改革开放,这是解决中国问题的希望。"④"不开放不改革没有出路,国家

---

① 《中国共产党第十七次全国代表大会文件汇编》,人民出版社 2007 年版,第 7 页。
② 《马克思恩格斯选集》第 1 卷,人民出版社 2012 年版,第 79 页。
③ 《邓小平文选》第三卷,人民出版社 1993 年版,第 266 页。
④ 《邓小平文选》第三卷,人民出版社 1993 年版,第 284 页。

现代化建设没有希望。"①"改革开放是决定中国命运的一招。"②以江泽民同志为主要代表的中国共产党人,根据新时期实践发展要求,一方面强调积极推进改革,既要坚定方向,又要从实际出发,"胆子要大,步子要稳。"③另一方面,扩大开放,积极推进全方位、多层次、宽领域的对外开放,实施"引进来"和"走出去"同时并举、相互促进的开放战略,使对外开放的两个轮子,"同时转动起来。"④胡锦涛在党的十七大报告中,对改革开放做出系统而深刻的论述。他指出:"改革开放是强国之路,是我们党、我们国家发展进步的活力源泉。"⑤"改革开放是决定当代中国命运的关键抉择,是发展中国特色社会主义、实现中华民族伟大复兴的必由之路;只有社会主义才能救中国,只有改革开放才能发展中国、发展社会主义、发展马克思主义。""改革开放符合党心民心、顺应时代潮流,方向和道路是完全正确的,成效和功绩不容否定,停顿和倒退没有出路。"⑥

改革开放必须坚持正确的方向。在改革开放过程中,我们党始终把坚持四项基本原则同坚持改革开放结合起来,这是改革开放和社会主义现代化建设沿着正确的方向前进的根本保证。邓小平指出:"在整个改革开放的过程中,必须始终注意坚持四项基本原则。"⑦改革开放和四项基本原则这两个基本点是相互依存、相互贯通、不可分割的统一整体。离开改革开放,社会主义社会的一切发展和进步就会失去基础;离开四项基本原则,改革开放就会迷失方向和丧失动力。四项基本原则保证了改革开放的正确方向,改革开放又赋予四项基本原则以新的时代内涵。四项基本原则和改革开放这两个基本点统

① 《邓小平文选》第三卷,人民出版社 1993 年版,第 219 页。
② 《邓小平文选》第三卷,人民出版社 1993 年版,第 368 页。
③ 《江泽民文选》第一卷,人民出版社 2006 年版,第 367 页。
④ 《江泽民文选》第三卷,人民出版社 2006 年版,第 457 页。
⑤ 《中国共产党第十七次全国代表大会文件汇编》,人民出版社 2007 年版,第 16 页。
⑥ 《中国共产党第十七次全国代表大会文件汇编》,人民出版社 2007 年版,第 10 页。
⑦ 《邓小平文选》第三卷,人民出版社 1993 年版,第 379 页。

一于发展中国特色社会主义的伟大实践,贯穿于社会主义现代化建设的整个过程,保证了中国特色社会主义事业不断走向新的胜利。

第二,改革开放是建设和发展中国特色社会主义的强大动力。

改革开放是新时期最鲜明的特征,改革开放极大地推动了生产力的迅速发展和整个中国社会的全面进步。通过改革开放,解决了我国经济社会发展中面临的诸多矛盾和问题,使我国实现了从高度集中的计划经济体制到充满活力的社会主义市场经济体制、从封闭半封闭到全方位开放的伟大历史性转折,经济建设、政治建设、文化建设、社会建设取得举世瞩目的成就,我国经济快速发展,综合国力日益增强,人民生活水平上了新台阶,中国的面貌发生了历史性变化,推动了中国特色社会主义的建设和发展。从 1978 年到 2007 年,我国国内生产总值由 3645 亿元增长到 24.95 万亿元,年均实际增长 9.8%,是同期世界经济年均增长率的 3 倍多,我国经济总量上升为世界第四。从 1978 年到 2007 年,全国城镇居民人均可支配收入由 343 元增加到 13786 元,实际增长 6.5 倍;农民人均纯收入由 134 元增加到 4140 元,实际增长 6.3 倍;农村贫困人口从 2.5 亿减少到 1400 多万。① 政治体制改革不断深化,中国特色社会主义法律体系基本形成,公民有序政治参与不断扩大,人权事业全面发展。社会主义核心价值体系建设取得重大进展,马克思主义思想理论建设卓有成效,思想道德建设全面推进,文化事业生机盎然,全民族文明素质明显提高,中华民族的凝聚力和向心力显著增强。社会保障制度建设加快推进,覆盖城乡居民的社会保障体系初步形成。公共卫生服务体系和基本医疗服务体系不断健全,新型农村合作医疗制度覆盖全国。社会管理不断改进,社会大局保持稳定。

第三,改革开放是中国特色社会主义理论体系形成的实践基础。

改革开放为中国特色社会主义理论体系的形成提供了实践基础,成为

---

① 参见胡锦涛:《在纪念党的十一届三中全会召开 30 周年大会上的讲话》,人民出版社 2008 年版,第 7 页。

推进马克思主义中国化和当代化不竭的动力源泉。在这个过程中,我们党把马克思主义基本原理同中国国情和时代特征相结合,在总结我国社会主义历史经验并借鉴其他国家社会主义历史经验的基础上,既立足中国又面向世界,既总结历史又放眼未来,不断开创改革开放的新局面,积极探索中国特色社会主义的发展规律,从而形成了包括邓小平理论、"三个代表"重要思想以及科学发展观等重大战略思想在内的中国特色社会主义理论体系。这个理论体系是对改革开放伟大实践的理论概括和经验总结。"中国特色社会主义命题,是在改革开放的伟大实践中提出来的;中国特色社会主义道路,是在改革开放的伟大实践中逐步开辟、拓展并越走越宽阔的;中国特色社会主义理论体系,是在改革开放的伟大实践中逐步形成和丰富、发展的;中国特色社会主义伟大旗帜,是在改革开放的伟大实践中越举越高的。"①

实践证明,中国特色社会主义理论体系只有以改革开放实践为基础,才能不断得到丰富、发展和完善;改革开放的伟大实践只有以中国特色社会主义理论体系为指导,才能顺利向前推进。实践也证明,没有改革开放,就没有当代中国的发展。只有坚持改革开放,才能保证中国特色社会主义充满生机和活力,才能实现中华民族的伟大复兴。

三、科学发展是建设和发展中国特色
社会主义的基本要求

发展是当代中国的主题,也是社会主义的本质要求。一个国家坚持什么样的发展观,对其经济社会发展会产生重大而深远的影响。从世界范围来看,对发展的认识经历了四个阶段:发展就是经济增长问题,而经济增长主要靠工

---

① 习近平:《当代中国共产党人的庄严责任》,《学习时报》2008 年 3 月 17 日。

业化;发展就是经济增长和社会进步,不仅包括国民收入增长,还包括政治、文化等的进步;发展就是可持续发展;发展就是以人为本的综合发展。

第一,科学发展是中国共产党人不懈追求的目标。

十一届三中全会以后,邓小平从我国社会主义初级阶段的国情出发,强调中国解决一切问题的关键,是要靠自己的发展,而发展必须始终坚持经济建设这个中心。他指出:"中国解决所有问题的关键是要靠自己的发展。"①我们所做的可以概括为一句话:要发展自己,归根到底,发展才是硬道理。他明确把建设有中国特色社会主义称为"中国的发展路线"②。在此基础上,江泽民把发展与执政党建设联系起来,提出"发展是党执政兴国的第一要务",突出了发展在执政党建设中的重要地位。强调"能不能解决好发展问题,直接关系人心向背、事业兴衰""离开发展,坚持党的先进性、发挥社会主义制度的优越性和实现民富国强都无从谈起"③。同时,还认识到社会主义社会是全面发展、全面进步的社会,要注重经济政治文化的全面发展。④ 胡锦涛针对新世纪新阶段经济社会发展过程中出现的矛盾和问题,明确提出科学发展观,其第一要义是发展,核心是以人为本,基本要求是全面协调可持续,根本方法是统筹兼顾。强调必须坚持用发展的办法解决前进中的问题,大力发展社会生产力,同时,加强社会事业建设,"更加注重解决发展不平衡问题,更加注重发展社会事业,推动经济社会协调发展。"⑤从而实现了经济、政治、文化、社会建设四位一体的协调发展,深化了党对发展内涵的认识,使中国特色社会主义发展战略和总体布局更加全面协调。

第二,科学发展是在新的历史起点上建设和发展中国特色社会主义的现实需要。

---

① 《邓小平文选》第三卷,人民出版社 1993 年版,第 265 页。
② 《邓小平文选》第三卷,人民出版社 1993 年版,第 381 页。
③ 《江泽民文选》第三卷,人民出版社 2006 年版,第 538 页。
④ 《江泽民文选》第三卷,人民出版社 2006 年版,第 276 页。
⑤ 《十六大以来重要文献选编》下,中央文献出版社 2011 年版,第 652 页。

改革开放以来,我国经济和社会发展取得了举世瞩目的成就,我国社会主义市场经济体制日趋完善,社会主义物质文明、政治文明、精神文明建设和党的建设不断加强,综合国力大幅度提高,人民生活显著改善,社会政治长期保持稳定。同时,我国正处于并将长期处于社会主义初级阶段,人民日益增长的物质文化需要同落后的社会生产之间的矛盾仍然是我国社会的主要矛盾,统筹兼顾各方面利益任务艰巨而繁重。特别是我国已进入改革发展的关键时期,存在不少影响社会发展的矛盾和问题,主要是:城乡、区域、经济社会发展很不平衡,人口资源环境压力加大;就业、社会保障、收入分配、教育、医疗、住房、安全生产、社会治安等方面关系群众切身利益的问题比较突出;体制机制尚不完善,民主法制还不健全;一些社会成员诚信缺失、道德失范,一些领导干部的素质、能力和作风与新形势新任务的要求还不适应;一些领域的腐败现象仍然比较严重;敌对势力的渗透破坏活动危及国家安全和社会稳定。这些问题如果处理不好,就会严重影响中国特色社会主义发展的大局。只有认真贯彻科学发展观,坚定不移地推动科学发展,深刻认识我国发展的阶段性特征,积极主动地正视矛盾、化解矛盾,最大限度地增加和谐因素,最大限度地减少不和谐因素,切实把科学发展观贯穿中国特色社会主义建设和发展的全过程,才能真正体现全党和全国各族人民的共同愿望,反映建设富强民主文明和谐的社会主义现代化国家的内在要求,更好地建设和发展中国特色社会主义。

第三,科学发展是马克思主义关于人的自由全面发展的必然要求。

马克思主义认为,发展是以人类的解放为目标的,未来理想社会是社会生产力高度发达和人的精神生活高度发展的社会,是经济、政治、文化和社会建设协调发展的社会,是每个人自由而全面发展的社会。也就是说,科学发展是科学社会主义的题中应有之义。中国特色社会主义始终坚持科学社会主义这一基本原则、又赋予其鲜明的中国特色,强调发展的核心就是坚持以人为本。邓小平指出:"社会主义经济政策对不对,归根到底要看生产力是否发展,人民收入是否增加。这是压倒一切的标准。"①要把人民拥护不拥护、赞成不赞成、高兴不高兴、答应不答应，作为我们一切政策正确与否的衡量尺度。江泽民强调："党的一切方针政策，都要以是否符合最广大人民群众的利益为最高标准，以最广大人民群众满意不满意为根本准则。"②胡锦涛明确提出，发展要坚持以人为本，"就是要以实现人的全面发展为目标，从人民群众的根本利益出发谋发展、促发展，不断满足人民群众日益增长的物质文化需要，切实保障人民群众的经济、政治和文化权益，让发展的成果惠及全体人民。"③"以人为本"与"人的自由全面发展"是统一的，是同一命题的不同表述。人的全面发展必然要求以人为本，而以人为本最终要体现为人的全面发展。科学发展既体现了科学社会主义的根本目的，也是中国特色社会主义的基本要求。

科学发展观体现了辩证唯物主义和历史唯物主义的世界观和方法论，深刻回答了当代中国"为谁发展""靠谁发展""发展什么"和"怎样发展"的问题，实现了马克思主义世界观、价值观和历史观的高度统一。只有科学发展，才能实现我国经济社会又快又好发展，才能建设富强民主文明和谐的社会主义现代化国家，只有科学发展，才能真正坚持马克思主义，才能更好地推动中国特色社会主义的发展。

解放思想、改革开放、科学发展这三个方面相互联系、相互促进、辩证统一。解放思想是建设和发展中国特色社会主义的思想前提，没有解放思想，就不可能实行改革开放，也不可能实现科学发展；改革开放是建设和发展中国特色社会主义的强大动力，没有改革开放，思想解放就不能向深入推进，科学发展就会失去力量源泉；科学发展是建设和发展中国特色社会主义的基本要求和根本目的，没有科学发展，改革开放就会走入歧途，解放思想就会失去依托，成为一句空话。三者共同构成一个辩证统一的有机整体，贯穿和统一于建设

① 《邓小平文选》第二卷，人民出版社 1993 年版，第 314 页。
② 《江泽民文选》第二卷，人民出版社 2006 年版，第 445 页。
③ 《十六大以来重要文献选编》上，中央文献出版社 2011 年版，第 850 页。

和发展中国特色社会主义的全过程,忽略和否定了其中的任何一项内容,中国特色社会主义事业都要遭受挫折。因此,解放思想、改革开放和科学发展是建设和发展中国特色社会主义的三大法宝。这是党在领导全国各族人民建设和发展中国特色社会主义过程中取得的基本经验,也是我们在建设和发展中国特色社会主义道路上始终坚持的重要原则。把解放思想、改革开放和科学发展作为建设和发展中国特色社会主义的三大法宝,能够使我们明确三者在建设和发展中国特色社会主义中发挥的重要作用,紧紧抓住建设和发展中国特色社会主义的关节点。正确理解和处理了这三个基本问题及其相互关系,就掌握了建设和发展中国特色社会主义的规律,把握了中国特色社会主义事业的全局。

中国特色社会主义道路、
理论、制度的有机统一[*]

党的十八大报告指出："中国特色社会主义道路,中国特色社会主义理论体系,中国特色社会主义制度,是党和人民九十多年奋斗、创造、积累的根本成就,必须倍加珍惜、始终坚持、不断发展。"①道路是实现途径,理论体系是行动指南,制度是根本保障。中国特色社会主义道路、理论、制度是中国特色社会主义具有内在逻辑的三个基本方面,构成了中国特色社会主义的基本框架。

一、中国特色社会主义道路为理论形成
发展和制度创新完善提供实践基础

任何理论不会凭空产生,任何制度也不会是空中楼阁,中国特色社会主义理论体系的形成发展和制度的确立、创新完善,源于中国共产党人探索中国特色社会主义道路的实践。

1956 年我国社会主义基本制度确立以后,以毛泽东同志为主要代表的中国共产党人坚持把马克思主义和中国实际相结合,开始了对符合中国特点的

---

*　原载《教学与研究》2013 年第 3 期。

①　《十八大以来重要文献选编》上,中央文献出版社 2014 年版,第 9 页。

社会主义建设道路的艰辛探索,成为中国特色社会主义道路探索的源头,这一探索也为开辟中国特色社会主义道路提供了宝贵经验、理论准备、物质基础。党的十一届三中全会是新时期探索中国特色社会主义道路的起点。"在改革开放三十多年一以贯之的接力探索中,我们坚定不移高举中国特色社会主义伟大旗帜,既不走封闭僵化的老路、也不走改旗易帜的邪路。"①以邓小平同志为主要代表的中国共产党人,明确提出走自己的路,建设中国特色社会主义,科学回答了建设中国特色社会主义的一系列基本问题,开辟了中国特色社会主义道路。以江泽民同志为主要代表的中国共产党人,把中国特色社会主义推向 21 世纪。新世纪新阶段,以胡锦涛同志为主要代表的中国共产党人,坚持和发展了中国特色社会主义。随着改革开放的不断深入,党对中国特色社会主义道路内涵的认识不断深化。党的十七大报告全面概括了中国特色社会主义道路的深刻内涵,在此基础上,党的十八大报告又增加了"社会主义生态文明,促进人的全面发展,逐步实现全体人民共同富裕"等内容,使其内涵更为丰富。"中国特色社会主义道路,就是在中国共产党领导下,立足基本国情,以经济建设为中心,坚持四项基本原则,坚持改革开放,解放和发展社会生产力,建设社会主义市场经济、社会主义民主政治、社会主义先进文化、社会主义和谐社会、社会主义生态文明,促进人的全面发展,逐步实现全体人民共同富裕,建设富强民主文明和谐的社会主义现代化国家。"②

　　中国共产党对中国特色社会主义道路的探索,是一个不断总结改革开放和社会主义现代化建设实践经验的过程。这些成功的经验,上升为理论,形成了中国特色社会主义理论体系。这些成功的经验,具体化为制度、体制,形成了中国特色社会主义的制度体系。

　　探索中国特色社会主义道路的实践,启发了中国共产党人的理论自觉和制度自觉。探索中国特色社会主义道路,需要创造符合中国实际的马克思主

---

① 《十八大以来重要文献选编》上,中央文献出版社 2014 年版,第 9 页。

② 《十八大以来重要文献选编》上,中央文献出版社 2014 年版,第 9—10 页。

义理论,确立中国特色的社会主义制度。早在 1956 年,毛泽东就提出,要实现马克思主义和中国实际的第二次结合,探索符合中国特点的社会主义建设道路。把马克思主义与中国社会主义建设的实际相结合,首先就是要在总结实践经验的基础上,创造出能够指导中国社会主义建设实践的理论。在这一时期,毛泽东相继发表了《论十大关系》《关于正确处理人民内部矛盾的问题》等讲话,针对苏联以及我国社会主义建设过程中存在的一些问题进行了深入的理论思考,这是毛泽东在探索符合中国特点的社会主义建设道路过程中理论自觉的表现。遗憾的是,由于当时还没有形成高度的制度自觉,关于社会主义建设道路探索的理论成果没有能够以制度的形式及时确立下来,也导致后来的探索出现了严重曲折。改革开放以后,在不断总结党探索具有中国特点的社会主义建设道路历史经验的基础上,邓小平在强调理论自觉的同时,也十分强调要有高度的制度自觉。他指出:"我们坚信马克思主义,但马克思主义必须与中国实际相结合。只有结合中国实际的马克思主义,才是我们所需要的真正的马克思主义。"①这是在道路探索过程中理论自觉的表现。而他又特别指出:"制度好可以使坏人无法任意横行,制度不好可以使好人无法充分做好事。"②这是中国共产党在探索中国特色社会主义道路历史进程中制度自觉的表现。

中国特色社会主义道路的探索不仅启发了理论自觉和制度自觉,也为理论创新和制度创新提供了丰富的实践基础。邓小平曾经指出:"我们现在所干的事业是一项新事业,马克思没有讲过,我们的前人没有做过,其他社会主义国家也没有干过。"③这说明,中国特色社会主义理论和中国特色社会主义制度,既不是来源于马克思主义的文本,也不是从其他社会主义国家照抄照搬而来,而只能源于开辟中国特色社会主义道路的实践。理论创新和制度创新

---

① 《邓小平文选》第三卷,人民出版社 1993 年版,第 213 页。
② 《邓小平文选》第二卷,人民出版社 1994 年版,第 333 页。
③ 《邓小平文选》第三卷,人民出版社 1993 年版,第 258 页。

不可能一蹴而就,只能在实践中不断总结成功的经验,失败的教训,随着实践的不断深入而逐步发展。正是在道路艰辛而曲折的探索实践中,中国共产党人对中国现实的国情和面临的复杂问题有了更为全面和清晰的认识。包括对现阶段中国的生产力发展水平、改革开放与独立自主的关系、社会主义制度与市场经济的关系、精神文明与物质文明的关系、经济发展与人口、资源、环境的关系等各方面问题有了更为深刻的认识,才形成了诸如社会主义本质理论,社会主义初级阶段理论,社会主义改革开放理论,社会主义市场经济理论,以及发展社会主义先进文化、构建社会主义和谐社会、建设社会主义生态文明等各方面的理论。并确立了社会主义初级阶段公有制为主体、多种所有制经济共同发展的基本经济制度,按劳分配为主体多种分配方式并存的分配制度,社会主义市场经济体制,以及坚持党的领导、人民当家作主和依法治国相统一的民主政治发展道路,基层群众自治制度等内容。

中国特色社会主义道路的成功开辟,使中国共产党人有了坚定的理论自信和制度自信。一方面,中国特色社会主义理论和中国特色社会主义制度,都是为了能够保障中国特色社会主义道路沿着正确的方向健康发展,因此,中国特色社会主义理论和制度的价值取决于中国特色社会主义道路所取得的成就。中国特色社会主义道路的成功开辟,当代中国的发展和进步,从实践上证明了中国特色社会主义理论和制度的价值和意义,这也是坚定中国特色社会主义理论自信和制度自信的基础。另一方面,探索道路的实践是理论形成和制度确立的实践基础,也是检验理论真理性和制度合理性的标准。道路的成功开辟,离不开正确理论的指导,也离不开合理制度的保障。道路的成功开辟,又同时能够证明指导道路探索的理论是正确的,为道路探索提供保障的制度是合理的。改革开放以来,沿着中国特色社会主义道路发展所取得的显著成就,彰显了中国特色社会主义理论体系的真理性,证明了中国特色社会主义制度的合理性,也坚定了中国共产党和全国各族人民坚持中国特色社会主义的道路自信、理论自信和制度自信。同时,中国特色社会主义道路的成功开辟,也为中国特色社会主义理论和制度赢得了国际上的尊重,这也从另一个侧面坚定了对中国特色社会主义理论和制度的自信。在一些西方学者看来,中国特色社会主义理论和制度不仅解决了中国的发展问题,而且对其他发展中国家也具有重要的启示意义。他们认为,虽然中国国情特殊,但中国正确处理改革、发展和稳定的关系,独立自主参与经济全球化的理论和实践等方面,也值得其他发展中国家借鉴。"对全世界那些正苦苦寻找不仅自身发展,而且还要在融入国际秩序同时又真正保持独立和保护自己生活方式和政治选择的国家来讲,中国提供了新路。"①

二、中国特色社会主义理论体系为道路拓展和制度创新提供理论支撑

理论源于实践,实践的深入和发展必然伴随着理论的创新。中国特色社会主义道路探索的过程,也是中国特色社会主义理论创新的过程。

以毛泽东同志为主要代表的中国共产党人对符合中国特点的社会主义建设道路的探索,虽然遭遇了严重挫折,但也取得了许多宝贵的经验,奠定了后来开辟中国特色社会主义道路的理论基础。比如,毛泽东提出的要把马克思主义和中国社会主义建设的实践相结合的思想,以及借鉴吸收资本主义国家的一切好的经验,独立自主走自己的路,结合中国实际建设社会主义的思想等等,都为后来的探索提供了有益的思想资料。党的十一届三中全会以后,邓小平继承了毛泽东关于社会主义建设的思想内容,在改革开放和中国特色社会主义现代化建设过程中不断总结经验,形成了邓小平理论。邓小平理论是对毛泽东思想的继承和发展。正如邓小平所说的那样:"我们现在的路线、方针、政策是在总结了成功时期的经验、失败时期的经验和遭受挫折时期的经

①　刘桂山:《"共识"为世界带来希望——西方学者谈中国经济发展模式的理论实践》,《参考消息》2004年6月3日。

验后制定的。历史上成功的经验是宝贵财富,错误的经验、失败的经验也是宝贵财富。"①党的十三届四中全会以后,围绕"建设一个什么样的党,怎样建设党"的问题,江泽民提出"三个代表"重要思想,对中国共产党所处的历史方位进行了科学分析和判断,进一步丰富了关于中国特色社会主义建设的理论。党的十六大以来,胡锦涛对新形势下"实现什么样的发展、怎样发展"等问题做出了科学回答,提出了科学发展观,把对中国特色社会主义发展规律的认识提高到新的水平。"中国特色社会主义理论体系,就是包括邓小平理论、'三个代表'重要思想、科学发展观在内的科学理论体系,是对马克思列宁主义、毛泽东思想的坚持和发展。"②

中国特色社会主义理论体系是改革开放以来中国共产党理论创新成果的集中概括,深刻揭示了当代中国社会发展的特殊规律,系统回答了改革开放以来中国特色社会主义建设面临的一系列重大理论和现实问题,是探索中国特色社会主义道路必须始终坚持的指导思想。

中国特色社会主义理论体系为中国特色社会主义道路的开辟和制度的完善提供了必需的理论支撑。江泽民曾经一再强调中国特色社会主义理论对道路探索和制度完善的重要意义,他指出,"要使党和国家的发展不停顿,首先理论上不能停顿,否则一切新的发展都谈不上。"③

中国特色社会主义理论体系的形成与中国特色社会主义道路的开辟是同一过程的两个方面,是围绕建设和发展中国特色社会主义这一主题在理论和实践两个层面的展开。中国特色社会主义理论体系的创立,为中国特色社会主义道路的探索指明了方向。理论源于实践,实践也需要理论来指导。没有理论指导的实践,是盲目的实践。中国特色社会主义道路探索的实践,离不开中国特色社会主义理论的指导。中国特色社会主义道路的探索,既伴随着对

---

① 《邓小平文选》第三卷,人民出版社 1993 年版,第 234—235 页。
② 《十八大以来重要文献选编》上,中央文献出版社 2014 年版,第 10 页。
③ 《江泽民文选》第三卷,人民出版社 2006 年版,第 336 页。

中国现实国情认识的深入，也伴随着对社会主义本质认识的深入。而这种认识只有达到理论的高度，才能促进道路的探索取得实质性的进展。在中国特色社会主义道路探索的过程中，我们早就遇到了在中国现实基础上要不要发展商品经济、市场经济的问题，并且在实际中，商品经济、市场经济也不可避免地存在着。但是，由于没有能够在理论上有所突破，没有能够形成社会主义初级阶段理论、社会主义市场经济理论，因此导致对这一问题的认识不断出现反复，也导致对社会主义道路的探索遭遇严重挫折。1984 年党的十二届三中全会通过的《中共中央关于经济体制改革的决定》中，就强调提出要建立"充满生机"的社会主义经济体制，要重视价值规律、价格杠杆的作用，必须发展社会主义商品经济等等。但是，因为没有能够对在社会主义制度下发展市场经济进行理论上的阐释，一直到邓小平南方谈话之前，关于社会主义制度与市场经济关系的争论，严重阻碍了市场经济的发展。邓小平在南方谈话中对市场经济本质以及社会主义制度与市场经济关系的清晰阐释，才真正解放了人们的思想，社会主义市场经济才得以真正快速发展起来。其实，在探索中国特色社会主义道路的实践中，每到一个关键节点，都是通过理论的突破和创新来推动道路探索的发展。当邓小平做出时代主题已经由战争与革命转变为和平与发展，社会主义制度要在和平的环境下与资本主义竞争这样的判断时，我们打破了社会主义与资本主义势不两立的传统观念，创造了社会主义改革开放理论，以利用、借鉴和吸收资本主义发展的成果来战胜资本主义。当我们意识到在当前中国生产力水平基础之上不可避免要发展市场经济时，我们打破了只有资本主义才可以发展市场经济的理论桎梏，创造性提出了社会主义也可以搞市场经济的论断，从而提出并阐述了社会主义市场经济理论，利用市场配置资源的优势为建设和发展中国特色社会主义服务。正是因为理论上的不断创新，才推动了中国特色社会主义道路的探索不断前进。也正是在中国特色社会主义理论体系的指引下，才成功开辟了中国特色社会主义道路。

　　理论创新是制度创新的先导，中国特色社会主义理论为中国特色社会主义制度创新提供理论引领和规范。从某种意义上来讲，制度是为理论指导实践提供保障，但没有理论创新就不会有制度创新，中国特色社会主义理论创新是中国特色社会主义制度创新的一个重要前提。中国特色社会主义道路的探索，是"摸着石头过河"，因此在探索的实践中，总是会不断遇到新事物新问题，也总是会制定一些政策措施来解决这些实践中出现的新问题。只有当对这些新事物新问题的认识上升到理论高度的时候，才会把处理这些新事物新问题的政策措施以制度的形式确立下来。所以，总是先有中国特色社会主义理论创新，然后才有中国特色社会主义制度创新，并随着理论的逐渐成熟，然后才有制度的逐步完善。回顾中国特色社会主义道路探索的过程，正是先有了社会主义初级阶段理论，才确立了以公有制为主体，多种所有制经济共同发展的基本经济制度。正是先有了社会主义市场经济理论，才确立了与发展社会主义市场经济相适应的体制、制度和法律体系，并且随着社会主义市场经济理论的发展，与社会主义市场经济相关的制度体制建设也日趋合理完善。我们在经济、政治、文化、社会等各个领域形成的一整套相互衔接、相互联系的制度体系，都是在中国特色社会主义理论体系指导下确立的。正因为如此，我们在强调创新时才特别强调理论创新的重要性。提出要以"党的理论创新引领各方面创新"[1]。强调"实践基础上的理论创新是社会发展和变革的先导。"要"通过理论创新推动制度创新、科技创新、文化创新以及其他各方面的创新"[2]。

理论不仅对制度创新具有引领作用，还有规范作用，即通过制度与理论对照，纠正制度体系中与理论不相符甚至相违背的机制体制，从而修正和完善制度。制度要与理论相一致，制度创新必须以理论为原则和界限。理论是对客观事物的高度认识，中国特色社会主义理论揭示了当代中国社会发展的基本规律。我们的制度创新，应该以中国特色社会主义理论为规范，如果我们的制

---

[1] 《十七大以来重要文献选编》上，中央文献出版社2013年版，第38页。
[2] 《江泽民文选》第三卷，人民出版社2006年版，第537页。

度创新脱离中国特色社会主义理论的指导,就会违背社会发展的规律,不仅不能起到应有的作用,反而会适得其反。例如,我们不能简单地认为经济制度创新就应该搞完全的私有化方向改革,政治体制改革就应该朝着西方的政党政治和议会政治发展。这样的改革和创新并不符合中国的现实国情,也不符合中国社会发展的规律。制度创新是不是合理,在被实践检验之前,应该首先以理论为参考,这样才可以规避因为制度不合理或所谓创新可能给中国特色社会主义建设和发展造成的危害。比如,用科学发展观审视中国特色社会主义制度,特别是具体的体制和机制,如果有违反以人为本、公平正义、全面协调可持续发展等理念和原则的,应当予以纠正,以使制度更加完善合理。

三、中国特色社会主义制度为道路拓展和理论创新提供制度保障

制度是道路探索和理论创新的重要保障,制度建设对中国特色社会主义事业的发展具有重要意义。

在新中国成立之前,毛泽东就对未来中国的社会主义制度建设进行了深入思考。新中国成立后,人民民主专政制度、人民代表大会制度、中国共产党领导的多党合作和政治协商制度、民族区域自治制度等根本政治制度和基本制度得以确立,从而奠定了中国特色社会主义制度的基本框架,为中国特色社会主义道路的探索和中国特色社会主义理论创新、制度创新提供了根本的制度保障。

改革开放以后,邓小平总结"文化大革命"的教训,十分重视加强制度建设,在探索中国特色社会主义道路的过程中,中国特色社会主义经济、政治制度不断完善,文化体制和社会体制建设不断发展。胡锦涛在纪念建党 90 周年大会上的讲话中,明确提出了中国特色社会主义制度的概念,并在党的十八大报告中进一步明确了中国特色社会主义制度的内涵。中国特色社会主义制度

就是"人民代表大会制度的根本政治制度,中国共产党领导的多党合作和政治协商制度、民族区域自治制度以及基层群众自治制度等基本政治制度,中国特色社会主义法律体系,公有制为主体、多种所有制经济共同发展的基本经济制度,以及建立在这些制度基础上的经济体制、政治体制、文化体制、社会体制等各项具体制度。"①

中国特色社会主义制度坚持科学社会主义基本原则,又符合我国国情,是建立在我国现实生产力基础上的经济基础和上层建筑的统一,是一个完整的制度体系,为中国特色社会主义道路的拓展和中国特色社会主义理论创新提供了坚实的制度保障。诚如邓小平所言,制度"关系到党和国家是否改变颜色""带有根本性、全局性、稳定性和长期性"②,制度的这些特点决定了道路的拓展和理论的创新必须以坚持和完善制度为前提。中国特色社会主义制度体系中的根本政治制度、基本政治经济制度,是中国特色社会主义制度体系中社会主义价值取向的鲜明体现,在道路探索和理论创新的过程中不能有丝毫动摇。因此,中国特色社会主义制度规定了道路的进一步探索必须坚持的社会主义的发展方向,规定了理论的进一步创新必须坚持的社会主义的价值取向。

中国特色社会主义制度是中国特色社会主义道路探索始终坚持社会主义方向的根本保证。如果说理论指引着道路探索的方向,那么制度则保障道路的探索不会偏离正确方向。特别是中国特色社会主义制度体系中的根本制度和基本制度,为中国特色社会主义道路探索不会偏离正确方向提供了根本保障。因为有了人民代表大会制度这一中国特色社会主义根本政治制度作为保障,中国特色社会主义民主政治道路的探索,无论如何都不会走上资本主义的"三权分立"、两党或多党轮流执政的所谓"民主政治道路",不会改变中国共产党的领导和人民群众当家作主的地位。因为有了公有制为主体的基本经济

---

① 《十八大以来重要文献选编》上,中央文献出版社2014年版,第10页。
② 《邓小平文选》第二卷,人民出版社1994年版,第333页。

制度作为保障,经济体制无论怎样改革,都不可能转向私有制,走上资本主义的经济发展道路。总而言之,正是因为有了中国特色社会主义制度作为保障,中国特色社会主义发展道路才不会成为一些西方学者所谓的"中国特色的资本主义发展道路",或者是"中国特色的新自由主义发展道路"。

中国特色社会主义制度规定了中国特色社会主义理论创新必须坚持社会主义的价值取向。中国特色社会主义理论创新的目的,是为了解决在中国特殊国情基础上如何发展社会主义的问题。因此,理论创新不能脱离中国实际,更不能脱离社会主义基本制度。中国特色社会主义政治、经济、文化、社会制度为理论创新划定了一个鲜明的界限,决定了在理论创新的过程中,不会违背四项基本原则发展到丢掉马克思主义的邪路上去。所以,有了中国特色社会主义制度的保障,我们的改革开放理论才不会成为全盘西化的理论,我们的市场经济理论才不会成为完全自由化、绝对私有化的西方市场经济理论。中国特色社会主义制度,决定了理论创新不是要改旗易帜,不是要丢掉马克思主义和社会主义,而是在中国现实国情基础上,围绕建设和发展中国特色社会主义而进行的创新。

中国特色社会主义制度的逐步完善巩固了中国特色社会主义道路探索和理论创新的成果。道路探索的进步和理论创新的成果都以制度的确立和完善为体现,制度的完善程度代表了道路发展和理论成熟的程度。如果没有制度的确立作为保障,道路的探索可能会走回头路,理论的创新也可能出现倒退。毛泽东对符合中国特点的社会主义建设道路的探索,曾经取得了许多重要的进展,但因为没有能够及时以制度的形式确立下来,使得道路的探索遭遇严重曲折,理论的创新偏离了正确的轨道,甚至还出现了严重的错误。因此,我们应该汲取过去的经验教训,不断把道路探索和理论创新的成果以制度的形式确立下来。只有理论创新的成果以制度的形式确立下来,理论的进一步创新才有可能,也只有道路探索的成果以制度的形式确立下来,道路的探索才能够继续向前推进一步。

总之,中国特色社会主义道路的探索、理论的创新、制度的完善,有机统一于建设和发展中国特色社会主义的实践。实践永无止境,道路的探索、理论的创新、制度的完善也不会终结。中国共产党带领全国各族人民开辟的中国特色社会主义道路,形成的中国特色社会主义理论体系,确立的中国特色社会主义制度,是改革开放以来中国取得一切成绩和进步的根本原因。在建设和发展中国特色社会主义,实现中华民族伟大复兴的征程中,我们也只有继续坚持以理论创新为先导,以制度完善为保障,深化对中国特色社会主义道路的探索,才能把中国特色社会主义事业不断向前推进。

正确认识和评价当代中国的改革开放[*]

改革开放是党在新的历史条件下领导人民进行的新的伟大革命，是决定当代中国命运的关键一招，是坚持和发展中国特色社会主义、实现中华民族伟大复兴的必由之路。新时代进一步推进全面深化改革，最重要的是坚持党的领导，贯彻党的基本路线，不走封闭僵化的老路，不走改旗易帜的邪路，坚定走中国特色社会主义道路，确保改革始终沿正确方向不断前进。

一、肯定改革成绩，不走封闭僵化老路

科学评价改革历史，有效应对否定改革的历史虚无主义思潮，必须旗帜鲜明地肯定改革成绩，充分重视改革开放划时代的伟大意义，为全面深化改革、避免封闭僵化提供理论和现实依据。这一历史意义首先体现在改革是决定当代中国命运的关键一招，也是新时代全面建成小康社会、进而全面建设社会主义现代化国家的根本动力。经过四十年的改革开放，我国经济实力、科技实力、国防实力和综合国力进入世界前列，党的面貌、国家的面貌、人民的面貌、军队的面貌、中华民族的面貌发生了根本变化，迎来了民族复兴的光明前景。

---

* 原载《光明日报》（理论版）2018 年 8 月 6 日。

如果没有 1978 年我们党果断决定实行改革开放,并坚定不移推进改革开放,牢牢把握改革开放正确方向,就不可能有今天这样的大好局面,就可能面临严重危机,就可能陷入像苏联、东欧国家那样的亡党亡国境地。没有改革开放,就没有中国的今天,也就没有中国的明天。中国特色社会主义进入新时代,改革开放到了一个新的重要关头,实现平衡充分发展,满足人民日益增长的美好生活需要,要求进一步全面深化改革。我们在改革开放上决不能有丝毫动摇,改革开放的旗帜必须继续高高举起,改革开放的成绩必须充分肯定,改革开放的正确方向必须牢牢坚持。全党要坚定改革信心,以更大的政治勇气和智慧、更有力的措施和办法推进改革。

改革开放最主要的成果是开创和发展了中国特色社会主义,为社会主义现代化建设提供了强大动力和有力保障,新时代继续推进中国特色社会主义伟大事业必须全面深化改革。改革开放是我们党的历史上一次伟大觉醒,孕育了新时期从理论到实践的伟大创造,它把党和人民从僵化思维的束缚中解放出来,以科学态度对待毛泽东思想,紧紧围绕现代化建设中的实际问题创新和发展马克思主义,在新的历史条件下实现了马克思主义基本原理与中国具体实际相结合的又一次伟大飞跃,开辟了中国特色社会主义道路,形成了中国特色社会主义理论体系,确立了中国特色社会主义制度,发展了中国特色社会主义文化,为当代中国的一切发展进步提供了实现途径、行动指南、制度保障和价值引领。实践证明,改革开放是当代中国发展进步的活力之源,是我们党和人民大踏步赶上时代的重要法宝,是坚持和发展中国特色社会主义的必由之路。中国特色社会主义之所以具有蓬勃生命力,就在于实行了改革开放的社会主义。中国特色社会主义在改革开放中产生,也必将在改革开放中发展壮大,必须坚定不移坚持党的十一届三中全会以来的路线方针政策,坚持不懈把改革创新精神贯彻到治国理政各个环节,在全面深化改革中将中国特色社会主义事业推向前进。

改革开放过程中既有成绩,也有问题,但改革开放中的矛盾只能通过进一步深化改革得到解决，停顿和倒退没有出路。党领导人民干革命、搞建设、抓改革，从来都是为了解决中国的实际问题。党的十一届三中全会以来，党中央带领全国人民用改革的办法解决了党和国家事业发展中的一系列问题，同时又产生了许多新的矛盾和问题，需要继续通过改革的办法加以解决。可以说，改革是由问题倒逼产生，又在不断解决问题中得以深化。经过经济社会四十年的快速发展，原有社会矛盾得到了很大程度上的解决，但改革开放越往纵深发展，发展中的问题和发展后的问题、一般矛盾和深层次矛盾、有待完成的任务和新提出的任务越交织叠加、错综复杂。应当看到，这些矛盾是前进道路上的矛盾，这些问题是发展过程中的问题，既要充分估计全面深化改革所遇到的障碍和阻力，又不能借此否定改革成绩、歪曲改革实质，而要在正确把握问题性质的基础上通过继续深化改革加以解决。事实证明，改革开放是大势所趋、人心所向，要破解发展面临的各种难题，化解来自各方面的风险和挑战，更好发挥中国特色社会主义制度优势，推动经济社会持续健康发展，除了深化改革开放，别无他途。

二、明确改革方向，不走改旗易帜邪路

改革开放是一场深刻革命，是有方向、有立场、有原则的，其实质是社会主义制度的自我完善和发展，而不是对社会主义制度改弦易张。必须坚持正确方向，推动改革沿着中国特色社会主义道路不断前进。我们说中国特色社会主义是社会主义，那就是不论怎么改革、怎么开放，我们都始终要坚持中国特色社会主义道路、中国特色社会主义理论体系、中国特色社会主义制度、中国特色社会主义文化。世界在发展，社会在进步，不实行改革开放死路一条，搞否定社会主义方向的"改革开放"也是死路一条。一些敌对势力和别有用心的人在那里摇旗呐喊、制造舆论、混淆视听，把改革定义为往西方政治制度的方向改，否则就是不改革。对此，我们要洞若观火，保持政治坚定性，明确政治

定位,始终坚持将以经济建设为中心同坚持四项基本原则、坚持改革开放这两个基本点统一于中国特色社会主义伟大实践,既以四项基本原则保证改革开放的正确方向,又通过改革开放赋予四项基本原则新的时代内涵,排除各种干扰,坚定不移走中国特色社会主义道路,不断推进我国社会主义制度的自我完善和发展,赋予社会主义新的生机活力。

党在改革开放时期制定的政策、创立的理论、取得的成绩不是无源之水、无本之木,而是对改革开放前艰辛探索的继承和发展,只有正确理解和把握改革开放前后不同历史时期的相互关系,才能更加清楚地判定改革性质、明确改革方向。我们党领导人民进行社会主义建设,有改革开放前和改革开放后两个历史时期,虽然这两个历史时期在进行社会主义建设的思想指导、方针政策、实际工作上有很大差别,但两者决不是彼此割裂的,更不是根本对立的,本质上都是我们党领导人民进行社会主义建设的实践探索。应当以历史唯物主义的观点正确看待两者关系,不能用改革开放前的历史时期否定改革开放后的历史时期,更不能用改革开放后的历史时期否定改革开放前的历史时期。改革开放前的社会主义实践探索为改革开放后的社会主义实践探索积累了条件,改革开放后的社会主义实践探索是对前一个时期的坚持、改革、发展,两者一脉相承又与时俱进,共同构成了新中国成立以来党为实现民族复兴和人民幸福而不懈探索的完整历程。

改革开放是立足中国实际的内生演进,在中国特色社会主义新时代进一步推进全面深化改革,应当从我国国情出发、从经济社会发展实际出发,有领导有步骤推进改革,不求轰动效应,不做表面文章,始终坚持正确的改革方向。百里不同风,千里不同俗。一个国家选择什么样的社会制度和治理模式,是由这个国家的历史传承、文化传统、经济社会发展水平决定的,是由这个国家的人民决定的。中国特色社会主义制度是在我国历史传承、文化传统、经济社会发展的基础上长期发展、渐进改进、内生性演化的结果。全面建成小康社会,进而全面建设社会主义现代化国家需要继续坚持全面深化改革,不断完善和健全中国特色社会主义制度,实现国家治理体系和治理能力现代化,但改什么、怎么改,必须牢牢立足中国实际和发展需要,有些不能改的,再过多长时间也是不改,不能把西方的理论、观点生搬硬套在自己身上。我们愿意借鉴人类一切文明成果,但不会照抄照搬任何国家的发展模式。"橘生淮南则为橘,生于淮北则为枳,叶徒相似,其实味不同。所以然者何?水土异也。"如果不顾国情照抄照搬别人的制度模式,就会画虎不成反类犬,不仅不能解决任何实际问题,而且还会因水土不服造成严重后果。

三、坚持中国特色社会主义道路, 将全面深化改革推向前进

中国特色社会主义最本质的特征是中国共产党领导,中国特色社会主义制度的最大优势是中国共产党领导。党的领导是中国革命、建设、改革不断取得胜利的根本保证,也是新时代顺利推进全面深化改革的根本保证。实践已经充分证明并将继续证明,党的领导是历史和人民的选择,也是应对和战胜改革道路上各种风险和挑战的必然要求。没有中国共产党的领导,民族复兴必然是空想。在当代中国,党是领导一切的最高政治力量,没有任何力量能够动摇和替代党的领导核心地位。能否有效推进党的建设新的伟大工程,永葆党的旺盛生命力和强大战斗力是全面深化改革能否顺利推进的决定性因素。要把党要管党、从严治党落到实处,把党的政治建设摆在首位,以党的政治建设为统领,增强全党特别是领导干部理想信念的坚定性,完善党内制度体系特别是民主集中制,推进体制机制改革创新,加强惩治和预防腐败体系建设,从而进一步提高党的领导水平和执政能力,不断增强党的政治领导力、思想引领力、群众组织力、社会号召力,确保党能够在世界形势深刻变化的历史进程中始终走在时代前列,在应对国内外各种风险考验的历史进程中始终成为全国人民的主心骨,在推进全面深化改革的历史进程中始终成为中流砥柱,充分发

挥总揽全局、协调各方的领导核心作用,确保改革取得成功。

为人民谋幸福是中国共产党人建党时的初心,也是带领人民进行改革开放和社会主义现代化建设的初心。坚持中国特色社会主义道路,将全面深化改革推向前进,就是要继续通过发展社会生产力,努力实现平衡充分发展,不断满足人民日益增长的美好生活需要,实现人的全面发展和社会全面进步。改革开放四十年,我国有 7 亿多人口摆脱贫困,13 亿多人民的生活质量和水平大幅度提升,用几十年时间完成了其他国家几百年走过的发展历程。但我国仍是世界上最大的发展中国家,国民经济和社会发展的各项人均指标在全球排名仍然比较落后,要使全体中国人民都过上美好生活,需要继续将改革推向深入。新时代继续推进全面深化改革,既要立足社会主义初级阶段的基本国情,又要准确把握社会主要矛盾发生的历史性转变,充分关注人民日益广泛的美好生活需要,着力解决经济社会发展中的不平衡不充分问题,从人民群众关心的事情做起,多谋民生之利,多解民生之忧,在幼有所育、学有所教、劳有所得、病有所医、老有所养、住有所居、弱有所扶上不断取得新进展,不断促进社会公平正义,让改革发展成果更多更公平惠及全体人民,使人民获得感、幸福感、安全感更加充实、更有保障、更可持续,朝着实现全体人民共同富裕不断迈进。

改革开放只有进行时,没有完成时。党的十一届三中全会以来,党以巨大的政治勇气,锐意推进经济体制、政治体制、文化体制、社会体制、生态文明体制和党的建设制度改革,不断扩大开放,成就举世瞩目。实践发展永无止境,解放思想永无止境,改革开放也永无止境。改革取得的实践和理论成果,能够帮助我们更好面对和解决前进中的问题,但不能成为我们骄傲自满的理由,更不能成为我们继续前进的包袱。改革开放事业越前进,新情况新问题就会越多,面临的风险和挑战就会越多。解决这些发展面临的难题,不深化改革不行,改革方向错了也不行,必须不断增强中国特色社会主义道路自信、理论自信、制度自信、文化自信,以更大勇气和智慧将改革开放推向前进。

中国特色社会主义道路

毛泽东对中国特色社会主义的历史贡献*

党的十八大报告指出："中国特色社会主义道路,中国特色社会主义理论体系,中国特色社会主义制度,是党和人民九十多年奋斗、创造、积累的根本成就,必须倍加珍惜、始终坚持、不断发展。"①中国特色社会主义道路的开辟、中国特色社会主义理论体系的形成、中国特色社会主义制度的确立,也包括了党的第一代中央领导集体的贡献,尤其是毛泽东在这一过程中的历史贡献。毛泽东对适合中国特点的社会主义建设道路的探索为成功开辟中国特色社会主义道路积累了历史经验,毛泽东关于社会主义建设的思想为中国特色社会主义理论的形成提供了基础,毛泽东对我国社会主义基本制度的设计建构了中国特色社会主义制度体系的基本框架。

一、毛泽东对社会主义建设道路的探索为开辟中国特色社会主义道路积累了历史经验

在我国社会主义革命即将完成之时,毛泽东就提出,实现马克思主义与中

　＊　原载《思想理论教育导刊》2013 年第 11 期。中国人民大学复印报刊资料《毛泽东思想》2014 年第 3 期全文转载。

①《中国共产党第十八次全国代表大会文件汇编》,人民出版社 2012 年版,第 11 页。

国实际的第二次结合，根据实际探索符合中国特点的社会主义建设道路。毛泽东在这一时期的探索，为中国特色社会主义建设道路的开辟积累了历史经验，这一探索过程中取得的巨大成就，为当代中国的发展和进步奠定了重要的物质基础。

1. 毛泽东探索社会主义建设道路的艰辛历程

毛泽东对符合中国特点的社会主义建设道路的探索，经历了一个艰辛而曲折的过程。从1955年11月毛泽东领导制定中国经济发展战略开始至1957年下半年，是毛泽东探索中国社会主义建设道路的重要阶段。毛泽东从1955年就开始探索我国农业以及其他各条战线的发展战略，在社会主义革命尚未完全结束之时，就在事实上开始了对社会主义建设道路的探索。1956年4月，毛泽东发表《论十大关系》的重要讲话，全面分析了我国社会主义建设需要处理好的十大关系，并提出正确处理的原则，尤其是提出了把马克思主义和中国实际相结合这一探索社会主义建设道路的基本原则。1956年9月召开的党的八大，正确论述了我国社会的主要矛盾，提出要把党和国家的工作重点转移到社会主义建设上来等许多重要的思想观点。1957年2月，毛泽东又发表《关于正确处理人民内部矛盾的问题》的讲话，对社会主义社会的矛盾问题进行了深入思考和科学论述，党对我国社会主义建设道路的探索有了一个良好的开端。关于这一问题，1958年3月毛泽东在成都会议上的讲话中指出："一九五六年四月的《论十大关系》，开始提出我们自己的建设路线，原则和苏联相同，但方法有所不同，有我们自己的一套内容。"①1960年毛泽东在《十年总结》中又指出："前八年照抄外国的经验。但从一九五六年提出十大关系起，开始找到自己的一条适合中国的路线。"②

由于社会主义建设在中国是前无古人的伟大事业，实践的时间又很短，党

---

① 《毛泽东文集》第七卷，人民出版社1999年版，第369—370页。
② 《建国以来重要文献选编》第十三册，中央文献出版社1996年版，第418页。

还缺乏必要的经验积累和足够的思想理论准备,加之苏联模式的影响,在探索中遇到一些未曾经历的复杂情况。毛泽东在探索中曾经提出的一些正确的理论、方针和政策未能在实践中坚持下去,使我国社会主义建设道路的探索出现严重曲折。虽然后来毛泽东在纠正"左"的错误的过程中,也提出了一些关于社会主义建设的正确的理论观点,但随着党在指导思想上逐渐偏离正确的方向,使得这些探索被迫中断。1978 年党的十一届三中全会之后,以邓小平同志为主要代表的中国共产党人不断总结经验,在一以贯之的接力探索中,成功地开辟了中国特色社会主义道路。

2. 毛泽东探索社会主义建设道路的重要贡献

毛泽东在探索社会主义建设道路过程中提出的一些重要原则和基本思路,为新时期中国特色社会主义道路的开辟奠定了基础。

第一,实现马克思主义与中国实际的第二次结合。

毛泽东提出了实现马克思主义与中国实际"第二次结合"的重要思想,这也是党的第一代领导集体探索适合中国特点的社会主义建设道路的基本原则。毛泽东强调,我们党正是通过把马克思主义和中国革命实际相结合,在中国找到了正确的革命道路,才取得了革命的胜利。现在搞社会主义建设,需要通过把马克思主义和中国实际"进行第二次结合,找出在中国进行社会主义革命和建设的正确道路"[①]。从我国实际出发,把马克思主义基本原理与中国实际相结合,是毛泽东探索社会主义建设道路的基本原则,也是党的十一届三中全会以来党领导改革开放和现代化建设,探索中国特色社会主义道路始终坚持的基本原则。改革开放以来,党的几代中央领导集体都不断强调,没有马克思主义与当代中国实际的结合,就不会有中国特色社会主义道路的成功开辟。

---

① 吴冷西:《十年论战》上,中央文献出版社 1999 年版,第 23—24 页。

第二，以苏为鉴，走自己的路。

20 世纪 50 年代，苏联是社会主义阵营的排头兵，苏联模式也被普遍认为应该是新中国建设社会主义的不二选择。然而，毛泽东没有迷信苏联模式，却提出要突破苏联模式，"走自己的路"。他指出，苏联的经验固然要学习，但苏联走过的弯路，中国不能再走。并强调"任何外国的经验，只能作参考，不能当作教条。"①就算是学习苏联模式，也要结合中国实际，具有中国特色。毛泽东强调："我们信仰马列主义，把马列主义普遍真理同我们中国实际情况相结合，不是硬搬苏联的经验。硬搬苏联经验是错误的。"②对于苏联的经验，"只能择其善者而从之，其不善者不从之。把苏联的经验孤立起来，不看中国实际，就不是择其善者而从之。"③尽管毛泽东在探索社会主义建设道路的过程中没有能够完全突破苏联模式，但他提出的这一思想，为新时期中国特色社会主义道路的探索解除了思想枷锁。

第三，批判地学习其他国家的发展经验，为社会主义现代化建设服务。

针对我国社会主义基本制度建立之初缺乏现代化建设经验这样一个事实，毛泽东提出要学习和借鉴世界上一切国家好的发展经验。毛泽东在党的八大开幕词中指出："要把一个落后的农业的中国改变成为一个先进的工业化的中国，我们面前的工作是很艰苦的，我们的经验是很不够的。因此，必须善于学习。"④他提出："一切国家的好经验我们都要学，不管是社会主义国家的，还是资本主义国家的，这一点是肯定的。"⑤尽管在毛泽东探索社会主义建设道路的过程中，真正意义上的对外开放并没有实现，但毛泽东提出向一切国家包括资本主义国家学习的态度，为后来全方位的改革开放提供了重要的启示。邓小平指出：当时"我们也想扩大中外经济技术交流，包括同一些资本主

---

① 《毛泽东文集》第七卷，人民出版社 1999 年版，第 133 页。
② 《毛泽东文集》第七卷，人民出版社 1999 年版，第 176 页。
③ 《毛泽东文集》第七卷，人民出版社 1999 年版，第 366 页。
④ 《毛泽东文集》第七卷，人民出版社 1999 年版，第 117 页。
⑤ 《毛泽东文集》第七卷，人民出版社 1999 年版，第 242 页。

义国家发展经济贸易关系,甚至引进外资、合资经营等等。但是那时候没有条件,人家封锁我们。"①这说明,我们不能把封闭僵化的帽子扣在毛泽东头上,要实事求是地分析当时的背景和条件。

3. 毛泽东探索社会主义建设道路的历史经验

毛泽东对社会主义建设道路的探索,为新时期中国特色社会主义道路的开辟积累了宝贵的历史经验。

第一,科学判断社会的主要矛盾和主要任务。

党对社会主要矛盾的正确判断是制定正确的路线方针政策,沿着正确道路不断前进的前提和基础。党的八大和毛泽东在《关于正确处理人民内部矛盾的问题》中对我国社会主义的基本矛盾和主要矛盾的科学论述,使社会主义建设道路的探索有了良好的开端。但是,这些正确的思想观点并没有完全坚持下来。这也是毛泽东探索社会主义建设道路出现曲折的重要原因。党的十一届三中全会以后,正是因为对国内的主要矛盾重新做出了正确的分析,才使得党和国家的工作重点重新回到以经济建设为中心上来,也才使得社会主义建设道路的探索重新回到正确的轨道上来。

第二,尊重经济发展规律。

我国社会主义基本制度确立以后,通过走社会主义道路早日实现国家富强和人民幸福,成为当时全国人民的迫切愿望。怎样才能尽快发展经济,提高人民生活水平,推动生产力快速发展,是毛泽东思考的现实问题。对于长期从事革命斗争的党和毛泽东来说,还缺乏对经济发展规律的深入认识,对社会主义建设的长期性、复杂性认识不够,使"急于求成"成为经济发展的指导思想,造成了国民经济的严重损失。这种忽视经济发展规律的做法,使社会主义建设道路的探索陷入严重曲折。改革开放以来,在充分认识我国社会主义初级

---

① 《邓小平文选》第二卷,人民出版社 1994 年版,第 127 页。

阶段现实国情的基础上,通过不断深化经济体制改革,才使我国经济得到持续健康快速发展,人民生活得到切实改善。

第三,科学把握社会主义本质。

毛泽东之所以没有能够成功开辟中国特色社会主义道路,其最为根本的原因是没有能够真正把握社会主义本质。只有真正把握社会主义本质,才能在根本上把握社会主义道路探索的正确方向。在生产力水平比较落后的情况下,为了能够早日实现理想中的社会主义,毛泽东发动了人民公社化运动,希望通过人民公社这一"金桥"早日实现社会主义,从而片面强调"一大二公",追求纯而又纯的社会主义,导致社会主义建设严重脱离实际。也正因为如此,邓小平在改革开放以后反复强调,探索中国特色社会主义道路,首要的问题是搞清楚究竟什么是社会主义,怎样建设社会主义,而只有搞清楚什么是社会主义,才能进一步搞清楚怎样建设社会主义。

纵观毛泽东探索社会主义道路的全过程,他始终力求把马克思主义的基本原理和中国实际相结合,以苏为鉴,走自己的路,建设符合中国特点的社会主义。这个总的方向和基本思路是正确的,但由于种种局限,他得出的一些结论和制定的政策又是脱离实际的,也因此没有找到一条完全符合中国实际的社会主义建设道路。但是,这一时期的道路探索,为中国特色社会主义建设道路的开辟打下了重要基础,提供了重要启示。邓小平指出:"我们现在的路线、方针、政策是在总结了成功时期的经验、失败时期的经验和遭受挫折时期的经验后制定的。历史上成功的经验是宝贵财富,错误的经验、失败的经验也是宝贵财富。"[①]我们不能苛求历史,苛求前人,也不能苛求毛泽东应当为我们开辟建设社会主义的正确道路。既不能拿改革开放以来的成就,否定毛泽东对社会主义建设道路的艰辛探索,也不能因为毛泽东探索中的失误,就否定其探索的意义和价值。

---

① 《邓小平文选》第三卷,人民出版社1993年版,第234—235页。

二、毛泽东社会主义建设思想为中国特色
社会主义理论的形成提供了基础

在探索社会主义建设道路过程中,毛泽东总结了苏联和我国社会主义建设经验,提出了关于社会主义建设的一系列独创性理论观点。这些理论观点是被实践证明了的关于社会主义建设的正确的理论原则和经验总结,为改革开放以来中国特色社会主义理论的形成提供了理论准备,起到了奠基性作用,无论过去还是在现在,都具有十分重要的意义。

毛泽东社会主义建设思想包括经济建设、政治建设、文化建设、外交战略等各个方面内容。在经济建设上,毛泽东提出发展社会主义商品经济的思想。他指出:"商品生产不能与资本主义混为一谈。为什么怕商品生产?无非是怕资本主义……商品生产,要看它是同什么经济制度相联系,同资本主义制度相联系就是资本主义的商品生产,同社会主义制度相联系就是社会主义的商品生产。"①同时他还指出,在社会主义经济占优势的条件下"可以搞国营,也可以搞私营。可以消灭了资本主义,又搞资本主义"②。在政治建设上,毛泽东提出了关于正确处理两类不同性质的矛盾,并把正确处理人民内部矛盾作为国家政治生活的主题,提出在人民内部,政治上实行"团结—批评—团结"的方针;在党与民主党派的关系上,实行"长期共存,互相监督"的方针;在汉族和少数民族关系上,实行民族平等、民族团结的方针。在科学和文化工作中,实行"百花齐放,百家争鸣"的方针。在外交上,毛泽东提出独立自主、平等互利、互相尊重主权和领土完整等原则以及"三个世界"划分、永远不称霸等思想。在发展阶段上,毛泽东提出社会主义已经建立而尚未建成,把社会主义分为"建立"和"建成"两个阶段。后来在纠正"左"的错误过程中又提出:

---

① 《毛泽东文集》第七卷,人民出版社1999年版,第439页。
② 《毛泽东文集》第七卷,人民出版社1999年版,第170页。

"社会主义这个阶段,又可能分为两个阶段,第一个阶段是不发达的社会主义,第二个阶段是比较发达的社会主义。后一阶段可能比前一阶段需要更长的时间。"①在发展战略上,毛泽东提出,要团结全国各族人民,把我国建设成为一个现代化工业、现代化农业、现代化国防和现代化科学文化的社会主义国家的战略目标,并提出实现这一目标要分"两步走"的设想。同时,毛泽东在社会主义建设过程中,还提出对外开放思想。他主张,世界各国,什么地方有好东西,统统学来,关门是不行的,特别提到要向发达资本主义国家学习的问题。他说:"外国资产阶级的一切腐败制度和思想作风,我们要坚决抵制和批判。但是,这并不妨碍我们去学习资本主义国家的先进的科学技术和企业管理方法中合乎科学的方面。"②后来他在1958年6月给李富春的《第二个五年计划要点报告》的批语中明确提出"自力更生为主,争取外援为辅"③的方针。

毛泽东关于社会主义建设的理论,是毛泽东思想的科学体系不可或缺的重要内容,同时,也论述了中国特色社会主义建设的一系列基本问题,为马克思主义中国化的第二次飞跃做了理论准备,为中国特色社会主义理论的形成奠定了重要思想基础。比如,毛泽东关于发展社会主义商品经济思想,可以消灭资本主义又搞资本主义的思想,为社会主义市场经济理论奠定了思想基础;把社会主义分为"建立"和"建成"以及"不发达的社会主义"和"比较发达的社会主义"两个阶段,为社会主义初级阶段理论奠定了思想基础;关于经济体制改革和对外开放思想为改革开放理论奠定了重要思想基础。总之,中国特色社会主义理论所包含的社会主义初级阶段论,市场经济论、改革开放论,经济、政治、文化建设理论以及外交战略等,都继承了毛泽东社会主义建设的重要思想观点,是对毛泽东社会主义建设理论的创新和发展,与毛泽东社会主义建设理论前后相继、一脉相承。这些思想内容不仅被我国长期的社会主义建

---

① 《毛泽东文集》第八卷,人民出版社1999年版,第116页。
② 《毛泽东文集》第七卷,人民出版社1999年版,第43页。
③ 《建国以来毛泽东文稿》第七册,中央文献出版社1992年版,第237页。

设实践证明是正确的理论原则和经验总结,而且对于建设和发展中国特色社会主义仍具有重要的指导作用。邓小平在起草《关于建国以来党的若干历史问题的决议》的意见中指出:"三中全会以后,我们就是恢复毛泽东同志的那些正确的东西嘛,就是准确地、完整地学习和运用毛泽东思想嘛。基本点还是那些。从许多方面来说,现在我们还是把毛泽东同志已经提出、但是没有做的事情做起来,把他反对错了的改正过来,把他没有做好的事情做好。今后相当长的时期,还是做这件事。当然,我们也有发展,而且还要继续发展。"①他的这些讲话明确讲清楚了中国特色社会主义理论与毛泽东思想之间的关系。党的十八大报告把中国特色社会主义的开创和发展放在中国共产党领导革命、建设和改革90多年的历史上来考察,提出以毛泽东同志为主要代表的中国共产党人在这一艰辛探索过程中,虽然经历了严重挫折,但是这一时期的探索为新时期开创中国特色社会主义提供了理论准备。

毛泽东作为中国特色社会主义理论的奠基者,对中国特色社会主义理论的创立作出了重要贡献。应当指出的是,我们要科学理解毛泽东思想和中国特色社会主义理论体系的关系,无论是纵向的继承和发展,还是横向的理论逻辑的展开,两大理论成果一脉相承。同时,二者形成的时代背景不同,需要解决的主要矛盾和完成的主要任务不同,由此形成的两大理论成果的主体内容也不同。但是,两大理论成果具有共同的马克思列宁主义的理论基础、实事求是的理论精髓、保障人民利益的价值标准。除此之外,毛泽东关于社会主义建设的理论是联结毛泽东思想和中国特色社会主义理论的有机链条。毛泽东社会主义建设理论是以毛泽东同志为主要代表的中国共产党人探索社会主义建设道路的经验总结和概括,这主要是指那些经过长期实践检验证明是正确的理论原则和经验总结,而且在建设和发展中国特色社会主义实践中仍然发挥指导作用的思想内容。不能把毛泽东社会主义建设思想和中国特色社会主义

---

① 《邓小平文选》第二卷,人民出版社1994年版,第300页。

理论对立起来，既要看到二者的区别，又要看到其内在联系，既不能用中国特色社会主义理论否定毛泽东社会主义建设理论，也不能用毛泽东社会主义建设理论否定中国特色社会主义理论。

三、毛泽东对我国社会主义基本制度的设计建构了中国特色社会主义制度体系的基本框架

毛泽东既是我国社会主义基本制度的设计者，又是我国社会主义政治经济体制改革的探索者。

1. 毛泽东与我国社会主义基本制度的构建

在中国建立社会主义制度是党的奋斗目标和政治理想，为此，党在民主革命时期，先后提出了建立"工农民主共和国""人民民主主义共和国"和"新民主主义共和国"等口号。新中国成立前夕，毛泽东详细阐述了新民主主义共和国的各项制度，并以此为基础设计了新中国社会制度的大体框架，为社会主义基本制度在中国的确立奠定了基础。

毛泽东明确提出了新中国人民民主专政的国体，认为新中国要建立无产阶级领导的以工农联盟为基础的人民民主专政的国家。他说，这一"政权的阶级性是这样：无产阶级领导的，以工农联盟为基础，但不是仅仅工农，还有资产阶级民主分子参加的人民民主专政"①。关于政体，毛泽东主张采用民主集中制的人民代表大会制度，认为人民代表大会制度不同于资产阶级的议会制度，而近似于苏维埃制度，但在具体内容上又有所不同。关于政党制度，毛泽东认为共产党要与民主党派长期合作，在政府中要给民主党派留下一定

---

① 《毛泽东文集》第五卷，人民出版社 1996 年版，第 135 页。

位置,"但国家政权的领导权是在中国共产党手里的,这是确定不移的,丝毫不能动摇的。"①对于民族问题,毛泽东主张实行民族区域自治制度。关于新中国的经济制度,毛泽东主张实行多种经济成分在国营经济领导下分工合作、各得其所的经济制度。他说:"我们的社会经济的名字还是叫'新民主主义经济'好"②,在社会经济中起决定作用的是具有社会主义性质的国营经济,整个国民经济是社会主义经济领导之下的经济体系。毛泽东为新中国设计的制度框架和基本思路,已经勾画出未来社会主义基本制度的雏形。

1949年9月,《共同纲领》把毛泽东对新中国的制度构想确定下来。在《共同纲领》的指导下,新民主主义制度在我国普遍建立起来。《共同纲领》虽然没有写入"社会主义前途"的条文,但它所确立的新民主主义制度却蕴含着向社会主义发展的方向。1954年9月,第一届全国人民代表大会第一次会议通过了《中华人民共和国宪法》,从宪法层面对我国社会主义制度作出了全面系统的规定。毛泽东指出,这部宪法为新中国确立了社会主义的发展道路,新民主主义政治制度实现了向社会主义政治制度的转变。与此同时,为了使生产资料的社会主义所有制成为国家的经济基础,从1953年到1956年,我国实行了对个体农业、手工业和资本主义工商业的社会主义改造,确立了社会主义基本经济制度。由此,毛泽东关于新中国政治经济制度的科学构想由抽象变为具体,由原则成为制度,由蓝图转为实践,社会主义基本制度在我国得以确立。

从社会政治经济制度的发展历程来看,毛泽东对新中国的制度设计形成了我国社会主义制度的理论基础和政策基础。在新民主主义制度基础上发展而来的我国社会主义基本制度,是改革开放前中国社会发展的制度支撑,也构成了中国特色社会主义制度的总体框架,形成了中国特色社会主义制度的雏形。毫无疑问,中国特色社会主义制度形成的历史起点是新中国成立初期

① 《我的一生——师哲自述》,人民出版社2001年版,第273页。
② 《毛泽东文集》第五卷,人民出版社1996年版,第139页。

毛泽东对我国社会主义制度的设计与实践。

2. 毛泽东在新民主主义制度向社会主义制度转变中的作用

关于从民主主义发展到社会主义,早在党的二大上就提出来了。抗日战争时期毛泽东丰富和发展了这一基本思路。他说,新民主主义是社会主义的必要准备,社会主义是新民主主义的必然趋势。"中国现阶段的历史将形成中国现阶段的制度,在一个长时期中,将产生一个对于我们是完全必要和完全合理同时又区别于俄国制度的特殊形态,即几个民主阶级联盟的新民主主义的国家形态和政权形态。"[①]确定了把新民主主义作为建国的政治基础,在新民主主义基础上实现向社会主义的转型和进步,而不是在半殖民地半封建社会的废墟上直接建立社会主义制度。解放战争后期,毛泽东开始思考从新民主主义向社会主义转变的具体问题,这集中体现在对待资产阶级和资本主义经济的态度上。1949年初,党在西柏坡召开了由毛泽东主持的中央政治局会议,明确了新民主主义要长期稳健地向社会主义发展。

新中国成立后,随着新民主主义制度在全国范围内普遍建立,从新民主主义向社会主义的转变成为摆在党面前的重大现实课题。毛泽东认为,新中国的成立就意味着向社会主义过渡的开始,在整个过渡时期,社会主义因素要始终处于不断增长的状态中,资本主义因素要不断减少并最终绝迹。因此,在新民主主义制度的具体实践中,重点是如何发展和增加社会主义因素,而不是维持现状、巩固新民主主义秩序或者鼓励资本主义的发展。党在1953年通过了由毛泽东起草的党在过渡时期的总路线,确定了社会主义工业化和对生产资料所有制的社会主义改造"同时并举"的方针。在社会主义改造过程中,毛泽东还创造性地提出了"和平赎买"的政策,实现了对资本主义工商业的和平改造。1956年社会主义改造基本完成后,中国确立了社会主义的基本经济

---

① 《毛泽东选集》第三卷,人民出版社1991年版,第1062页。

制度。

新民主主义是一种过渡形态,它承载着中国从半殖民地半封建社会向社会主义社会转变的桥梁和中介作用。不可否认,党在从新民主主义向社会主义转变的具体时机与条件等问题上,确实有急躁的情绪。但另一方面,我们也要认识到,虽然向社会主义发展是新民主主义的主要特征,但当时新民主主义也有向资本主义发展的可能,尤其是社会主义性质的国营经济实力不足、一部分资产阶级民主人士希望走资本主义道路和帝国主义对中国进行经济封锁政治打击的情况下,这种可能性蕴含着对新政权和社会主义发展方向的巨大的危险性,党在过渡时期的总路线把全党和全国各族人民群众统一到社会主义的发展方向上。在社会主义改造的过程中,虽然存在着一些失误和问题,但社会主义改造的历史功绩不能否定,它实现了几千年来中国社会制度最伟大的社会变革,为当代中国一切发展进步奠定了根本政治前提和制度基础。

3. 毛泽东对我国社会主义经济政治体制改革的探索

在社会主义建设时期,毛泽东以苏为鉴,对我国社会主义经济政治体制改革进行了探索。他说,社会主义社会的基本矛盾仍然是生产关系和生产力、上层建筑和经济基础之间的矛盾。认为我国社会主义生产关系已经建立起来,但还存在着"生产关系和生产力发展的这种又相适应又相矛盾的情况""上层建筑和经济基础的又相适应又相矛盾的情况"①。这些矛盾不是对抗性的,可以通过生产关系和体制改革不断地得到解决,为我国社会主义经济政治体制改革提供了理论基础。

苏共二十大后,毛泽东针对苏联模式的弊端,强调"以苏为鉴",提出了"走自己的路"和经济体制改革的思想。他对社会主义公有制经济占优势的前提下,允许非公有制经济成分存在的问题进行了探讨,认为可以实行"新经

---

① 《毛泽东文集》第七卷,人民出版社1999年版,第215页。

济政策"。在分配方面,提出国家、集体和个人三者兼顾的原则。经济管理体制方面,提出"两参一改三结合"的思想。对于刚刚建立的国家政治制度,毛泽东认为各项基本政治制度是好的,是适合中国国情的,但仍需要不断完善,提出了完善人民代表大会制度、中国共产党领导的多党合作和政治协商制度、民族区域自治制度的一些具体思路。比如:认为人民代表大会制度建立后,各民主党派的存在仍然具有积极意义,共产党和民主党派要坚持"长期共存,互相监督"的方针;重视人民代表大会制度的实践,提出赋予地方人大的立法权。毛泽东还提出了政治体制改革的目标就是要"造成一个又有集中又有民主,又有纪律又有自由,又有统一意志、又有个人心情舒畅、生动活泼,那样一种政治局面"①,并从发扬民主机制、反对官僚主义等方面作了具体分析。他说,民主是正确总结经验、制定正确的方针政策和贯彻群众路线的重要条件,要加强集体领导,反对个人独裁和分散主义两种偏向。毛泽东对官僚主义深恶痛绝,认为国家机构庞大、部门重叠,是官僚主义滋生的条件,提出大力精简党政机构。另外,毛泽东还在不同场合提到不做国家主席、党和国家领导人分"一线""二线"等问题,为改革开放后废除领导干部职务终身制创造了思想条件。

毛泽东在党内较早地认识到我国社会主义制度"刚刚建立,还没有完全建成",需要通过生产关系和体制的改革实现社会主义制度的完善和发展,但受当时历史条件和自身理论水平的制约,其探索是初步的,存在一定的局限性。比如,他对领导干部职务终身制的探索开了个好头,但是没能继续下去;对社会主义和市场的关系的认识是模糊的,甚至存在错误的成分;对制度建设尤其是民主与法制建设的重要性认识不足。

尽管如此,我们也要看到毛泽东在确立社会主义基本制度和体制改革方面的重要贡献。他领导我们党摆脱苏联模式的影响,开启了独立自主地探索

---

① 《建国以来毛泽东文稿》第六册,中央文献出版社1992年版,第543页。

社会主义发展道路,为中国特色社会主义制度建设积累了宝贵的经验。新时期党对中国特色社会主义制度的创新和发展,就是对毛泽东探索我国社会主义经济政治体制改革的延续和深化,毛泽东是我国社会主义基本制度的设计者和体制改革的探索者。毛泽东建构了我国社会主义基本制度的框架,中国特色社会主义制度在此基础上逐步确立并不断完善和发展。毛泽东对我国社会主义经济政治体制改革的探索,则为新时期中国特色社会主义制度的改革和完善提供了历史经验。

南方谈话与中国特色社会主义[*]

　　20 世纪 80 年代末 90 年代初,在苏东剧变和面临国内政治风波严峻考验的重大历史关头,举什么旗,走什么路的问题,又一次摆在全党和全国各族人民面前。1992 年初,邓小平以巨大的理论勇气发表南方谈话,深刻回答了长期束缚人们思想的一些重大认识问题,对于改革开放和社会主义现代化建设起到巨大的推进作用。二十年后重温南方谈话,对于我们在新的历史条件下,建设和发展中国特色社会主义仍具有深远的意义。

一、高举中国特色社会主义旗帜

　　旗帜问题至关重要。旗帜就是方向,旗帜就是形象。鸦片战争以后,为完成民族独立和人民解放、国家富强和人民富裕的历史任务,先进的中国人曾经历尽艰辛,探索中国革命的出路。十月革命一声炮响,给中国人民送来了马克思列宁主义。中国共产党成立伊始,就把马克思列宁主义写到了自己的旗帜上。党在领导新民主主义革命的过程中,实现了马克思主义与中国实际相结合的第一次历史性飞跃,形成了马克思主义中国化的第一大理论成果——

＊　原载《思想理论教育》2012 年第 5 期。

毛泽东思想。在中国革命和建设中,中国共产党人高举马克思列宁主义、毛泽东思想的旗帜,不断取得新民主主义革命、社会主义改造和社会主义建设的胜利。

"文化大革命"结束后,关于举什么旗的问题又被提了出来。当时,有一种错误的倾向,就是借毛泽东晚年犯了严重错误,企图否定马克思列宁主义和毛泽东思想的旗帜,改旗易帜。这当然遭到了党和人民的强烈反对。也有另一种倾向就是借高举毛泽东思想的旗帜,实则继续维护毛泽东晚年的错误和"文化大革命"的错误主张。针对这种情况,邓小平提出:"怎么样高举毛泽东思想旗帜,是个大问题。"①"什么叫高举毛泽东思想的旗帜呢?就是从现在的实际出发,充分利用各种有利条件,实现毛泽东同志提出、周恩来同志宣布的四个现代化的目标。"②在邓小平的支持下,全党上下解放思想,开展了关于真理标准问题的大讨论,党的十一届六中全会通过了《关于建国以来党的若干历史问题的决议》,完成了党在指导思想上拨乱反正的历史任务。中国共产党高举马克思列宁主义、毛泽东思想的伟大旗帜,坚持以经济建设为中心,坚持改革开放,开辟了一条中国特色社会主义建设道路。

20世纪80年代末90年代初,国际形势风云变幻,特别是苏东剧变严重干扰和冲击着我们正在进行的中国特色社会主义事业。这种"国际的大气候和中国自己的小气候"③致使我国在1989年发生了严重的政治风波。在复杂的国内外环境中,举什么旗的问题再次被提了出来。邓小平一针见血地指出,"他们是要颠覆我们的国家,颠覆我们的党,这是问题的实质。"④也有人把发生这场严重政治风波的原因归结于改革开放,"把改革开放说成是引进和发展资本主义,认为和平演变的主要危险来自经济领域"⑤,"多一分外资,就多

---

① 《邓小平文选》第二卷,人民出版社1994年版,第126页。
② 《邓小平文选》第二卷,人民出版社1994年版,第128页。
③ 《邓小平文选》第三卷,人民出版社1993年版,第302页。
④ 《邓小平文选》第三卷,人民出版社1993年版,第303页。
⑤ 《邓小平文选》第三卷,人民出版社1993年版,第375页。

一分资本主义，'三资'企业多了，就是资本主义的东西多了，就是发展了资本主义"①，就是这种错误观点的真实写照。

国内政治风波过后，一方面是西方对我国的制裁，另一方面是苏联的解体，这就使原本复杂的国内外形势更加复杂。对于这一重大的历史变故，西方国家加大了和平演变的攻势，极力鼓吹马克思主义过时了、社会主义失败了。西方自由主义者还提出历史终结论，认为苏联解体、东欧剧变、冷战结束，标志着共产主义的终结，历史的发展只有一条路，即西方的市场经济和民主政治。在这样紧要的历史关头，邓小平发表了南方谈话，旗帜鲜明地提出要高举马克思列宁主义、毛泽东思想的旗帜，坚持走中国特色社会主义道路。

在南方谈话中，邓小平首先批驳了马克思主义过时论、社会主义失败论的错误论调。邓小平运用辩证唯物主义与历史唯物主义的基本原理，深入分析了东欧剧变、苏联解体现象背后的历史发展规律，认为社会主义代替资本主义是人类历史发展的不可逆转的总趋势和规律，但是道路是曲折的，出现某种暂时的复辟也是难以完全避免的规律性现象。他指出，"一些国家出现严重曲折，社会主义好像被削弱了，但人民经受锻炼，从中吸收教训，将促使社会主义向着更加健康的方向发展。因此，不要惊慌失措，不要认为马克思主义就消失了，没用了，失败了。哪有这回事！"②在经历国际国内严重政治风波后，世界社会主义运动暂时处于低潮。但邓小平却坚信"世界上赞成马克思主义的人会多起来的"③。因为"马克思主义是科学"④，"马克思主义的真理颠扑不破"⑤。邓小平阐释了高举马克思列宁主义、毛泽东思想旗帜的根本是掌握其精髓。邓小平指出，真正的高举是掌握和运用马克思列宁主义、毛泽东思想的

① 《邓小平文选》第三卷，人民出版社 1993 年版，第 373 页。
② 《邓小平文选》第三卷，人民出版社 1993 年版，第 383 页。
③ 《邓小平文选》第三卷，人民出版社 1993 年版，第 382 页。
④ 《邓小平文选》第三卷，人民出版社 1993 年版，第 382 页。
⑤ 《邓小平文选》第三卷，人民出版社 1993 年版，第 382 页。

精髓,学会运用马克思列宁主义、毛泽东思想的立场、观点和方法来分析中国的改革开放,推进中国特色社会主义事业的发展。他指出,"实事求是是马克思主义的精髓。要提倡这个,不要提倡本本。我们改革开放的成功,不是靠本本,而是靠实践,靠实事求是。"①

南方谈话发表迄今二十年了,回望我国改革开放的风雨历程,我们更加深切地感到,正是邓小平在当时纷繁复杂的历史条件下,以大无畏的理论勇气砥柱中流,高举马克思列宁主义、毛泽东思想的旗帜,坚持改革开放的社会主义方向,才使我国的现代化建设避免了大起大落,取得了令世人瞩目的伟大成就。江泽民在党的十五大提出高举邓小平理论的伟大旗帜,胡锦涛在党的十七大提出高举中国特色社会主义的伟大旗帜,是对邓小平提出的高举马克思列宁主义、毛泽东思想的旗帜的继承和发展,也是对中国特色社会主义建设经验的深刻总结,为未来中国社会主义的发展指明了方向。

二、坚持中国特色社会主义道路

中国特色社会主义道路,是实现社会主义现代化的必由之路,是创造人民美好生活的必由之路。胡锦涛在党的十七大报告中,对中国特色社会主义道路的内涵进行了深刻阐述:"中国特色社会主义道路,就是在中国共产党领导下,立足基本国情,以经济建设为中心,坚持四项基本原则,坚持改革开放,解放和发展社会生产力,巩固和完善社会主义制度,建设社会主义市场经济、社会主义民主政治、社会主义先进文化、社会主义和谐社会,建设富强民主文明和谐的社会主义现代化国家。"②从中国特色社会主义道路的内涵来看,邓小平在南方谈话中对这条道路的主要内容都进行了阐释。

首先,南方谈话强调了走中国特色社会主义道路必须坚持党的领导。改

① 《邓小平文选》第三卷,人民出版社1993年版,第382页。
② 《十七大以来重要文献选编》上,中央文献出版社2013年版,第9页。

革开放以来,国内外一直有一股思潮,认为中国应该取消中国共产党的领导,走资本主义道路。这种思潮的极端发展就是1989年春夏之交的政治风波。"事情一爆发出来,就很明确。他们的根本口号主要是两个,一是要打倒共产党,一是要推翻社会主义制度。"①针对这股思潮,邓小平旗帜鲜明地提出要做到"四个坚持",即坚持四项基本原则。中国共产党是中国革命、建设、改革的领导核心,走中国特色社会主义道路必须坚持党的领导。后来在与其弟弟邓垦的一次谈话中,邓小平还专门讲了这问题。他说,"我们在改革开放初期就提出'四个坚持'。没有这'四个坚持',特别是党的领导,什么事情也搞不好,会出问题。出问题就不是小问题……四个坚持集中表现在党的领导。"②

其次,邓小平在南方谈话中强调必须坚持"一个中心,两个基本点"。"一个中心,两个基本点"既是党的基本路线的简称,也是中国特色社会主义道路的核心内容。在南方谈话中邓小平提出,坚持党的十一届三中全会以来的路线、方针、政策的"关键是坚持'一个中心、两个基本点'"③。一是要坚持以经济建设为中心。"抓住时机,发展自己,关键是发展经济。"④二是要坚持四项基本原则、坚持改革开放。改革开放是决定中国命运的关键一招,必须始终坚持。当然,"在整个改革开放的过程中,必须始终注意坚持四项基本原则。"⑤与此同时,邓小平还告诫全党和全国人民,"不坚持社会主义,不改革开放,不发展经济,不改善人民生活,只能是死路一条。基本路线要管一百年,动摇不得。只有坚持这条路线,人民才会相信你,拥护你。"⑥

再次,南方谈话强调,中国特色社会主义道路的价值目标就是实现共同富裕。改革开放以来,邓小平对于共同富裕有过很多论述。早在1986年9月,

---

① 《邓小平文选》第三卷,人民出版社1993年版,第303页。
② 《邓小平年谱(1975—1997)》下,中央文献出版社2004年版,第1363页。
③ 《邓小平文选》第三卷,人民出版社1993年版,第370页。
④ 《邓小平文选》第三卷,人民出版社1993年版,第375页。
⑤ 《邓小平文选》第三卷,人民出版社1993年版,第379页。
⑥ 《邓小平文选》第三卷,人民出版社1993年版,第370—371页。

他就提出："社会主义原则,第一是发展生产,第二是共同致富。"①在南方谈话中,邓小平提出,社会主义最终要达到共同富裕。他指出,"走社会主义道路,就是要逐步实现共同富裕。"②"共同富裕,这是我们所必须坚持的社会主义的根本原则。"③他主张一部分地区先富起来,通过先富带动后富,最终达到共同富裕。他认为,在 20 世纪末中国要突出提出和解决共同富裕的问题。1993年 9 月 16 日,在与其弟弟邓垦的谈话中,邓小平依然牵挂共同富裕问题。他说:"十二亿人口怎样实现富裕,富裕起来以后财富怎样分配,这都是大问题。题目已经出来了,解决这个问题比解决发展起来的问题还困难。"④共同富裕是社会主义根本原则,也是社会主义的价值目标,也是一个不断实现的过程。只有坚持公有制和实现共同富裕,才能凸显社会主义制度的优势。

同时,邓小平南方谈话还对建设社会主义市场经济、社会主义民主政治、精神文明建设等有精辟的论述。比如在谈到精神文明建设时指出:"要坚持两手抓,一手抓改革开放,一手抓打击各种犯罪活动。这两只手都要硬。打击各种犯罪活动,扫除各种丑恶现象,手软不得。广东二十年赶上亚洲'四小龙',不仅经济要上去,社会秩序、社会风气也要搞好,两个文明建设都要超过他们,这才是有中国特色的社会主义。"⑤"只要我们的生产力发展,保持一定的经济增长速度,坚持两手抓,社会主义精神文明建设就可以搞上去。"⑥

南方谈话发表二十年后,我们愈发感到邓小平论述的深刻。如果说胡锦涛在党的十七大报告中阐述的中国特色社会主义道路深刻内涵,是对近三十年中国改革开放和现代化建设实践在发展道路层面的概括和总结,是改革开放近三十年中国特色社会主义道路的逻辑展现。那么邓小平的南方谈话则是

---

① 《邓小平文选》第三卷,人民出版社 1993 年版,第 172 页。
② 《邓小平文选》第三卷,人民出版社 1993 年版,第 373 页。
③ 《邓小平文选》第三卷,人民出版社 1993 年版,第 111 页。
④ 《邓小平年谱(1975—1997)》下,中央文献出版社 2004 年版,第 1364 页。
⑤ 《邓小平文选》第三卷,人民出版社 1993 年版,第 378 页。
⑥ 《邓小平文选》第三卷,人民出版社 1993 年版,第 379 页。

中国特色社会主义道路在当时历史和实践条件下的深刻阐述,是在当时的历史条件下对中国特色社会主义道路内涵的基本确定,蕴涵了中国特色社会主义道路的基本的和主要的内容。

三、构建中国特色社会主义理论的基本框架

南方谈话不仅高举中国特色社会主义旗帜,坚持并拓展了中国特色社会主义道路,而且围绕"什么是社会主义,怎样建设社会主义"这个首要的基本的理论问题进行了比较系统的阐述,提出了社会主义本质论和社会主义市场经济论、丰富了社会主义初级阶段论和改革开放论,构建了中国特色社会主义理论的基本框架。

第一,社会主义本质论。社会主义本质论是中国特色社会主义理论的基本内容。社会主义本质是社会主义理论、运动、制度的灵魂。从理论上来看,20世纪世界社会主义运动跌宕起伏的根本原因是因为没有完全搞清楚社会主义的本质。邓小平曾指出,"社会主义究竟是个什么样子,苏联搞了很多年,也并没有完全搞清楚。"[1]"我们总结了几十年搞社会主义的经验。社会主义是什么,马克思主义是什么,过去我们并没有完全搞清楚。"[2]东欧剧变、苏联解体,社会主义运动陷入低潮,世界形势发生大的逆转,这促使邓小平正面回答"什么是社会主义"。在深刻总结国内外社会主义建设历史经验的基础上,邓小平在南方谈话中明确阐述了社会主义本质的著名论断。他指出:"社会主义的本质,是解放生产力,发展生产力,消灭剥削,消除两极分化,最终达到共同富裕。"[3]这一论述从生产力和生产关系的结合上,从社会主义优越性的维度阐释了社会主义的本质。

---

[1] 《邓小平文选》第三卷,人民出版社1993年版,第139页。
[2] 《邓小平文选》第三卷,人民出版社1993年版,第137页。
[3] 《邓小平文选》第三卷,人民出版社1993年版,第373页。

邓小平把解放和发展生产力纳入社会主义的本质,突破了认为社会主义只有发展生产力没有解放生产力的传统观念。"过去,只讲在社会主义条件下发展生产力,没有讲还要通过改革解放生产力,不完全。应该把解放生产力和发展生产力两个讲全了。"①把解放和发展生产力纳入社会主义的本质,破除了离开生产力抽象地谈论"姓资姓社"所造成的理论困扰和实践束缚,对毫不动摇地高举中国特色社会主义旗帜,坚持和拓展中国特色社会主义道路具有重要的理论意义和实践意义。

邓小平把消灭剥削,消除两极分化,最终达到共同富裕纳入社会主义的本质,突出了社会主义的优越性。邓小平把消灭剥削,消除两极分化与解放和发展生产力联系起来,又把消灭剥削和消除两极分化看作同一个过程,避免了离开解放和发展生产力去抽象地谈论消除两极分化,从而把科学社会主义与空想社会主义区别开来。共同富裕既是社会主义的根本原则又是社会主义的根本目的,是社会主义优势的集中体现。"社会主义最大的优越性就是共同富裕,这是体现社会主义本质的一个东西。"②把最终达到共同富裕纳入社会主义的本质,纠正了过去关于社会主义目的的模糊认识和错误观念。

第二,社会主义初级阶段论。社会主义初级阶段理论是中国特色社会主义理论的重要内容。在党的十三大召开前夕,邓小平强调:"我们党的十三大要阐述中国社会主义是处在一个什么阶段,就是处在初级阶段,是初级阶段的社会主义。社会主义本身是共产主义的初级阶段,而我们中国又处在社会主义的初级阶段,就是不发达的阶段。一切都要从这个实际出发,根据这个实际来制订规划。"③在此基础上,党的十三大还对社会主义初级阶段的基本路线进行了系统阐述,初步形成了社会主义初级阶段的理论。但是,国际国内严重政治风波之后,忽视乃至无视我国社会所处发展阶段的各种论调又重新回到人

---

① 《邓小平文选》第三卷,人民出版社 1993 年版,第 370 页。
② 《邓小平文选》第三卷,人民出版社 1993 年版,第 364 页。
③ 《邓小平文选》第三卷,人民出版社 1993 年版,第 252 页。

们的视野中。在这一紧要的历史关头，邓小平在南方谈话中，再次强调了社会主义初级阶段理论。他旗帜鲜明地指出："我们搞社会主义才几十年，还处在初级阶段。"①在这样的发展阶段，我们到底该怎么办呢？他强调，要坚持社会主义初级阶段理论不动摇，"基本路线要管一百年，动摇不得。"②正是在南方谈话的指导下，党的十四大报告重申了社会主义初级阶段理论，并强调要坚持一百年不动摇。党的十五大则提出了社会主义初级阶段的基本纲领，进一步丰富和发展了社会主义初级阶段的理论。

第三，社会主义改革开放论。社会主义改革开放论是中国特色社会主义理论的又一重要内容。新时期最鲜明的特点是改革开放。作为改革开放的总设计师。南方谈话之前，邓小平就提出了比较系统的社会主义改革开放理论，推进了中国特色社会主义事业的发展。当然，在改革开放的过程中也产生了一些问题，比如腐败、通货膨胀、全国抢购风潮等。有人开始怀疑和否定改革开放。也有人将我国产生政治风波的原因归咎于改革开放，"把改革开放说成是引进和发展资本主义"③。在这种思想的影响下，"改革开放迈不开步子，不敢闯"，"怕资本主义的东西多了，走了资本主义道路。"④针对这种情况，邓小平在南方谈话中，进一步丰富和发展了社会主义改革开放理论。一是强调必须坚持改革开放的重要性，"不改革开放，不发展经济，不改善人民生活，只能是死路一条。"⑤二是提出了评价改革开放和各方面工作是非得失的标准，"应该主要看是否有利于发展社会主义社会的生产力，是否有利于增强社会主义国家的综合国力，是否有利于提高人民的生活水平。"⑥三是提出了应对改革开放争论的办法，"不争论，是为了争取时间干。一争论就复杂了，把

① 《邓小平文选》第三卷，人民出版社 1993 年版，第 379 页。
② 《邓小平文选》第三卷，人民出版社 1993 年版，第 370—371 页。
③ 《邓小平文选》第三卷，人民出版社 1993 年版，第 375 页。
④ 《邓小平文选》第三卷，人民出版社 1993 年版，第 372 页。
⑤ 《邓小平文选》第三卷，人民出版社 1993 年版，第 370 页。
⑥ 《邓小平文选》第三卷，人民出版社 1993 年版，第 372 页。

时间都争掉了,什么也干不成。不争论,大胆地试,大胆地闯。农村改革是如此,城市改革也应如此。"①

第四,社会主义市场经济论。社会主义市场经济论是中国特色社会主义理论的最具特色的重要内容。长期以来,人们都将计划经济与市场经济作为区分社会主义与资本主义的根本标志之一,认为计划经济等于社会主义,市场经济等于资本主义。在南方谈话前,邓小平就多次批驳了这种认识。在改革开放之初他指出:"说市场经济只存在于资本主义社会,只有资本主义的市场经济,这肯定是不正确的。社会主义为什么不可以搞市场经济,这个不能说是资本主义。"②在南方谈话中,邓小平系统地阐述了计划和市场的问题,提出了著名的社会主义市场经济论。他说:"计划多一点还是市场多一点,不是社会主义与资本主义的本质区别。计划经济不等于社会主义,资本主义也有计划;市场经济不等于资本主义,社会主义也有市场。计划和市场都是经济手段。"③这一精辟论述,从理论上破除了认为计划经济和市场经济具有制度属性的陈腐观念,是对马克思主义经济理论的创造性发展,为推动我国经济体制改革、建立社会主义市场经济体制指明了方向。党的十四大把建立社会主义市场经济体制作为经济体制改革的目标。党的十四届三中全会进一步勾画了建立社会主义市场经济体制的蓝图和基本框架,形成了系统的社会主义市场经济理论。

中国特色社会主义理论是一个内容丰富的理论体系。邓小平南方谈话围绕建设和发展中国特色社会主义这一主题,从多方面回答了建设和发展中国特色社会主义的一系列基本问题。他在南方谈话中提出的关于社会主义本质、社会主义初级阶段、改革开放和社会主义市场经济等内容,构建了中国特色社会主义理论的基本框架,为中国特色社会主义理论的丰富和发展奠定了基础。

---

① 《邓小平文选》第三卷,人民出版社 1993 年版,第 374 页。
② 《邓小平文选》第二卷,人民出版社 1994 年版,第 236 页。
③ 《邓小平文选》第三卷,人民出版社 1993 年版,第 373 页。

四、阐述中国特色社会主义制度及其优势

在庆祝中国共产党成立 90 周年大会上的讲话中,胡锦涛首次提出了中国特色社会主义制度的概念,论述了中国特色社会主义制度的内涵和优势。邓小平在领导我国改革开放和社会主义现代化建设过程中,十分重视制度建设。他在主持起草《关于建国以来党的若干历史问题的决议》的过程中多次提出,毛泽东晚年的错误有其个人的原因,但是,"制度是决定因素。"毛泽东晚年的错误固然与其思想、作风有关,"但是组织制度、工作制度方面的问题更重要。这些方面的制度好可以使坏人无法任意横行,制度不好可以使好人无法充分做好事,甚至会走向反面。"①这不是推卸其历史责任,"而是说领导制度、组织制度问题更带有根本性、全局性、稳定性和长期性。"②尽管在南方谈话中,邓小平没有明确使用中国特色社会主义制度的概念,而是使用"社会主义制度"或"社会主义基本制度"的概念,但是邓小平非常注重从制度层面来阐释巩固和发展中国特色社会主义。

首先,邓小平在南方谈话中指出,中国特色社会主义制度中的许多具体制度我们都已经初步建立起来了。中国特色社会主义制度是一个制度体系,包括社会各个领域的具体制度体制。邓小平强调要在政治、经济、文化、科技、教育、外交等各个领域建立和完善社会主义制度。他在南方谈话中总结改革开放十多年的实践,指出改革是全面的改革,涉及经济、政治、文化、社会等各个方面。"改革开放以来,我们立的章程并不少,而且是全方位的。经济、政治、科技、教育、文化、军事、外交等各个方面都有明确的方针和政策,而且有准确的表述语言。"③

---

① 《邓小平文选》第二卷,人民出版社 1994 年版,第 333 页。
② 《邓小平文选》第二卷,人民出版社 1994 年版,第 333 页。
③ 《邓小平文选》第三卷,人民出版社 1993 年版,第 371 页。

其次,南方谈话强调了中国特色社会主义制度的优势。邓小平认为,中国特色社会主义制度有利于保持党和国家活力、调动广大人民群众的积极性、主动性、创造性,有利于解放和发展社会生产力、推动经济社会全面发展,有利于维护和促进社会公平正义、实现全体人民共同富裕,有利于集中力量办大事、有效应对前进道路上的各种风险挑战,有利于维护民族团结、社会稳定、国家统一。在南方谈话中,邓小平特别强调要利用中国特色社会主义制度集中力量办大事的优势,推动我国经济隔几年上一个大台阶。"现在,我们国内条件具备,国际环境有利,再加上发挥社会主义制度能够集中力量办大事的优势,在今后的现代化建设长过程中,出现若干个发展速度比较快、效益比较好的阶段,是必要的,也是能够办到的。我们就是要有这个雄心壮志!"①

最后,南方谈话强调了巩固和完善中国特色社会主义制度的长期性。改革开放以来,我们制定了一系列加快改革、促进发展的方针、政策,我国的综合国力、社会生产力、人民生活水平每隔几年就上一个新的台阶。但是,在成绩面前,邓小平十分清楚我国处于并将长期处于社会主义初级阶段,也就是不发达的阶段。他甚至告诫人们,建设一套成熟完善的中国特色社会主义制度的任务还十分艰巨,他指出:"恐怕再有三十年的时间,我们才会在各方面形成一整套更加成熟、更加定型的制度。在这个制度下的方针、政策,也将更加定型化。"②也就是说,要到建党 100 周年左右,我国才能形成一套比较定型的中国特色社会主义制度。至于巩固和发展社会主义制度则"还需要一个很长的历史阶段,需要我们几代人、十几代人,甚至几十代人坚持不懈地努力奋斗,决不能掉以轻心"③。

重温南方谈话,我们可以深切感受到邓小平对制度建设和完善的重视,以及对中国特色社会主义制度的优势和发展的长期性的深刻认识。他的这些论

---

① 《邓小平文选》第三卷,人民出版社 1993 年版,第 377 页。
② 《邓小平文选》第三卷,人民出版社 1993 年版,第 372 页。
③ 《邓小平文选》第三卷,人民出版社 1993 年版,第 379—380 页。

述和认识对改革开放以来我国根本政治制度、基本政治制度、基本经济制度以及建立在这一基础上的经济体制、政治体制、文化体制、社会体制等各项具体制度创新和发展具有重要的开创性意义。

综上所述,邓小平1992年发表的南方谈话,涉及我国改革开放和社会主义现代化建设的许多重大问题,为全党和全国各族人民释疑解惑,在复杂多变的历史条件下,坚定了人们走中国特色社会主义道路的信心。随着历史的发展,我们会更加感到南方谈话的理论魅力及其历史地位。

中国共产党与当代中国发展道路[*]

改革开放以来,中国共产党在以毛泽东同志为主要代表的中国共产党人探索社会主义建设道路的基础上,把马克思主义与当代中国实际和时代特征相结合,开辟了一条引领当代中国发展和进步的中国特色社会主义道路,成功地解决了一个落后的半殖民地半封建国家,在确立社会主义制度之后,如何建设和发展社会主义的问题。近几年,当代中国的发展和进步引起世人的瞩目,当代中国的发展道路和发展模式也成为国际社会热议的话题。中国共产党何以能够探索一条适合中国国情的发展道路并成功引领当代中国的发展和进步、当代中国发展道路的价值及其意义何在? 研究这一问题,对于建设和发展中国特色社会主义,回答和澄清国际社会关于当代中国发展进步原因的种种疑问,具有十分重要的意义。

一、当代中国发展道路的艰辛探索

中国共产党对当代中国发展道路的探索,经过了一个艰难曲折的过程,这是一个以马克思主义与中国实际和时代特征相结合为主线,以建设和发展中

---

* 原载《江海学刊》2011 年第 4 期。中国人民大学复印报刊资料《中国特色社会主义理论》2011 年第 12 期全文转载。

国特色社会主义为主题，以独立自主为根本立足点，在实践中不断总结经验、开拓创新的探索过程。

1. 探索当代中国发展道路的基本脉络

近代以来，中华民族面临两大历史任务：一是求得民族独立和人民解放；二是实现国家富强和人民幸福。新民主主义革命时期，中国共产党开辟了农村包围城市、武装夺取政权的革命道路，取得了新民主主义革命的胜利，实现了民族独立和人民解放，完成了第一个历史任务。而要完成国家富强和人民幸福这第二个历史任务，则需要实现马克思主义与中国实际的"第二次结合"，探索出一条符合中国实际的发展道路。

毛泽东曾经指出："在一个半殖民地的、半封建的、分裂的中国里，要想发展工业，建设国防，福利人民，求得国家的富强，多少年来多少人做过这种梦，但是一概幻灭了。"因为"一个不是贫弱的而是富强的中国，是和一个不是殖民地半殖民地的而是独立的，不是半封建的而是自由的、民主的，不是分裂的而是统一的中国，相联结的"①。当代中国发展道路的开辟，是在以毛泽东同志为主要代表的中国共产党人，带领全党和全国各族人民建立新中国、取得社会主义革命和建设伟大成就以及艰辛探索社会主义建设规律取得宝贵经验的基础上进行的。新民主主义革命的胜利，社会主义基本制度的建立，为探索当代中国发展道路奠定了根本的政治前提和制度基础。

社会主义制度确立之后，以毛泽东同志为主要代表的中国共产党人对当代中国发展道路进行了艰辛探索，并取得了正反两方面的经验。在《论十大关系》《关于正确处理人民内部矛盾的问题》等重要文献和党的八大会议上，体现了毛泽东关于社会主义建设的正确思路。但1957年下半年以后，由于偏离了实事求是的思想路线，这一探索也付出了"大跃进"、人民公社化运动、

---

① 《毛泽东选集》第三卷，人民出版社1991年版，第1080页。

"文化大革命"等沉重的代价。邓小平指出:"我们现在的路线、方针、政策是在总结了成功时期的经验、失败时期的经验和遭受挫折时期的经验后制定的。"①党探索社会主义建设道路的历史经验为中国特色社会主义道路的开辟提供了可资借鉴的思想资料。

在改革开放和社会主义现代化建设新时期,在正确判断时代主题和时代特征的基础上,中国共产党人围绕"什么是马克思主义,怎样对待马克思主义""什么是社会主义,怎样建设社会主义""建设什么样的党,怎样建设党""实现什么样的发展,怎样发展"这几个基本问题,不断深化对社会主义发展规律的认识,同时,改革开放也为当代中国发展道路的开辟提供了生动的实践基础。邓小平在党的十二大开幕词中,提出"建设有中国特色社会主义"的科学命题,当代中国的发展道路就是建设和发展中国特色社会主义,实现经济发展、政治民主、文化繁荣、社会和谐,走向中华民族伟大复兴的强国之路。"改革开放以来我们取得一切成绩和进步的根本原因,归结起来就是:开辟了中国特色社会主义道路,形成了中国特色社会主义理论体系。"②

在中国共产党领导中国革命、建设和改革九十年的历程中,大体上分为三个三十年。第一个三十年推翻了帝国主义、封建主义和官僚资本主义的统治,实现了民族独立和人民解放,为当代中国发展道路的探索奠定了根本政治前提。第二个三十年确立了社会主义制度,对适合中国特点的社会主义建设道路进行了艰辛探索,为当代中国发展道路的开辟提供了制度基础和历史经验。第三个三十年实行改革开放,成功探索出一条符合中国实际的发展道路。厘清三个三十年的关系,对于正确认识当代中国发展道路及其成功原因具有十分重要的意义。中国共产党的九十年是一个整体,不能割裂三个三十年之间的内在联系。中国共产党三个三十年的演进,是符合历史发展规律的一个过程,改革开放的三十年是前两个三十年发展的必然逻辑,不能否定第一个三十

---

① 《邓小平文选》第三卷,人民出版社 1993 年版,第 234 页。
② 《中国共产党第十七次全国代表大会文件汇编》,人民出版社 2007 年版,第 10—11 页。

年和第二个三十年对成功探索当代中国发展道路的重要作用。

2. 马克思主义与中国实际和时代特征相结合,是探索当代中国发展道路的主线

马克思主义与中国实际和时代特征相结合,是探索当代中国发展道路的一条主线。探索当代中国发展道路的过程,也是不断推进马克思主义与当代中国实际和时代特征相结合,实现马克思主义中国化、时代化的过程。毛泽东在探索伊始就明确指出:把马克思主义和中国实际"进行第二次结合,找出在中国进行社会主义革命和建设的正确道路"①。只是由于对马克思主义的教条认识和对中国国情的错误判断而使这一探索充满了曲折。1978年党的十一届三中全会是探索当代中国发展道路的一个新的起点,解放思想使党对马克思主义、对中国的具体国情、对已经变化了的时代特征的认识更加客观深入,从而为实现马克思主义与中国实际的结合创造了条件。党的十一届三中全会以来,党所采取的一系列改革措施,既符合中国实际,又坚持了科学社会主义的基本原则。邓小平指出:"把马克思主义的普遍真理同我国的具体实际结合起来,走自己的道路,建设有中国特色的社会主义,这就是我们总结长期历史经验得出的基本结论。"②这也是中国共产党成立九十年来,领导革命、建设和改革,一直引领中国发展进步的主要经验。而中国特色社会主义道路之所以能够引领当代中国的进步和发展,关键就在于我们既坚持了科学社会主义的基本原则,又根据我国实际和时代特征赋予其鲜明的中国特色。

3. 建设中国特色社会主义,是探索当代中国发展道路的主题

建设中国特色社会主义,始终是中国共产党探索当代中国发展道路的鲜明主题。我国的社会主义制度脱胎于半殖民地半封建社会的基础之上,这决

---

① 吴冷西:《十年论战》上,中央文献出版社1999年版,第23—24页。
② 《邓小平文选》第三卷,人民出版社1993年版,第3页。

定了中国的社会主义建设不可能以马克思主义经典作家所设想的社会主义蓝图为主题,而必须探索符合中国实际的社会主义道路。社会主义制度刚刚确立,毛泽东就提出,要根据中国实际,探索符合中国特点的社会主义建设道路。邓小平反复强调,我们要建设的社会主义,应该是"有中国特色的社会主义",明确了探索当代中国发展道路的主题。中国特色社会主义在所有制问题上是以公有制为主体的多种所有制经济共同发展而不是单一的公有制,在分配制度上是按劳分配为主多种分配方式并存而不是平均主义或按需分配,在经济体制上既不是高度集中的计划经济也不是完全放任自由的市场经济,而是社会主义市场经济;在民主政治建设方面既没有搞苏联的一党制,也没有照搬西方的多党制或三权分立,而是走坚持党的领导、人民当家作主和依法治国相统一的民主政治发展道路;文化上坚持马克思主义一元化指导思想引领下的文化多样化发展;在社会建设方面,正确处理不同利益群体之间的矛盾,坚持共同富裕的基本原则,构建社会主义和谐社会。当代中国发展道路既立足中国的客观实际,又坚持了社会主义的发展方向,实现了党的最高纲领和最低纲领的统一。党的最高纲领是奋斗的方向,但"党的最高纲领必须通过完成各个阶段的奋斗目标来实现,必须由一个一个实际步骤来达到"①。以建设中国特色社会主义为主题,既不会因忘记远大理想只顾眼前,失去前进的方向,也不会因为离开现实空谈远大理想,而脱离实际。实践证明,中国特色社会主义道路适合中国国情,符合中国最广大人民群众的根本利益,是实现国家富强和人民幸福的唯一正确道路。

4. 独立自主走自己的路,是探索当代中国发展道路的基本原则

独立自主地走自己的发展道路,是中国革命、建设和改革的立足点,也是中国共产党探索当代中国发展道路的一项基本原则。民主革命时期

---

① 《江泽民文选》第三卷,人民出版社 2006 年版,第 344 页。

毛泽东在反对把共产国际决议和苏联经验神圣化的错误倾向斗争的过程中，提出要独立自主探索中国革命的发展道路。社会主义制度确立以后，面临建设社会主义的全新实践，中国共产党也没有完全照搬苏联模式，而是主张探索符合中国特点的社会主义建设道路。毛泽东指出："照抄是很危险的，成功的经验，在这个国家是成功的，但在另一个国家如果不同本国的情况相结合而一模一样地照搬就会导向失败。照抄别国的经验是要吃亏的，照抄是一定会上当的。"①改革开放以来，中国在借鉴其他国家发展经验的同时，不照搬任何发展模式，而是始终强调独立自主，走自己的路。邓小平指出："中国革命的成功，是毛泽东同志把马克思列宁主义同中国的实际相结合，走自己的路。现在中国搞建设，也要把马克思列宁主义同中国的实际相结合，走自己的路。"②改革开放以来，面对西方国家和平演变的企图、经济上的制裁、政治上的压力，中国始终坚持社会主义的方向，独立自主地参与经济全球化，走出了一条有中国特色的现代化发展道路。江泽民在庆祝中国共产党成立八十周年大会上的讲话中指出，"走自己的路"是总结党的 80 年历史得出的最基本的经验之一。总结 90 年的历史，"走自己的路"仍是党的基本经验之一。

二、中国特色社会主义道路引领
当代中国发展进步的原因

中国特色社会主义道路引领了当代中国的发展和进步，创造了"中国奇迹"和"中国经验"，引起国内外学者对中国共产党能够开辟当代中国发展道路的原因的种种好奇和疑问，可谓众说纷纭、莫衷一是。有人认为，经济自由

---

① 《毛泽东文集》第七卷，人民出版社 1999 年版，第 64 页。
② 《邓小平文选》第三卷，人民出版社 1993 年版，第 95 页。

加政治压制①、用资本主义手段实现社会主义的目的②、新自由主义中国化的成功③等,是中国道路成功的关键,诸如此类的观点不一而足。其实,这是对当代中国发展道路及其发展成就的误读和曲解。中国道路之所以能够开辟并引领当代中国的发展和进步,具有深层次的原因。

1. 科学判断时代发展的主题

对和平与发展时代主题的正确判断,是探索当代中国发展道路的基本前提。没有这样一个基本的判断,党不可能把工作重心转移到经济建设上来,专心致志搞建设,一心一意谋发展,也不可能做出改革开放的重大决策。邓小平指出:"一九七八年我们制定一心一意搞建设的方针,就是建立在这样一个判断上的。"他还指出:"要建设,没有和平环境不行。"④因为,"我们的现代化建设要取得成功,决定于两个条件。一个是国内条件,就是坚持现行的改革开放政策。如果改革成功,会为中国今后几十年的持续稳定发展奠定基础。还有一个是国际条件,就是持久的和平环境"⑤。

和平与发展的时代主题,为中国借鉴和吸收其他国家的发展经验创造了条件。毛泽东早就指出:"一切国家的好经验我们都要学,不管是社会主义国家的,还是资本主义国家的,这一点是肯定的。"⑥但当时的时代背景决定了中国不可能实行全面的改革开放。邓小平在 1992 年初的南方谈话中也指出:"社会主义要赢得与资本主义相比较的优势,就必须大胆吸收和借鉴人类社会创造的一切文明成果,吸收和借鉴当今世界各国包括资本主义发达国家的

---

① 参见《美国人》(双月刊)2007 年 11—12 月号罗恩·卡利克题为《中国模式》的文章。

② 参见威尔·赫顿 2004 年 5 月 9 日在英国《卫报》发表的《伟大的中国商城》一文;徐崇温:《国外有关中国模式的评论》,《红旗文稿》2009 年第 8 期。

③ Martin Hart-Landsberg and Paul Burkett, China and Socialism: Market Reforms and Class Struggle, New York: Monthly Review Press, 2005, p.25.

④ 《邓小平文选》第三卷,人民出版社 1993 年版,第 233 页。

⑤ 《邓小平文选》第三卷,人民出版社 1993 年版,第 156 页。

⑥ 《毛泽东文集》第七卷,人民出版社 1999 年版,第 242 页。

一切反映现代社会化生产规律的先进经营方式、管理方法。"①而这同样离不开和平与发展的时代条件。

和平与发展时代主题下的全球化发展趋势,为中国融入世界创造了条件,也为探索当代中国发展道路提供了更为广阔的实践基础。当代中国发展道路的开辟顺应了全球化的发展趋势和当今世界发展的潮流,符合世界发展的规律。当今的世界是开放的世界,当代中国的发展道路也具有世界眼光。"经验证明,关起门来搞建设是不能成功的,中国的发展离不开世界。"②

2. 中国共产党具有独特的政治优势

第一,坚持马克思主义在意识形态领域的指导地位。中国共产党自成立伊始,就把马克思主义作为自己的指导思想,对马克思主义的科学信念从来都不曾动摇,从而避免了指导思想上的混乱,这是中国共产党能够成功探索当代中国发展道路的根本原因。马克思主义为探索当代中国发展道路指明了方向并提供了科学的方法论。虽然,今天的中国共产党已经从一个领导人民为夺取全国政权而奋斗的党,转变为一个领导人民掌握全国政权并长期执政的党;已经从一个受到外部封锁和实行计划经济条件下领导国家建设的党,转变为一个在对外开放和发展社会主义市场经济条件下领导国家建设的党,但党所处的历史方位的变化没有改变其对待马克思主义的态度。在探索当代中国发展道路的进程中,中国共产党面对发展变化了的客观实际,在坚持马克思主义的过程中又发展了马克思主义。中国共产党没有像苏联共产党那样,放弃马克思主义在意识形态领域的指导地位,从而避免了类似苏共垮台、苏联解体那样的悲剧。中国道路的开辟并取得成功是坚持马克思主义的结果,因为只有一个被科学理论武装的政党,才有可能带领人民探索出正确的发展道路。

---

① 《邓小平文选》第三卷,人民出版社1993年版,第373页。
② 《邓小平文选》第三卷,人民出版社1993年版,第78页。

"如果在意识形态领域不能巩固马克思主义的指导地位,东一个主义,西一个主义,在指导思想上搞多元化,搞得五花八门,最终必然由思想混乱导致社会政治动荡。"①开辟一条引领当代中国发展和进步的道路也只能成为一句空话。

第二,中国共产党执政的社会基础。与西方国家不同,我国基本的经济政治制度是由中国人民在中国共产党带领下建立起来的,这种特殊的党与国家的关系使中国共产党具有西方国家政党难以想象的政治优势。一方面,党的长期执政使党能够集中精力探索符合中国特点的现代化发展道路,而党的理论路线方针和政策又可以通过全国人民代表大会转变为法律,同人民群众的意志统一起来,保证党的路线方针政策能够在探索中国发展道路的实践中得以实施,并在实践中接受检验,也得到丰富和发展;另一方面,在党领导人民进行革命的漫长过程中,人民群众建立了对党高度的信任。不管是在探索中出现失误,还是在改革开放过程中出现这样和那样的一些问题,人民群众都始终拥护共产党的领导,始终把共产党作为其信任的领导核心,这也保证了中国共产党对当代中国发展道路的探索尽管出现过反复和曲折,但从来没有中断而能够一直持续下去,并最终取得成功。

第三,具有中国特色的政党制度。独特的政党制度是中国共产党的又一政治优势。中国共产党领导的多党合作和政治协商制度的最大优势在于避免了党派之间的政治权力斗争,使各个政党都具有很强的责任心和使命感,并把更多精力集中于探索当代中国的发展道路上来。用一位印度政府资深官员的话说:"我们不得不做许多从长远来看愚蠢的事情。但政治家在短期内需要选票。中国则可以作长期打算。"②而一位德国记者也指出:"我们德国人究竟希望到德国重新统一100周年时达到什么目标呢?假如问默克尔女士这个问

---

① 《江泽民文选》第三卷,人民出版社2006年版,第228页。
② 宿景祥、齐琳主编:《国外著名政要学者论中国崛起》,中共中央党校出版社2007年版,第322页。

题,她大概会说:‘3 月底将举行州议会选举。到那时我们再往后看吧。’”①同时,这样的政党制度不仅使中国共产党更具推进改革的决心,也使其政策能够顺利地实施,并且民主党派作为参政党,也可以使执政的中国共产党集思广益,既“避免了多党竞争、相互倾轧造成的政治动荡,又避免了一党专制、缺少监督导致的种种弊端”②。成思危曾用一个形象的比喻来说明中国共产党与民主党派的关系:“西方的政党制度是‘打橄榄球’,一定要把对方压倒。我们的政党制度是‘唱大合唱’,民主党派和中国共产党的合作共事是为了一个共同的目标,为了保持社会的和谐。要大合唱,就要有指挥,这个指挥无论从历史还是现实来看,都只有中国共产党才能胜任。唱大合唱,就要有主旋律,这个主旋律就是建设中国特色社会主义。”③

3. 党对执政规律的科学把握

第一,不断解放思想。不断解放思想是中国共产党的一个显著特征,也是中国共产党在探索当代中国发展道路过程中打破旧传统、破解新问题、解决新困难的一把钥匙。中国共产党在探索当代中国发展道路的进程中,并没有拘泥于马克思主义经典作家对未来的设想和苏联社会主义建设模式的束缚,也没有被其他发展模式所左右。中国共产党的每一次重大突破,都是解放思想的结果,解放思想是建设和发展中国特色社会主义的一大法宝。从毛泽东提出要突破苏联模式探索符合中国特点的发展道路,到后来邓小平提出实施改革开放,建设有中国特色的社会主义,以及社会主义本质理论、社会主义初级阶段理论、社会主义市场经济理论的提出等,每一次理论上的创新和实践中的进步都离不开解放思想。当然,中国共产党始终认为,解放思想“是指在马克思主义指导下打破习惯势力和主观偏见的束缚,研究新情况,解决新问题”。

① 《“十二五”规划将成中国发展分水岭》,《参考消息》2011 年 3 月 16 日。
② 《江泽民文选》第三卷,人民出版社 2006 年版,第 144 页。
③ 《中国民主党派不是“政治花瓶”》,《人民日报》(海外版)2006 年 9 月 20 日。

解放思想并不意味着要放弃马克思主义,偏离社会主义方向。"解放思想决不能够偏离四项基本原则的轨道,不能损害安定团结、生动活泼的政治局面。"因为"离开四项基本原则去'解放思想',实际上是把自己放到党和人民的对立面去了。"①

第二,善于总结经验。不断总结经验和善于总结经验是中国共产党的优良传统,也是一大优势,是探索当代中国发展道路取得成功的重要因素之一。1956 年毛泽东发表《论十大关系》,就是要在总结苏联经验的基础上,克服苏联模式的弊端,走符合中国特点的社会主义建设道路。他指出:"最近苏联方面暴露了他们在建设社会主义过程中的一些缺点和错误,他们走过的弯路,你还想走? 过去我们就是鉴于他们的经验教训,少走了一些弯路,现在当然更要引以为戒。"②1978 年党的十一届三中全会做出改革开放的重大决策,同样是总结历史经验的结果。邓小平总结旧中国之所以落后,新中国之所以没有快速发展起来的经验,指出"不开放不改革没有出路,国家现代化建设没有希望"。他还指出,改革开放是新事物,"既然是新事物,难免要犯错误。我们的办法是不断总结经验,有错误就赶快改,小错误不要变成大错误。""我们的政策是坚定不移的,不会动摇的,一直要干下去,重要的是走一段就要总结经验。""关键是要善于总结经验,哪一步走得不妥当,就赶快改。"③改革开放以来,中国不断总结自己的经验,又不断总结苏联经验、拉美经验、资本主义国家的发展经验。正是在不断总结经验的基础上,成功探索出了一条自己的发展道路。

第三,注重党的先进性与执政能力建设。在民主革命时期,党的建设是推动实现革命胜利的一个重要法宝。在探索当代中国发展道路的进程中,党的建设仍然是一个重要法宝。办好中国的事情,关键在党。能否探索出一条符

---

① 《邓小平文选》第二卷,人民出版社 1994 年版,第 279 页。
② 《毛泽东文集》第七卷,人民出版社 1999 年版,第 23 页。
③ 《邓小平文选》第三卷,人民出版社 1993 年版,第 219、174、113 页。

合中国实际的发展道路,关键取决于党。强烈的忧患意识使中国共产党认识到,党的先进性和党的执政地位都不是一劳永逸、一成不变的,过去先进不等于现在先进,现在先进不等于永远先进;过去拥有不等于现在拥有,现在拥有不等于永远拥有。社会主义制度确立以后尤其是改革开放以来,党在坚持把思想建设放在首位的同时,特别强调党的先进性建设和执政能力建设。为了适应新形势新任务的要求,江泽民提出了"三个代表"重要思想,强调在新世纪新阶段,党要代表中国先进生产力的发展要求,代表中国先进文化的前进方向,代表中国最广大人民的根本利益。2009 年党的十七届四中全会通过的《中共中央关于加强和改进新形势下党的建设若干重大问题的决定》再一次强调了党的建设的重要性,对党的建设提出了新的要求,明确提出要把执政能力建设和先进性建设作为执政党建设的根本任务。正是通过不断加强自身建设,党才得以始终能够承担起中国特色社会主义领导核心的重任,并对共产党执政规律、社会主义建设规律、人类社会发展规律的认识不断深化,从而使党能够逐渐把握探索当代中国发展道路的基本规律。

第四,以人为本的价值取向。以人为本是中国共产党探索当代中国发展道路的基本价值取向,也是这一探索得到人民群众支持并取得成功的根本保证。中国共产党始终认为,人民群众是改革开放和现代化建设的主体,并把人民群众的利益是否得到保障作为检验探索得失的根本标准。人民群众是探索当代中国发展道路的主体,当代中国发展道路的最终价值目标就在于实现人的自由而全面发展。改革开放以来,邓小平提出,要把"人民拥护不拥护""人民赞成不赞成""人民高兴不高兴""人民答应不答应",作为制定各项方针政策的出发点和归宿,并把人民利益标准与生产力标准和综合国力标准一起作为判断改革和各方面工作是非得失的根本标准。在世纪之交,江泽民指出,中国共产党"要始终代表最广大人民的根本利益"。胡锦涛则明确提出,科学发展观的核心就是以人为本,强调广大党员干部要做到"权为民所用、情为民所系、利为民所谋",党的一切奋斗和工作都是为了造福人民。党的几代中央领导集体的论述,都是对当代中国发展道路以人为本的价值取向的诠释,中国共产党之所以能够成功探索当代中国的发展道路,就在于党始终代表最广大人民群众的根本利益,顺应了人民的要求。"世界上很多国家,特别是一些发展中国家,长期处于动荡和贫困状态,根本原因就是没有一个正确而坚强的政治力量能够把社会力量凝聚起来,各种势力相互争斗,甚至内战连绵。"①中国之所以能够在复杂的国内外条件下快速发展,探索出一条符合中国实际的发展道路并成功引领当代中国的进步和发展,根本原因是因为有了一个能够真正代表人民利益的共产党的坚强领导。

4. 选择符合中国实际的发展路径

第一,渐进式的改革。探索发展道路是一个不断摸索的过程,不可能一蹴而就。选择渐进式改革,是中国共产党能够开辟中国特色社会主义道路的重要原因。道路的探索过程也是不断改革的过程,中国的改革是一场深刻的经济社会变革,但中国共产党却用自己的智慧,以渐进式的方式实现了改革的目标。采取渐进式的探索方式,从根本上来说是因为我们要探索的适合中国特点的发展道路,既没有先例,更没有现成的答案,对于中国共产党来说,探索这样一条道路,需要有一个认识不断深化的过程。采取"休克疗法式"的激进改革,一步走错,就会全盘皆输。通过渐进式的改革,还可以避免出现社会动荡,从而损害改革的大局,使改革难以继续深入下去。还有非常重要的一点是,渐进式的改革可以使中国共产党始终掌控改革的整个过程,尤其是能够始终把握改革的发展方向,一旦出现问题,可以及时纠正,不像苏联那样的激进改革,当意识到问题的时候,已经为之晚矣。"我们现在做的事都是一个试验。对我们来说,都是新事物,所以要摸索前进。"②

第二,正确处理改革、发展、稳定的关系。党在探索当代中国发展道路的

---

① 《江泽民文选》第三卷,人民出版社 2006 年版,第 224 页。
② 《邓小平文选》第三卷,人民出版社 1993 年版,第 174 页。

进程中,特别注重处理好改革、发展、稳定三者的关系。当代中国发展道路的探索过程从某种意义上来讲就是改革的过程,探索就是改革,改革亦是探索。没有改革,就没有当代中国发展道路的探索,而进一步的改革也能为道路的深入探索提供动力。成功探索当代中国发展道路的关键就在于确保改革沿着正确的方向持续深入,而确保改革持续深入的关键则在于正确处理改革、发展、稳定的关系。改革、发展、稳定是探索当代中国发展道路棋盘上三着紧密关联的战略性棋子,一着下好了,全盘皆活,一着下不好,全盘皆输。在探索的过程中,党始终认为,改革是动力,发展是目的,稳定是前提,不能为了改革而改革,发展才是改革的目的;也不能只顾眼前的改革而破坏改革所需要的稳定环境,从而使改革被迫中断。中国共产党在探索当代中国发展道路的过程中,正确处理了改革、发展、稳定的关系,保持了改革、发展、稳定在动态中的相互协调和相互促进,把改革的力度、发展的速度和社会可以承受的程度统一起来,把不断改善人民生活作为改革、发展、稳定的结合点,从而推动了改革沿着正确的方向不断深入,也确保了党对当代中国发展道路的探索取得成功。

第三,经济政治文化社会建设的协调发展。以经济建设为中心,大力发展生产力,是社会主义社会的本质要求,更是中国这样在半殖民地半封建社会基础上建立起来的社会主义制度最迫切需要解决的问题。解决社会主义初级阶段的主要矛盾,必须以经济建设为中心。邓小平指出,在现代化建设中有"许多事情都要搞好,但是主要是必须把经济建设搞好""说到最后,还是要把经济建设当做中心。离开了经济建设这个中心,就有丧失物质基础的危险。其他一切任务都要服从这个中心,围绕这个中心,决不能干扰它,冲击它。"①正是通过坚持以经济建设为中心,改革开放以来中国才取得了令世人瞩目的巨大成就。但是,当代中国发展道路并不仅仅是追求经济的快速发展,而是一条经济政治文化社会全面协调发展的道路。因为我们所要建设的中国特色社会

---

① 《邓小平文选》第二卷,人民出版社 1994 年版,第 240—241、250 页。

主义,不仅只是经济的发展,还要有政治的民主、文化的繁荣以及社会的和谐。只有经济政治文化社会全面协调发展的社会主义,才是中国特色社会主义。从邓小平提出物质文明和精神文明两手抓,两手都要硬,到党的十三大提出富强、民主、文明三位一体的现代化建设目标,再到党的十七大提出富强、民主、文明、和谐四位一体的社会主义现代化建设目标,形成了经济、政治、文化和社会建设的全面协调发展的格局。

5. 当代中国发展道路具有深厚的民族文化底蕴

当代中国发展道路既体现了时代发展的进步精神,又有着中华文明的深厚根基。以爱国主义为核心的民族精神,集体主义的优良传统,天人合一的自然哲学观,以人为本、以和为贵的价值取向等是中国传统文化中的积极因素,为广大人民群众认同和接受中国特色社会主义道路提供了文化条件。

爱国主义是中华民族精神的核心,也是凝聚中国人民为寻求民族独立和人民解放而顽强奋斗,为实现国家富强和人民幸福而不断探索的精神旗帜。中国传统文化中"天下兴亡,匹夫有责""修身齐家治国平天下""大公无私"等集体主义传统为当代中国发展道路提供了精神支撑。

以人为本是中国传统文化"民惟邦本,本固邦宁""天地之间,莫贵于人"思想的时代体现。中国特色社会主义道路之所以能够引领当代中国的发展和进步,就在于它所强调的发展,是以人为本的发展。以人为本的发展理念强调坚持发展为了人民,发展依靠人民,发展成果由人民共享,关注人的价值、权益和自由,关注人的生活质量、发展潜能和幸福指数,最终目标是实现人的全面发展。当代中国发展道路所体现出的以人为本的发展观,既符合马克思主义原理,又具有中国传统文化的底蕴。

当代中国发展道路还从中国传统文化中汲取了正确处理人与自然、人与社会、人与人、国家与国家之间的关系等方面的智慧。"天人合一""民胞物与"等人与自然和谐相处的哲学观,为当代中国发展道路追求人与自然的和谐,走人口、资源、环境相协调的可持续发展道路提供了文化支撑。追求和谐,使"富者足以示贵而不至于骄,贫者足以养生而不至于忧"①的治国理念,为正确处理人与人、人与社会的关系,建设以公平正义为核心的社会主义和谐社会提供了重要启示。"强不执弱""富不侮贫""协和万邦"等以和为贵的文化传统,为当代中国坚持和平发展道路提供了深厚的思想文化基础。

三、当代中国发展道路的价值及其意义

当代中国发展道路的成功探索,在实践中解决了中国这样一个落后的东方大国建设和发展社会主义的历史难题,在理论上丰富和发展了马克思主义,为马克思主义注入了新的生机与活力,不仅向世人展示了社会主义的优越性,也对其他发展中国家实现现代化具有重要启示。

1. 当代中国发展道路解决了中国的发展问题

当代中国发展道路的成功探索,其最重要的价值就在于从根本上解决了中国这样一个落后的国家确立社会主义基本制度以后,如何建设和发展社会主义的问题。在当代中国发展道路的引领下,中国人民的面貌、社会主义中国的面貌、中国共产党的面貌都发生了历史性的变化。

当代中国发展道路的成功探索,改变了中国人民落后的面貌。彻底改变中国人民落后的面貌,是中国共产党革命、建设和改革的最主要的目的。1978年党的十一届三中全会前,邓小平就指出:"我们一定要根据现在的有利条件加速发展生产力,使人民的物质生活好一些,使人民的文化生活、精神面貌好一些。"②社会主义制度确立以后尤其是改革开放以来,中国人民的面貌发生了巨大变化。一方面,中国人民的物质生活水平极大提高,1956年全国居民

---

① 董仲舒:《春秋繁露》,古籍出版社1989年版,第47页。
② 《邓小平文选》第二卷,人民出版社1994年版,第128页。

消费水平仅为 104 元,1978 年增长到 184 元,2008 年增长到 8183 元。农村居民恩格尔系数从 1957 年的 65.7%降至 2008 年的 43.7%,城市居民恩格尔系数从 1978 年的 57.5%降至 2008 年的 37.9%。农村贫困人口由 1978 年的 2 亿 5000 万人降至 2008 年的 4007 万人,并且贫困的标准也比以前大大提高。另一方面,中国人民的文化水平得到显著提高,高等学校毕业生人数占全国总人口的比例由 1956 年的 0.63‰提高到 2008 年的 51.2‰。普通中学毕业生人数占全国人口比例由 1956 年的 9.4‰提高到 2008 年的 270‰。[①] 同时,中国人民的精神面貌也出现了许多新的积极变化,爱国主义、集体主义、科学文明、开拓进取、改革创新以及其他与改革开放和现代化建设相适应的思想观念、道德风尚,日益成为中国人民精神世界的主流。一位曾经穿行新旧中国的美国记者说:"外貌上,中国人更高,更漂亮了""中国人的态度也有了极大的变化,他们总是表现乐观,他们的行为举止中常常带着一种骄傲,对国家的骄傲。"[②]"一个公布于 2008 年 7 月 23 日的皮尤全球民意调查显示,在所调查的 24 个国家中,中国是人民对其政府最满意的国家之一,超过 80%的受访者对中国的经济和整体发展方向感到满意,而 65%的受访者认为政府做了正确的事。"[③]

当代中国发展道路的成功探索,改变了社会主义中国的面貌。我国的社会主义制度建立在"一穷二白"的基础之上,就连最基本的国民经济的基础体系都没有。毛泽东曾诙谐地指出:"现在我们能造什么?能造桌子椅子,能造茶碗茶壶,能种粮食,还能磨成面粉,还能造纸,但是,一辆汽车、一架飞机、一

①　以上数字均来自国家统计局国民经济综合统计司编:《新中国六十年统计资料汇编》,中国统计出版社 2010 年版。
②　参见中国新闻社 2009 年 7 月 26 日刊发的《穿行新旧中国的美国记者:中国的变化像科幻小说》。
③　潘维主编:《中国模式:解读人民共和国的 60 年》,中央编译出版社 2009 年版,第 305 页。

辆坦克、一辆拖拉机都不能造。"①几十年后,中国已成为世界工厂,中国的高速公路网已遍布全国,中国的宇航员已经漫步太空。经过几十年的发展,曾经积贫积弱的中国早已被一个崭新的中国所取代。曾经的东亚病夫举办了最出色的一届奥林匹克运动会,曾经封闭保守的中国举办了规模盛大的世界博览会,曾经异常落后的中国一跃成为世界第二大经济体。中国正在以新的形象把自己展示给世人。

中国共产党在带领中国人民探索当代中国发展道路的过程中,其自身也发生了很多新的变化。首先,党员队伍发生了很大变化。党对当代中国发展道路的成功探索进一步提升了党的威望,增强了党的吸引力,越来越多的积极分子愿意加入党内来,党员队伍不断扩大;同时,一批又一批青年知识分子加入到党内来,使党的队伍逐渐年轻化、知识化。随着改革开放的深入和新的社会阶层的出现,党员的社会成分、社会职业趋于多样化,既增强了党的阶级基础,又扩大了党的群众基础。其次,党对先进性的认识发生了变化。党的先进性是历史的、具体的,党的历史方位的变化使党认识到,要保持自己的先进性就要始终代表中国先进生产力的发展要求,代表中国先进文化的前进方向,代表中国最广大人民的根本利益,党不仅是工人阶级的先锋队,同时还是中华民族和中国人民的先锋队。最后,党的执政能力不断提升。随着对当代中国发展道路探索的深入,党对执政规律的把握日益深化,党的执政理念不断升华,从注重经济发展满足人民群众的物质要求,逐渐转变为追求实现人的全面发展。党的执政方式也有了很大变化,主要体现为更加强调科学执政、民主执政、依法执政等。党也特别注重执政绩效,强调牢固树立和认真贯彻落实科学发展观,是加强党的执政能力建设的重要内容和保障。

---

① 《毛泽东文集》第六卷,人民出版社1999年版,第329页。

2. 当代中国发展道路的成功探索丰富和发展了马克思主义

实践是检验真理的唯一标准,当代中国发展道路的成功探索,用鲜活的实践回答了什么是马克思主义、怎样对待马克思主义的问题。当代中国发展道路探索的历史经验告诉我们,马克思主义不是教条,而是行动的指南。马克思主义是真理,但如果不能在实践中把马克思主义与客观实际结合起来,就不能发挥其理论的威力。我们在任何时候都要坚持马克思主义的基本原理,但对于马克思主义经典作家针对特定的具体情况、具体条件、具体斗争提出的具体观点、具体行动纲领,则不能不顾历史条件和现实实际的变化,全部照搬照抄。当代中国发展道路的成功探索还告诉我们,马克思主义不是僵化封闭的,要不断发展马克思主义。马克思主义不是静止不变的,静止不变就会变成没有生命力的教条。"马列主义、毛泽东思想不发展,就不可能有改革开放新政策的产生,就不可能有建设有中国特色社会主义新道路的开辟。我们建设有中国特色社会主义,许多问题没有本本可以找,需要运用马克思主义基本原理在分析和总结新的情况和新的实践中求得解答。"①

当代中国发展道路的成功探索,回答了什么是社会主义、怎样建设社会主义的问题。中国共产党在探索当代中国发展道路的过程中,揭示了社会主义社会的基本矛盾。关于社会主义社会的基本矛盾,马克思主义经典作家并没有作出明确的阐述,而苏联在建设社会主义的实践中也没有能够正确认识和处理社会主义的矛盾问题。中国共产党在探索中国发展道路的过程中,深刻认识到,生产力与生产关系,经济基础与上层建筑之间的矛盾在社会主义社会依然存在,并提出社会主义制度可以通过自我完善,通过不断改革来解决矛盾并推动社会主义不断前进。在正确认识社会主义基本矛盾的基础上,党在探索的过程中,打破了人们把公有制和计划经济看作社会主义本质的传统认识,

---

① 《江泽民文选》第三卷,人民出版社 2006 年版,第 26 页。

认为社会主义的本质应该是解放和发展生产力,消灭剥削,消除两极分化,最终达到共同富裕,而社会主义的根本任务是解放和发展生产力。

当代中国发展道路的成功探索,在解决中国这样一个落后的东方大国建设和发展社会主义的问题的同时,丰富和发展了马克思主义。马克思主义并没有对中国这样的半殖民地半封建国家建立社会主义制度后建设和发展社会主义的问题作出阐释,而现实中的社会主义又大多是建立在落后的社会基础之上,所以当代中国马克思主义的创立是对马克思主义的一个重要发展。当代中国的马克思主义揭示了像中国这样落后的发展中国家建设和发展社会主义的一些基本原则,像立足基本国情,把马克思主义和本国实际结合起来,坚持改革开放,独立自主地参与经济全球化,积极借鉴吸收其他国家好的发展经验,等等。

当代中国发展道路的成功探索,解决了在两种社会制度并存的情况下如何发展社会主义的问题。社会主义并没有像马克思所设想的那样,在发达资本主义国家同时发生,而是在俄国、中国这样的资本主义还没有经过完全发展的国家率先出现。在两种社会制度并存的时代如何发展好社会主义成为发展马克思主义的一个新课题。苏联社会主义建设的实践没有能够回答这个问题,因为"斯大林关于社会主义建设的理论,是建立在与资本主义价值体系绝对对立和对国内不同建设路线无情批判的基础上的。因此对社会主义的价值结构、价值步骤、价值标准和价值实效等各方面的认识缺乏辩证思维,均不同程度上出现了歪解"①。中国共产党在探索中国发展道路过程中,客观地分析社会主义与资本主义的关系,提出社会主义一定要把解放和发展生产力作为根本任务,促进先进生产力的发展,并不断借鉴和吸收资本主义国家好的发展经验。邓小平在1992年初的南方谈话中提出:"社会主义要赢得与资本主义相比较的优势,就必须大胆吸收和借鉴人类社会创造的一切文明成果,吸收和

---

① 叶启绩主编:《全球化背景下中国特色社会主义价值研究》,中山大学出版社2005年版,第148页。

借鉴当今世界各国包括资本主义发达国家的一切反映现代社会化生产规律的先进经营方式、管理方法。"①

当代中国发展道路的成功探索,为处于低潮的世界社会主义运动注入了新的活力。东欧剧变、苏联解体一度被认为是共产主义的最终结局。当代中国发展道路的成功探索证明,苏联模式的失败并不意味着马克思主义的失败,而恰恰是背离马克思主义的结果。始终把马克思主义作为自己指导思想的中国共产党,带领世界五分之一的人口探索出一条充满生机的社会主义发展道路,向世界展示了马克思主义依然具有蓬勃的生命力。"中国的发展给人们指出了一条摆脱全球资本统治的破坏性进程的出路,也使人们产生了一种对社会主义前景的希望。"②"自东欧和苏联的共产主义衰亡以来西方首次面对制度层面上的根本性挑战。""'新东方'已取代'旧东方'。"③中国特色社会主义的成功探索,开辟了世界社会主义的新视域,必将推动世界范围内社会主义的复兴。

3. 当代中国发展道路的成功探索有力回击了各种错误思潮的挑战

当代中国发展道路的价值,还在于创造了一条不同于当代资本主义的实现现代化的发展途径,并有力地回击了民主社会主义与新自由主义等社会思潮对马克思主义的挑战。

当代中国发展道路的成功探索,宣布了"历史终结论"的破产。在一些西方学者看来,苏东剧变以及冷战的结束,标志着共产主义的终结,历史的发展最终只能有一条道路,即西方所谓的自由民主资本主义发展道路。而中国特色社会主义道路的成功开辟,使"历史终结论"不攻自破,连福山自己都指出:

---

① 《邓小平文选》第三卷,人民出版社1993年版,第373页。
② 《中国给社会主义带来希望》,《参考消息》2003年5月14日。
③ 《欧洲切忌将中国"妖魔化或理想化"》,《参考消息》2011年3月18日。

"人类思想宝库需为中国传统留有一席之地。"①"在苏联和东欧各国共产党倒台的背景下，中国共产党取得的巨大成功使西方渴望实现'历史终结'的良好愿望化为泡影。"②当代中国发展道路的成功探索至少已经证明，建立在私有制基础上的自由民主加市场经济并非实现现代化的唯一公式。中国把公有制与市场经济结合起来，既通过坚持公有制的主体地位保证社会的公平正义，又可以通过发展市场经济，发挥市场配置资源的效率优势，从而保证经济长期持续发展的道路不失为现代化的另一种选择。

民主社会主义是世界各国社会党、社会民主党、工党的意识形态，在民主社会主义的指导下，一些发达资本主义国家在社会建设方面确实取得了相当大的成就，一些国家的福利制度日趋完善，工人劳动条件不断改善等，但民主社会主义在少数国家的相对成功并不能使"科学社会主义黯然失色"，更不可能成为中国的未来。民主社会主义虽然号称社会主义，其许多主张却背离了科学社会主义的基本原则。与民主社会主义主张指导思想的多元化不同，中国特色社会主义始终坚持马克思主义在意识形态领域的指导地位。指导思想的多元化不仅会导致人们思想的混乱，实际上也否定了马克思主义是科学真理。与民主社会主义的混合经济根本不同，中国特色社会主义的基本经济制度虽然也允许非公有制经济的发展，但强调公有制为主体是其最基本的前提，因为唯有如此，才能保证国家的社会主义性质。与民主社会主义以资本主义"病床边的医生和护士"自居不同，中国特色社会主义始终认为，社会主义埋葬资本主义是历史的必然。中国特色社会主义道路既符合中国实际，又坚持了科学社会主义的基本原则，中国特色社会主义道路的成功，是对"只有民主社会主义才能救中国"的彻底否定。

与中国特色社会主义不同，新自由主义道路主张完全的自由化、私有化和

---

① 《福山分析中国发展模式的价值内核"中国模式"代表集中高效》，《参考消息》2009 年 8月 19 日。

② 《中共体制灵活多变让西方惊恐》，《参考消息》2010 年 7 月 29 日。

市场化。在新自由主义看来,自由是效率的前提,用哈耶克的话来说,"若要让社会裹足不前,最有效的办法莫过于给所有人都强加一个统一标准"①,但实际上,新自由主义所主张的自由化只是对国际垄断资本的自由,在自由化的过程中,发展中国家失去的恰恰是自由,而被迫依赖于发达资本主义国家。中国在改革开放的过程中,始终坚持在独立自主的基础上参与全球化,推动自由贸易,避免了沦为发达资本主义国家的附庸。与新自由主义主张完全的私有化不同,中国允许在公有制经济占主体的前提下发展非公有制经济。完全的私有化并不能把财产平均分配给每一个社会成员,俄罗斯的经验表明,私有化只能是极少数垄断寡头们剥夺广大人民群众的饕餮盛宴。与新自由主义主张的完全市场化不同,中国坚持社会主义市场经济。完全放任的市场经济只能使更多的资源向垄断资本倾斜,只能成为垄断资本的剥削工具,市场所带来的效率是资本剥削的效率,两极分化是放任的市场经济的必然结果。社会主义市场经济发挥了市场有效配置资源的功能,市场所带来的效率却可以服务于人民大众。总体来说,中国特色社会主义道路与新自由主义道路有着根本的不同,新自由主义道路在本质上是资本主义的发展道路。新自由主义是国际垄断资本主义的意识形态和统治哲学,对广大发展中国家来说,新自由主义道路并非通向自由与光明,而恰恰是一条"通往奴役之路"。

4. 当代中国发展道路对广大发展中国家的启示

作为世界上最大的发展中国家,当代中国发展道路的成功探索,对其他发展中国家实现现代化具有重要启示。就连布热津斯基都认为:"中国很可能会被许多发展中国家的人民,特别是被苏联各共和国的人民,看成是一个越来越有吸引力的替代选择模式,可以用它来代替已宣告失败的共产主义制度和

① [英]弗雷德里希·奥古斯特·冯·哈耶克:《自由宪章》,杨玉生等译,中国社会科学出版社1999年版,第75—76页。

西方式的建立在自由市场基础上的民主制度。"①当然,我们从来都不认为中国可以为其他发展中国家创造一个可供模仿或复制的发展模式。中国道路、中国经验或是中国模式,都具有自己的独特性,而不像有的西方学者所认为的那样,"中国不仅在借鉴他国发展模式的过程中找到了一条独立自主的发展道路,而且提供了可被其他国家效仿的强国富民的途径"②。因为我们始终认为,固定的模式是没有的,也不可能有。中国所能提供给发展中国家的最重要的一点也许恰恰是,不要照搬别国的发展模式,因为"照抄照搬别国经验、别国模式,从来不能得到成功"③。当代中国发展道路的成功再一次说明,文明的多样性、发展道路和发展模式的多样化是世界的固有属性,发展中国家完全可以按照自己的国情,选择适合本国实际的现代化道路。世界上没有固定的发展道路和发展模式可供选择,立足自己的国情,走适合本国发展的道路才是正确的选择。

虽然中国不可能给其他发展中国家提供一个标准的可供模仿的发展模式,但中国在探索过程中的许多经验确实可以给广大发展中国家提供一些借鉴。中国道路的开辟,从某种程度上来说,具有一定的国际意义。1985 年,邓小平就指出:"我们的改革不仅在中国,而且在国际范围内也是一种试验,我们相信会成功。如果成功了,可以对世界上的社会主义事业和不发达国家的发展提供某些经验。当然,不是把它搬给别国。"④一些西方学者也认为,"由于中国发展道路的独特性,其他发展中国家无法复制,但可借鉴中国模式背后务实主义的哲学思想和根据自身国情探寻发展道路的基本思路。"⑤因为中国共产党对当代中国发展道路的探索,"无论是成功的经验,还是深刻的教

---

① ［美］兹比格涅夫·布热津斯基:《大失控与大混乱》,潘嘉玢、刘瑞祥译,中国社会科学出版社 1994 年版,第 208 页。

② 《"中国模式"缘何对世界充满魅力》,《光明日报》2009 年 6 月 27 日。

③ 《邓小平文选》第三卷,人民出版社 1993 年版,第 2 页。

④ 《邓小平文选》第三卷,人民出版社 1993 年版,第 135 页。

⑤ 《西方媒体出现反思中国模式新动向》,《参考消息》2009 年 7 月 7 日。

训,都是十分宝贵的财富,不仅对于中国自己在未来的发展,而且对于广大发展中国家如何迎接全球化挑战、利用自身优势实现国家现代化,都有着重要的借鉴意义"①。

中国共产党成功地探索出一条适合中国国情的发展道路,引领了当代中国的发展和进步。但是我们应该保持清醒的头脑,居安思危,审慎地看待已取得的成就。当代中国发展道路仍处于探索的过程中,还面临着诸如转变经济发展方式、防止腐败、实现社会公平正义、树立良好大国形象等许多棘手的难题和严峻的挑战。当代中国发展道路能否继续引领中国走向中华民族的伟大复兴,取决于能否战胜这些困难和挑战。我们有理由相信,当代中国发展道路必将随着中国共产党对执政规律、社会主义建设规律、人类社会发展规律认识的深化而不断完善,不断成熟,并继续引领中国的未来。

---

① 俞可平:《关于"中国模式"的思考》,《红旗文稿》2005 年第 19 期。

论中国模式研究的马克思主义话语体系[*]

中国特色社会主义是当代中国共产党人在政治上高举的一面旗帜,它不仅是一条实现中华民族伟大复兴的发展道路,而且是一种有别于苏联、新自由主义和民主社会主义的具有中国特色的发展模式。随着中国经济社会的发展取得举世瞩目的成就,国外学者开始热议具有中国特色的发展模式问题。这在某种程度上说明国际社会对当代中国发展成就和发展经验的肯定和认同,同时我们也应当看到,西方学者的立场与我们不同,他们的热议存在着一些偏见与错误认识。然而对于国外学者的热议,国内学界还没有有效地进行回应,以至于西方学者的观点在某种程度上主导了"中国模式"研究的话语权与学术路径。本文拟从马克思主义的立场展开分析,以就教于学界。

一、问题的缘起

自 2004 年 5 月乔舒亚·库珀·雷默发表题为《北京共识》的文章以来,中国模式逐渐成为国外一些学者研究的热点。在这些研究者中不乏一些国家

---

 * 原载《南京大学学报》2011 年第 1 期。《高等学校文科学报学术文摘》2011 年第 2 期转载,中国人民大学复印报刊资料《社会主义经济理论与实践》2011 年第 5 期全文转载,《思想理论教育导刊》2011 年第 5 期转摘。

的政要,也有一些长期研究中国问题的学者,还有一些海外的华裔学者。他们基于不同立场,从不同角度对中国模式进行了比较深入的分析和研究,其中有这样几个问题值得我们关注和研究。

一是国外学者关于"中国模式"研究的背景。20 世纪 90 年代以来,在以"华盛顿共识"为主要内容的新自由主义指导下进行的拉美国家改革和苏东国家转型遭遇重大挫折。与之相反的是,中国立足自身实际,通过不断创新,在改革开放进程中开辟了一条既不同于苏联模式,也不同于民主社会主义模式,更不同于新自由主义模式的崭新的发展道路,取得了举世瞩目的成就。这一发展道路,在当代中国的话语体系中被称为是中国特色社会主义,而在一些西方学者的话语体系中,它则是一种新的发展模式。

西方学者认为,中国模式不仅使"华盛顿共识"指导下的拉美模式相形见绌,甚至对以美国为代表的资本主义发展模式形成了极大的挑战。因为中国模式对其他发展中国家的强大吸引力正日益成为中国崛起所必需的软实力,而中国也正在以自己的思想理论一步一步地改变世界,这种对以美国为首的资本主义世界的"静悄悄的革命"被认为是对西方世界的最大威胁,中国模式已经成为自由民主资本主义最大的潜在意识形态竞争者。

尤其是在波及全球的金融危机爆发后,"中国模式的影响力与日俱增。原因何在? 主要是因为西方重要经济体——美国、日本、欧洲仍然不景气,而中国却很兴隆"①;况且"西方对中国模式的担忧和恐惧也类似于冷战期间对前苏联所代表的价值的恐惧"②。在这种背景下,中国模式所带来的巨大成就及其对西方世界的挑战日益引起世人的关注,中国模式也自然成为西方学者研究的一个焦点,而雷默发表《北京共识》这一抛砖引玉之举,则迅速引发了研究中国模式的新热潮。

在这波研究中国模式的热潮中,既有一直关注当代中国发展且长期深入

---

① 彼得·哈尔彻:《中国模式影响力与日俱增》,《参考消息》2010 年 11 月 24 日。

② 郑永年:《中国模式能够被围堵吗?》,《联合早报》2009 年 9 月 9 日。

分析中国改革开放实践的学者对中国模式的客观的研究,也有一些国外政要从国际战略的角度对中国模式的评价,还有一部分人实际上根本不了解中国实际,却也要赶着研究中国模式的热潮,仅仅凭自己的主观臆断,对中国模式进行脱离实际的评论。国外学者的研究,有的能够立足中国实际,从客观的角度出发,在肯定中国模式的同时,也指出其不足;也有的持绝对赞成的立场,认为中国模式是一种非常值得期待的选择;还有一些学者带有强烈的意识形态偏见,认为中国模式是一种畸形的现代化发展模式,最终的结果不是崩溃,就是"走向历史的终结",其不同的研究背景对他们的理论观点具有重要影响。

二是国外学者关于中国模式的内涵及其性质的研究。尽管众多国外学者认为中国自改革开放以来形成了一种新的发展模式,但对于中国模式内涵的看法和观点却莫衷一是,甚至大相径庭。包括雷默在内的一些学者从总结中国经验的角度出发,认为中国模式就是"北京共识";有的学者则从实践角度出发,认为中国模式就是中国特色社会主义道路;也有学者从研究经济政治体制的角度出发,把中国模式理解为"经济自由加政治压制"①,甚至是经济上的资本主义与政治上的封建主义的结合;还有学者认为中国最为成功之处,就在于确立了社会主义市场经济体制,中国模式是用资本主义手段实现社会主义目标的一种新的经济模型。

对于中国模式的性质,国外学者基于不同的立场和角度而持有不同的观点。有学者认为,中国模式打破了苏联模式的束缚,既坚持了社会主义基本原则,又符合中国的特殊国情,是一种新的发展模式,即中国特色社会主义发展模式。也有学者认为,中国的改革开放采取了新自由主义的基本原则,包括国有企业改革、发展市场经济等等,中国模式是新自由主义中国化的结果,因而中国模式实际上是中国特色的新自由主义发展模式。还有学者把中国当前日益突出的腐败问题、贫富差距不断拉大等问题的出现归结于中国特色社会主

---

① Rowan Callick, "The China Model", The American, 2007 (November/December), http://www.american.com/archive/2007/november-december-magazine-contents /the-china-model.

义的基本制度,认为当前中国社会是一个不折不扣的资本主义社会,"中国的市场改革并不通往社会主义的复兴,而是通往彻底的资本主义复辟"①,因而把中国模式看作是一种资本主义的发展模式。也有学者认为,中国模式是一种实用主义发展模式,实现中华民族伟大复兴是中国模式的最终价值目标,不管是资本主义还是社会主义,最终都要服从于推动中国实现现代化。

三是国外学者关于中国模式特征的论述。由于对中国模式内涵和性质的观点不同,国外学者对中国模式的特征自然有不同的看法。对于那些从积极方面看待中国模式的学者来说,渐进式改革与不断试验,正确处理改革、发展、稳定的关系,独立自主等是中国模式的主要特征。通过渐进式改革保证社会的稳定,在稳定的环境中深化改革,使中国改革开放以来既保持了社会的稳定,又促进了经济的长足发展。在对外开放中坚持独立自主,则使中国在吸取西方发达国家经验的同时,又保持了自己的特色,不被西方发达国家所控制,从而保证了经济的安全,避免发生墨西哥金融危机以及东南亚金融危机那样的经济动荡。在这些学者看来,中国的发展道路虽然是中国特有的,中国模式虽然具有很强的独特性,但中国模式也包含着很多具有普遍性的经验,对于其他广大发展中国家来说,中国模式值得借鉴。

对于那些对中国模式持消极态度的学者来说,缺乏社会公正、生态环境恶化、高昂的行政成本、经济自由加政治压制等是中国模式的主要特征。在他们看来,中国模式即便可以被称之为模式,但也是不值得借鉴的。因为中国的发展成就是以牺牲生态环境、民主人权等为代价的,它不仅不能被推广,也是不可持续的。随着生态环境的恶化、人们民主权利意识的增强,中国模式必将走向崩溃。还有学者认为,多种所有制的经济基础、社会主义的上层建筑、共产党的领导相结合,是中国模式最突出的特征。这种经济、政治和思想意识形态方面的独特性决定了中国模式只能是中国特殊国情的产物,是中国特有的而

---

① Martin Hart-Landsberg, Paul Burkett, China and Socialism: Market Reforms and Class Struggle, New York: Monthly Review Press, 2005, p.16.

难以推广。

面对国外学者对中国模式问题的热议,国内学术界和理论界没有作出有效的回应,其中一个重要的原因是我们自己对当代中国发展模式的研究还没有充分和深入地展开。这不仅体现在国内学者对中国模式的研究还不够深入,更体现在众多学者对中国模式研究持消极甚至是否定的态度。虽然国外对中国模式的热议逐渐引起了国内学者的关注,但在众多关注中国模式的学者中,只有少数学者认为,中国模式无论是在实践中还是在学理上,都已经是客观存在的,所以应该在中国模式研究问题上,促进"中国话语系统"的形成和"中国模式学派"的崛起,建立"中国模式学派",以有效回应国外学者对中国模式的热议。① 而多数学者却似乎并不认同中国模式,认为不仅中国特色社会主义还不够完善,而且我们曾经在历史上屡受"模式"之殇,至今仍未彻底走出苏联模式的阴霾,因此提出要"慎言"中国模式。这种对中国模式的消极回避态度,会使我们在很大程度上失去在中国模式问题上的话语权。

当前,迫切需要对中国模式作出我们自己的解读。这不仅是因为在中国模式这个问题上我们最有发言权,而更为关键的是,通过加强对国外中国模式理论的研究,构建当代中国模式研究的话语体系,对于我们更好地坚持中国特色社会主义的发展道路具有重要意义。

一是有助于消除人们对中国特色社会主义的种种误解和偏见。虽然党的十七大以来关于中国特色社会主义的研究和宣传工作已经取得了很大成效,但是学术界乃至社会上对中国特色社会主义依然存在着各种模糊、混乱甚至错误的认识。主要表现在,认为中国特色社会主义的实质是"有中国特色的资本主义"、当代中国的诸多成就来源于"自由市场经济",把当代中国出现的诸多社会问题归咎于社会主义制度,认为中国特色社会主义的发展模式对中国而言没有持久性、对世界而言没有借鉴性。出现这些误解和偏见的原因是,

---

① 潘维、玛雅主编:《人民共和国六十年与中国模式》,生活·读书·新知三联书店2010年版,第6页。

一方面由于这些问题本身具有复杂性，另一方面则由于相关的学术研究还没有深入下去，对这些错误认识还缺乏深入分析。对当代中国发展模式的研究，有助于我们有的放矢地认真辨析相关问题并批驳错误论调，激浊扬清，从学术研究的层面推进中国特色社会主义的建设和发展。

二是有助于广大人民群众深化对中国特色社会主义的理解，坚定社会主义的共同理想。目前关于中国特色社会主义的研究成果比较多，但是对于中国特色社会主义与苏联模式、新自由主义和民主社会主义等发展模式的区别究竟何在，中国特色究竟体现在哪些方面等问题研究还不够深入、缺乏有说服力的定论。建设和发展中国特色社会主义，首先要统一人们的思想认识，否则就会众说纷纭、莫衷一是。研究当代中国发展模式的独特性，并对一些重大问题进行理论辨析，从不同层面和角度有针对性地阐释这些备受关注的问题，有助于广大人民群众在深化认识、统一思想的基础上，树立社会主义的共同理想和信念。

三是有助于我们系统总结我国改革开放的实践经验，使人们认同中国特色的社会主义制度，提升国家软实力。一个国家的软实力，不仅表现在文化方面，更表现在制度和意识形态方面。深入研究当代中国发展模式，既有助于增强人民群众的向心力和凝聚力，也有助于增强中国特色社会主义的吸引力和说服力，从而提升当代中国的软实力。

二、建构中国发展模式研究的马克思主义话语体系

改革开放以来，在党的历次代表大会和文献中尚未论述过中国模式问题，更多的是在总结经验的基础上论述中国特色社会主义道路。正如邓小平所指出的，"历史上成功的经验是宝贵财富，错误的经验、失败的经验也是宝贵财富"①，不断

---

① 《邓小平文选》第三卷，人民出版社1993年版，第234—235页。

总结经验和善于总结经验是中国共产党的优良传统,在领导中国人民开辟中国特色社会主义道路的进程中,中国共产党人总结出了独具特色的中国经验,党和国家领导人多次在不同场合进行了阐述。胡锦涛把这些经验概括为"十个结合",从不同方面阐述了在我们这样一个发展中大国摆脱贫困、实现现代化、巩固和发展社会主义的宝贵经验;在党的十七大报告中还专门论述了中国特色社会主义道路的内涵。习近平同志在博鳌亚洲论坛2010年会上的演讲中也强调指出,"我们以实事求是的科学态度及时总结经验,创新发展理念,推动中国发展道路和发展模式在实践中不断完善"①。

一个国家的发展道路问题,不仅需要从经验层面上进行总结,也需要从理论上和学术上进行深入的研究,因为这不仅关涉发展的方向,而且也是一个国家文化软实力的体现。西方资本主义国家自20世纪70年代以来的发展道路和发展模式以"新自由主义"和"华盛顿共识"的理论面貌出现,在意识形态上产生了很大的影响。中国在改革开放进程中走中国特色社会主义道路,取得了举世瞩目的成就,迫切需要我们从马克思主义的立场出发,在理论上和学术上进行深入研究,发出自己的声音,这就提出了中国发展模式研究的话语体系问题。

在这一方面,国内学界对于国外学者关于中国模式的提法,赞成者有之,同时也不乏反对之声。有学者认为,应当讲"中国经验""中国特色""中国道路""中国案例"等等,其理由是"中国人自己没有首先使用'中国模式'这个词,因为'模式'在英文中有多种含义,它有模范、示范的意义,中国人慎用这个词就是为了避免把'模式'变成'要别人学习'的那种意义。如果一定要给'中国模式'下个定义的话,那么可以说是新中国成立以来,特别是改革开放以来建设中国特色社会主义的理念、战略、政策、实践的过程和结果的总称,也包括出现的问题。也许称为'中国案例'更合适,它还在进行中,处在现在进

---

① 习近平:《携手推进亚洲绿色发展和可持续发展》,《人民日报》2010年4月11日。

行时"①,中国特色社会主义作为一种模式还不成熟,还处于发展中,还有待于实践的检验和发展,还存在着这样和那样的一些缺点。同时,一提模式,也会使人首先想起过去那种僵化的苏联模式,以及中国模式提法本身体现不出社会主义的性质等等。

反对者固然有其道理,但是,如果一味排斥或否定这一提法,就会丧失在这一问题上的话语权。因为,没有来自中国主流的声音,任由别人评说,久而久之,在这个问题上就会陷入被动。因此无论如何,我们都应当对国外正在热议的中国模式给予正面的回应,运用马克思主义的立场、观点和方法,对中国模式给予科学解读,构建中国自己的话语体系。

第一,应该明确"模式"的含义。因为只有把"模式"的含义确定下来,才能有一个对话的平台,明确"模式"以及"中国模式"的含义,是构建中国模式研究话语体系的基础。一些学者之所以提出要慎言"中国模式",一个很重要的原因就在于模糊了"模式"的含义。模式并不一定代表着就是要别人模仿,也不是就一定要强行对外输出,那种一提模式就意味着要输出的认识,显然是还没有摆脱对历史上无论是民主革命时期的"城市中心论",还是社会主义建设时期的苏联模式所造成的严重后果的恐惧,还禁锢在那种习惯的思维定式之中。其实,模式并不只是成功的经验而没有缺陷和教训,尤其是我们耳熟能详的苏联模式、拉美模式,现在看来是有严重缺陷的,是经实践检验证明是失败了的模式。所以,不能因为苛求中国模式的完美而拒绝这种提法。在人类历史的长河中,社会主义的历史并不长,而以中国特色社会主义为核心的中国模式更是一个新生事物,还需要在实践中不断发展和不断完善,它也可能存在一些问题,但我们不能因此就否定其存在。

况且,模式并不意味着凝固化,任何一种发展模式如果凝固化了,只能说明它已经成为历史。所谓模式,就是在特定条件下,对为实现某一特定目标而

---

① 赵启正等:《对话:中国模式》,新世界出版社 2010 年版,第 11 页。

采取的一系列具有规律性的方式方法的概括和总结。它既包括了实现目标所采取的具体方式方法,也包括实现这一目标的指导思想。而所谓的中国模式,就是中国共产党人在当代中国建设和发展社会主义、实现中华民族伟大复兴的过程中,开辟的发展道路和在实践中创造的中国经验的有机统一。这一模式体现在实践中,就是开辟了中国特色社会主义道路;体现在理论上,就是坚持作为中国经验的升华和提炼的中国特色社会主义理论体系。

第二,要用全面的方法,从整体性的视角研究中国模式。对于中国模式的研究,可以仁者见仁、智者见智,但决不能管中窥豹或犯盲人摸象那样的错误。中国模式是一个整体,只有把当代中国的经济、政治、文化、社会发展统一起来,才能读懂中国模式,才能全面准确客观地解读中国模式。当前存在的一个突出问题是,一些学者尤其是国外学者只看经济,不看政治,把中国模式看作是一种经济发展模式,而忽视当代中国政治的发展对经济发展的作用。另外,既不能只看到中国模式成功的一面而盲目颂扬,也不能只看到中国经济社会发展中存在的种种问题,而否认或诋毁中国模式。研究中国模式,一定要基于客观事实。对于中国模式成功的一面,我们应该肯定但不要片面夸大,脱离实际的夸大不仅不能提高中国的软实力,甚至还会带来不必要的麻烦,"中国责任论"在某种程度上也是片面夸大中国成就的结果。对于中国模式存在的问题,我们也不能回避或就此否定中国模式,而应深入思考产生问题的原因和症结所在。

第三,要深入研究中国模式的本质。研究中国模式,最重要的是要透过现象研究中国模式的本质。不要只看到当代中国取得的成就、出现的失误、存在的问题,更重要的是要探寻取得这些成就和出现这些问题的原因。因此,需要研究新中国成立以来,尤其是改革开放以来,中国共产党领导中国人民在探索、建设和发展社会主义的过程,立足中国国情,采取了哪些措施,实行了哪些改革,这其中,又有哪些取得了成功,在哪些方面出现了问题。这是研究中国模式的关键所在。

目前,国内对中国模式的研究在很大程度上是一种对国外学者研究的被动回应,对于国外学者的研究,既要看到他们对中国模式的分析和研究有其客观的一面,也要看到他们固有的偏见和对社会主义的敌对立场。对国外学者的中国模式研究要警惕两种倾向,一种是"棒杀",一种是"捧杀",对中国模式的任何一种缺乏实事求是的研究和评论,无论是对研究中国模式本身,还是对于建设和发展中国特色社会主义都是无益的。

第四,要深刻总结中国模式的内涵及其特征。中国模式研究要着眼于对当代中国改革开放和社会主义现代化建设历程及其成果的系统阐释,要把中国特色社会主义道路和中国经验有机统一起来,它既包含中国特色社会主义道路的实现形式,也包括探索中国特色社会主义理论经验的总结。从实践层面来看,其内涵主要体现在以下几个方面:第一,把马克思主义基本原理与中国实际和时代特征相结合,走适合本国国情的发展道路。第二,以经济建设为中心,实现经济、政治、文化和社会建设协调发展。第三,实现社会主义基本制度与市场经济的有机结合,建立社会主义市场经济体制。第四,坚持改革开放,正确处理改革、发展、稳定的关系。第五,独立自主地参与经济全球化。第六,不断总结经验,实行渐进式改革。第七,走和平发展道路。

关于中国模式的内涵及其特征,如果上升到国家制度层面,我们还可以从中国特色社会主义的经济建设、政治建设、文化建设、社会建设以及外交等方面进行具体概括。比如,经济上的公有制经济为主体、多种所有制经济共同发展的基本经济制度,按劳分配为主体,多种分配方式并存的分配制度,社会主义市场经济体制、宏观调控、科学发展等等。政治上的人民民主专政的国体、人民代表大会制度、共产党领导的多党合作和政治协商制度、民族区域自治制度、基层群众自治制度、依法治国、建设社会主义法治国家、实行"一国两制"等等。文化上的坚持马克思主义在意识形态领域的指导地位,坚持为人民服务、为社会主义服务的方向和百花齐放、百家争鸣的方针,继承中华民族优秀的思想文化,利用和借鉴人类文明的共同成果,建设社会主义先进文化。社会建设上,构建社会主义和谐社会,加强以改善民生为重点的社会建设,缩小收入差距,实现共同富裕等等。外交方面,坚持走和平发展道路,倡导建设和谐世界。

第五,需要从马克思主义的分析立场出发,在一些深层次问题上阐明我们的立场和态度。比如,中国模式的成功究竟是新自由主义的成功,还是社会主义的成功,中国模式的成功究竟是放弃了马克思主义的结果,还是坚持了马克思主义的结果,或者说是怎样坚持马克思主义的结果。国外一些学者认为,中国模式之所以取得成功,尤其是中国经济在改革开放三十多年来取得如此巨大的成就,完全得益于中国的市场经济体制改革和经济的私有化,中国的成功实际上是新自由主义的成功,中国的发展模式实际上是一种新自由主义的发展模式。还有学者认为,在中国模式的形成过程中,中国早就放弃了一直倡导的社会主义发展方向,中国的发展确实取得了巨大的成就,但却迷失了方向,搞不清楚自己究竟是坚持了社会主义的方向,还是走上了资本主义的道路。对于国外学者的观点,我们要进行有效回应并阐明:当代中国的改革开放,是我国社会主义制度的自我完善和发展,不能离开中国特色社会主义的性质去分析当代中国发展模式,否则就会误读和曲解中国模式。中国在改革开放三十多年的实践中,始终坚持四项基本原则这一立国之本;中国经济体制改革的目标是建立社会主义市场经济体制,发展非公有制经济是建立在公有制经济占主体的前提之下,社会主义公有制经济仍然是基础;中国的政治体制改革坚持的是中国共产党的领导、人民当家作主和依法治国相统一的民主政治发展道路;在指导思想上,坚持马克思主义在意识形态领域的指导地位。

对于在建设和发展中国特色社会主义过程中出现的问题、中国模式存在的种种缺陷,我们要客观看待,不能像一些西方学者那样,认为出现这些问题的根本原因是因为中国放弃了马克思主义的基本原则,偏离了社会主义的基本方向,甚至是出现了资本主义的复辟。中国模式的某些缺陷,不是偏离社会主义的结果,而是为了探索符合中国特点的社会主义建设道路而付出的代价。

既然是探索就会有失误,同时也可能存在风险,研究中国模式,就是为了分析失误和缺陷,找出症结,避免再犯错误。

此外,研究当代中国发展模式,还需要我们联系以毛泽东同志为主要代表的中国共产党人对具有中国特点的社会主义建设道路的探索,联系改革开放的历史进程和中国特色社会主义建设道路的开辟,把新中国改革开放前后的两个三十年看作一个整体,研究当代中国发展模式所体现的中国文化内涵、思维方式及其价值观,研究马克思主义如何与当代中国的具体实际和时代特征相结合,如何实现马克思主义的中国化和时代化。

三、当代中国发展模式的价值及其独特性

新中国成立后,以毛泽东同志为主要代表的中国共产党人在探索社会主义建设道路的过程中,由于没有现成的经验可供借鉴,只能照搬照抄苏联模式,但在后来就发现了问题。毛泽东在1956年4月《论十大关系》的讲话中指出:"特别值得注意的是,最近苏联方面暴露了他们在建设社会主义过程中的一些缺点和错误,他们走过的弯路,你还想走?过去我们就是鉴于他们的经验教训,少走了一些弯路,现在当然更要引以为戒。"①毛泽东论述的十大关系,都是围绕着解决苏联模式存在的问题提出来的。尽管毛泽东对社会主义建设道路的探索取得了许多积极的成果,但遗憾的是,其晚年的探索却走入了误区。

改革开放以后,邓小平在总结历史经验时多次谈到,"我们过去照搬苏联搞社会主义的模式,带来很多问题。我们很早就发现了,但没有解决好。"②实际上,党的十一届三中全会以后的改革开放,在很大程度上就是为了突破僵化的苏联模式。邓小平在党的十二大开幕词中指出:"我们的现代化建设,必须

---

① 《毛泽东文集》第七卷,人民出版社1999年版,第23页。
② 《邓小平文选》第三卷,人民出版社1993年版,第261页。

从中国的实际出发。无论是革命还是建设,都要注意学习和借鉴外国经验。但是,照抄照搬别国经验、别国模式,从来不能得到成功。这方面我们有过不少教训。把马克思主义的普遍真理同我国的具体实际结合起来,走自己的道路,建设有中国特色的社会主义,这就是我们总结长期历史经验得出的基本结论。"①1988 年 5 月,邓小平在会见莫桑比克总统希萨诺时也指出:"所有别人的东西都可以参考,但也只是参考。世界上的问题不可能都用一个模式解决。中国有中国自己的模式"②。1989 年 5 月,他在会见戈尔巴乔夫时又指出,"在革命成功后,各国必须根据自己的条件建设社会主义。固定的模式是没有的,也不可能有。"③由于我们在革命和建设的过程中,都经历了照搬照抄的严重失误并有着切肤之痛,因此特别强调从中国的国情出发,走自己的独特发展道路,"我们既不能照搬西方资本主义国家的做法,也不能照搬其他社会主义国家的做法,更不能丢掉我们制度的优越性。"④正如一位俄罗斯学者所指出的,"中国模式、中国经济的未来在于继续博采众长。该模式在与他国的合作中逐步完善,它顺应时代所需、效率极高","中国的社会主义并非他国的盲目拷贝,而是人类社会众多成就的创造性集大成者","中国的发展模式是一个综合体,它借鉴了其他国家的经验,并将之与本国国情相结合","一言以蔽之,或许中国模式的最大特点正是其设计师并未将一切绝对化"⑤。

经过博采众长和独立自主的探索,我们逐渐形成了一种新的社会主义发展模式——中国特色社会主义。这种发展模式的特点是既立足于中国实际,又坚持科学社会主义的基本原则;既反映了我国社会主义初级阶段的特殊性,体现了我国改革开放和社会主义现代化建设的时代特色,又体现了马克思主义基本原理的普遍性和社会主义发展的一般规律,是特殊性和普遍性的统一。

---

① 《邓小平文选》第三卷,人民出版社 1993 年版,第 2—3 页。
② 《邓小平文选》第三卷,人民出版社 1993 年版,第 261 页。
③ 《邓小平文选》第三卷,人民出版社 1993 年版,第 292 页。
④ 《邓小平文选》第三卷,人民出版社 1993 年版,第 256 页。
⑤ 亚历山大·萨利茨基:《中国:现代化正在继续》,《参考消息》2010 年 10 月 2 日。

当代中国发展模式的价值还在于,一是突破了苏联模式的束缚,把马克思主义与中国实际和时代特征相结合,引领中国走上了经济发展、政治民主、文化繁荣、社会和谐的道路,"中国人民的面貌、社会主义中国的面貌、中国共产党的面貌发生了历史性变化。"①二是在坚持社会主义基本制度的基础上,积极借鉴发达资本主义国家的发展经验和人类文明成果,不断发展壮大自己,使当代中国在世界社会主义运动处于低潮的形势下,焕发出勃勃生机。三是以一种既不同于苏联模式,也不同于民主社会主义和新自由主义的发展模式,解决了在一个落后的半殖民地半封建国家,经过民主革命,走上社会主义道路以后,什么是社会主义、怎样建设社会主义的难题;解决了在全球化背景下,坚持改革开放,探索符合本国国情的特色发展道路和实现现代化的问题,它为其他发展中国家实现现代化提供了一种可资借鉴的成功经验和发展模式,这也正是国外学者热议中国模式的深层次原因。

在充分肯定当代中国发展成就的同时,我们还应当充分认识到,当代中国发展模式有其自身的特殊性,这包括全球化的时代背景、长期历史的积淀、厚重的民族文化传统、当代中国的国情、中国共产党的政治优势等等。因此,研究当代中国发展模式不能忽视这些主客观条件。也正是从这个意义上来说,当代中国发展模式具有独特性和不可复制性。我们不要过分沉湎、陶醉于已有的成就和尚未成熟的发展模式。一个成熟的发展模式需要长期的积累和完善,绝非一蹴而就。任何一种发展模式都具有其独特性和某些不可复制性,任何发展模式总是处在不断发展和变化之中,总是根据时代的发展和实践的不断深入而发展和完善,因此不能把当代中国发展的模式凝固化,尤其是在经济全球化和世界多极化的背景下更是如此。同时还应该看到,当前中国的发展还面临着许多棘手的难题和严峻的挑战,例如,经济发展方式的转变、腐败蔓延、收入差距持续拉大等问题,这些问题如果不能很好地解决,中国模式也就

---

① 《中国共产党第十七次全国代表大会文件汇编》,人民出版社 2007 年版,第6—7页。

无法完善和成熟。

此外,对当代中国发展模式不能过分强调其普适性,因为包括中国在内的任何国家,不管社会性质如何,在发展模式问题上有一点是共同的,那就是只有适合自己的,才是最好的。当代中国发展模式提供给世界的、尤其是广大发展中国家的,也许不是一种现成的发展模式本身,而是一条成功而重要的经验,那就是独立自主、走适合本国国情的发展道路。这一点也许比一种现成的发展模式本身更为重要。

实现中国梦的根本途径、
精神支撑、力量之源[*]

党的十八大闭幕后，习近平总书记在参观"复兴之路"展览时，提出了实现中华民族伟大复兴的中国梦。他在十二届全国人大一次会议上的讲话中又系统阐发了这一思想。实现中国梦必须走中国道路、弘扬中国精神、凝聚中国力量。中国特色社会主义道路是实现中国梦的根本途径，以爱国主义为核心的民族精神和以改革创新为核心的时代精神是实现中国梦的精神支撑，最广大人民群众是实现中国梦的力量之源。本文试就此做一简要论述。

一、中国道路：实现中国梦的根本途径

道路关乎党的命脉，关乎国家前途、民族命运、人民幸福。中国共产党人不断探索、开创中国特色社会主义道路的过程，也就是我们不断追逐和实现中国梦的过程。

———————————
 * 原载《思想理论教育》2013 年第 11 期。中国人民大学复印报刊资料《思想政治教育》2013 年第 9 期全文转载。

1. 中国特色社会主义道路的开辟

中国特色社会主义道路是一条全新的发展道路,其开辟经过了一个艰辛而曲折的过程。早在 1956 年,毛泽东就提出,要实现马克思主义和中国实际的第二次结合,探索符合中国特点的社会主义建设道路。针对苏联社会主义建设过程中存在的问题,毛泽东提出要以苏为鉴,不能再走苏联走过的弯路。在这一时期,他相继发表了《论十大关系》《关于正确处理人民内部矛盾的问题》等讲话,针对我国社会主义建设过程中存在的一些问题进行了深入思考。毛泽东对符合中国特点的社会主义建设道路的探索,是中国特色社会主义道路探索的起点。"在探索过程中,虽然经历了严重曲折,但党在社会主义建设中取得的独创性理论成果和巨大成就,为新的历史时期开创中国特色社会主义提供了宝贵经验、理论准备、物质基础。"①

党的十一届三中全会以后,党在改革开放数十年来一以贯之的接力探索中,坚定不移高举中国特色社会主义伟大旗帜,既不封闭僵化、也不改旗易帜,坚持解放思想,实事求是,与时俱进,求真务实,对马克思主义、社会主义以及中国的现实国情都有了更加深刻的认识。1982 年召开的党的十二大提出了建设有中国特色的社会主义这一科学命题,为中国特色社会主义道路的探索指明了方向。我国社会主义初级阶段的基本经济制度、社会主义市场经济体制、社会主义法律体系等各方面制度、体制也随着探索的深入,不断确立和完善,在实践中为中国特色社会主义道路的探索提供了制度保障。有了正确理论的指导和制度的保障,中国特色社会主义道路不断拓展。1997 年党的十七大概括了中国特色社会主义道路的内涵。党的十八大又进一步丰富和发展。"中国特色社会主义道路,就是在中国共产党领导下,立足基本国情,以经济建设为中心,坚持四项基本原则,坚持改革开放,解放和发展社会生产力,建设

---

① 胡锦涛:《坚定不移沿着中国特色社会主义道路前进 为全面建成小康社会而奋斗》,人民出版社 2012 年版,第 10 页。

社会主义市场经济、社会主义民主政治、社会主义先进文化、社会主义和谐社会、社会主义生态文明,促进人的全面发展,逐步实现全体人民共同富裕,建设富强民主文明和谐的社会主义现代化国家。"①

2. 中国特色社会主义道路的意义和价值

中国特色社会主义道路的开辟具有十分重要的意义和价值。中国特色社会主义道路的开辟,首先在于从根本上解决了当代中国的发展问题,使一个贫穷落后的中国发展成为一个繁荣富强的中国。邓小平在总结社会主义建设经验教训时指出:"贫穷不是社会主义,发展太慢也不是社会主义。"②"社会主义的优越性归根到底要体现在它的生产力比资本主义发展得更快一些、更高一些,并且在发展生产力的基础上不断改善人民的物质文化生活。"③中国特色社会主义道路以经济建设为中心,把社会主义制度与市场经济有机结合起来,在坚持社会主义制度的基础上,解放和发展生产力,到 2010 年我国经济总量跃居世界第二,综合国力显著增强,人民生活水平不断提高。在中国特色社会主义道路的指引下,中国特色社会主义经济建设、民主政治建设、先进文化建设、社会建设和生态文明建设都取得了长足的进步和发展。

中国特色社会主义道路的开辟,让世界重新思考马克思主义和社会主义的价值。苏东剧变之后,世界社会主义运动步入低潮。国际社会普遍认为,社会主义运动已经成为历史,社会主义作为一个名词,应该被扔进历史的"垃圾堆",自由资本主义是通往未来的唯一发展道路。然而,中国特色社会主义道路的开辟,让世界重新瞩目社会主义。特别是在西方世界陷入经济危机的大背景下,中国特色社会主义道路成功引领了当代中国的发展和进步。一些西

① 胡锦涛:《坚定不移沿着中国特色社会主义道路前进 为全面建成小康社会而奋斗》,人民出版社 2012 年版,第 12 页。

② 《邓小平文选》第三卷,人民出版社 1993 年版,第 255 页。

③ 《邓小平文选》第三卷,人民出版社 1993 年版,第 63 页。

方学者指出:"中国的发展给人们指出了一条摆脱全球资本统治的破坏性进程的出路,也使人们产生了一种对社会主义前景的希望。"①"中国将马克思主义同中国具体实际相结合,找到了解决时代课题的途径和方法,丰富和发展了马克思主义。这让西方重新认识了马克思倡导的社会主义理论。"②

中国特色社会主义道路的开辟,对广大发展中国家具有重要的启示意义。一些西方学者指出,中国特色社会主义道路,吸引了许多发展中国家的注意。因为,"对全世界那些正苦苦寻找不仅自身发展,而且还要在融入国际秩序同时又真正保持独立和保护自己生活方式和政治选择的国家来讲,中国提供了新路。"③虽然中国国情特殊,但中国在处理改革、发展和稳定的关系问题上,在独立自主参与经济全球化等发展中国家改革发展普遍会遇到的一些问题上的经验,对于其他发展中国家具有重要的借鉴意义。正如一些西方学者所言,虽然"由于中国发展道路的独特性,其他发展中国家无法复制,但可借鉴中国模式背后务实主义的哲学思想和根据自身国情探寻发展道路的基本思路"④。

3. 中国道路引领中国梦的实现

中国特色社会主义道路不仅是引领当代中国经济发展和社会进步、实现民族复兴的道路,也为人类文明的发展和进步提供了一种新的选择,为广大发展中国家实现现代化提供了新的思路和经验。我们应当坚定道路自信,沿着这条道路,逐步实现全体人民共同富裕,把中国建设成为经济发展、政治民主、文化繁荣、社会和谐、生态良好的社会主义现代化国家,实现中华民族伟大复兴的中国梦。

中国共产党人在探索中国道路的过程中,形成了中国特色社会主义理论,

---

① 《中国给社会主义带来希望》,《参考消息》2003 年 5 月 14 日。
② 《中国热带动马克思热》,《环球时报》2005 年 5 月 23 日。
③ 《"北京共识"为世界带来希望——西方学者论述中国经济发展模式的理论与实践》,《参考消息》2004 年 6 月 3 日。
④ 《西方媒体出现反思中国模式新动向》,《参考消息》2009 年 7 月 7 日。

系统回答了"什么是马克思主义、怎样对待马克思主义;建设什么样的社会主义、怎样建设社会主义;建设什么样的党、怎样建设党;实现什么样的发展、怎样发展"等重大理论和实际问题。我们应当有这样的理论自信,中国特色社会主义理论既坚持了科学社会主义基本原则,又符合中国实际,为建设和发展中国特色社会主义提供了根本理论指导,也是实现中国梦的强大思想武器,同时,我们要进一步把马克思主义与中国实际和时代特征相结合,创新和发展党的理论成果,不断开辟马克思主义发展的新境界。

在探索中国道路的过程中,确立了中国特色社会主义制度。包括我国的根本政治制度、基本政治经济制度,中国特色社会主义法律体系,以及建立在这些制度基础上的经济体制、政治体制、文化体制、社会体制等各项具体制度,是当代中国发展进步的根本制度保障。我们应当坚定这样的制度自信,中国特色社会主义制度符合马克思主义经典作家对未来社会主义制度的基本构想,又适合当代中国的基本国情,也顺应了时代发展的趋势和潮流,是实现中国梦的根本制度保障。同时,我们还要在实现中国梦的实践中,不断推进制度创新,完善保障经济发展、政治民主、文化繁荣、社会和谐、生态良好的体制机制,进一步推进中国特色社会主义制度的完善和发展。

中国特色社会主义道路、理论体系、制度,三者构成了中国特色社会主义的基本框架,中国特色社会主义道路是实现中国梦的根本途径,中国特色社会主义理论是实现中国梦的行动指南,中国特色社会主义制度是实现中国梦的制度保障。体现了中国共产党人在追逐和实现中国梦的过程中,高度的道路自觉、理论自觉和制度自觉。我们坚信,中国道路一定会引领中国梦的实现。

二、民族精神和时代精神:
实现中国梦的精神支撑

一个国家和民族要自立于世界民族之林,不仅要有坚实的物质基础,更要有强大的精神力量。实现中国梦必须弘扬中国精神。中国精神就是以爱国主义为核心的团结统一、爱好和平、勤劳勇敢、自强不息的民族精神,以改革创新为核心的与时俱进、开拓创新、求真务实、奋勇争先的时代精神。民族精神和时代精神是凝心聚力的兴国、强国之魂,是实现中国梦的强大的精神支撑。

1. 以爱国主义为核心的民族精神是凝聚中华民族力量的精神纽带

民族精神是一个民族在漫长的繁衍生息过程中逐渐形成的渗透在其思想文化、思维模式、伦理道德、风俗习惯、心理素质、语言文字中的共同价值观。民族精神是一个民族信心和力量的源泉,是促使民族团结统一的精神纽带,是民族不断前进的精神力量。"民族精神是一个民族赖以生存和发展的精神支撑。一个民族,没有振奋的精神和高尚的品格,不可能自立于世界民族之林。"[①]以爱国主义为核心的民族精神是一个历史范畴,在社会发展的不同阶段、不同时期有不同的具体内容,从而能够在不同的历史条件下,凝聚共识,团结一切可以团结的力量。

关心社稷民生,维护民族独立,为报效祖国而英勇奋斗的精神品格,是中华民族的优秀传统。《礼记》提出的"天下为公"大同社会的美好理想,激励着无数志士仁人为之奋斗拼搏;屈原的《离骚》中深含忧国忧民、眷恋故土的爱国情怀;贾谊在《治安策》中提出"国耳忘家,公耳忘私"的思想主张,无不显示着国人心怀天下百姓,把祖国利益、民族利益、社会利益放于首位的强烈信念和浓重情感。范仲淹的"先天下之忧而忧,后天下之乐而乐",陆游的"位卑未敢忘忧国",文天祥的"留取丹心照汗青"的凛然正气,显示着为国家、为民族的献身精神,反映了中国人民深厚而崇高的爱国情感,体现了维系祖国统一、凝聚民族团结的爱国主义精神。

---

① 《十六大以来重要文献选编》上,中央文献出版社 2011 年版,第 30 页。

鸦片战争以后,中国逐步成为半殖民地半封建社会。救亡图存成为中华民族面临的时代主题,以爱国主义为核心的民族精神被赋予了时代特色,无数中华儿女为了实现民族独立和人民解放,进行艰苦卓绝的奋斗。林则徐提出"苟利国家生死以,岂因福祸避趋之",魏源论述"师夷长技以制夷",康有为倡导"中国一家,休戚与共",梁启超提出"少年中国",孙中山喊出"振兴中华",李大钊呼吁"中华民族更生再造",这些思想情感和爱国情怀,以其巨大的感召力、向心力和凝聚力,维系着中华民族的意志和信念,鼓舞着中华民族前赴后继的爱国斗争,成为支撑中华民族独立和解放的强大的精神力量。

中国共产党在革命、建设和改革实践中,不断结合时代和实践发展要求,发扬光大民族精神。中国共产党从成立之日起,就以民族独立和人民解放、国家富强和人民幸福为己任。中国在革命过程中产生的"井冈山精神""长征精神""延安精神""红岩精神""西柏坡精神"等,是以爱国主义为核心的民族精神在革命时期的丰富和发展。邓小平将中国革命精神概括为"革命和拼命精神,严守纪律和自我牺牲精神,大公无私和先人后己精神,压倒一切敌人、压倒一切困难的精神,坚持革命乐观主义、排除万难去争取胜利的精神"①。胡锦涛在谈到抗战时期民族精神的鲜明特点时指出:"坚持国家和民族利益至上、誓死不当亡国奴的民族自尊品格,万众一心、共赴国难的民族团结意识,不畏强暴、敢于同敌人血战到底的民族英雄气概,百折不挠、勇于依靠自己的力量战胜侵略者的民族自强信念,开拓创新、善于在危难中开辟发展新路的民族创造精神,坚持正义、自觉为人类和平进步事业贡献力量的民族奉献精神。"②这是中国共产党的政治本色,是中华民族精神的发扬和体现,成为中国人民团结一致、振兴中华的强大精神动力,新中国成立后,在社会主义建设和改革过程中,形成的雷锋精神、铁人精神"两弹一星"精神等,都是以爱国主义为核心的

---

① 《邓小平文选》第二卷,人民出版社1994年版,第368页。
② 《十六大以来重要文献选编》中,中央文献出版社2011年版,第980页。

民族精神的具体体现,成为新时期激励全国各族人民团结奋斗,实现中国梦的强大精神力量。

2. 以改革创新为核心的时代精神是建设中国特色社会主义的精神动力

时代精神是一个社会在新的实践中激发出来的,反映社会发展方向,引领时代进步潮流,为社会成员所普遍认同和接受的思想观念、价值取向、道德规范。它是人们在实践活动中体现出来的精神风貌和精神品格。以改革创新为核心的时代精神,其本质是与时俱进,根本要求是肩负时代使命,体现时代要求。具有引导、凝聚和约束人们的思想和行为的功能,是激励党和人民奋发图强,实现中国梦的强大的精神动力。

以改革创新为核心的时代精神就是要不断解放思想,推进实践创新。改革开放以来,逐步建立和完善社会主义市场经济体制,促进政治、经济、文化、社会和生态文明建设的协调发展,深化改革开放,推进实现中国梦的步伐,取得了伟大成就。在此过程中形成的小岗精神、深圳精神、浦东精神等都是以改革创新为核心的时代精神的集中表达和生动体现,丰富着时代精神的内涵。

以改革创新为核心的时代精神不仅体现在实践创新上,而且体现在实践创新基础上的理论创新、科技创新、文化创新以及其他各方面创新。"实践基础上的理论创新是社会发展和变革的先导。"①改革开放后,党带领人民要自觉地把思想认识从那些不合时宜的观念、做法和体制的束缚中解放出来,从对马克思主义的错误的和教条式的理解中解放出来,从主观主义和形而上学的桎梏中解放出来,取得令世人瞩目的巨大成就。主要表现在,不断推进理论创新,创立了邓小平理论、形成了"三个代表"重要思想和科学发展观

---

① 《十六大以来重要文献选编》上,中央文献出版社2011年版,第10页。

的创新理论成果;深化经济体制、政治体制、文化体制、社会体制以及其他各方面体制改革,形成符合当代中国国情、充满生机活力的体制机制;扩大对外开放,使我国成功实现了从封闭半封闭到全方位开放的伟大历史转折;推进科技创新,具有世界先进水平的重大科技创新成果不断涌现,高新技术产业蓬勃发展等,这些成就的获得与始终坚持和弘扬以改革创新为核心的时代精神密不可分。"要始终把改革创新精神贯彻到治国理政各个环节,坚持社会主义市场经济的改革方向,坚持对外开放的基本国策,不断推进理论创新、制度创新、科技创新、文化创新以及其他各方面创新"①。以改革创新为核心的时代精神,已经深深地融入我国经济、政治、文化、社会和生态建设的各个方面,成为各族人民不断开创中国特色社会主义事业新局面的强大精神力量。

3. 中国精神是实现中国梦的精神支撑

民族精神和时代精神相互联系,密不可分。民族精神是时代精神的基础;时代精神是民族精神在新的历史条件下的发扬光大,共同构成中华民族自立自强的精神品格,不仅是中国革命、建设和改革的精神动力,也是国家文化软实力和综合国力的重要体现。只有始终坚持和弘扬以爱国主义为核心的民族精神和以改革创新为核心的时代精神,才能始终保持昂扬向上、奋发进取的精神状态,增强战胜困难的信心和决心,凝聚全国人民的力量,实现中华民族伟大复兴的中国梦。

三、最广大人民群众:实现中国梦的力量之源

实现中国梦必须凝聚中国力量。"中国梦归根到底是人民的梦,必须紧

---

① 胡锦涛:《坚定不移沿着中国特色社会主义道路前进　为全面建成小康社会而奋斗》,人民出版社 2012 年版,第 14 页。

紧依靠人民来实现,必须不断为人民造福。"①中国力量是指积极投身于中国特色社会主义伟大实践的最广大人民群众,这是实现中国梦的根本依靠和力量源泉。实现中国梦,必须始终依靠最广大人民群众,坚持以人为本的价值取向。只有从人民群众的根本利益出发,中国梦才具有牢固的群众根基,才能全面建设富强民主文明和谐的社会主义现代化国家,从而实现中华民族伟大复兴的中国梦。

1. 人民群众是实现中国梦的实践主体

人民群众是历史的创造者。"人民,只有人民,才是创造世界历史的动力。"②凝聚中国力量,实现中国梦,必须尊重人民群众的历史主体地位,做到紧紧依靠人民,全心全意为人民服务。"全国各族人民是建设中国特色社会主义事业的主体,人民群众积极性创造性的充分发挥是我们事业成功的保证,不断实现最广大人民的根本利益是我们党全部奋斗的最高目的。"③必须始终把人民利益放在第一位,把实现好、维护好、发展好最广大人民根本利益作为一切工作的出发点和落脚点。中国梦是民族的梦,也是每个中国人的梦。中国梦的实现离不开每一个中国人的努力,只有最广大人民群众紧密团结,凝心聚力,为实现中华民族伟大复兴而奋斗,才能凝聚起无穷的中国力量,实现中国梦。

人民群众是社会物质财富的创造者。人民群众作为建设中国特色社会主义的主体力量,是生产力中最活跃的因素,创造出供人类生存和发展必需的物质条件。在社会主义实践中,人民群众通过积累生产经验、提高生产技能、改革生产工具,不断促进生产力的发展,创造出实现中国梦必需的物质基础。人

---

① 习近平:《在第十二届全国人民代表大会第一次会议上的讲话》,《人民日报》2013年3月18日。
② 《毛泽东选集》第三卷,人民出版社1991年版,第1031页。
③ 《十六大以来重要文献选编》上,中央文献出版社2011年版,第369—370页。

民群众还是社会精神财富的创造者。人民群众对精神财富的创造做出直接的贡献,创造出社会主义先进文化,并在坚持和发展中国特色社会主义实践中践行社会主义核心价值观,为实现中国梦树立价值目标、理想信念和道德准则,形成良好的道德精神风尚。人民群众是社会变革的决定力量。制度建设贯穿于建设中国特色社会主义的始终,只有从人民群众的根本利益出发,不断加强制度建设,构建系统完备、科学规范、运行有效的制度体系,才能保障中国梦的实现。

习近平总书记指出:"生活在我们伟大祖国和伟大时代的中国人民,共同享有人生出彩的机会,共同享有梦想成真的机会,共同享有同祖国和时代一起成长与进步的机会。"[1]"要在全体人民共同奋斗、经济社会发展的基础上,加紧建设对保障社会公平正义具有重大作用的制度,逐步建立以权利公平、机会公平、规则公平为主要内容的社会公平保障体系,努力营造公平的社会环境,保证人民平等参与、平等发展权利。"[2]只有社会公正,机会平等,才能保证每个人梦想的实现不会成为其他人的噩梦。不仅要实现国家繁荣、民族富强的社会目标,也要鼓励每个中国人都梦想成真,涓涓细流汇成滚滚长江,民族复兴的中国梦和个人理想的统一才是我们的最高追求。

2. 中国革命、建设和改革始终依靠最广大人民群众

中国共产党几代领导集体都坚持把人民利益至上作为执政理念和价值追求。只有将着眼点放在保障人民利益、满足人民需求上,把人民群众对美好生活的向往作为奋斗目标,才能最大限度地凝聚中国力量。

1938 年,毛泽东在《论持久战》中指出:"兵民是胜利之本",认为"战争的

---

[1] 习近平:《在第十二届全国人民代表大会第一次会议上的讲话》,《人民日报》2013 年 3月 18 日。

[2] 胡锦涛:《坚定不移沿着中国特色社会主义道路前进 为全面建成小康社会而奋斗》,人民出版社 2012 年版,第 14—15 页。

伟力之最深厚的根源,存在于民众之中。"①1944 年,毛泽东发表《为人民服务》的演讲,将"为人民服务"作为检验共产党员行为的最高价值准则。在党的七大上,毛泽东号召全党"应该谦虚,谨慎,戒骄,戒躁,全心全意地为中国人民服务,在现时,为着团结全国人民战胜日本侵略者,在将来,为着团结全国人民建设新民主主义的国家"②。新中国成立后,毛泽东多次强调依靠人民群众的重要性,强调"共产党就是要奋斗,就是要全心全意为人民服务,不要半心半意或者三分之二的心三分之二的意为人民服务"③。

1992 年,邓小平发表南方谈话,提出判断改革和各方面工作是非得失的"三个有利于"标准,即"是否有利于发展社会主义社会的生产力,是否有利于增强社会主义国家的综合国力,是否有利于提高人民的生活水平。"④将生产力标准、综合国力标准和人民利益标准结合起来,并将人民拥护不拥护、赞成不赞成、高兴不高兴、答应不答应作为制定各项方针政策的出发点和落脚点。

以人民群众为本是贯穿"三个代表"重要思想的一条红线。江泽民指出:"始终保持同人民群众的血肉联系,是我们党战胜各种困难和风险、不断取得事业成功的根本保证。"并强调"必须始终把体现人民群众的意志和利益作为我们一切工作的出发点和归宿,始终把依靠人民群众的智慧和力量作为我们推进事业的根本工作路线。"⑤坚持以人民群众为本,就是始终坚持人民群众是历史创造者这个马克思主义基本观点,始终坚持把人民群众作为巩固和加强我党领导地位的力量之本,始终坚持把人民群众作为推动中国特色社会主义伟大事业的胜利之本。

---

① 《毛泽东选集》第二卷,人民出版社 1991 年版,第 511 页。
② 《毛泽东选集》第三卷,人民出版社 1991 年版,第 1027 页。
③ 《毛泽东文集》第七卷,人民出版社 1999 年版,第 285 页。
④ 《邓小平文选》第三卷,人民出版社 1993 年版,第 372 页。
⑤ 《十五大以来重要文献选编》下,中央文献出版社 2011 年版,第 149—150 页。

科学发展观的核心立场是以人为本。胡锦涛指出："坚持权为民所用、情为民所系、利为民所谋，为群众诚心诚意办实事，尽心竭力解难事，坚持不懈做好事。"①党的十八大报告提出："必须更加自觉地把以人为本作为深入贯彻落实科学发展观的核心立场，始终把实现好、维护好、发展好最广大人民根本利益作为党和国家一切工作的出发点和落脚点，尊重人民首创精神，保障人民各项权益，不断在实现发展成果由人民共享、促进人的全面发展上取得新成效。"②科学发展观充分体现以人为本的内在要求，坚持人民利益至上的价值取向，追求人的全面发展和可持续发展。

2012 年 11 月 15 日，新一届中央领导集体首次亮相时，习近平总书记强调："人民是历史的创造者，群众是真正的英雄。人民群众是我们力量的源泉。""我们一定要始终与人民心心相印、与人民同甘共苦、与人民团结奋斗，夙夜在公，勤勉工作，努力向历史、向人民交一份合格的答卷。"并指出："我们的责任，就是要团结带领全党全国各族人民，继续解放思想，坚持改革开放，不断解放和发展社会生产力，努力解决群众的生产生活困难，坚定不移走共同富裕的道路。"③突出"人民"与"责任"两个关键词。正是由于党始终把人民放在首要地位，全心全意为人民服务，才使中国梦的实现具有坚实的群众基础和力量源泉。

3. 凝聚最广大人民群众的力量实现中国梦

中国共产党自成立伊始，始终坚持辩证唯物主义和历史唯物主义的世界观和方法论，把马克思主义关于人民群众是历史的创造者的原理系统地运用在党的全部活动中，形成党在一切工作中的群众观点和群众路线。只有把群

---

① 《十六大以来重要文献选编》上，中央文献出版社 2011 年版，第 371 页。

② 胡锦涛：《坚定不移沿着中国特色社会主义道路前进　为全面建成小康社会而奋斗》，人民出版社 2012 年版，第 8—9 页。

③ 习近平：《人民对美好生活的向往，就是我们的奋斗目标》，《人民日报》2012 年 11 月 16 日。

众观点作为正确处理社会主义实践中改革、发展和稳定相互关系的基本观点，把群众路线作为贯彻落实党的工作的基本路线，中国梦才不会是空中楼阁。

群众观点是唯物史观的基本观点，也是我党秉承的基本观点。"相信谁、依靠谁、为了谁，是否始终站在最广大人民的立场上，是区分唯物史观和唯心史观的分水岭，也是判断马克思主义政党的试金石。"①具体来讲，群众观点是指我党对待人民群众的立场和态度。"一切为了人民群众的观点，一切向人民群众负责的观点，相信群众自己解放自己的观点，向人民群众学习的观点，这一切，就是我们的群众观点，就是人民群众的先进部队对人民群众的观点。"②群众观点是党长期以来制定路线、方针、政策和处理党群关系的根本立场，也是我党始终坚持的领导原则。群众观点的主要内容是指人民群众是历史的创造者的观点，即人民群众不仅是物质财富和精神财富的创造者，也是社会变革的决定性力量。虚心向人民群众学习，竭诚为人民群众服务，把对党负责和对人民负责统一起来，依靠最广大人民群众，实现中国梦。

群众路线是我党的根本工作路线，也是我党基本的领导作风和工作方法。《中国共产党章程》概括了群众路线的主要内容："党在自己的工作中实行群众路线，一切为了群众，一切依靠群众，从群众中来，到群众中去，把党的正确主张变为群众的自觉行动。"③毛泽东曾经指出："我们是革命战争的领导者、组织者，我们又是群众生活的领导者、组织者。组织革命战争，改良群众生活，这是我们的两大任务。"④即使是在艰苦的土地革命战争时期，我党也把群众生活当作最重要任务之一，始终把人民群众作为最根本的依靠力量。群众路线与实事求是、独立自主共同成为毛泽东思想的活的灵魂，指导中国革命、建设和改革不断向前发展。坚持群众路线，需要群策群力，集思广益，从群众中

---

① 《十六大以来重要文献选编》上，中央文献出版社 2011 年版，第 369 页。
② 《刘少奇选集》上，人民出版社 1981 年版，第 354 页。
③ 《中国共产党章程》，人民出版社 2012 年版，第 9 页。
④ 《毛泽东选集》第一卷，人民出版社 1991 年版，第 139 页。

集中正确的意见,再依靠群众贯彻到实践中去。必须坚持走群众路线,全心全意为人民服务,诚诚恳恳为最广大人民群众谋利益,这是我们党始终立于不败之地的根本保证。

中共中央政治局2013年4月19日召开会议,决定从今年下半年开始,用一年左右时间,在全党自上而下分批开展党的群众路线教育实践活动。通过开展群众路线教育实践活动,密切党与人民群众的血肉联系,对于教育引导党员干部牢固树立宗旨意识和马克思主义群众观点,切实改进工作作风,赢得人民群众信任和拥护,夯实党的执政基础,巩固党的执政地位,进而凝聚中国力量,实现中国梦,具有十分重要的意义。

新中国七十年现代化
发展战略的历史逻辑[*]

  1949 年新中国成立后,饱受创伤的中国要搞建设求发展,必须有一个长期的总体性谋划,从而实现对西方发达国家的赶超,实现民族复兴。为此,中国共产党以民族复兴为己任,进行了长期艰辛的探索,实现了现代化发展战略从最初的胚胎到成熟,一步步由蓝图变成现实。中国特色社会主义新时代,是"两个一百年"奋斗目标的历史交汇期,这一时期也是最终实现现代化发展战略的冲刺时期。研究新中国七十年现代化发展战略的历史逻辑,对于全面建设社会主义现代化国家具有十分重要的意义。

一、新中国七十年现代化发展战略的历史演进

  发展战略是一个国家经济社会发展的蓝图。一个政党、一个国家为了实现国家的长期发展必须制定发展战略。习近平总书记指出:"战略问题是一个政党、一个国家的根本性问题。"①制定适合本国国情的发展战略对一个国

---

  * 原载《湖南科技大学学报》2019 年第 5 期。中国人民大学复印报刊资料《中国特色社会主义理论》2019 年第 12 期全文转载。
  ① 《十八大以来重要文献选编》中,中央文献出版社 2016 年版,第 45 页。

家的建设发展至关重要。

新中国成立后,逐步形成了以"现代化"为核心的发展战略。一个独立的主权完整的新中国的成立,给实现现代化提供了基本条件。中国共产党选择现代化发展战略作为自己的根本任务,是因为这一发展战略是在近代中国仁人志士探求救国救民道路的过程中形成的,反映了近代以来中国历史发展的客观规律,是中国走向繁荣富强、实现民族复兴的必由之路。

以毛泽东同志为主要代表的中国共产党人高屋建瓴,在新中国成立前后已经形成了以工业化为核心的现代化战略目标。新中国成立之初,对于具体的战略安排已经有了初步的规划,但较为具体的战略规划是到改革开放之初制定的。中国特色社会主义进入新时代,习近平总书记对现代化发展战略进行了新的更加清晰的规划,描绘了中华民族伟大复兴的光明前景。

1. 从"工业化"到"四个现代化"战略构想的形成

工业化是现代化进程的重要标志,也是现代化的主要表现。近代中国积贫积弱的一个重要原因,就是中国工业化的进程极为缓慢。改变中国落后的面貌,就必须首先推动工业化建设,建立起较为完整的工业体系,从而推动经济社会发展。

工业化一直是中国共产党孜孜以求的理想,新中国现代化战略的构想是从工业化开始的。早在 1945 年党的七大政治报告中,毛泽东就对工业化问题进行阐释,认为应在政治条件成熟时,"在若干年内逐步地建立重工业和轻工业"①。在 1949 年召开的党的七届二中全会上,毛泽东进一步强调,革命胜利后的首要任务,就是把中国"由农业国转变为工业国"②。新中国成立后,不论是尽快恢复国民经济,还是摆脱中国"一穷二白"的状态,都要求我们尽快开启工业化建设的进程,这是当时党内的一个共识。此时发展战略的问题虽然

① 《毛泽东选集》第三卷,人民出版社 1991 年版,第 1081 页。
② 《毛泽东选集》第四卷,人民出版社 1991 年版,第 1437 页。

没有正式提出,但是已经在酝酿之中。1952 年党提出的过渡时期总路线,工业化是其主体,也标志着以工业化为核心的现代化发展战略初步形成。为实施这一战略,我国历经四年编制了"一五"计划,把实现社会主义工业化作为主要任务,新中国的工业化建设由此展开。

新中国现代化战略构想开始是以工业化为核心的,但是不能把工业化等同于现代化。在 1954 年 9 月第一届全国人大一次会议上,周恩来首次论述了"四个现代化"初步设想,提出了以工业、农业、交通运输业和国防四个领域为重点的四个现代化战略目标①,我国现代化发展战略构想已具雏形。这一构想是有重点的现代化,是对以前工业化发展战略的突破。之后,中国共产党围绕"四个现代化"发展战略进行了探索。首先是用"现代科学文化"替代了"现代化的交通运输业",充分重视科学文化的现代化问题。1959 年 12 月,毛泽东在读苏联《政治经济学教科书》的谈话中,第一次完整表述了四个现代化的发展战略:"建设社会主义,原来要求是工业现代化,农业现代化,科学文化现代化,现在要加上国防现代化。"②这是对四个现代化比较成熟的提法,表明四个现代化发展战略已经形成。1960 年 2 月,周恩来在一次谈话中提出要把"科学文化"改为"科学技术"。1964 年 12 月,周恩来在三届人大一次会议上所作的《政府工作报告》中明确提出,"把我国建设成为一个具有现代农业、现代工业、现代国防和现代科学技术的社会主义强国"③。"四个现代化"战略构想成为国家发展战略确定下来。

2."三步走"战略的提出与发展

改革开放新时期,党和国家把工作重心转移到社会主义现代化建设上来。改革开放前的"四个现代化"口号重新提起,成为团结全国各族人民共同奋斗

---

① 《周恩来选集》下,人民出版社 1984 年版,第 132 页。
② 《毛泽东文集》第八卷,人民出版社 1999 年版,第 116 页。
③ 《周恩来选集》下,人民出版社 1984 年版,第 439 页。

的战略目标。但是"四个现代化"的战略构想已经不能涵盖我们正在进行的社会主义现代化,这一提法也逐渐为"社会主义现代化"所代替。1980 年 12 月,邓小平在中央工作会议讲话中指出:"我们要建设的社会主义国家,不但要有高度的物质文明,而且要有高度的精神文明。"①这进一步丰富了现代化的内涵。实现现代化的战略目标重新提出来,但是如何完成这一战略目标,需要切实可行的战略步骤。邓小平具有远见卓识,在对我国国情深入思考的基础上,对党的十二大"新两步走"战略步骤进行了细化,形成了"三步走"的战略构想。这一战略构想的核心确立了分阶段实现现代化的具体步骤,并在1987 年党的十三大得到确认:第一步,解决人民的温饱问题。第二步,到本世纪末,人民生活达到小康水平。第三步,到下个世纪中叶,基本实现现代化②。"三步走"发展战略包括解决人民温饱问题、人民生活达到小康水平和实现现代化三个战略目标,是战略目标和战略步骤的统一,是一个具有伟大历史意义的战略蓝图。这一战略构想遵循经济社会发展规律,是新时期进行现代化建设的主要依据。

随着第一步、第二步战略目标逐步变成现实,以江泽民同志为主要代表的中国共产党人开始酝酿下一阶段的发展战略,将长达五十年的第三步进一步具体化,提出了新的"三步走"发展战略。这一战略是在 1997 年党的十五大上提出的。战略规划前两步以十年为一个节点,以两个一百年为期限,把小康社会建设作为主要任务,提出了 21 世纪五十年的总体设想③。对邓小平"三步走"现代化战略第三阶段的具体步骤和战略目标予以进一步明确。进入新世纪,经济全球化程度不断加深,国际产业结构进一步调整。2000 年底我国GDP 达到 88228 亿元,人均 GDP 为 7084 元,按可比价计算,是 1980 年的 4.9 倍,超额实现了人均 GDP 翻两番的目标。2000 年 10 月,党的十五届五中全会

---

① 《邓小平文选》第二卷,人民出版社 1994 年版,第 367 页。
② 《十三大以来重要文献选编》上,中央文献出版社 2011 年版,第 14 页。
③ 《十五大以来重要文献选编》上,中央文献出版社 2011 年版,第 4 页。

指出:"我们已经实现了现代化建设的前两步战略目标,经济和社会全面发展,人民生活总体上达到了小康水平"①。我国现代化进程进入一个新的发展阶段。据此,党的十六大正式提出全面建设小康社会的奋斗目标,这一奋斗目标是对党的十五大提出的"新三步走"战略构想的进一步细化,把21世纪前二十年作为重大的战略机遇期,"集中力量,全面建设惠及十几亿人口的更高水平的小康社会"②,这一小康社会是对小康生活水平的超越,是从社会发展的角度对现代化水平的一种描绘。这一小康不仅经济要更加发展,而且在民主、科教、文化、社会等各个方面都有进一步的要求,丰富了小康社会的内涵,奋斗目标更加明确和具体。

党的十六大之后,以胡锦涛同志为主要代表的中国共产党人对当时的国内经济社会发展状态进行了准确判断,在总结改革开放经验的基础上,提出科学发展观,2006年10月召开的党的十六届六中全会进一步拓宽了我国社会主义现代化建设的新的战略任务和奋斗目标。

3. 以"民族复兴"为引领的现代化发展战略

2012年召开的党的十八大强调指出:建设中国特色社会主义的"总任务是实现社会主义现代化和中华民族伟大复兴"③。民族复兴给我国正在进行的现代化建设增加了新的鲜亮底色。民族复兴是近代以来中国人民的夙愿,是中华儿女的共同期盼。民族复兴的中国梦是中国走向未来、走向现代化的精神旗帜,这同实现现代化的发展战略是相通的。现代化战略是实现民族复兴的战略构想,也是实现民族复兴的基本途径。民族复兴是建立在现代化基础之上的民族复兴。新时代提出中华民族伟大复兴的中国梦,说明距离我们实现现代化战略目标越来越近,也说明离中华民族伟大复兴的时刻也越来越

---

① 《十五大以来重要文献选编》中,中央文献出版社2011年版,第487页。
② 《十六大以来重要文献选编》上,中央文献出版社2011年版,第759页。
③ 《十八大以来重要文献选编》上,中央文献出版社2014年版,第10页。

近。中国人民有充分的信心完成历史赋予的使命,实现中华民族的伟大复兴。党的十八大提出了"两个一百年"的战略构想:在建党一百年时完成全面建成小康社会的目标,在建国一百年时完成建设社会主义现代化国家的目标①。邓小平提出的"三步走"战略构想的前两步安排较为清晰,也已经基本实现,第三步战略构想在表述上采用的是"再花三十年到五十年""到下个世纪中叶"等,在 2012 年党的十八大上,才首次以"两个一百年"的提法,明确了第三步战略的时间节点。

2017 年 10 月党的十九大召开,我国进入全面建成小康社会的决胜期,实现全面建成小康社会的目标指日可待,为顺利实现现代化建设的目标打下了坚实的基础。新时代进入到"两个一百年"奋斗目标的历史交汇期,从 2020 年开始也将进入现代化总体战略最后的决胜期。对于"三步走"战略构想来讲,前两步的目标已经实现,第三步也已经过了近二十年的时间,我们应该为战略决胜期进行更加详尽的安排。党的十九大承继党的十八大的奋斗目标,在综合分析国内国际形势和我国发展条件的基础上,对于现代化发展战略决胜期的安排提出了新的更加细致的要求:从 2020 年到 21 世纪中叶可以分两个阶段,第一个阶段,经过十五年的建设,在 2035 年基本实现现代化的奋斗目标;第二阶段,再经过十五年的建设,在 2050 年左右把我国建设成为社会主义现代化强国②。这是新时代实现现代化目标的新的战略安排。新的发展战略在时间安排上进行了细化,不仅更加具体可行,而且把基本实现社会主义现代化的时间提前了十五年;在战略目标上扩充了内涵,增加了"美丽"这一新的内容,使现代化的内涵更加全面和饱满,而且提升了目标的层次,首次提出了"社会主义现代化强国"这一新的概念。原来的设想是到 21 世纪中叶,建成中等发达的社会主义现代化国家,党的十九大提出要在 21 世纪中叶,把我国

---

① 《十八大以来重要文献选编》上,中央文献出版社 2014 年版,第 13 页。
② 习近平:《决胜全面建成小康社会 夺取新时代中国特色社会主义伟大胜利——在中国共产党第十九次全国代表大会上的报告》,人民出版社 2017 年版,第 28—29 页。

建设成为社会主义现代化强国，到那时，我国五大文明建设将得到极大提升，综合国力和国际影响力处于世界领先行列，人民生活更加幸福安康。党的十九大提出的新的战略安排，丰富了我国现代化发展战略，体现了历史的延续性和实践的发展性，是新时代建设现代化强国的根本遵循。

二、新中国七十年现代化发展战略的内在逻辑

中国共产党制定的现代化发展战略是一个有着内在逻辑的战略安排。始终将实现社会主义现代化作为战略目标，战略安排上既有阶段性又有连续性，战略布局随着实践的发展不断发展延伸，指导思想上具有一脉相承性。这一发展战略是一个有机联系的整体，是涵盖经济社会发展的跨世纪的宏伟蓝图，随着实践的不断发展，其内涵不断丰富、步骤更加明确、布局更加合理。

1. 战略目标的一致性

纵观新中国成立七十年的发展历程，中国共产党坚持一张蓝图绘到底，始终以现代化为发展目标，咬定青山不放松，把这一目标贯穿到经济社会发展的全过程。

任何一个国家现代化发展的目标都是动态的，我们曾经用"四个现代化""基本实现现代化""中等发达国家水平""社会主义现代化强国"等概念表述现代化目标。但无论是改革开放前提出的四个现代化，还是新时代提出的现代化强国，都围绕现代化展开，以现代化为核心概念，反映了现代化战略目标的一致性。

现代化目标又是有层次性的。1979 年 12 月，邓小平在会见日本首相大平正芳时指出："我们的四个现代化的概念，不是像你们那样的现代化的概念，而是'小康之家'。"①提出小康之家就是现代化，还只是低层次的现代化。

---

① 《邓小平文选》第二卷，人民出版社 1994 年版，第 237 页。

2002年11月召开的党的十六大上,江泽民宣布:我们已经实现了前两步的目标,人民生活总体上达到小康水平①,但这里所说的小康,仍然是低层次的、不全面的小康。党的十六大提出,21世纪头二十年的阶段性奋斗目标是"全面建设惠及十几亿人口的更高水平的小康社会"②。新时代全面建成小康社会已经到了决胜期,在全面建成小康社会之后,我们的现代化水平会有较大的提高。党的十九大提出要在2050年建成社会主义现代化强国,届时共同富裕基本实现,现代化程度将赶上或超越发达国家,成为综合实力和国际影响力领先的国家。这一新的战略目标不仅有数量指标,而且更加注重质的提升,表明我们对于现代化建设目标的认识更加深化了。从"小康之家""小康水平""小康社会""全面小康"到"现代化强国",战略目标层层递进,实现了短期目标和长期目标的统一。

现代化目标的内涵也是在不断发展的。1982年召开的党的十二大提出,"把我国建设成为高度文明、高度民主的社会主义国家"③的任务。现代化的内涵已经超越了四个现代化的范畴,追求更高层次的现代化。现代化从经济范畴扩展到政治、文化领域。党的十三大正式提出了"把我国建设成为富强、民主、文明的社会主义现代化国家"④三位一体的发展目标,说明党对现代化目标内涵的认识已经较为成熟。2006年10月,党的十六届六中全会研究了构建社会主义和谐社会的若干重大问题,在"富强民主文明"之后增加了"和谐"的目标,现代化建设目标的外延进一步拓宽了。党的十九大在以前的基础上又增加了"美丽"这一新的内容,全方位的现代化建设目标基本形成。

2. 战略安排的连续性

新中国成立之后,毛泽东曾提出过一百年的设想。1962年1月,毛泽东

① 《江泽民文选》第三卷,人民出版社2006年版,第542页。
② 《十六大以来重要文献选编》上,中央文献出版社2011年版,第14页。
③ 《十二大以来重要文献选编》上,中央文献出版社2011年版,第11页。
④ 《十三大以来重要文献选编》上,中央文献出版社2011年版,第13页。

在扩大的中央工作会上指出："在我国，要建设起强大的社会主义经济，我估计要花一百多年。"①1964 年 12 月召开的三届人大一次会议上，周恩来在《政府工作报告》中提出"四个现代化"战略目标的同时，对实现这一目标的步骤进行了规划，提出了两步走的构想。1975 年周恩来在第四届全国人民代表大会上重申了分两步走、全面实现四个现代化的战略安排。虽然"两步走"的规划较为宏观，时间安排上还仅限于构想，特别是十年"文化大革命"实际上中断了这一进程，但为改革开放后提出"三步走"的发展战略打下了坚实基础。

改革开放新时期，党的十二大提出分两个十年"两步走"的战略部署：前十年主要是打好基础，积蓄力量，创造条件，后十年要进入一个新的经济振兴时期。这是改革开放初期对于中短期经济战略安排的一种初步设想，具有合理性和可行性，为进行更长时期的战略安排积累了经验。党的十三大正式确定了现代化建设"三步走"的战略安排，勾勒了我国现代化发展战略的总体蓝图，这一安排既有远景规划也有具体短期目标，实现了短期、中期和长期目标的统一，是我们进行现代化建设的主要依据和基本方针。由于"三步走"战略安排中的第三步的战略安排是粗线条的，党的十五大对实现第三步战略安排作了详细规划，出台了新的"三步走"战略安排，为经济社会的发展提供了依据。习近平总书记在党的十九大上，对 2020 年之后的发展做了新的顶层设计，提出了分两步实现强国目标的战略安排，进一步丰富了我国现代化建设的发展战略。

3. 战略布局的整体性

整体性和协调性原则是发展战略的基本原则。新中国成立之初，百废待兴，迅速恢复和促进国民经济的发展是当时面临的主要任务。首先从工业化开始，把现代化工业建设作为现代化战略的主要抓手。随着"一五计划"的顺

---

① 《毛泽东文集》第八卷，人民出版社 1999 年版，第 301 页。

利完成,逐步形成了战略布局的整体性思维,从单一强调工业化发展转向工业、农业、国防和科学技术同时并重的整体性战略布局。改革开放后,邓小平提出"三步走"战略构想,在描述三步走战略构想时提出,以人均 GDP 指标作为衡量现代化的一个标准,在党的十三大确定的"三步走"战略中,采用了"国民生产总值"这一概念。这一构想突破了以前"四个现代化"战略布局的窠臼,从经济发展的整体性来思考现代化建设的问题。

邓小平从社会主义初级阶段的国情出发,提出以经济建设为中心,大力发展生产力,在战略选择上,以经济现代化作为先导,把经济现代化置于首要,同时充分考虑到战略要素之间的辩证统一性和相互关联性。所以,党的十二届六中全会提出了社会主义现代化建设的总体布局,即以经济建设为中心,同时进行经济体制改革和政治体制改革,加强精神文明建设,使这几个方面互相配合、互相促进①。把经济发展放在更加重要的位置,这不是不要其他方面的现代化,而是唯物辩证法重点论的具体运用,与当时的国情和中心任务有着直接联系。党的十三大上提出"三步走"战略安排的同时,已经把现代化战略目标的内涵扩展到政治、经济、文化等领域,提出了"富强民主文明"的整体性目标,战略布局上,也已经开始从经济领域向其他领域延伸。邓小平提出了"两手抓,两手都要硬"的战略思想,不仅要"一手抓精神文明,一手抓物质文明",而且要"一手抓建设、一手抓法制""一手抓改革开放、一手抓惩治腐败",使现代化建设战略布局的实施既有针对性也有全面性。

在继承"两手抓"战略布局思想的基础上,江泽民提出要促进社会全面发展的思想,并把这一思想逐步体现在对于现代化建设的战略安排上,逐步把经济、政治、文化、社会等都纳入战略布局当中,实现了从局部现代化到全面现代化的转变,正如 1995 年 9 月在党的十四届五中全会上提出的那样:"必须把社

---

① 《十二大以来重要文献选编》下,中央文献出版社 2011 年版,第 121 页。

会全面发展放在重要战略地位,实现经济与社会相互协调和可持续发展。"①随着科学发展观的提出,进一步深化了对战略目标和现代化布局的认识。现代化战略布局由经济建设、政治建设、文化建设"三位一体"拓展为包括社会建设在内的"四位一体",使之与"富强民主文明和谐"的现代化战略目标相对应。党的十八大提出"五位一体"的战略布局,增加了"生态文明"这一新的战略要素,进一步拓宽了视野,战略构想更加明确具体,体现了时代的发展和进步。

4. 指导思想的一脉相承性

新中国成立七十年现代化发展战略的历史演进历程,战略蓝图从构想到不断实施落地,也是马克思主义中国化的过程。新中国成立后,中国共产党以马克思主义为指导,不断推进马克思主义中国化,在不同的发展阶段,提出了毛泽东思想、邓小平理论、"三个代表"重要思想、科学发展观和习近平新时代中国特色社会主义思想,这是中国共产党人运用马克思主义指导中国现代化实践形成的理论成果,在其指导下,新中国不同时期现代化发展的蓝图逐步变为现实。

中国共产党关于现代化建设战略思想是在围绕现代化战略目标实施的过程中形成的,保障了现代化发展战略实施。邓小平提出以经济建设为中心的思想,确保了现代化战略的稳步推进;江泽民"三个代表"重要思想关于可持续发展战略、科教兴国战略、西部大开发战略等,是对现代化战略实施的具体指导。科学发展观的提出,拓展了现代化发展战略的内涵,为全面建设小康社会和实现现代化提供了科学指南。习近平新时代中国特色社会主义思想是改革开放四十年现代化建设经验的总结,也是建设现代化强国的科学指南,不仅能够确保2020年"全面建成小康社会"目标的实现,也为2050年社会主义现

---

① 《十四大以来重要文献选编》中,中央文献出版社2011年版,第471—472页。

代化强国战略目标的实现奠定了坚实的理论基础。

三、新时代继续推进我国现代化 强国的发展战略

1. 坚持中国共产党领导

新中国成立七十年发展的历程表明,中国共产党是中华民族走向现代化和实现民族伟大复兴不可替代的领导力量。中国共产党是中国现代化发展战略的筹划者、领导者和推动者。新中国现代化发展战略从孕育、实施到新时代的快速推进,是中国共产党凝心聚力、积极谋划推动的结果。实现社会主义现代化是几代中国人的理想,中国共产党回应人民的期待,以现代化发展战略为施政蓝图,绘就了我国社会主义现代化建设的宏伟画卷。中国共产党领导是中国特色社会主义的本质特征,其具有海纳百川的胸怀和气魄,能够带领全国各族人民,团结一切愿意为现代化建设作出贡献的各个社会阶层的力量,使社会主义现代化蓝图变成现实。中国共产党通过人民代表大会制度和政治协商制度,能够把为实现民族复兴和现代化发展战略而奋斗的中国人民团结起来,具有广泛的代表性和强大的凝聚力。中国共产党具有自我革新、自我革命的勇气,在现代化战略实施的过程中,遇到过种种困难,也曾经出现过挫折,但是中国共产党能够不断总结历史经验,认识并纠正错误。新中国成立七十年发展的实践证明,坚持中国共产党的领导,发挥中国特色社会主义制度的优势,发挥其统领全局的重要作用,对于实现现代化强国发展战略具有十分重要的意义。

2. 坚持以人民为中心的发展思想

人民是实现社会主义现代化发展战略的主体,也是社会主义现代化建

设的力量之源。社会主义现代化战略目标的实现需要全国各族人民的共同努力。新中国成立七十年来社会主义现代化建设之所以能够取得辉煌的成就,关键在于不同发展阶段广大人民群众的积极参与和努力奋斗。要尊重人民的主体性和创造性,尊重人民的探索精神,激发其创新热情和家国情怀,为实现社会主义现代化贡献力量。新时代要把全面建设社会主义现代化国家战略和人民群众对美好生活的需要紧密联系起来,坚持以最广大人民的根本利益为本,坚持以人民为中心的发展思想,尊重人民群众的主体地位,站稳人民立场,始终把人民群众的根本利益放在首位,引导广大人民群众献身社会主义现代化建设事业,只有这样,才能不断攻坚克难,实现现代化强国的战略目标。

新中国成立七十年来,中国共产党始终与人民群众风雨同舟,始终为中国人民谋幸福、为中华民族谋复兴。中国共产党只有始终与广大人民群众站在一起、同呼吸、共命运,才能获得广大人民群众对社会主义现代化发展战略的拥护和支持,社会主义现代化发展战略才能由蓝图变为现实。

3. 提高战略思维能力,保持战略定力

习近平总书记强调指出,实现新时代的奋斗目标,要有"不到长城非好汉"的进取精神,也要有"乱云飞渡仍从容"的战略定力①。战略定力问题是当前我国发展战略实施当中应该重点关注的问题。保持战略定力就是要在各种纷繁复杂的事件面前能够泰然自若,不因各种干扰和困难改变既定的战略方针和战略安排。现代化建设已经进入关键节点,但改革发展的任务也更加艰巨繁重,同时国际形势也更加复杂多变,如果没有强大的战略定力,就有可能在战略实施上出现偏差,战略目标上出现摇摆,战略安排上出现盲动。要保持战略定力,首先不能犯方向性错误,要毫不动摇地坚持和发展中国特色社会

---

① 《十八大以来重要文献选编》上,中央文献出版社 2014 年版,第 701 页。

主义,在不动摇根本、基本政治制度和基本经济制度的前提下,推进各方面改革走向深入。保持战略定力,要求我们在制定政策时进行充分的论证和酝酿,综合考虑、谋定后动,不能见异思迁、朝令夕改。在改革发展过程中,鼓励大胆探索,但是也要考虑政策的稳定性和连续性。保持战略定力还要求我们在复杂多变的国际局势面前能够沉着冷静,增强战略自信,坚定不移走和平发展道路,集中精力进行社会主义现代化建设,实现党的十九大提出的强国战略。

4. 营造和平稳定的国际环境

中国的发展离不开世界,世界的发展也离不开中国。我国现代化强国战略目标的实现,离不开与世界各国的联系和交流,离不开一个和平安定的国际环境。新中国成立之初,国际局势的变化对中国战略安排产生了重大影响。我国虽然提出了"四个现代化"的发展战略,但是在战略实施上,采取了高度集中的计划经济模式,这与当时国际局势不稳,新中国采取"一边倒"的外交政策有很大关系。改革开放之后,邓小平在分析世界局势的基础上,提出了"三步走"现代化战略安排,这是基于时代主题已经发生变化的判断做出的。和平与发展已经成为时代主题,国际局势总体走向缓和、稳定,给我们提供了一个相对较长的和平发展的战略机遇期,有助于制定长远规划。我们不仅要善于利用和平稳定的国际环境创造的战略机遇期,而且要主动适应国际形势的变化,主动融入经济全球化潮流中。在经济全球化进程加快、全球经济结构调整的情况下,积极主动融入世界发展,加入世界贸易组织,推动现代化战略的实施。习近平总书记提出"人类命运共同体"的理念,推动"一带一路"建设,把中国的发展和世界的发展联系起来,为我国现代化战略目标的最终实现营造了良好的国际环境。

稳定国际环境的营造总是充满了挑战和障碍。中美贸易战是美国对当代中国快速发展,尤其是科学技术发展的遏制,还会对我国的现代化强国战略设置更多障碍。我们应该围绕现代化战略目标不为所动,在积极进行反击的同时,发展同世界上一切友好国家的关系,为现代化强国建设营造更好的国际环境和发展空间。寻求和平稳定的国际环境,并不等于放弃原则,对于敢于分裂中国的主张和侵害中国权益的行为,要敢于亮剑,以维护国家的整体利益。

"赶考"视野中的全面建成小康社会*

　　1949 年 3 月,在即将离开西柏坡前往北平时,毛泽东对周恩来说:"今天是进京的日子,进京赶考去。""我们决不当李自成,我们都希望考个好成绩。"①这些话是对"赶考"初心的生动写照,反映了中国共产党不忘根本、勇担重任的历史使命感和责任感。中国特色社会主义进入新时代,中国共产党仍要不断"赶考",正如习近平总书记所指出的那样:"党面临的'赶考'远未结束。我们党要带领人民实现全面建成小康社会的奋斗目标,不断坚持和发展中国特色社会主义,就是这场考试的继续"②。如期全面建成小康社会是中国共产党对人民、对历史的庄严承诺,是中国共产党在中国特色社会主义新时代的"赶考"。党的十九届五中全会高度评价了决胜全面建成小康社会取得的决定性成就,指出:"全面建成小康社会胜利在望,中华民族伟大复兴向前迈出了新的一大步。"③但这不是终点,而是又一场新的"赶考"的起点,我们应该认真总结经验、不忘初心和使命,开启全面建设社会主义现代化国家新征程,努力在新的大考中交出合格的答卷。

---

　　*　原载《党的文献》2020 年第 6 期。
　　①　《毛泽东年谱(1893—1949)》(修订本)下,中央文献出版社 2013 年版,第 470 页。
　　②　《习近平关于全面建成小康社会论述摘编》,中央文献出版社 2016 年版,第 190 页。
　　③　《中国共产党第十九届中央委员会第五次全体会议公报》,人民出版社 2020 年版,第 5 页。

一、全面建成小康社会是中国共产党 "赶考"的重要里程碑

1949 年 10 月,中国共产党领导中国人民取得了新民主主义革命的伟大胜利,结束了近代中国半殖民地半封建社会的屈辱历史。对于刚刚取得革命胜利的中国共产党来说,夺取全国政权"只是万里长征走完了第一步"①,"领导解放后的全国人民,将中国建设成为一个独立、自由、民主、统一和富强的新国家"②,成为摆在中国共产党面前的首要任务,中国共产党人面临着新中国成立后的第一个"大考"。

1. 新中国成立后的"赶考"与"四化"目标的提出

在新民主主义革命时期,中国共产党人就开始思考国家现代化建设的问题。抗日战争胜利前夕,毛泽东就在《论联合政府》的报告中指出,"巩固的经济","进步的比较现时发达得多的农业","大规模的在全国经济比重上占极大优势的工业以及与此相适应的交通、贸易、金融等事业",是新民主主义国家的基础。他还提出:"中国工人阶级的任务,不但是为着建立新民主主义的国家而斗争,而且是为着中国的工业化和农业近代化而斗争。"③新中国成立前夕,在党的七届二中全会上,毛泽东指出:"中国的革命是伟大的,但革命以后的路程更长,工作更伟大,更艰苦。""我们不但善于破坏一个旧世界,我们还将善于建设一个新世界。"④中国共产党人对半殖民地半封建的近代中国积贫积弱的社会现实有着深刻的感受,对于建设一个强大的现代化的国家有着

---

① 《毛泽东选集》第四卷,人民出版社 1991 年版,第 1438 页。
② 《毛泽东选集》第三卷,人民出版社 1991 年版,第 1029—1030 页。
③ 《毛泽东选集》第三卷,人民出版社 1991 年版,第 1081 页。
④ 《毛泽东选集》第四卷,人民出版社 1991 年版,第 1438、1439 页。

强烈的愿望。

新中国成立后,中国共产党领导中国人民在恢复和发展国民经济的基础之上,开始擘画社会主义现代化的建设蓝图。经过酝酿,1953 年,中国共产党正式提出和确定了过渡时期的总路线:"要在一个相当长的时期内,逐步实现国家的社会主义工业化,并逐步实现国家对农业、对手工业和对资本主义工商业的社会主义改造。"①这一总路线是基于从新民主主义社会向社会主义社会过渡时期的国情提出的。20 世纪 50 年代初期,中国还是一个国民经济发展水平落后、贫穷的农业国,在工业特别是重工业方面基础还十分薄弱,"还是不能自己制造汽车、拖拉机、飞机,不能自己制造重型的和精密的机器,没有现代国防工业的国家"②。因此,中国共产党提出了过渡时期的总路线和总任务,力图改变国家的经济落后状况,"在经济上由落后的贫穷的农业国家,变为富强的社会主义的工业国家"③。

随着社会主义建设的不断深入,中国共产党对于社会主义现代化的认识也在不断深化。1954 年 9 月,在一届全国人大一次会议开幕词中,毛泽东提出:"准备在几个五年计划之内,将我们现在这样一个经济上文化上落后的国家,建设成为一个工业化的具有高度现代文化程度的伟大的国家。"④还是在这次会议上,周恩来在政府工作报告中,第一次提出"四个现代化"的概念,即"强大的现代化的工业、现代化的农业、现代化的交通运输业和现代化的国防"⑤。这是中国共产党对"四个现代化"概念的最初表述。1963 年 1 月,周恩来在上海市科学技术工作会议上的讲话中指出:"我们要实现农业现代化、工业现代化、国防现代化和科学技术现代化"⑥,形成了对于"四个现代化"概

---

① 《建国以来重要文献选编》第 4 册,中央文献出版社 2011 年版,第 602 页。
② 《建国以来重要文献选编》第 4 册,中央文献出版社 2011 年版,第 605 页。
③ 《建国以来重要文献选编》第 4 册,中央文献出版社 2011 年版,第 605 页。
④ 《毛泽东文集》第六卷,人民出版社 1999 年版,第 350 页。
⑤ 《建国以来重要文献选编》第 5 册,中央文献出版社 2011 年版,第 503 页。
⑥ 《建国以来重要文献选编》第 16 册,中央文献出版社 2011 年版,第 137 页。

念的完整表述。1964年12月,在三届全国人大一次会议上,周恩来在政府工作报告中郑重提出了实现"四个现代化"的战略目标。他指出:"要在不太长的历史时期内,把我国建设成为一个具有现代农业、现代工业、现代国防和现代科学技术的社会主义强国,赶上和超过世界先进水平。"①"四个现代化"体现了新中国成立后毛泽东、周恩来等党和国家领导人对社会主义现代化基本内涵与主要目标的认识和思考,实现农业、工业、国防和科学技术的现代化成为新中国社会主义建设的重点方向。

2. 改革开放以后建设小康社会是中国共产党"赶考"的延续

党的十一届三中全会作出了改革开放的伟大决策,将党的工作重心转移到经济建设上来。中国共产党正视社会主义建设和探索过程中出现的各种问题,不忘"赶考"初心,继续"赶考"征程,提出了建设小康社会的战略目标。1978年12月,邓小平在《解放思想,实事求是,团结一致向前看》的讲话中提出:"实现四个现代化是一场深刻的伟大的革命。"②1979年12月,邓小平同来华访问的日本首相大平正芳探讨中国的现代化问题时,第一次提出"小康"的概念:"我们要实现的四个现代化,是中国式的四个现代化。我们的四个现代化的概念,不是像你们那样的现代化的概念,而是'小康之家'。"③邓小平认为,中国在20世纪末达到的现代化水平和西方发达国家相比还有差距,因此他认为,"中国到那时也还是一个小康的状态"④。在这里,邓小平提出的"小康"概念有两个层面的含义:第一,"小康"是现代化语境下的概念,和"四个现代化"的概念一脉相承;第二,"小康"是中国国情语境下的概念,是符合中国实际的现代化方案。1982年,在党的十二大开幕词中,邓小平提出:"把

---

① 《建国以来重要文献选编》第19册,中央文献出版社2011年版,第423页。
② 《三中全会以来重要文献选编》上,中央文献出版社2011年版,第29页。
③ 《邓小平文选》第二卷,人民出版社1994年版,第237页。
④ 《邓小平文选》第二卷,人民出版社1994年版,第237页。

马克思主义的普遍真理同我国的具体实际结合起来,走自己的道路,建设有中国特色的社会主义,这就是我们总结长期历史经验得出的基本结论。"①"建设有中国特色的社会主义"重大命题的提出,成为指引新时期改革开放和社会主义现代化建设的伟大旗帜。②

按照邓小平的设想,党的十三大提出了"三步走"的战略构想,即实现国民生产总值比1980年翻一番,解决人民的温饱问题;到20世纪末,使国民生产总值再增长一倍,人民生活达到小康水平;到21世纪中叶,人均国民生产总值达到中等发达国家水平,人民生活比较富裕,基本实现现代化。③ 党的十四大提出:到20世纪末,我国国民经济整体素质和综合国力将迈上一个新台阶,国民生产总值将超过原定比1980年翻两番的要求,人民生活由温饱进入小康。④ 党的十五大对"三步走"战略作出了更加具体的规定,提出"两个一百年"的奋斗目标:"展望下世纪,我们的目标是,第一个十年实现国民生产总值比二〇〇〇年翻一番,使人民的小康生活更加宽裕,形成比较完善的社会主义市场经济体制;再经过十年的努力,到建党一百年时,使国民经济更加发展,各项制度更加完善;到世纪中叶建国一百年时,基本实现现代化,建成富强民主文明的社会主义国家"⑤。党的十六大进一步提出"全面建设小康社会"的命题:"我们要在本世纪头二十年,集中力量,全面建设惠及十几亿人口的更高水平的小康社会,使经济更加发展、民主更加健全、科教更加进步、文化更加繁荣、社会更加和谐、人民生活更加殷实。"⑥党的十七大对实现全面建设小康社会的宏伟目标作出全面部署,提出"今后要继续努力奋斗,确保到二〇二〇年

---

① 《邓小平文选》第三卷,人民出版社1993年版,第3页。
② 参见中共中央党史研究室:《中国共产党的九十年(改革开放和社会主义现代化建设新时期)》,中共党史出版社、党建读物出版社2016年版,第714页。
③ 《十三大以来重要文献选编》上,中央文献出版社2011年版,第14页。
④ 参见中共中央党史研究室:《中国共产党的九十年(改革开放和社会主义现代化建设新时期)》,中共党史出版社、党建读物出版社2016年版,第798页。
⑤ 《十五大以来重要文献选编》上,中央文献出版社2011年版,第4页。
⑥ 《十六大以来重要文献选编》上,中央文献出版社2011年版,第14页。

实现全面建成小康社会的奋斗目标"①。这是中国共产党第一次提出"全面建成小康社会"。党的十八大提出全面建成小康社会需要努力实现经济、政治、文化、社会和生态文明五个方面"新的要求",即"经济持续健康发展""人民民主不断扩大""文化软实力显著增强""人民生活水平全面提高""资源节约型、环境友好型社会建设取得重大进展"②。这就赋予了"小康"更高的标准和更丰富的内涵。

3. 全面建成小康社会是新时代的一次大考

党的十八大以来,习近平同志为核心的党中央对全面建成小康社会提出了新的目标要求,作出了新的部署。2015 年 10 月召开的党的十八届五中全会指出:"今后五年党和国家各项任务,归结起来就是夺取全面建成小康社会决胜阶段的伟大胜利,实现第一个百年奋斗目标。"③习近平总书记在这次全会的讲话中指出:"现在,这个时跨本世纪头二十年的奋斗历程到了需要一鼓作气向终点线冲刺的历史时刻"④,要从"转方式""补短板""防风险"三个方面入手,下大气力破解制约如期全面建成小康社会的重点难点问题。⑤

在综合分析国内国际形势和我国发展条件的基础上,党的十九大提出:"我们既要全面建成小康社会、实现第一个百年奋斗目标,又要乘势而上开启全面建设社会主义现代化国家新征程,向第二个百年奋斗目标进军。"⑥并提出分两步走建成社会主义现代化强国的目标:"从二〇二〇年到二〇三五年,在全面建成小康社会的基础上,再奋斗十五年,基本实现社会主义现代化";"从二〇三五年到本世纪中叶,在基本实现现代化的基础上,再奋斗十五年,

---

① 《十七大以来重要文献选编》上,中央文献出版社 2011 年版,第 15 页。
② 《十八大以来重要文献选编》上,中央文献出版社 2014 年版,第 13—14 页。
③ 《十八大以来重要文献选编》中,中央文献出版社 2016 年版,第 822 页。
④ 《十八大以来重要文献选编》中,中央文献出版社 2016 年版,第 823 页。
⑤ 参见《十八大以来重要文献选编》中,中央文献出版社 2016 年版,第 828—834 页。
⑥ 《十九大以来重要文献选编》上,中央文献出版社 2019 年版,第 20 页。

把我国建成富强民主文明和谐美丽的社会主义现代化强国"①。这是中国共产党在"三步走"战略的基础上进一步提出的面向未来的现代化发展战略。党的十九届五中全会通过的《中共中央关于制定国民经济和社会发展第十四个五年规划和二〇三五年远景目标的建议》,明确提出了"十四五"时期经济社会发展指导方针,为做好未来五年经济社会发展工作指明了方向、提供了遵循。

从提出"四个现代化"的目标到提出"小康社会"的概念再到"三步走"战略的形成和发展,从全面建设小康社会到全面建成小康社会再到全面建设社会主义现代化国家,我们从中可以看出,中国共产党对于现代化建设的认识是在实践中不断深化和发展的,中国共产党的"赶考"历程与中国的现代化之路一脉相承。如期全面建成小康社会,既标志着中国共产党人的"赶考"交出了一份经得起历史和人民检验的答卷,也意味着中国共产党人新的"赶考"即全面建设社会主义现代化国家新征程已经开启。因此,从这个意义上来说,在中国共产党人的"赶考"过程中,全面建成小康社会是一个重要的里程碑。

二、全面建成小康社会是中国共产党人 "赶考"初心的彰显

"小康"是中华民族自古以来追求的理想社会状态,"中国共产党人的初心和使命,就是为中国人民谋幸福,为中华民族谋复兴。"②实现全面建成小康社会的目标充分彰显了中国共产党人一以贯之的初心和使命。

1. 彰显了中国共产党为中国人民谋幸福的"赶考"初心

中国共产党自成立之日起,就把"人民"二字写在自己的旗帜上。抗日战

---

① 《十九大以来重要文献选编》上,中央文献出版社 2019 年版,第 20 页。
② 《十九大以来重要文献选编》上,中央文献出版社 2019 年版,第 1 页。

争时期,毛泽东在《为人民服务》的讲话中指出:"我们这个队伍完全是为着解放人民的,是彻底地为人民的利益工作的。"①抗日战争胜利前夕,毛泽东在与黄炎培就"历史周期率"的问题进行"窑洞对"时答道:"我们已经找到新路,我们能跳出这周期率。这条新路,就是民主。"②正如毛泽东所回答的,中国共产党领导人民完成新民主主义革命后,所建立起的政权就是一个人民民主专政的政权,中国人民真正站了起来,成为国家的主人。新中国成立后,一些党员干部为人民服务的意识出现了淡化,出现了一些脱离群众的现象。对此,毛泽东指出:"共产党就是要奋斗,就是要全心全意为人民服务,不要半心半意或者三分之二的心三分之二的意为人民服务。"③

改革开放以来,中国共产党将全心全意为人民服务的根本宗旨贯彻到社会主义现代化建设的事业当中。努力提高和改善人民生活,建设小康社会的目标,正是邓小平在这样的时代背景下提出的。1985年,邓小平在谈到社会主义国家和资本主义国家之间的不同之处时特别指出:"社会主义与资本主义不同的特点就是共同富裕,不搞两极分化。创造的财富,第一归国家,第二归人民,不会产生新的资产阶级。国家拿的这一部分,也是为了人民,搞点国防,更大部分是用来发展经济,发展教育和科学,改善人民生活,提高人民文化水平。"④

习近平总书记在党的十八届中央政治局常委同中外记者见面时指出:"人民对美好生活的向往,就是我们的奋斗目标。"⑤党的十八大以来,以习近平同志为核心的党中央始终把人民放在心中最高位置,统筹推进"五位一体"总体布局、协调推进"四个全面"战略布局,坚持稳中求进工作总基调,深入贯彻以人民为中心的发展思想,人民群众的获得感、满意度显著提升。在

---

① 《毛泽东选集》第三卷,人民出版社1991年版,第1004页。
② 《毛泽东年谱(1893—1949)》(修订本)中,中央文献出版社2013年版,第611页。
③ 《毛泽东文集》第七卷,人民出版社1999年版,第285页。
④ 《邓小平文选》第三卷,人民出版社1993年版,第123页。
⑤ 《十八大以来重要文献选编》上,中央文献出版社2014年版,第70页。

庆祝改革开放 40 周年大会上,习近平总书记指出:"必须以最广大人民根本利益为我们一切工作的根本出发点和落脚点,坚持把人民拥护不拥护、赞成不赞成、高兴不高兴作为制定政策的依据"①。

2. 彰显了中国共产党为中华民族谋复兴的"赶考"初心

中国共产党诞生在半殖民地半封建的近代中国,见证了国家因国力衰弱而被人欺凌的屈辱历史。在党的二大的宣言中,年轻的中国共产党提出了"推翻国际帝国主义的压迫,达到中华民族完全独立"②的目标。在漫长的革命斗争中,中国共产党领导中国人民实现了新民主主义革命的伟大胜利,结束了帝国主义、封建主义、官僚资本主义奴役中国人民的历史,建立起人民真正当家作主的新中国。新中国成立后,在中国共产党的领导下,通过社会主义改造,社会主义基本制度在我国建立起来,彻底改变了旧中国积贫积弱的社会面貌。1955 年,毛泽东指出:"现在我们实行这么一种制度,这么一种计划,是可以一年一年走向更富更强的,一年一年可以看到更富更强些。而这个富,是共同的富,这个强,是共同的强,大家都有份"③。在这里,毛泽东突出强调把"富强"作为新中国的主要奋斗目标,体现出中国共产党领导人民建立社会主义制度,就是要实现国家富强、民族振兴、人民幸福。

改革开放是党和人民大踏步赶上时代的重要法宝,是决定当代中国命运,决定实现"两个一百年"奋斗目标、实现中华民族伟大复兴的关键一招。经历了社会主义建设和探索的挫折,以邓小平为主要代表的中国共产党人对"什么是社会主义,怎样建设社会主义"的问题有了更为深入的认识。邓小平认为,我们要建设的社会主义不是"贫穷的社会主义",而是"发达的、生产力发

---

① 《十九大以来重要文献选编》上,中央文献出版社 2019 年版,第 730 页。
② 《建党以来重要文献选编(1921—1949)》第 1 册,中央文献出版社 2011 年版,第 133 页。
③ 《毛泽东文集》第六卷,人民出版社 1999 年版,第 495 页。

展的、使国家富强的社会主义"①。改革开放使中华民族伟大复兴进入一个新的历史阶段,使中国大踏步赶上了时代。

党的十八大以来,以习近平同志为核心的党中央在准确把握国内国际形势的基础上,进一步明确提出:"实现中华民族伟大复兴是近代以来中华民族最伟大的梦想。"②"我们的责任,就是要团结带领全党全国各族人民,接过历史的接力棒,继续为实现中华民族伟大复兴而努力奋斗,使中华民族更加坚强有力地自立于世界民族之林,为人类作出新的更大的贡献。"③"现在,我们比历史上任何时期都更接近中华民族伟大复兴的目标,比历史上任何时期都更有信心、有能力实现这个目标。"④

习近平总书记强调:"我们党领导人民进行革命建设改革,就是要让中国人民富裕起来,国家强盛起来,振兴伟大的中华民族。"⑤全面建成小康社会就是实现中华民族伟大复兴这一伟大历史进程中不可或缺的关键一步,凝聚着中国共产党人关于社会主义现代化建设的理想,彰显了中国共产党人一以贯之的"赶考"初心。

三、全面建成小康社会是中国共产党 继续"赶考"的新起点

在全面建成小康社会、实现第一个百年奋斗目标之际,我们要在深刻认识和把握全面建成小康社会辉煌成就和重大意义的基础上,把全面建成小康社会作为新的"赶考"的起点,戒骄戒躁、凝心聚力,乘势而上开启全面建设社会

---

① 《邓小平文选》第二卷,人民出版社1994年版,第231页。
② 《十九大以来重要文献选编》上,中央文献出版社2019年版,第10页。
③ 《十八大以来重要文献选编》上,中央文献出版社2014年版,第69—70页。
④ 《十八大以来重要文献选编》上,中央文献出版社2014年版,第83页。
⑤ 《十八大以来重要文献选编》上,中央文献出版社2014年版,第77页。

主义现代化国家新征程。

1. 全面建成小康社会开启了新的"赶考"征程

从"全面建成小康社会"与"两个一百年"奋斗目标的关系来看,"全面建成小康社会"标志着第一个百年奋斗目标的实现,也标志着向第二个百年奋斗目标进军的征程正式开启,兼具"终点"与"起点"两重含义。"十四五"时期将开启全面建设社会主义现代化国家新征程,进入到实现中华民族伟大复兴中国梦的新的历史阶段。实现中华民族伟大复兴,绝不是轻轻松松、敲锣打鼓就能够实现的,必然会遇到各种各样的风险挑战,需要一步一步走、一个阶段一个阶段向前进。面对即将开启的新的"赶考"征程,中国共产党必须保持"赶考"初心,在新的征程上不断赢得新的胜利。

2. 深刻总结全面建成小康社会的"赶考"经验

历史是最好的老师。中国共产党一贯重视在历史中总结经验,为未来提供借鉴。全面建成小康社会是中国共产党人克服无数艰难险阻取得的历史性成就,是中华民族发展史上里程碑式的事件。在全面建成小康社会的进程中,我们积累了一系列宝贵经验,比如,必须坚持党的全面领导、坚持走中国特色社会主义道路、坚持以人民为中心、坚持马克思主义指导地位、坚持完善和发展中国特色社会主义制度、坚持全面从严治党、坚持深化改革开放等,对于这些在实践中积累的宝贵经验,我们要深刻总结并将其运用到下一个阶段的"赶考"实践中。

3. 牢记"赶考"初心,始终坚持以人民为中心,把维护人民的利益放在一切工作的首位

新中国成立七十多年来,中国共产党之所以能够在革命、建设、改革各个历史时期中取得一个又一个胜利,至为重要的一个原因就是中国共产党没有

忘记"赶考"初心，始终坚持全心全意为人民服务，时刻把人民群众的利益放在第一位，从而赢得了广大人民群众的衷心拥护和支持，汇聚起了能够战胜一切艰难险阻的磅礴力量。中国共产党人的"赶考"仍在继续，要想赢得新的"赶考"的胜利，必须认认真真地倾听人民群众的意愿，尊重群众的首创精神，始终坚持以人民为中心，不断实现人民对美好生活的向往，始终牢记初心和使命，为实现第二个百年奋斗目标、全面建成社会主义现代化强国、实现中华民族伟大复兴的中国梦，广泛凝聚起磅礴向前的伟力。

中国特色社会主义理论

中国特色社会主义理论体系的整体性[*]

中国特色社会主义理论体系是包括邓小平理论、"三个代表"重要思想以及科学发展观等重大战略思想在内的科学理论体系,这一体系不是邓小平理论、"三个代表"重要思想以及科学发展观等重大战略思想的机械相加,而是一个具有内在联系的统一整体,整体性是其基本特征。这不仅体现在它是对包括邓小平理论、"三个代表"重要思想以及科学发展观等重大战略思想在内的有机整合,而且还体现了历史的与逻辑的统一,其基本原理具有内在联系,构成了一个完整的科学体系。从整体性的角度进行分析和研究,既有利于全面、准确地认识和把握这一理论体系,也有利于它在实践中的丰富和发展。

一、中国特色社会主义理论体系体现了历史的与逻辑的统一

"一切划时代的体系的真正的内容都是由于产生这些体系的那个时期的需要而形成起来的。"①中国特色社会主义理论体系是在和平与发展成为时代主题的历史条件下,在我国改革开放和社会主义现代化建设的实践过程中,在

---

* 原载《思想理论教育导刊》2008 年第 7 期。《新华文摘》2008 年第 21 期转摘。

① 《马克思恩格斯全集》第 3 卷,人民出版社 1960 年版,第 544 页。

总结我国社会主义取得胜利和遭受挫折的历史经验,并借鉴其他社会主义国家兴衰成败的历史经验的基础上形成和发展起来的,其形成与发展体现了历史的与逻辑的有机统一。

第一,从党的十一届三中全会到1992年初邓小平发表南方谈话和党的十四大,是中国特色社会主义理论体系的形成时期。"文化大革命"结束以后,以邓小平同志为主要代表的中国共产党人,冲破"两个凡是"的思想禁锢,打破了思想僵化或半僵化的状态,重新确立了党的实事求是的思想路线,并把解放思想与实事求是有机地统一起来,认为只有解放思想,实事求是,"我们的社会主义现代化建设才能顺利进行,我们党的马列主义、毛泽东思想的理论也才能顺利发展。"①在此基础上,党的十一届六中全会科学地评价了毛泽东和毛泽东思想的历史地位,并从十个方面初步总结了党的十一届三中全会以来逐渐形成的中国特色社会主义理论的"主要点"②。1982年,邓小平在党的十二大开幕词中,第一次明确提出"走自己的路,建设有中国特色的社会主义"的科学命题,从此,"建设有中国特色的社会主义"成为党的理论创新和实践创新的主题。围绕这一主题,党的十三大明确提出社会主义初级阶段理论和"一个中心,两个基本点"的基本路线,并概括了中国特色社会主义理论的十二个基本理论观点。1992年初邓小平发表南方谈话,回答了长期困扰和束缚人们思想的许多重大认识问题,提出了关于社会主义本质、"三个有利于"的标准、"发展才是硬道理"等重要思想。党的十四大在总结改革开放十四年来成功实践经验的基础上,根据邓小平南方谈话精神,从发展道路、发展阶段、根本任务、发展动力、外部条件、政治保证、战略步骤、领导力量和依靠力量、祖国统一九个方面对中国特色社会主义理论的主要内容进行了概括,形成了以社会主义初级阶段论理论、社会主义本质理论、社会主义市场经济理论和社会主义改革开放理论为核心内容的邓小平理论,奠定了中国特色社会主义理论体

---

① 《邓小平文选》第二卷,人民出版社1994年版,第143页。
② 参见《三中全会以来重要文献选编》下,中央文献出版社2011年版,第168—172页。

系形成的基础,标志着中国特色社会主义理论体系开始形成。

第二,从1992年邓小平南方谈话与党的十四大到党的十六大,是中国特色社会主义理论体系的重要发展时期。在这一时期,经济全球化、世界多极化以及文化多元化的挑战对党的执政能力和执政水平提出新的更高要求。以江泽民同志为主要代表的中国共产党人在建设中国特色社会主义的伟大实践中,在邓小平理论的基础上,提出一系列新思想、新观点、新论断:关于解放思想、实事求是、与时俱进的思想;关于建立社会主义市场经济体制的思想;关于公有制为主体、多种所有制经济共同发展是我国社会主义初级阶段的基本经济制度的思想;关于按劳分配为主体、多种分配方式并存的思想;关于经济结构调整和经济增长方式转变的思想;关于推进西部大开发,促进区域经济协调发展的思想;关于社会主义物质文明、政治文明和精神文明协调发展的思想;关于发展是党执政兴国第一要务的思想;关于依法治国与以德治国相结合的思想;关于"引进来"和"走出去"相结合的开放思想;关于解决好提高党的领导水平和执政水平、提高拒腐防变和抵御风险能力这两大历史性课题,全面推进党的建设的思想;关于巩固党的阶级基础和扩大党的群众基础的思想;等等。这些新的思想观点构成了"三个代表"重要思想的主要内容,对建设中国特色社会主义的思想路线、发展战略、依靠力量、领导力量等重大理论进行了创新,丰富和发展了中国特色社会主义理论体系,成为中国特色社会主义理论体系承上启下的极为重要的组成部分。

第三,从党的十六大到党的十七大,是中国特色社会主义理论体系的逐步成熟时期。党的十六大以来,改革开放和现代化建设步伐进一步加快,我国步入深化改革、加快发展、全面建设小康社会的关键时期。以胡锦涛同志为主要代表的中国共产党人从新世纪新阶段党和国家事业发展的全局出发,在深刻总结国内外经济社会发展经验教训的基础上,着眼解决新矛盾、新问题,提出了科学发展观等重大战略思想。科学发展观等重大战略思想坚持以人为本,要求实现全面协调可持续发展、构建社会主义和谐社会、建设社会主义新农村、建设创新型国家、建设社会主义核心价值体系、推动建设和谐世界等,进一步深化了对中国特色社会主义建设的认识,标志着中国特色社会主义理论体系逐渐走向成熟。

从纵向的历史发展来看,正如恩格斯所说:"我们的理论不是教条,而是对包含着一连串互相衔接的阶段的发展过程的阐明。"①邓小平理论围绕"什么是社会主义、怎样建设社会主义"、"三个代表"重要思想围绕"建设什么样的党、怎样建设党"、科学发展观围绕"实现什么样的发展、怎样发展",科学地回答了不同发展阶段面临的新矛盾和新问题,在中国特色社会主义理论体系形成与发展中,做出了各自的独特贡献。从横向的逻辑发展来看,邓小平理论、"三个代表"重要思想和科学发展观等重大战略思想都是对建设和发展中国特色社会主义一系列重大理论问题和实践问题的回答,深化和丰富了对共产党执政规律、社会主义建设规律、人类社会发展规律的认识,其理论主题都是建设和发展中国特色社会主义,实现中华民族的伟大复兴,其基本原理都是对这一主题的展开、丰富和发展。邓小平理论、"三个代表"重要思想和科学发展观等重大战略思想既相互贯通又层层递进,体现了中国特色社会主义理论体系历史的与逻辑的有机统一。

二、中国特色社会主义理论体系的内在联系

中国特色社会主义理论体系是一个具有内在联系的统一整体。邓小平理论、"三个代表"重要思想和科学发展观等重大战略思想,是在不同的发展阶段、为解决不同的问题而产生的具体理论形态,它们不是前后矛盾、相互否定的,而是相互衔接、一脉相承。在指导思想、根本任务、价值趋向、理论精髓等理论逻辑方面具有内在的联系。

---

① 《马克思恩格斯选集》第4卷,人民出版社2012年版,第586页。

共同的指导思想。中国特色社会主义理论体系的指导思想是马克思列宁主义、毛泽东思想。恩格斯指出："为了使社会主义变为科学，就必须首先把它置于现实的基础之上。"①中国特色社会主义理论体系在坚持科学社会主义的基本原则的基础上，从中国改革开放和社会主义现代化建设的实际出发，赋予马克思列宁主义、毛泽东思想鲜明的时代特征和中国特色。中国特色社会主义理论体系坚持公有制的基本原则，提出在坚持公有制经济主体地位的前提下，发展多种所有制经济的思想。坚持按劳分配的基本原则，提出按劳分配为主体，多种分配方式并存的思想。坚持社会主义发展阶段的原则，并根据中国国情，提出我国仍然处于并将长期处于社会主义初级阶段的思想。坚持生产力是人类社会发展的最终决定力量，是建立社会主义社会"绝对必需的实际前提"的原则，提出发展生产力是社会主义根本任务的思想。坚持社会主义本质规定是实现人的自由全面发展的原则，提出社会主义本质是解放生产力，发展生产力，消灭剥削，消除两极分化，最终达到共同富裕的思想；提出努力促进人的全面发展是建设社会主义新社会的本质要求、坚持"以人为本"；提出社会和谐是社会主义的本质属性等思想。同时，中国特色社会主义理论体系体现了中华民族优秀的思想文化和时代特征的内在要求，具有鲜明的民族形式和民族风格。在当代中国，坚持马克思列宁主义、毛泽东思想，就是坚持中国特色社会主义理论体系；坚持中国特色社会主义理论体系就是真正坚持马克思列宁主义、毛泽东思想。

共同的根本任务。改革开放以来，虽然国际国内环境发生了很大变化，但是和平与发展的时代主题、社会主义初级阶段的基本国情以及我国社会的主要矛盾没有发生根本性的变化，这就决定了邓小平理论、"三个代表"重要思想和科学发展观等重大战略思想所面临的根本任务是一致的，都是解放生产力，发展生产力。邓小平认为，发展才是硬道理，"社会主义的任务很多，但根

---

① 《马克思恩格斯选集》第 3 卷，人民出版社 2012 年版，第 394 页。

本一条就是发展生产力"①,只有发展生产力,人民的物质生活和精神生活才能逐步改善和提高。江泽民强调,发展是党执政兴国的第一要务,把发展先进生产力作为社会主义的根本任务,用发展的办法解决前进中的问题。胡锦涛指出,党领导人民建设社会主义的根本任务是解放和发展生产力,增强综合国力,满足人民群众日益增长的物质文化需要,"要坚持以经济建设为中心,树立和落实科学发展观……开拓发展思路、丰富发展内涵"②,提高生产力发展水平,增强发展的协调性,不断为社会和谐创造雄厚的物质基础。从发展生产力到发展先进生产力再到科学发展,是党在不同时期根据不同发展阶段的历史任务所作的理论创新,体现了理论发展的内在逻辑和党对解放生产力、发展生产力这一根本任务认识的不断深化。

共同的价值取向。邓小平理论、"三个代表"重要思想、科学发展观等重大战略思想虽然带有不同的阶段性特征,却具有共同的价值取向。它们都是以是否符合并反映我国社会主义现代化建设和改革开放的发展规律、是否有利于中国特色社会主义经济、政治、文化的发展和促进社会全面进步、是否符合人类文明进步的方向和潮流、是否有利于解放和发展生产力作为基本价值原则。以是否符合最广大人民群众的根本利益作为社会主义现代化建设和改革开放的根本价值原则。邓小平提出,要把"人民拥护不拥护,人民赞成不赞成,人民高兴不高兴,人民答应不答应"作为制定各项方针政策的出发点和归宿,并把人民利益标准与生产力标准和综合国力标准一起作为判断改革和各方面工作是非得失的根本标准。江泽民强调,全党必须始终紧紧依靠人民群众,"不断实现好、维护好、发展好最广大人民的利益"③,要认真考虑和兼顾不同阶层、不同方面群众的利益,满足最大多数人的利益要求。胡锦涛提出,要以人为本,坚持权为民所用、情为民所系、利为民所谋,"把实现好、维护好、发

---

① 《邓小平文选》第三卷,人民出版社1993年版,第137页。
② 《十六大以来重要文献选编》中,中央文献出版社2011年版,第274页。
③ 《江泽民文选》第三卷,人民出版社2006年版,第279页。

展好最广大人民的根本利益作为党和国家一切工作的出发点和落脚点,尊重人民主体地位,发挥人民首创精神,保障人民各项权益,走共同富裕道路,促进人的全面发展,做到发展为了人民、发展依靠人民、发展成果由人民共享。"①人民利益原则是马克思主义的基本立场和始终坚持的重要原则,也是邓小平理论、"三个代表"重要思想和科学发展观等重大战略思想的出发点和归宿。

共同的理论精髓。实事求是是马克思主义的基本原则和中国共产党人全部科学理论和实践活动的思想基础,是毛泽东思想的精髓,也是邓小平理论、"三个代表"重要思想和科学发展观等重大战略思想的精髓,贯穿于邓小平理论、"三个代表"重要思想和科学发展观等重大战略思想的形成和发展过程以及各个组成部分。当然,党在不同发展阶段根据不同实践环境和具体部署,针对在贯彻实事求是的思想路线中存在的突出问题,强调的重点有所区别。邓小平强调解放思想的重要性,认为"一个党,一个国家,一个民族,如果一切从本本出发,思想僵化,迷信盛行,那它就不能前进,它的生机就停止了,就要亡党亡国。"②江泽民强调与时俱进的重要性,认为"能否始终做到这一点,决定着党和国家的前途命运。"③胡锦涛强调,要求真务实,就是求社会主义初级阶段基本国情、社会主义建设规律、人类社会发展规律、人民群众的历史地位、共产党执政规律之真,务坚持长期艰苦奋斗、抓好发展这个党执政兴国的第一要务、发展最广大人民群众根本利益、加强和改进党的建设之实。解放思想、与时俱进和求真务实,其目的和归宿都是为了达到实事求是,都是对实事求是在不同层面的展开和强调。

中国特色社会主义理论体系是在建设和发展中国特色社会主义和实现中华民族伟大复兴的实践过程中形成的,是对改革开放和社会主义现代化建设实践经验的概括和总结,"凝结了几代中国共产党人带领人民不懈探索实践

---

① 《中国共产党第十七次全国代表大会文件汇编》,人民出版社 2007 年版,第 15 页。
② 《邓小平文选》第二卷,人民出版社 1994 年版,第 143 页。
③ 《江泽民文选》第三卷,人民出版社 2006 年版,第 537 页。

的智慧和心血"①。邓小平理论、"三个代表"重要思想和科学发展观等重大战略思想虽各具特色，呈现出理论发展的阶段性特征，但是，它们却有着共同的指导思想、根本任务、价值取向、理论精髓，共同构成了一个逻辑严密、具有内在联系的理论体系，体现了理论发展的一脉相承性。

三、中国特色社会主义理论体系的框架结构

中国特色社会主义理论体系，以党的十一届三中全会为历史起点，以解放思想为逻辑起点，围绕建设和发展中国特色社会主义，实现中华民族伟大复兴这一主题，系统回答了建设和发展中国特色社会主义的一系列基本问题，逐步形成了以社会主义本质理论、社会主义初级阶段理论、改革开放理论为基石，以经济、政治、文化和社会建设四位一体的现代化建设为总体布局，涵盖祖国统一构想与外交战略、领导力量和依靠力量等内容的完整的理论体系，其主要内容有以下几个方面。

社会主义初级阶段理论。这是中国特色社会主义理论体系的立论基础。党的十一届三中全会以后，邓小平指出，我国还处于社会主义初级阶段，这是一个至少上百年的历史阶段，制定一切方针政策都必须以这个基本国情为依据，不能脱离实际，超越阶段。要坚持党在社会主义初级阶段的基本路线和基本纲领。经过改革开放，社会各个领域都发生了显著变化，但是我国仍然处于社会主义初级阶段的基本国情没有改变。党的十七大报告概括了我国社会发展的阶段性特征，这是社会主义初级阶段基本国情在新世纪新阶段的具体表现。只有既牢牢把握社会主义初级阶段这个基本国情，又认真分析不同时期具体的阶段性特征，才能准确判断我国社会发展的主流和方向，并制定正确的发展战略和政策。

---

① 《中国共产党第十七次全国代表大会文件汇编》，人民出版社 2007 年版，第 11 页。

社会主义本质理论。这是建设和发展中国特色社会主义首要的基本的理论问题。邓小平提出"社会主义的本质,是解放生产力,发展生产力,消灭剥削,消除两极分化,最终达到共同富裕。"①这一科学概括,突破了传统社会主义只讲社会主义特征的框子,反映了社会主义社会发展的基本规律,体现了人民的利益和时代的要求,把对社会主义的认识提高到新的科学水平。社会主义的根本任务是解放和发展生产力,发展是党执政兴国的第一要务,党要始终代表中国先进生产力的发展要求。江泽民提出,促进人的全面发展是建设社会主义新社会的本质要求,深化了对社会主义本质的认识。胡锦涛提出"社会和谐是中国特色社会主义的本质属性"②的论断,把对社会主义本质的认识提高到一个新的水平,深刻反映了把我国建设成为富强民主文明和谐的社会主义现代化国家的内在要求,拓宽了我们对建设和发展中国特色社会主义的认识。

社会主义改革开放理论。这是中国特色社会主义理论体系的总体战略。改革是社会主义制度的自我完善和发展,是解放生产力,发展生产力,实现中国现代化的必由之路。不坚持改革,只能是死路一条。当今世界是开放的世界,中国的发展离不开世界,开放是建设和发展中国特色社会主义的一项基本国策,应该吸收和利用世界各国所创造的一切先进文明成果来发展社会主义,封闭只能导致落后。"坚持改革开放是决定中国命运的一招"③,"是决定当代中国命运的关键抉择,是发展中国特色社会主义、实现中华民族伟大复兴的必由之路"④。党的十一届三中全会以来制定的一系列新的方针政策,概括起来就是改革开放。

中国特色社会主义经济建设理论。坚持和完善社会主义公有制为主体、

---

① 《邓小平文选》第三卷,人民出版社 1993 年版,第 373 页。
② 《中国共产党第十七次全国代表大会文件汇编》,人民出版社 2007 年版,第 17 页。
③ 《邓小平文选》第三卷,人民出版社 1993 年版,第 368 页。
④ 《中国共产党第十七次全国代表大会文件汇编》,人民出版社 2007 年版,第 10 页。

多种所有制经济共同发展的基本经济制度;坚持和完善社会主义市场经济体制,使市场在国家宏观调控下对资源配置起基础性作用;坚持和完善按劳分配为主体的多种分配方式,允许一部分地区一部分人先富起来,带动和帮助后富,逐步走向共同富裕;建设社会主义新农村,走新型工业化道路,推进自主创新,统筹区域发展,建设资源节约型、环境友好型社会,转变经济发展方式,实现经济又好又快发展和经济建设成果人人共享。

中国特色社会主义政治建设理论。坚持和完善工人阶级领导的、以工农联盟为基础的人民民主专政;坚持和完善人民代表大会制度和共产党领导的多党合作、政治协商制度以及民族区域自治制度;健全社会主义法制,实现依法治国,建设社会主义法治国家;推进政治体制改革,发展社会主义民主,坚持党的领导、人民当家作主和依法治国的有机统一,努力实现社会安定有序,政府廉洁高效,全国各族人民团结和睦、生动活泼的政治局面。

中国特色社会主义文化建设理论。以马克思主义为指导,以社会主义核心价值体系为根本,以培育有理想、有道德、有文化、有纪律的公民为目标,坚持为人民服务、为社会主义服务的方向和百花齐放、百家争鸣的方针,坚持贴近实际、贴近生活、贴近群众,坚持立足中国现实、继承优秀历史文化传统、吸取外国文化有益成果,发展面向现代化、面向世界、面向未来的,民族的、科学的、大众的社会主义先进文化。发展教育和科学,深化文化体制改革,大力发展文化事业和文化产业,提高整个中华民族的思想道德素质和科学文化素质,推进社会主义文化大发展大繁荣。

构建社会主义和谐社会的理论。坚持以人为本,坚持科学发展,统筹兼顾,按照民主法治、公平正义、诚信友爱、充满活力、安定有序、人与自然和谐相处的总要求,健全收入分配体制、社会保障体制、基本医疗卫生体制等社会体制,加强社会事业建设,完善社会管理,扩大公共服务,改善生态环境,努力使全体人民学有所教、劳有所得、病有所医、老有所养、住有所居,形成全体人民各尽所能、各得其所而又和谐相处的局面。

实现祖国统一的构想和外交战略的理论。祖国统一的基本方针是"和平统一、一国两制",就是在坚持一个中国的前提下,国家的主体是社会主义制度,同时在香港、澳门和台湾保持原有的资本主义制度长期不变,实行高度自治。中国特色社会主义始终坚持独立自主的和平外交政策,始终坚持维护世界和平,促进共同发展的宗旨,始终不渝走和平发展道路。在此基础上同所有国家发展关系,同国际社会一道致力于人类和平与发展的崇高事业,推动国际秩序向公正合理的方向发展,推动建设一个持久和平、共同繁荣的和谐世界。

中国特色社会主义的领导力量和依靠力量。中国共产党是中国特色社会主义事业的坚强领导核心,这是由党的性质和宗旨决定的,是历史和人民的选择。党要站在时代前列带领人民不断开创事业发展新局面,必须以改革创新精神加强自身建设,就是要把党的执政能力建设和先进性建设作为主线,坚持党要管党、从严治党,贯彻"为民、务实、清廉"的要求,加强组织建设、作风建设、制度建设,使党始终成为立党为公、执政为民,求真务实、改革创新,艰苦奋斗、清正廉洁,富有活力、团结和谐的马克思主义执政党。在当代中国,一切赞成、支持和参加中国特色社会主义建设的阶级、阶层和社会力量,都是建设中国特色社会主义事业的依靠力量。工人阶级既是我国社会主义事业的领导力量,也是中国特色社会主义建设的中坚力量;农民阶级是我国人数最多的基本依靠力量;知识分子是工人阶级的一部分,是先进生产力的开拓者和发展教育科学文化事业的基本力量,在中国特色社会主义建设中具有不可替代的作用;新的社会阶层是中国特色社会主义的建设者,是中国特色社会主义建设的重要依靠力量。

总之,中国特色社会主义理论体系全面、深刻地阐释了建设和发展中国特色社会主义的重要的理论和实践问题,贯通马克思主义哲学、政治经济学、科学社会主义,涵盖经济、政治、文化、社会、外交等各方面,构成了一个由三大基石、四大布局和实现祖国统一构想和外交战略以及领导力量与依靠力量组成的完整的框架结构。

邓小平理论与中国特色
社会主义理论体系的关系*

邓小平理论是中国特色社会主义理论体系的开创之作,奠定了这一理论体系形成的基础,在中国特色社会主义理论体系中占有十分重要的地位。正确理解邓小平理论与中国特色社会主义理论体系的内在联系,对于我们深入理解中国特色社会主义理论体系具有重要的意义。

一、邓小平理论奠定了中国特色社会主义
理论体系形成的基础

以邓小平同志为主要代表的中国共产党人,在我国改革开放和现代化建设实践中开辟了建设中国特色社会主义的新道路,创立了邓小平理论,为中国特色社会主义理论体系的形成奠定了重要基础。

第一,邓小平理论重新确立了党的实事求是的思想路线,把解放思想和实

* 原载《社会主义研究》2008 年第 2 期。中国人民大学复印报刊资料《邓小平理论、"三个代表"重要思想》2008 年第 7 期全文转载。教育部纪念改革开放 30 周年学术研讨会入选论文,并收入教育部社科司组编:《理论之光——学习宣传党的十七大精神理论研究专集》,高等教育出版社 2008 年版。

事求是联系起来,赋予党的思想路线以新的含义,解放思想是中国特色社会主义理论体系形成的逻辑起点。

党的思想路线正确与否直接关系到马克思主义能否在实践中不断丰富和发展。"文化大革命"结束以后,以邓小平同志为主要代表的中国共产党人针对"两个凡是"的思想禁锢,提出解放思想,打破思想僵化或半僵化的状态,重新确立了实事求是的思想路线。对于解放思想的重要性,邓小平指出:"我们讲解放思想,是指在马克思主义指导下打破习惯势力和主观偏见的束缚,研究新情况,解决新问题。"①"一个党,一个国家,一个民族,如果一切从本本出发,思想僵化,迷信盛行,那它就不能前进,它的生机就停止了,就要亡党亡国。"②因此,要坚持实事求是,必须首先解放思想,只有思想解放了,才能以马克思主义为指导,解决过去遗留的问题和新出现的一系列问题。邓小平阐述了解放思想和实事求是的辩证关系,指出"解放思想,就是使思想和实际相符合,使主观和客观相符合,就是实事求是。"③从而把解放思想与实事求是有机统一起来,赋予党的思想路线以新的时代内涵。解放思想和实事求是是创立中国特色社会主义理论体系的理论前提,"只有解放思想,坚持实事求是,一切从实际出发,理论联系实际,我们的社会主义现代化建设才能顺利进行,我们党的马列主义、毛泽东思想的理论也才能顺利发展。"④改革开放以来,正是由于我们党解放思想,始终坚持实事求是的思想路线,不断探索和回答中国特色社会主义建设实践中面临的重大理论问题和实际问题,从而保证了马克思主义中国化的顺利推进,创立了邓小平理论、形成了"三个代表"重要思想和科学发展观,从而形成了中国特色社会主义理论体系。解放思想是邓小平理论形成的逻辑起点,也是中国特色社会主义理论体系形成的逻辑起点,我国改

---

① 《邓小平文选》第二卷,人民出版社1994年版,第279页。
② 《邓小平文选》第二卷,人民出版社1994年版,第143页。
③ 《邓小平文选》第二卷,人民出版社1994年版,第364页。
④ 《邓小平文选》第二卷,人民出版社1994年版,第143页。

革开放和社会主义现代化建设实践中每一个重大问题的突破和理论上的创新，无不是解放思想的结果，解放思想贯穿于建设和发展中国特色社会主义的全过程，也是贯穿中国特色社会主义理论体系的一条红线，是发展中国特色社会主义的一大法宝。

第二，邓小平理论紧紧抓住"什么是社会主义，如何建设社会主义"这一基本问题，确立了建设和发展中国特色社会主义的理论主题。

任何理论体系都有其特定的理论主题。邓小平理论创立于改革开放和社会主义现代化建设的新时期，历史和现实给中国共产党人提出的迫切需要解决的重大课题就是要搞清楚：什么是社会主义、怎样建设社会主义。1982年，邓小平在党的十二大开幕词中强调："把马克思主义的普遍真理同我国的具体实际结合起来，走自己的道路，建设有中国特色的社会主义，这就是我们总结长期历史经验得出的基本结论。"①第一次明确提出"中国特色的社会主义"的科学命题，不仅为新时期党的理论探索指明了基本方向，而且使党的创新理论有了科学的称谓。此后，在长期艰辛的探索中，邓小平多次强调："问题是什么是社会主义，如何建设社会主义。我们的经验教训有许多条，最重要的一条，就是要搞清楚这个问题。"②"我们建设的社会主义，是有中国特色的社会主义。"③并始终围绕中国特色社会主义这一理论主题，紧紧抓住"什么是社会主义、怎样建设社会主义"这个首要的基本的理论问题，深刻地揭示了社会主义的本质，比较系统地初步回答了在中国这样的经济文化比较落后的国家如何建设社会主义、如何巩固和发展社会主义的一系列基本问题，把对社会主义的认识提高到新的科学水平。在新的历史时期，以江泽民同志为主要代表的中国共产党人形成的"三个代表"重要思想，回答了"建设什么样的党，怎样建设党"的问题；以胡锦涛同志为主要代表的中国共产党人提出的科学发

---

① 《邓小平文选》第三卷，人民出版社1993年版，第3页。
② 《邓小平文选》第三卷，人民出版社1993年版，第116页。
③ 《邓小平文选》第三卷，人民出版社1993年版，第29页。

展观,回答了"实现什么样的发展,怎样发展"的问题。对这几个重大问题的回答实质上都是根据新的社会实践,围绕建设和发展中国特色社会主义这一理论主题展开的,是对这一问题的进一步展开和进一步回答,是在邓小平理论的基础上对中国特色社会主义认识的进一步深化。

第三,邓小平理论确立的判断改革和各方面工作是非得失"三个有利于"的标准,是建设和发展中国特色社会主义的根本标准。

在推进中国特色社会主义建设过程中,必须从理论上搞清楚判断改革和各方面工作是非得失的根本标准,这不仅是深入推进改革开放和社会主义现代化建设的需要,也是马克思主义中国化的必然要求。邓小平在领导拨乱反正和探索中国特色社会主义建设道路的过程中多次指出:"按照历史唯物主义的观点来讲,正确的政治领导的成果,归根结底要表现在社会生产力的发展上,人民物质文化生活的改善上。"①"社会主义经济政策对不对,归根到底要看生产力是否发展,人民收入是否增加。这是压倒一切的标准。"②他还说:"各项工作都要有助于建设有中国特色的社会主义,都要以是否有助于人民的富裕幸福,是否有助于国家的兴旺发达,作为衡量做得对或不对的标准。"③苏东剧变后,20 世纪 90 年代初,针对改革开放的是非得失应该用什么标准来判断的问题,邓小平明确提出:"要害是姓'资'还是姓'社'的问题。判断的标准,应该主要看是否有利于发展社会主义社会的生产力,是否有利于增强社会主义国家的综合国力,是否有利于提高人民的生活水平。"④"三个有利于"的标准,不仅把实践标准具体化,而且把实践标准与生产力标准和人民利益标准统一起来,从而回答了理论上纠缠不休的种种问题,廓清了人们的错误认识,为判断姓"资"还是姓"社"提供了根本尺度。"三个有利于"的标准,确立了

---

① 《邓小平文选》第二卷,人民出版社 1994 年版,第 128 页。
② 《邓小平文选》第二卷,人民出版社 1994 年版,第 314 页。
③ 《邓小平文选》第三卷,人民出版社 1993 年版,第 23 页。
④ 《邓小平文选》第三卷,人民出版社 1993 年版,第 372 页。

建设和发展中国特色社会主义的价值取向。根据这一根本标准,党在改革开放和社会主义现代化建设过程中,正确对待改革开放过程中不断涌现的新事物、新问题,有效解决改革开放过程中遇到的种种难题,不断推进马克思主义中国化,形成了中国特色社会主义理论体系这一马克思主义中国化的最新成果。

第四,邓小平开启了改革开放的历程,使中国特色社会主义充满生机和活力,改革开放是中国特色社会主义理论体系形成的实践基础。

实践是理论创新和发展的基础和源泉,"理论由实践赋予活力,由实践来修正,由实践来检验"①。党的十一届三中全会以后,邓小平作为改革开放的总设计师,带领全党和全国人民彻底否定"以阶级斗争为纲"的错误理论和实践,做出把党和国家工作中心转移到经济建设上来、实行改革开放的历史性决策,开启了改革开放和中国特色社会主义建设的历程。"改革开放是发展中国特色社会主义的强大动力"②,"只有改革开放才能发展中国、发展社会主义、发展马克思主义"③。改革开放极大地调动了广大人民群众的积极性,使我国实现了从高度集中的计划经济体制到充满活力的社会主义市场经济体制、从封闭半封闭到全方位开放的伟大历史转折,经济建设、政治建设、文化建设、社会建设取得举世瞩目的成就。实践是理论的源泉和发展动力,真正的理论,就是"从客观实际抽出来又在客观实际中得到了证明的理论"④。改革开放的实践为中国特色社会主义理论体系的形成提供了肥沃的土壤,奠定了充满活力的实践基础,成为推进马克思主义中国化不竭的动力源泉。在这个过程中,我们党把马克思主义基本原理同中国国情和时代特征相结合的产物,在总结我国社会主义历史经验并借鉴其他国家社会主义历史经验的基础上,既

① 《列宁选集》第 3 卷,人民出版社 2012 年版,第 381 页。
② 《中国共产党第十七次全国代表大会文件汇编》,人民出版社 2007 年版,第 2 页。
③ 《中国共产党第十七次全国代表大会文件汇编》,人民出版社 2007 年版,第 10 页。
④ 《毛泽东选集》第三卷,人民出版社 1991 年版,第 817 页。

立足中国又面向世界,既总结历史又放眼未来,继续坚持改革开放政策,继续开创改革开放新局面,推进改革开放实践不断发展,积极探索中国特色社会主义建设的本质和规律,从而形成了中国特色社会主义理论体系。这个理论体系是改革开放历史进程中形成的重要成果,是对改革开放伟大实践作出的理论概括和总结。改革开放是中国特色社会主义理论体系的实践基础,随着改革开放的不断深入和中国特色社会主义建设事业的不断推进,我们党对改革开放和中国特色社会主义建设实践经验不断进行概括和总结,中国特色社会主义理论体系还必然会不断充实新的思想内容,从而使其不断得到深化、丰富和发展。

二、邓小平理论构建了中国特色社会主义理论体系的基本框架

所谓理论体系就是围绕中心问题或主题形成的由若干相互联系的基本观点构成的理论整体。一个完整的理论体系包括其哲学基础、主体内容和基本框架。马克思恩格斯指出:"我们的理论不是教条,而是对包含着一连串互相衔接的阶段的发展过程的阐明。"①中国特色社会主义理论体系是在坚持科学社会主义的基础上,对建设和发展中国特色社会主义研究和阐明的理论成果,其理论形态——邓小平理论、"三个代表"重要思想和科学发展观,在不同的发展阶段对中国特色社会主义理论体系内容的丰富和框架的构建都作出了贡献。但是,邓小平是中国特色社会主义理论体系的创立者,邓小平理论在中国特色社会主义理论体系的主体内容和框架构建方面,起着奠基性和关键性的作用。

第一,邓小平理论奠定中国特色社会主义理论体系的基石。一是邓小平

---

① 《马克思恩格斯选集》第4卷,人民出版社2012年版,第586页。

理论坚持解放思想,实事求是,把马克思主义基本原理与中国实际相结合,"以新的思想、观点去继承、发展马克思主义"①,不断推进马克思主义中国化,这是从建设和发展中国特色社会主义思想路线的角度,揭示了中国特色社会主义理论的方法论,为这一理论体系的形成提供了哲学基础;二是邓小平理论揭示了和平与发展的时代主题,从而抓住了当今世界的主要矛盾,敏锐地把握历史机遇,回答了人们思想上的各种疑惑,这是从建设和发展中国特色社会主义的时代背景的角度,对中国特色社会主义建设国际背景的正确判断,为这一理论体系的形成提供了重要依据;三是邓小平理论分析了我国社会主义初级阶段的基本国情,指出我国正处于而且还将长期处于社会主义初级阶段,就是生产力落后、商品经济不发达条件下,逐步摆脱不发达状态,基本实现社会主义现代化的阶段,为中国特色社会主义理论体系的形成提供了现实依据。这些重要思想是我们党制定正确的路线、方针和政策的基本依据,成为中国特色社会主义理论体系形成的基石。

第二,邓小平理论构成中国特色社会主义理论体系的主体内容。党的十七大报告指出,中国特色社会主义理论体系,就是包括邓小平理论、"三个代表"重要思想以及科学发展观在内的科学理论体系。从理论形态上来看,中国特色社会主义理论体系主要包括邓小平理论、"三个代表"重要思想以及科学发展观,而邓小平理论形成了中国特色社会主义理论体系的主体内容。

社会主义初级阶段论。邓小平指出,我国还处于社会主义初级阶段,这是一个至少上百年的历史阶段,制定一切方针政策都必须以这个基本国情为依据,不能脱离实际,超越阶段。我国处在社会主义初级阶段,是邓小平对当代中国基本国情的科学判断,是我们制定和执行正确的路线和政策的根本依据。

社会主义本质论。要搞清楚"什么是社会主义,怎样建设社会主义",关键是要在科学总结历史经验和坚持社会主义基本制度的基础上,进一步认清

---

① 《邓小平文选》第三卷,人民出版社1993年版,第292页。

社会主义本质。邓小平根据马克思主义基本原理和社会主义实践经验,明确指出,"社会主义的本质,是解放生产力,发展生产力,消灭剥削,消除两极分化,最终达到共同富裕。"①这一科学概括,从生产力和生产关系的结合上,揭示了社会主义发展的基本规律,反映了人民的利益和时代的要求,把对社会主义的认识提高到新的科学水平。

社会主义改革开放论。邓小平强调,改革是一场新的革命,是解放生产力,是中国现代化的必由之路,不坚持改革,只能是死路一条。对外开放是建设中国特色社会主义的一项基本国策,应该吸收和利用世界各国所创造的一切先进文明成果来发展社会主义,封闭只能导致落后。"改革开放是决定当代中国命运的关键抉择,是发展中国特色社会主义、实现中华民族伟大复兴的必由之路"②,党的十一届三中全会以来制定的一系列新的方针政策,概括起来就是改革开放。改革开放使中国人民的面貌、社会主义中国的面貌、中国共产党的面貌发生了历史性变化。

社会主义市场经济论。邓小平提出:"计划经济不等于社会主义,资本主义也有计划;市场经济不等于资本主义,社会主义也有市场。计划和市场都是经济手段。"③从根本上解除了把计划经济和市场经济看作属于社会基本制度范畴的思想束缚。在坚持公有制和按劳分配为主体,其他经济成分和分配方式为补充的基础上,把市场经济和社会主义制度结合起来,建立和完善社会主义市场经济,为我们坚持社会主义经济制度找到一种新的实现形式。

以上内容以及邓小平理论的其他思想观点,坚持和发展了马克思列宁主义、毛泽东思想,反映了当代世界和中国的变化对社会主义建设和发展的新要求,体现了马克思主义的唯物史观、发展观和群众观,贯通了马克思主义哲学、政治经济学和科学社会主义等领域,涵盖了经济、政治、文化、社会、军事、外交

---

① 《邓小平文选》第三卷,人民出版社 1993 年版,第 373 页。
② 《中国共产党第十七次全国代表大会文件汇编》,人民出版社 2007 年版,第 10 页。
③ 《邓小平文选》第三卷,人民出版社 1993 年版,第 373 页。

以及党的建设等各个方面。"三个代表"重要思想和科学发展观是对邓小平理论的继承和发展,为中国特色社会主义理论体系增添了新的思想内容。

第三,邓小平理论构建了中国特色社会主义理论体系的基本框架。党的十一届三中全会以后,我们党对中国特色社会主义理论进行了不断的探索,多次对其框架和内容进行概括和总结。党的十一届六中全会通过的《关于建国以来党的若干问题的决议》,从主要矛盾、基本国情、精神文明等十个方面,初步总结了党的十一届三中全会以来逐渐形成的中国特色社会主义理论的"主要点"①。党的十三大概括了建设有中国特色社会主义理论的十二个方面的内容,初步回答了我国社会主义建设的阶段、任务、动力、条件、布局和国际环境等基本问题,勾画了建设有中国特色的社会主义理论的轮廓。党的十四大在总结改革开放十四年来实践经验的基础上,根据邓小平南方谈话精神,从发展道路、发展阶段、根本任务、发展动力、外部条件、政治保证、战略步骤、领导力量和依靠力量、祖国统一等九个方面对有中国特色社会主义理论的主要内容进行了概括。党的十五大提出了邓小平理论的科学概念,指出邓小平理论形成了新的建设有中国特色社会主义理论的科学体系,并确立了邓小平理论在全党的指导地位。从党的重要文献对中国特色社会主义理论的概括和总结中可以看出,邓小平理论建构了中国特色社会主义理论体系的基本框架,形成了中国特色社会主义理论体系的主体内容。因此,我们党在这一时期把中国特色社会主义理论又称之为邓小平理论。

三、邓小平理论与"三个代表"重要思想、科学发展观共同构成了中国特色社会主义理论体系

党的十三届四中全会以后,在坚持邓小平理论的基础上,以江泽民同志为

---

① 参见《三中全会以来重要文献选编》下,中央文献出版社 2011 年版,第 168—172 页。

主要代表的中国共产党人,在建设中国特色社会主义的实践中,进一步加深了对"什么是社会主义,怎样建设社会主义"和"建设什么样的党、怎样建设党"的认识,形成了"三个代表"重要思想。党的十六大以后,中央领导集体坚持以邓小平理论和"三个代表"重要思想为指导,根据新的发展要求,集中全党智慧,提出了以人为本、全面协调可持续的科学发展观。"三个代表"重要思想和科学发展观,是党在新的历史时期和新的发展阶段对邓小平理论的继承和发展,与邓小平理论共同构成了中国特色社会主义理论体系。

第一,邓小平理论与"三个代表"重要思想和科学发展观形成的背景是相同的,面临的时代主题、基本国情、主要矛盾和根本任务是一致的。

邓小平理论、"三个代表"重要思想和科学发展观的形成背景虽然有着一些阶段性的差异,但都是在党的十一届三中全会之后,中国共产党人和中国人民进行波澜壮阔的改革开放,进行经济建设、政治建设、文化建设、社会建设,实现从高度集中的计划经济体制到充满活力的社会主义市场经济体制、从封闭半封闭到全方位开放的大背景下展开和形成的;虽然在不同的发展阶段面临的诸多难题和挑战有所不同,但时代主题都是和平与发展;随着我国经济社会的发展,从生产力到生产关系、从经济基础到上层建筑都发生了意义深远的重大变化,但我国仍然处于并将长期处于社会主义初级阶段、生产力发展落后、人口多,资源相对短缺等基本国情并没有发生根本性变化。这些基本状况决定了我国社会主义初级阶段的主要矛盾依然是人民群众日益增长的物质文化需要同落后的社会生产之间的矛盾,社会主义的根本任务依然是解放生产力,发展生产力。马克思恩格斯指出:"一切划时代的体系的真正的内容都是由于产生这些体系的那个时期的需要而形成起来的。"①邓小平理论、"三个代表"重要思想和科学发展观形成的背景、面临的时代主题、基本国情、主要矛盾和根本任务的一致性,决定了其同属于一个理论体系——中国特色社会主

---

① 《马克思恩格斯全集》第3卷,人民出版社1960年版,第544页。

义理论体系。

第二,邓小平理论与"三个代表"重要思想和科学发展观具有内在的联系,其指导思想、理论主题、价值取向以及理论精髓是相同的。

中国特色社会主义理论体系不是邓小平理论、"三个代表"重要思想和科学发展观的机械相加,而是根据其内在逻辑的有机整合。邓小平理论与"三个代表"重要思想和科学发展观是马克思主义中国化的理论成果,其理论基础是马克思列宁主义、毛泽东思想。三大理论成果虽然各侧重于探索和解决不同历史时期和发展阶段遇到的新矛盾、新问题,各具特色,但它们之间相互衔接、相互贯通、一脉相承、与时俱进,都是对"什么是社会主义,怎样建设社会主义"问题认识的深化,其理论主题都是建设和发展中国特色社会主义。虽然各个历史时期和发展阶段,三大理论成果解决的问题有所不同,但其价值取向都是通过不断解放和发展生产力,实现共同富裕,满足最广大人民群众日益增长的物质文化需要,促进人的自由而全面发展。党在不同时期根据不同实践环境和具体部署,针对在贯彻实事求是的思想路线中存在的突出问题,分别突出强调解放思想、与时俱进和求真务实,其目的和归宿都是为了达到实事求是,解放思想、与时俱进和求真务实都是对实事求是在不同层面的展开和强调,实事求是是三大理论成果的精髓。

第三,邓小平理论、"三个代表"重要思想和科学发展观,统一于建设和发展中国特色社会主义以及实现中华民族伟大复兴的实践。

邓小平理论、"三个代表"重要思想以及科学发展观是在建设和发展中国特色社会主义和实现中华民族伟大复兴的实践过程中形成的,是对改革开放和社会主义现代化建设实践经验的概括和总结,统一于建设和发展中国特色社会主义和实现中华民族伟大复兴的伟大实践,中国特色社会主义实践是中国特色社会主义理论体系充满生机和活力的根本源泉。实践证明,中国特色社会主义理论体系只有以实践为基础,才能得到不断的丰富和发展;这个伟大的实践也只有以中国特色社会主义理论体系为指导,才能顺利推向前进。

党的十八大以来中国特色
社会主义理论的新发展[*]

党的十八大以来,习近平总书记围绕实现中华民族伟大复兴的中国梦、坚持和发展中国特色社会主义,结合全面深化改革、促进经济持续健康发展、建设法治中国和社会主义文化强国等重大问题,提出了许多富有创见的思想观点。习近平总书记系列重要讲话是党在新的历史条件下治国理政的理论指南和行动纲领,是中国特色社会主义理论的新发展。

一、坚持和发展中国特色社会主义

改革开放以来,党在深刻总结国内外社会主义建设历史经验的基础上,将工作中心转移到经济建设上来,确立了社会主义初级阶段基本路线,确立了社会主义市场经济体制,形成了经济、政治、文化、社会、生态文明建设"五位一体"的总格局,成功开创和发展了中国特色社会主义。

1. 中国特色社会主义的历史渊源

中国特色社会主义是在改革开放新时期开创的,同时总结了我们党九十

＊ 原载《思想理论教育》2014 年第 11 期。2016 年度高校马克思主义理论影响力论文。

多年革命、建设和改革的历史经验,反映了近代以来先进中国人的理想诉求,也凝聚着中华民族几千年来的历史积淀。"这条道路来之不易,它是在改革开放三十多年的伟大实践中走出来的,是在中华人民共和国成立六十多年的持续探索中走出来的,是在对近代以来一百七十多年中华民族发展历程的深刻总结中走出来的,是在对中华民族五千多年悠久文明的传承中走出来的,具有深厚的历史渊源和广泛的现实基础。"①中国特色社会主义是历史的选择,更是人民的选择。

在2013年1月召开的新进中央委员、候补委员学习贯彻党的十八大精神研讨班上,习近平总书记从社会主义理论与实践发展五百年的历史视角,深刻阐述了中国特色社会主义的历史渊源。他将这五百年大致分为六个时间段,包括空想社会主义产生和发展,马克思恩格斯创立科学社会主义理论体系,列宁领导十月革命胜利并实践社会主义,苏联模式逐步形成,新中国成立后我们党对社会主义的探索和实践,我们党作出进行改革开放的历史性决策、开创和发展中国特色社会主义。全景式地展现了社会主义从空想到科学、从理论到实践、从一国到多国的发展脉络,重点阐发了中国共产党领导全国各族人民进行社会主义建设和改革开放的伟大历程。

中国特色社会主义不是从天上掉下来的,而是在长期的试验和实践中探索出来的,它既坚持了科学社会主义的基本原则,又符合当代中国改革发展的基本国情,是科学社会主义理论逻辑和中国社会发展历史逻辑的辩证统一。

2. 中国特色社会主义最鲜明的特色是道路、理论体系、制度的有机统一

中国特色社会主义道路是实现社会主义现代化的必由之路,也是创造人民美好生活的必由之路,它凝结着几代共产党人对社会主义现代化建设的艰

---

① 《十八大以来重要文献选编》上,中央文献出版社2014年版,第234页。

辛探索,为理论体系的形成发展和制度创新完善奠定了坚实的实践基础,正是在道路探索中的实践经验总结成为理论体系,把已见成效的方针政策上升为体制制度。中国特色社会主义理论体系是马克思主义中国化最新成果,为道路拓展和制度创新提供了全面理论支撑。"在当代中国,坚持中国特色社会主义理论体系,就是真正坚持马克思主义。"①中国特色社会主义制度符合当代中国改革发展的基本国情,集中体现了中国特色社会主义的特点和优势,为道路拓展和理论创新提供了根本制度保障。

3. 正确认识改革开放前后两个历史时期

新中国的发展历程,以改革开放为标志,可以分为前后两个历史时期。这两个历史时期相互联系又有区别,"但本质上都是我们党领导人民进行社会主义建设的实践探索"②,是一以贯之的发展过程。新中国成立后,我们党领导全国人民开始了社会主义改造和建设的历史时期,积累了丰富的实践经验和理论成果,"为新的历史时期开创中国特色社会主义提供了宝贵经验、理论准备、物质基础。"③正是在这一探索实践的基础上,开创了改革开放和中国特色社会主义发展的新局面。针对改革开放前后两个时期的关系,习近平总书记指出:"中国特色社会主义是在改革开放历史新时期开创的,但也是在新中国已经建立起社会主义基本制度并进行了二十多年建设的基础上开创的……虽然这两个历史时期在进行社会主义建设的思想指导、方针政策、实际工作上有很大差别,但两者决不是彼此割裂的,更不是根本对立的……不能用改革开放后的历史时期否定改革开放前的历史时期,也不能用改革开放前的历史时期否定改革开放后的历史时期。"④这就要求我们,正确看待、分析、研究党史

---

① 《十八大以来重要文献选编》上,中央文献出版社 2014 年版,第 75 页。
② 《十八大以来重要文献选编》上,中央文献出版社 2014 年版,第 112 页。
③ 《十八大以来重要文献选编》上,中央文献出版社 2014 年版,第 8 页。
④ 《十八大以来重要文献选编》上,中央文献出版社 2014 年版,第 112 页。

国史,避免割裂、夸大、甚至歪曲历史,陷入历史虚无主义。

正确处理两个历史时期的关系还涉及对党的历史上领袖人物的评价问题,特别是如何全面、科学地评价毛泽东的功过是非。2013 年 12 月 26 日,习近平总书记在纪念毛泽东同志诞辰 120 周年座谈会上的讲话中,明确提出评价历史人物的正确原则:"应该放在其所处时代和社会的历史条件下去分析,不能离开对历史条件、历史过程的全面认识和对历史规律的科学把握,不能忽略历史必然性和历史偶然性的关系。不能把历史顺境中的成功简单归功于个人,也不能把历史逆境中的挫折简单归咎于个人。不能用今天的时代条件、发展水平、认识水平去衡量和要求前人,不能苛求前人干出只有后人才能干出的业绩来。"①基于这个原则,我们才能历史地辩证地看待中国历史,正确认识党的几代领导集体一以贯之的对中国特色社会主义道路的探索。

二、全面深化改革

面临错综复杂的国际形势和艰巨繁重的改革发展任务,如何进一步推进经济、政治、文化、社会、生态环境等诸领域的改革任务,成为摆在党和国家面前的重要任务。党的十八大以来,以习近平同志为核心的党中央团结全国各族人民,以破釜沉舟的决心、壮士割腕的勇气和大刀阔斧的魄力,围绕全面深化改革的时代课题,提出了一系列改革发展新举措,进一步丰富了改革开放理论。

1. 改革开放只有进行时没有完成时

进入新时期以来,在改革开放方针的指引下,我们取得了举世瞩目的发展成就。在改革发展过程中,也出现了一系列突出矛盾和问题,例如经济社会发

---

① 《十八大以来重要文献选编》上,中央文献出版社 2014 年版,第 693 页。

展不平衡不协调不持续、发展方式简单粗放、收入差距较大、生态环境破坏严重等,但是我们绝不能因此就否定改革开放,更不能因噎废食。"改革开放中的矛盾只能用改革开放的办法来解决"。正如习近平总书记所指出的:"在新的历史条件下,我们要开创发展新局面,就必须实现改革新突破。我们将加强改革的顶层设计和总体规划,协调推进经济、政治、文化、社会、生态等各方面体制改革,敢于啃硬骨头,敢于涉险滩,坚决破除一切妨碍科学发展的体制机制弊端,激发全社会创造活力,推动国家各项事业发展。"①

2013 年 9 月,习近平总书记在党外人士座谈会上再次强调了推进全面深化改革的重要意义,他指出:"实现党的十八大描绘的全面建成小康社会、加快推进社会主义现代化、实现中华民族伟大复兴的宏伟蓝图,要求全面深化改革。坚持和发展中国特色社会主义,不断推进中国特色社会主义制度自我完善和发展,进一步解放和发展社会生产力、继续充分释放全社会创造活力,要求全面深化改革。解决我国发展面临的一系列突出矛盾和问题,实现经济社会持续健康发展,不断改善人民生活,要求全面深化改革。"②改革开放不但是决定当代中国命运的关键举措,也是决定实现"两个一百年"奋斗目标、实现中华民族伟大复兴中国梦的关键举措。

2. 改革要坚持社会主义方向和原则

方向决定道路,道路决定命运。党的十八届三中全会在对全面深化改革作出总部署、总动员的同时,进一步明确改革一定要坚持社会主义的方向和原则。全会指出,全面深化改革的总目标是"完善和发展中国特色社会主义制度,推进国家治理体系和治理能力现代化",特别强调"坚持社会主义市场经济改革方向,以促进社会公平正义、增进人民福祉为出发点和落脚点"③。坚

① 《习近平接受金砖国家媒体联合采访》,《人民日报》2013 年 3 月 20 日。
② 《中共中央召开党外人士座谈会》,《人民日报》2013 年 11 月 14 日。
③ 《十八大以来重要文献选编》上,中央文献出版社 2014 年版,第 512 页。

持把人民拥护不拥护、人民赞成不赞成、人民高兴不高兴、人民答应不答应作为全面深化的出发点和归宿，把人民利益标准同生产力标准和综合国力标准一起作为评判一切工作是非得失的标准，都深刻地体现出改革的社会主义原则。

针对"完善和发展中国特色社会主义制度、推进国家治理体系和治理能力现代化"的改革总目标，习近平总书记指出："这里面有一个前一句和后一句关系问题。前一句，规定了根本方向，我们的方向就是中国特色社会主义道路，而不是其他什么道路。也就是我经常说的，我们要坚定不移走中国特色社会主义道路，既不走封闭僵化的老路，也不走改旗易帜的邪路。后一句，规定了在根本方向指引下完善和发展中国特色社会主义制度的鲜明指向。两句话都讲，才是完整的。只讲第二句，不讲第一句，那是不完整、不全面的。"①因此，不论怎样改革、如何开放，都要始终坚持社会主义的基本原则，始终坚持中国特色社会主义道路、中国特色社会主义理论体系和中国特色社会主义制度。

3. 坚持正确的方式方法推进改革

我国的改革已经进入攻坚期和深水区，如何坚持正确的方式方法推进改革，直接关涉改革成败。为此，习近平总书记多次讲到改革的方式方法问题。习近平总书记在党的十八届三中全会第二次全体会议的讲话中再次强调："在推进改革中，要坚持正确的思想方法，坚持辩证法，处理好解放思想和实事求是的关系、整体推进和重点突破的关系、全局和局部的关系、顶层设计和摸着石头过河的关系、胆子要大和步子要稳的关系、改革发展稳定的关系，着力提高操作能力和执行力，确保中央决策部署及时准确落实到位。"②关于"顶层设计和摸着石头过河"的关系，他指出："摸着石头过河和加强顶层设计是辩证统一的，推进局部的阶段性改革开放要在加强顶层设计的前提下进行，加

---

① 《习近平关于全面深化改革论述摘编》，中央文献出版社 2014 年版，第 20—21 页。
② 《习近平关于全面深化改革论述摘编》，中央文献出版社 2014 年版，第 47 页。

强顶层设计要在推进局部的阶段性改革开放的基础上来谋划。"①关于"胆子要大和步子要稳"的关系,他指出:"中国改革经过 30 多年,已进入深水区,可以说,容易的、皆大欢喜的改革已经完成了,好吃的肉都吃掉了,剩下的都是难啃的硬骨头。这就要求我们胆子要大、步子要稳。胆子要大,就是改革再难也要向前推进,敢于担当,敢于啃硬骨头,敢于涉险滩。步子要稳,就是方向一定要准,行驶一定要稳,尤其是不能犯颠覆性错误。"②关于"改革发展稳定"的关系,他强调:"我们要坚持把改革的力度、发展的速度和社会可承受的程度统一起来,把改善人民生活作为正确处理改革发展稳定关系的结合点,在保持社会稳定中推进改革发展,通过改革发展促进社会稳定。"③

总的来说,进一步深化改革必须更加突出改革的系统性、整体性、协同性,避免"单打一"。同时要统筹推进重要领域和关键环节改革,坚定信心,凝聚共识,统筹谋划,协同推进,寻求思想上的最大公约数,团结和调动社会一切力量为改革发展提供坚实的思想和组织基础。

三、促进经济持续健康发展

面对新形势、新局面,党的十八大在总结以往经济建设经验的基础上,明确提出加快经济发展方式转变,提高发展质量和效益,实现经济持续健康发展。

1. 全面认识经济持续健康发展和生产总值增长的关系

目前,我国经济持续健康发展,已经成为世界第二大经济体。但在这个发

---

① 《以更大的政治勇气和智慧深化改革　朝着十八大指引的改革方向前进》,《人民日报》2013 年 1 月 2 日。

② 《习近平接受俄罗斯电视台专访》,《人民日报》2014 年 2 月 9 日。

③ 《习近平关于全面深化改革论述摘编》,中央文献出版社 2014 年版,第 36 页。

展过程中,部分地区和领域也一定程度上存在一味追求经济增长速度的"唯GDP论",造成经济社会发展不平衡、资源过度开发以及环境污染等问题,成为制约科学发展的瓶颈。为此,习近平总书记先后做出重要指示,要求全面认识持续健康发展和生产总值增长的关系,不能简单以国内生产总值增长率论英雄。

正确处理经济持续健康发展和生产总值增长的关系,就要转变发展观念,加快产业结构调整,使经济发展与资源环境承载能力相协调,真正实现科学发展。习近平总书记强调:"现在不拿出壮士断腕的勇气,将来付出的代价必然更大。"①正确处理经济持续健康发展和生产总值增长的关系,还要树立正确的政绩观,摒弃过去单纯以 GDP 增长率论英雄的考评模式。2013 年 9 月,习近平总书记在参加河北省委常委班子专题民主生活会时指出:"中央看一个地方工作做得怎么样,不会仅仅看生产总值增长率,而是要看全面工作,看解决自身发展中突出矛盾和问题的成效"②。正确处理经济持续健康发展和生产总值增长的关系,关键要提高发展质量,讲求发展效益。2013 年 12 月,习近平总书记在中央经济工作会议上强调:"我们要的是实实在在、没有水分的速度,是民生改善、就业比较充分的速度,是劳动生产率同步提高、经济活力增强、结构调整有成效的速度,是经济发展质量和效益得到提高又不会带来后遗症的速度。"③

2. 正确处理政府和市场的关系

党的十八届三中全会明确提出:"经济体制改革是全面深化改革的重点,核心问题是处理好政府和市场的关系,使市场在资源配置中起决定性作用和

---

① 《习近平总书记系列重要讲话读本》,学习出版社、人民出版社 2014 年版,第 60 页。
② 《习近平总书记系列重要讲话读本》,学习出版社、人民出版社 2014 年版,第 58 页。
③ 《习近平总书记系列重要讲话读本》,学习出版社、人民出版社 2014 年版,第 59 页。

更好发挥政府作用。"①这是党在社会主义市场经济理论上的又一重大突破,为深化经济体制改革提供了理论依据。

"市场决定资源配置是市场经济的一般规律,市场经济本质上就是市场决定资源配置的经济。"②但同时,市场在资源配置中的决定作用,并不能完全取代政府的宏观调控。"我国实行的是社会主义市场经济体制,我们仍然要坚持发挥我国社会主义制度的优越性、发挥党和政府的积极作用。市场在资源配置中起决定性作用,并不是起全部作用。"③只有合理发挥好政府宏观调控这只"无形的手"的作用,将政府与市场的作用有机结合,才能避免市场失灵,促进共同富裕,更加有效地体现社会主义市场经济的巨大优势。

3. 切实保障和改善民生

切实保障和改善民生是全面深化改革、促进经济持续健康发展的出发点和落脚点。习近平总书记多次强调民生工作的重要性,要求各级领导干部继续下大气力抓民生。2013 年 4 月,他在海南考察时强调:"抓民生要抓住人民最关心最直接最现实的利益问题,抓住最需要关心的人群,一件事情接着一件事情办、一年接着一年干,锲而不舍向前走。"④2013 年 5 月,他在天津考察时又指出:"保障和改善民生是一项长期工作,没有终点站,只有连续不断的新起点,要实现经济发展和民生改善良性循环。"⑤

"小康不小康,关键看老乡。"⑥"三农"问题,尤其是增加农民收入、改善农村人口生活,一直是党和国家的重中之重。没有农村的小康,特别是没有贫困地区的小康,就没有全面的小康社会。2013 年 12 月,习近平总书记在中央

① 《十八大以来重要文献选编》上,中央文献出版社 2014 年版,第 513 页。
② 《习近平总书记系列重要讲话读本》,学习出版社、人民出版社 2014 年版,第 62 页。
③ 《十八大以来重要文献选编》上,中央文献出版社 2014 年版,第 500 页。
④ 《加快国际旅游岛建设　谱写美丽中国海南篇》,《人民日报》2013 年 4 月 11 日。
⑤ 《稳中求进推动经济发展　持续努力保障改善民生》,《人民日报》2013 年 5 月 16 日。
⑥ 《加快国际旅游岛建设　谱写美丽中国海南篇》,《人民日报》2013 年 4 月 11 日。

农村工作会议上指出:"一定要看到,农业还是'四化同步'的短腿,农村还是全面建成小康社会的短板。中国要强,农业必须强;中国要美,农村必须美;中国要富,农民必须富。"①这需要在改革中进一步破除城乡二元结构,健全城乡一体化体制机制,形成"以工促农、以城带乡、工农互惠、城乡一体"的新型工农城乡关系,让广大农民平等参与改革进程,共享发展成果。

4. 保护改善生态环境就是保护发展生产力

党的十八大将生态文明建设纳入中国特色社会主义建设"五位一体"的总体布局,明确提出努力建设美丽中国,实现中华民族永续发展。党的十八大以来,我们党继续高度重视生态文明建设,将其视为关系人民福祉、关乎民族未来的大计。2013年9月,习近平总书记在纳扎尔巴耶夫大学发表演讲,当谈到环境保护问题时,他指出:"我们既要绿水青山,也要金山银山。宁要绿水青山,不要金山银山,而且绿水青山就是金山银山。我们绝不能以牺牲生态环境为代价换取经济的一时发展。我们提出了建设生态文明、建设美丽中国的战略任务,给子孙留下天蓝、地绿、水净的美好家园。"②保护生态环境、加强生态文明建设,首先要正确处理经济发展同生态环境保护的关系。"牢固树立保护生态环境就是保护生产力、改善生态环境就是发展生产力的理念,更加自觉地推动绿色发展、循环发展、低碳发展,决不以牺牲环境为代价去换取一时的经济增长"③。

四、发展社会主义民主政治,建设法治中国

党的十八大以来,以习近平同志为核心的党中央又提出了一系列新观点、

---

① 《十八大以来重要文献选编》上,中央文献出版社2014年版,第658页。
② 《弘扬人民友谊 共同建设"丝绸之路经济带"》,《人民日报》2013年9月8日。
③ 《坚持节约资源和保护环境基本国策 努力走向社会主义生态文明新时代》,《人民日报》2013年5月25日。

新认识,进一步丰富和发展了社会主义民主政治法治理论。

1. 巩固和发展中国特色社会主义民主

发展社会主义民主政治,是完善和发展中国特色社会主义制度的重要环节,是推进国家治理体系和治理能力现代化的题中应有之义。2014 年 9 月,习近平总书记在庆祝全国人民代表大会成立 60 周年大会上明确提出:"设计和发展国家政治制度,必须注重历史和现实、理论和实践、形式和内容有机统一。要坚持从国情出发、从实际出发,既要把握长期形成的历史传承,又要把握走过的发展道路、积累的政治经验、形成的政治原则,还要把握现实要求、着眼解决现实问题,不能割断历史"①。

关于如何评价政治制度是否民主、有效的问题,习近平总书记提出了"八个能否"的基本标准,即"主要看国家领导层能否依法有序更替,全体人民能否依法管理国家事务和社会事务、管理经济和文化事业,人民群众能否畅通表达利益要求,社会各方面能否有效参与国家政治生活,国家决策能否实现科学化、民主化,各方面人才能否通过公平竞争进入国家领导和管理体系,执政党能否依照宪法法律规定实现对国家事务的领导,权力运用能否得到有效制约和监督"②。这是我们党对民主政治制度评价标准问题的深入思考,丰富和发展了中国特色社会主义民主政治理论,为全面深化政治制度改革提供了基本理论依据。

协商民主是中国特色社会主义民主政治的组成部分,具有深厚的历史渊源和广泛的群众基础。党的十八大以来,以习近平同志为核心的党中央高度重视协商民主,认为:"协商民主是我国社会主义民主政治的特有形式和独特

---

① 习近平:《在庆祝全国人民代表大会成立 60 周年大会上的讲话》,《人民日报》2014 年 9 月 6 日。

② 习近平:《在庆祝全国人民代表大会成立 60 周年大会上的讲话》,《人民日报》2014 年 9 月 6 日。

优势,是党的群众路线在政治领域的重要体现。推进协商民主,有利于完善人民有序政治参与、密切党同人民群众的血肉联系、促进决策科学化民主化。"①2014年9月,习近平总书记在庆祝中国人民政治协商会议成立65周年大会上再次强调了协商民主的重要性,他指出:"在中国社会主义制度下,有事好商量,众人的事情由众人商量,找到全社会意愿和要求的最大公约数,是人民民主的真谛……在人民内部各方面广泛商量的过程,就是发扬民主、集思广益的过程,就是统一思想、凝聚共识的过程,就是科学决策、民主决策的过程,就是人民当家作主的过程。"②

"民主不是装饰品,不是用来做摆设的,而是要用来解决人民要解决的问题的。"③我们要进一步推进社会主义民主政治制度化、规范化、程序化,充分体现中国特色社会主义民主政治的优越性。

2. 全力推进法治中国建设

党的十八届三中全会提出了"推进法治中国建设"的重要课题,明确指出:"建设法治中国,必须坚持依法治国、依法执政、依法行政共同推进,坚持法治国家、法治政府、法治社会一体建设。"④建设法治中国的发展目标是对新时期,特别是党的十五大提出依法治国基本方略以来的法治实践的总结和升华,体现了新一届中央领导集体对法治建设问题的新思考。

2014年10月召开的党的十八届四中全会,审议通过了《关于全面推进依法治国若干重大问题的决定》,明确指出全面推进依法治国的总目标:"建设中国特色社会主义法治体系,建设社会主义法治国家。这就是,在中国共产党

① 《十八大以来重要文献选编》上,中央文献出版社2014年版,第504页。

② 习近平:《在庆祝中国人民政治协商会议成立65周年大会上的讲话》,《人民日报》2014年9月22日。

③ 习近平:《在庆祝中国人民政治协商会议成立65周年大会上的讲话》,《人民日报》2014年9月22日。

④ 《十八大以来重要文献选编》上,中央文献出版社2014年版,第529页。

领导下,坚持中国特色社会主义制度,贯彻中国特色社会主义法治理论,形成完备的法律规范体系、高效的法治实施体系、严密的法治监督体系、有力的法治保障体系,形成完善的党内法规体系,坚持依法治国、依法执政、依法行政共同推进,坚持法治国家、法治政府、法治社会一体建设,实现科学立法、严格执法、公正司法、全民守法,促进国家治理体系和治理能力现代化。"①全会指出要实现依法治国的总目标,"必须坚持中国共产党的领导,坚持人民主体地位,坚持法律面前人人平等,坚持依法治国和以德治国相结合,坚持从中国实际出发"②。

全面推进依法治国工作,促进法治中国建设,维护宪法法律权威,坚持法律面前人人平等,进一步完善立法、司法、行政执法体系,实现"有法可依,有法必依",必将使我国法治建设局面推向一个新的高度,为中国特色社会主义现代化建设提供坚实的法治体系保障。

五、提高国家文化软实力、
建设社会主义文化强国

党的十八大以来,以习近平同志为核心的党中央继续坚持中国特色社会主义文化发展道路,努力建设社会主义文化强国,提高国家文化软实力。进一步巩固马克思主义在意识形态领域的主导地位,推动包括社会主义核心价值体系和核心价值观在内的社会主义先进文化建设,大力弘扬中华民族优秀传统文化,积极构建对外话语体系。

1. 培育和弘扬社会主义核心价值体系和核心价值观

核心价值体系和核心价值观作为兴国之魂,决定着中国特色社会主义的

---

① 《中共十八届四中全会在京举行》,《人民日报》2014 年 10 月 24 日。
② 《中共十八届四中全会在京举行》,《人民日报》2014 年 10 月 24 日。

发展方向。党的十六届六中全会提出了建设社会主义核心价值体系的重大战略任务,党的十八大又进一步提出:"倡导富强、民主、文明、和谐,倡导自由、平等、公正、法治,倡导爱国、敬业、诚信、友善,积极培育和践行社会主义核心价值观。"①

关于培育和弘扬社会主义核心价值观的意义,2014 年 5 月 4 日,习近平总书记在北京大学同师生进行座谈时指出:"对一个民族、一个国家来说,最持久、最深层的力量是全社会共同认可的核心价值观。核心价值观,承载着一个民族、一个国家的精神追求,体现着一个社会评判是非曲直的价值标准。"②社会主义核心价值观是对社会主义核心价值体系的高度凝练和集中表达,概括了国家、社会和公民个人三个层面的价值目标和价值追求,科学回答了新的时代条件下建设什么样的国家、建设什么样的社会以及培育什么样的人的重大问题。

习近平总书记高度重视社会主义核心价值观工作,指出"把培育和弘扬社会主义核心价值观作为凝魂聚气、强基固本的基础工程"③。在实践层面,他提出培育和弘扬社会主义核心价值观要吸收中国传统文化中的优秀元素,吸收人类文明的共同成果,把社会主义核心价值观贯穿于生活的方方面面,同时还要发挥政策引导作用。2014 年 2 月,习近平总书记在中央政治局第十三次集体学习时,将传统道德与社会主义核心价值观相结合,提出"要认真汲取中华优秀传统文化的思想精华和道德精髓,大力弘扬以爱国主义为核心的民族精神和以改革创新为核心的时代精神,深入挖掘和阐发中华优秀传统文化讲仁爱、重民本、守诚信、崇正义、尚和合、求大同的时代价值,使中华优秀传统文化成为涵养社会主义核心价值观的重要源泉"④。

---

① 《十八大以来重要文献选编》上,中央文献出版社 2014 年版,第 578 页。
② 《青年要自觉践行社会主义核心价值观》,《人民日报》2014 年 5 月 5 日。
③ 《把培育和弘扬社会主义核心价值观作为凝魂聚气强基固本的基础工程》,《人民日报》2014 年 2 月 26 日。
④ 《把培育和弘扬社会主义核心价值观作为凝魂聚气强基固本的基础工程》,《人民日报》2014 年 2 月 26 日。

2. 意识形态领域必须坚持马克思主义领导地位

建设社会主义文化强国,提升国家文化软实力,需要进一步做好意识形态工作,坚守马克思主义舆论阵地。2013 年 8 月 19 日,习近平总书记在全国宣传思想工作会议上发表了重要讲话,他指出:"要巩固马克思主义在意识形态领域的指导地位,巩固全党全国人民团结奋斗的共同思想基础。党员、干部要坚定马克思主义、共产主义信仰,脚踏实地为实现党在现阶段的基本纲领而不懈努力,扎扎实实做好每一项工作,取得'接力赛'中我们这一棒的优异成绩。"①习近平总书记特别强调:"坚定理想信念,坚守共产党人精神追求,始终是共产党人安身立命的根本。对马克思主义的信仰,对社会主义和共产主义的信念,是共产党人的政治灵魂,是共产党人经受住任何考验的精神支柱。形象地说,理想信念就是共产党人精神上的'钙',没有理想信念,理想信念不坚定,精神上就会'缺钙',就会得'软骨病'。"②

在全面建设社会主义现代化国家的关键时期,我们更加需要坚定共产主义的理想信念,在思想上、精神上补足"钙",牢牢掌握意识形态工作的领导权和主导权。

3. 大力弘扬中华民族优秀传统文化

中华民族有五千多年的文明史,创造了丰富的优秀传统文化,这是中华民族的历史遗产、思想结晶和精神传承。吸收和汲取传统文化中的优秀元素,是提高国家文化软实力的重要途径。"一个国家、一个民族的强盛,总是以文化兴盛为支撑的,中华民族伟大复兴需要以中华文化发展繁荣为条件。"③

① 《胸怀大局把握大势着眼大事　努力把宣传思想工作做得更好》,《人民日报》2013 年 8 月 21 日。
② 《十八大以来重要文献选编》上,中央文献出版社 2014 年版,第 80 页。
③ 《认真贯彻党的十八届三中全会精神　汇聚起全面深化改革的强大正能量》,《人民日报》2013 年 11 月 29 日。

首先，对传统文化要有科学态度和正确认知。党的十八大结束不久，习近平总书记在广东考察工作时就对如何对待传统文化有过重要论述："我们决不可抛弃中华民族的优秀文化传统，恰恰相反，我们要很好传承和弘扬，因为这是我们民族的'根'和'魂'，丢了这个'根'和'魂'，就没有根基了。"① 2014 年 9 月，在纪念孔子诞辰 2565 周年国际学术研讨会暨国际儒学联合会第五届会员大会开幕会上，他再次强调："优秀传统文化是一个国家、一个民族传承和发展的根本，如果丢掉了，就割断了精神命脉。我们要善于把弘扬优秀传统文化和发展现实文化有机统一起来，紧密结合起来，在继承中发展，在发展中继承。"②

其次，深入挖掘传统文化中的优秀元素，结合时代特征和社会主义精神，对传统文化进行加工改造，赋予其新的生命活力。中华文化是我们提高国家文化软实力最深厚的源泉，是我们提高国家文化软实力的重要途径。"要使中华民族最基本的文化基因与当代文化相适应、与现代社会相协调，以人们喜闻乐见、具有广泛参与性的方式推广开来，把跨越时空、跨越国度、富有永恒魅力、具有当代价值的文化精神弘扬起来，把继承传统优秀文化又弘扬时代精神、立足本国又面向世界的当代中国文化创新成果传播出去。要系统梳理传统文化资源，让收藏在禁宫里的文物、陈列在广阔大地上的遗产、书写在古籍里的文字都活起来。"③

4. 讲好中国故事，传播好中国声音

国际话语权是国家文化软实力的鲜活体现和重要组成部分。提高国家文化软实力，必须积极建构对外话语体系，创新对外宣传方式，用中国话语讲好

---

① 《习近平关于实现中华民族伟大复兴的中国梦论述摘编》，中央文献出版社 2013 年版，第 33 页。

② 习近平：《在纪念孔子诞辰 2565 周年国际学术研讨会暨国际儒学联合会第五届会员大会开幕会上的讲话》，《人民日报》2014 年 9 月 25 日。

③ 《建设社会主义文化强国　着力提高国家文化软实力》，《人民日报》2014 年 1 月 1 日。

中国故事,传播好中国声音,增强国际话语权。

要努力展示当代中国改革发展的新成就,打造富强民主文明和谐的社会主义中国的国家形象,增进对外文化交流,进一步提升国际影响力。要努力传播中国特色社会主义价值观念,以中国梦和社会主义核心价值观为统领,深入阐发中国梦追求和平、奉献世界的理论内涵,从国家、社会、个人三个层面把中华民族和中国人民的价值认同和价值诉求讲清楚,努力展现中华民族传统文化博大精深的思想内涵和独特魅力。

六、党要管党,从严治党

办好中国的事,关键在党。我们党自诞生之日起就高度重视自身建设,在思想、组织、作风、制度和反腐倡廉建设等诸多领域积累了丰富的实践经验,并总结和提升为系统的党建理论。面临实现"两个一百年"战略目标的新形势,习近平总书记结合党要管党、从严治党,提出了一系列新思想新举措,为在新的历史起点上进一步推进党的建设新的伟大工程指明了方向。

1. 坚持从严管党治党一刻不能松懈

中国共产党是中国特色社会主义建设的坚强领导核心,我们党的形象、威望、党的创造力凝聚力战斗力直接关乎改革和建设事业的成败。加强党的建设、从严管党治党,是贯穿我们党奋斗历程的一条主线。早在新民主主义革命过程中,毛泽东就将党的建设与统一战线、武装斗争并称为战胜敌人的三大法宝。在社会主义建设和改革开放新时期,我们党继续重视党建工作,探索出思想建设、组织建设、作风建设、制度建设和反腐倡廉建设"五位一体"的党建模式。习近平总书记指出:"历史使命越光荣,奋斗目标越宏伟,执政环境越复杂,我们就越要增强忧患意识,越要从严治党,做到'为之于未有,治之于未乱',使我们党永远立于不败之地。"①他向全党提出谆谆告诫:"党的执政地位和领导地位并不是自然而然就能长期保持下去的,不管党、不抓党就有可能出问题甚至出大问题,结果不只是党的事业不能成功,还有亡党亡国的危险。"②"打铁还需自身硬"。目前,全面深化改革进入攻坚期和深水区,严峻的改革形势需要进一步从严管党治党,继续保持和发展党的先进性和纯洁性。2014年10月,习近平总书记在党的群众路线教育实践活动总结大会的讲话中,提出要从"落实从严治党责任""坚持思想建党和制度治党紧密结合""严肃党内政治生活""坚持从严管理干部""坚持深入改进作风""严明党的纪律""发挥人民监督作用""深入把握从严治党规律"等八个方面加强新形势下的党建工作,为巩固党在中国特色社会主义事业中的领导核心地位提供坚实保证。

2. 开展群众路线教育实践活动,加强党的作风建设

"作风问题,核心是党和人民群众的关系问题,根本是始终保持党同人民群众的血肉联系。"③党的十八大以来,我们党围绕保持和发展党的先进性和纯洁性,以为民、务实、清廉为主题,按照"照镜子、正衣冠、洗洗澡、治治病"的总要求,先后两批开展了群众路线教育实践活动,重点反对形式主义、官僚主义、享乐主义和奢靡之风,将马克思主义群众观点落实到实际工作中去。通过群众路线教育实践活动,党员干部的思想作风、工作作风、领导作风、生活作风有了明显改善,党风政风焕然一新。同时,习近平总书记还强调党风建设要常抓不懈,切忌虎头蛇尾、雷声大雨点小。他指出:"作风建设永远在路上,永远没有休止符,必须抓常、抓细、抓长,持续努力、久久为功。逆水行舟,一篙不可

---

① 习近平:《在党的群众路线教育实践活动总结大会上的讲话》,《人民日报》2014年10月9日。

② 习近平:《在党的群众路线教育实践活动总结大会上的讲话》,《人民日报》2014年10月9日。

③ 习近平:《在党的群众路线教育实践活动总结大会上的讲话》,《人民日报》2014年10月9日。

放缓;滴水穿石,一滴不可弃滞。各级党委要把作风建设紧紧抓在手上,持续抓好各项整改任务的落实,绝不允许出现'烂尾'工程,决不能让'四风'问题反弹回潮。"①

3. 坚持以零容忍态度惩治腐败

腐败是社会毒瘤,是影响经济社会发展、党的执政根基和国家长治久安的重要隐患。党的十八大以来,我们党重拳出击,严厉惩治腐败,坚持"老虎""苍蝇"一起打,既坚决查处领导干部违纪违法案件,又切实解决发生在群众身边的不正之风和腐败问题。提出加强反腐败国家立法和党内法规制度建设,形成对权力的制约和监督机制,切实把权力关进制度的笼子里。坚持党纪国法面前没有例外,不论涉及谁,只要触犯底线、红线,都要一查到底,决不姑息。党风廉政建设和反腐败斗争是一项长期而艰巨的任务,"反腐倡廉必须常抓不懈,拒腐防变必须警钟长鸣,关键就在'常'、'长'二字,一个是要经常抓,一个是要长期抓。我们要坚定决心,有腐必反、有贪必肃,不断铲除腐败现象滋生蔓延的土壤,以实际成效取信于民。"②

综上所述,习近平总书记系列重要讲话是党的十八大以来中央领导集体治国理政新思路的高度凝练,科学系统地回答了全面深化改革形势下,经济建设、政治建设、文化建设、社会建设、生态文明建设、国防和军队建设、外交工作和党的建设等领域的诸多复杂问题。全面学习领会习近平总书记系列重要讲话,深刻理解其科学内涵和精神实质,对于我们夺取中国特色社会主义新胜利,完成"两个一百年"奋斗目标,实现中华民族伟大复兴的中国梦具有十分重要的意义。

---

① 习近平:《在党的群众路线教育实践活动总结大会上的讲话》,《人民日报》2014 年 10 月 9 日。

② 《更加科学有效地防治腐败 坚定不移把反腐倡廉建设引向深入》,《人民日报》2013 年 1 月 23 日。

习近平新时代中国特色
社会主义思想的重大意义[*]

党的十八大以来,以习近平同志为核心的党中央把马克思主义基本原理与中国具体实际和时代特征相结合,总结改革开放以来,特别是党的十八大以来建设中国特色社会主义的实践经验,继承和发展了马克思主义,创立了习近平新时代中国特色社会主义思想。习近平新时代中国特色社会主义思想是马克思主义中国化的最新成果,是全面建设社会主义现代化国家、实现中华民族伟大复兴中国梦的行动指南,为人类文明的发展进步贡献了中国智慧和中国方案,具有重大的理论和实践意义。

一、中国特色社会主义实践的
经验总结和理论概括

时代是思想之母,实践是理论之源,习近平新时代中国特色社会主义思想产生于社会主义现代化建设的伟大历程,是对改革开放以来,特别是党的十八大以来中国特色社会主义建设实践的经验概括和理论总结,是新时代的思想

---

* 原载《中共中央党校学报》2017 年第 6 期。

精华。党的十八大以来,以习近平同志为核心的党中央立足中国具体实际,科学把握国内外发展大势,顺应新时代实践要求和人民愿望,解决了许多长期想解决而没有解决的问题,办成了许多过去想办而没有办成的大事,促使党和国家面貌发生历史性变革,推动中国特色社会主义进入了新时代。习近平新时代中国特色社会主义思想就是对这一过程中产生的鲜活经验和改革开放以来中国特色社会主义建设经验的理论升华。

第一,协调推进"四个全面"战略布局。党的十八大以来,以习近平同志为核心的党中央坚持问题导向,针对我国发展中不平衡、不协调、不可持续的问题,城乡区域发展差距和居民收入差距较大的问题,有法不依、执法不严、违法不究的问题,党风廉政建设和反腐败斗争形势依然复杂严峻的问题等,勇担重任,直面矛盾,解决问题。习近平总书记指出,中国改革已进入深水区,"改革开放只有进行时,没有完成时。"①为实现党对人民许下的庄严承诺,以经济体制改革为重点,在重要领域和关键环节的改革上实现突破,推进全面深化改革,完善和发展中国特色社会主义制度,推进国家治理体系和治理能力现代化;提出党的领导是中国特色社会主义法治的最根本的保证,紧紧围绕保障和促进社会公平正义全面推进依法治国,建设中国特色社会主义法治体系,建设社会主义法治国家;以改革创新精神推进全面从严治党,落实管党治党责任,着力加强党的制度建设,把权力关进制度的笼子里,以零容忍的态度惩治腐败,确保党始终成为中国特色社会主义事业的坚强领导核心。

第二,统筹推进"五位一体"战略布局。中国特色社会主义经济建设、政治建设、文化建设、社会建设、生态文明建设是一个有机整体。党的十八大以来以习近平同志为核心的党中央坚持以经济建设为中心,全面推进社会主义经济建设、政治建设、文化建设、社会建设、生态文明建设,实现了现代化建设各领域统筹协调、共同发展。在经济建设方面,主动引领经济发展新常态,坚

---

① 《习近平总书记系列重要讲话读本(2016年版)》,学习出版社、人民出版社2016年版,第68页。

持以提高发展质量和效益为中心,正确处理市场和政府关系,推进供给侧结构性改革,加快实施创新驱动发展战略;在政治建设方面,坚持走中国特色社会主义政治发展道路,坚定不移保障人民当家作主,健全和完善适合我国国情的政治制度,积极发展社会主义协商民主,有效推进政府职能转变和行政体制改革;在文化建设方面,牢牢把握意识形态工作的领导权和话语权,巩固马克思主义在意识形态领域的指导地位,培育和践行社会主义核心价值观,传承和弘扬中华优秀传统文化,讲好中国故事,提高国家文化软实力;在社会建设方面,抓住人民最关心最直接最现实的利益问题,有效推进精准扶贫,改善民生和创新社会治理,构建全民共建共享的社会治理格局,实现经济发展和民生改善的良性循环;在生态文明建设方面,把生态文明建设融入经济建设、政治建设、文化建设、社会建设各方面和全过程,扎实推进生态文明体制改革,实施最严格的生态环境保护制度,从而实现经济建设、政治建设、文化建设、社会建设、生态文明建设协调发展,建设富强民主文明和谐美丽的社会主义现代化强国。

第三,推进中国特色的大国外交。党的十八大以来,以习近平同志为核心的党中央始终坚持独立自主的和平外交政策,走和平发展道路,积极推动"一带一路"倡议,倡导构建人类命运共同体,在实现自身发展进步的同时,推动构建以合作共赢为核心的新型国际关系,为世界各国的共同发展提供机会、创造条件。推进全球治理体系变革,"审时度势,努力抓住机遇,妥善应对挑战,统筹国内国际两个大局,推动全球治理体制向着更加公正合理方向发展,为我国发展和世界和平创造更加有利的条件"①。使中国的现代化建设事业成为同世界各国合作共赢的事业。

新实践和新时代呼唤新理论。以习近平同志为核心的党中央紧密结合新的时代条件和实践要求,在总结中国特色社会主义实践经验的基础上,以全新视野深化了对共产党执政规律、社会主义建设规律、人类社会发展规律的认

---

① 《习近平总书记系列重要讲话读本(2016年版)》,学习出版社、人民出版社2016年版,第274页。

识,从理论和实践两个方面系统回答了新时代坚持和发展什么样的中国特色社会主义、怎样坚持和发展中国特色社会主义这一重大问题,创立了习近平新时代中国特色社会主义思想。

二、马克思主义中国化的最新成果

习近平新时代中国特色社会主义思想作为马克思主义中国化的最新成果,既坚持了马克思主义的基本立场、观点和方法,又立足于新时代中国特色社会主义建设实际实现了对党的指导思想的创新和发展,与马克思列宁主义、毛泽东思想、邓小平理论、"三个代表"重要思想和科学发展观既一脉相承又与时俱进,开辟了中国特色社会主义理论体系的新境界。

第一,马克思列宁主义、毛泽东思想、邓小平理论、"三个代表"重要思想和科学发展观是习近平新时代中国特色社会主义思想的理论渊源。马克思列宁主义、毛泽东思想、邓小平理论、"三个代表"重要思想和科学发展观是中国共产党长期坚持的指导思想。习近平新时代中国特色社会主义思想首先是对马克思列宁主义、毛泽东思想、邓小平理论、"三个代表"重要思想和科学发展观的坚持和继承。习近平总书记指出:"背离或放弃马克思主义,我们党就会失去灵魂、迷失方向。在坚持马克思主义指导地位这一根本问题上,我们必须坚定不移,任何时候任何情况下都不能有丝毫动摇。"①马克思列宁主义、毛泽东思想、邓小平理论、"三个代表"重要思想和科学发展观所包含的基本原则是习近平新时代中国特色社会主义思想的理论基础。

第二,习近平新时代中国特色社会主义思想创新和发展了马克思列宁主义、毛泽东思想、邓小平理论、"三个代表"重要思想和科学发展观。习近平新时代中国特色社会主义思想把马克思主义基本原理与当代中国具体实际相结

①　习近平:《决胜全面建成小康社会　夺取新时代中国特色社会主义伟大胜利》,《人民日报》2017 年 10 月 28 日。

合,顺应实践发展、时代要求和人民心愿,"系统回答新时代坚持和发展什么样的中国特色社会主义、怎样坚持和发展中国特色社会主义,包括新时代坚持和发展中国特色社会主义的总目标、总任务、总体布局、战略布局和发展方向、发展方式、发展动力、战略步骤、外部条件、政治保证等基本问题,并且要根据新的实践对经济、政治、法治、科技、文化、教育、民生、民族、宗教、社会、生态文明、国家安全、国防和军队、'一国两制'和祖国统一、统一战线、外交、党的建设等各方面作出理论分析和政策指导"①。从而创新和发展了马克思列宁主义、毛泽东思想、邓小平理论、"三个代表"重要思想和科学发展观,提升了中国化马克思主义的理论境界,开拓了中国化马克思主义的理论视野,在新时代实现了党的指导思想的与时俱进。

第三,习近平新时代中国特色社会主义思想开辟了中国特色社会主义理论体系的新境界。中国特色社会主义理论体系是改革开放和社会主义现代化建设新时期党和人民全部实践的理论概括,是马克思主义中国化第二次历史性飞跃的理论成果,体现了党的几代中央领导集体的接力探索和理论创新:以邓小平同志为主要代表的中国共产党人开创了中国特色社会主义事业,创立了邓小平理论,为这个理论体系奠定了理论框架和基本原则;以江泽民同志为主要代表的中国共产党人,成功把中国特色社会主义推向 21 世纪,形成了"三个代表"重要思想;以胡锦涛同志为主要代表的中国共产党人,在新世纪继续坚持和发展中国特色社会主义,形成了科学发展观。以习近平同志为主要代表的中国共产党人着眼于新时代新问题,系统回答了新时代中国特色社会主义的基本理论和实践问题,创立了习近平新时代中国特色社会主义思想,明确了新时代坚持和发展中国特色社会主义的新要求,开辟了中国特色社会主义理论体系的新境界。

---

① 习近平:《决胜全面建成小康社会　夺取新时代中国特色社会主义伟大胜利》,《人民日报》2017 年 10 月 28 日。

三、中华民族伟大复兴的行动指南

理论源自实践,又服务于实践。习近平新时代中国特色社会主义思想作为马克思主义中国化的最新成果,是人民实践经验的总结和全党集体智慧的结晶,又是全面建设社会主义现代化国家、实现中华民族伟大复兴的行动指南。

第一,习近平新时代中国特色社会主义思想为新时代建设中国特色社会主义提供了新的思想武器。习近平新时代中国特色社会主义思想明确了新时代坚持和发展中国特色社会主义的总任务、主要矛盾、总体布局和战略布局、全面深化改革总目标、全面推进依法治国总目标、新时代的强军目标、中国特色大国外交和中国特色社会主义最本质的特征。这"八个明确"相互贯通,逻辑严密,内涵丰富,构成习近平新时代中国特色社会主义思想的四梁八柱,形成了一个逻辑严密、内涵丰富的科学理论体系,体现了习近平新时代中国特色社会主义思想的精神实质和基本内容。在此基础上,党中央进一步提出坚持党对一切工作的领导、坚持以人民为中心、坚持全面深化改革、坚持新发展理念等坚持和发展中国特色社会主义的十四个基本方略,从实践层面明确回答了坚持和发展中国特色社会主义的目标、路径、方略、步骤等。"八个明确"和"十四个坚持"相辅相成、相互补充,从理论概括和实践指南两个方面共同构成了习近平新时代中国特色社会主义思想的主要内容,反映了新时代和新实践对理论发展的新要求,为新时代坚持和发展中国特色社会主义提供了新的思想武器,为全面建设社会主义现代化国家、实现中华民族的伟大复兴提供了理论保证。

第二,习近平新时代中国特色社会主义思想是凝聚中国人民和中华民族团结奋进的思想基础。马克思指出:"理论只要说服人,就能掌握群众;而理论只要彻底,就能说服人。"①习近平新时代中国特色社会主义思想是经过党

---

① 《马克思恩格斯选集》第 1 卷,人民出版社 2012 年版,第 9—10 页。

的十八大以来中国特色社会主义实践检验，能有效指导我国经济社会发展的科学理论，其理论内涵、精神实质和实践要求逐渐被广大人民群众所理解、认同和接受。广大人民群众的接受和认同，是确立习近平新时代中国特色社会主义思想指导地位的群众基础，也为凝聚中华民族和中国人民团结奋进奠定了坚实的思想基础。

第三，习近平新时代中国特色社会主义思想行动指南作用的发挥关键在于贯彻到新时代中国特色社会主义建设全过程。马克思指出："一步实际运动比一打纲领更重要。"①习近平总书记也指出："要在做实上下功夫。清谈误国、实干兴邦，一分部署、九分落实。要拿出实实在在的举措，一个时间节点一个时间节点往前推进，以钉钉子精神全面抓好落实。"②当前发挥习近平新时代中国特色社会主义思想的行动指南作用，最主要的是将其贯彻到进行伟大斗争、建设伟大工程、推进伟大事业、实现伟大梦想的实践中。也就是以习近平新时代中国特色社会主义思想为指导，应对重大挑战、抵御重大风险、克服重大阻力、解决重大矛盾，进行具有许多新的历史特点的伟大斗争；勇于直面问题，敢于刮骨疗毒，消除一切损害党的先进性和纯洁性的因素，清除一切侵蚀党的健康肌体的病毒，不断增强党的政治领导力、思想引领力、群众组织力、社会号召力，确保我们党永葆旺盛生命力和强大战斗力；自觉增强道路自信、理论自信、制度自信、文化自信，既不封闭僵化，也不改旗易帜，保持政治定力，坚持实干兴邦，始终坚持和发展中国特色社会主义。伟大斗争、伟大工程、伟大事业、伟大梦想，紧密联系、相互贯通，其中起决定性作用的是党的建设新的伟大工程，必须将党的政治建设放在首位，严格贯彻落实新时代党的建设总要求，"确保党在世界形势深刻变化的历史进程中始终走在时代前列，在应对国内外各种风险和考验的历史进程中始终成为全国人民的主心骨，在坚

① 《马克思恩格斯选集》第3卷，人民出版社2012年版，第355页。
② 习近平：《在十九届中央政治局第一次集体学习时的讲话（2017年10月27日）》，《人民日报》2017年10月29日。

持和发展中国特色社会主义的历史进程中始终成为坚强领导核心。"①

四、人类文明发展进步的中国智慧和中国方案

习近平新时代中国特色社会主义思想立足现代化建设实际和改革开放伟大实践,有力推动了社会主义市场经济、民主政治、先进文化、和谐社会、美丽中国全面发展。使国家的面貌、人民的面貌和中华民族的面貌发生了历史性变化,使中华民族迎来了由站起来、富起来到强起来的伟大飞跃,从而为全球广大发展中国家呈现了一条不同于西方的现代化之路。同时以其深厚的历史底蕴和宽广的全球视野为解决人类问题贡献了中国智慧、为实现全球治理提供了中国方案。

第一,习近平新时代中国特色社会主义思想拓展了发展中国家走向现代化的途径。世界历史发展表明,绝大多数发展中国家在走向现代化过程中或者选择了以苏联为代表的社会主义发展道路,或者选择了以西欧和美国为代表的西方资本主义发展道路。以苏联为代表的社会主义国家在走向现代化过程中,由于体制机制僵化和官僚主义盛行等原因最终没能成功实现现代化;模仿或照搬西方模式的发展中国家也大都未能实现国家富强,反而出现两极分化、政治腐败等严重社会问题。习近平新时代中国特色社会主义思想,在新的历史条件下继续立足基本国情和现代化建设实际,坚持党的基本路线不动摇,有效推进全面深化改革、全面依法治国、全面从严治党,成功指引中国这样一个经济文化比较落后的国家在现代化建设道路上不断前进,为全面建成小康社会、进而全面建设社会主义现代化国家奠定了坚实基础。其中所展现的发展道路既摆脱了苏联模式的束缚,又打破了对西方路径的依赖,是一条符合自

---

① 习近平:《决胜全面建成小康社会 夺取新时代中国特色社会主义伟大胜利》,《人民日报》2017 年 10 月 28 日。

身基本国情、社会制度、历史传统和文化特色的现代化建设之路,为全球发展中国家现代化建设道路的选择提供了重要借鉴。

第二,习近平新时代中国特色社会主义思想彰显了中华优秀传统文化的持久价值和永恒魅力,为解决人类问题贡献了中国智慧。21世纪的人类发展面临诸多问题,这些问题不仅覆盖政治、经济和安全等传统领域,还涉及网络、外空、深海等新兴领域,日益发展的全球实践表明,这些矛盾和问题仅靠西方逻辑和思维无法得到有效解决。习近平新时代中国特色社会主义思想有着悠久的历史传承和深厚的文化底蕴,在新时代外交和国际战略中彰显了中华优秀传统文化的持久价值和永恒魅力,为人类问题的解决贡献了中国智慧。习近平总书记指出:"只要秉持包容精神,就不存在什么'文明冲突',就可以实现文明和谐。"①中华优秀传统文化中的求同存异、和而不同、和生万物、协和万邦等思想,为实现国与国之间和睦相处、和谐共生、和平共处、和平发展提供了思想文化资源。"君子喻于义,小人喻于利""既以为人,己愈有;既以与人,己愈多",中华优秀传统文化倡导的重义轻利和共享理念,期望国家在交往中寻求最大公约数,通过增量实现利益最大化,实现双赢和共赢,为缓和以至消除国家之间利益冲突,建立公正、合理、和谐的国际秩序和全球治理体系提供了新的思路。天人合一、道法自然等主张则反映出中华优秀传统文化主张人与自然和谐相处的观点,习近平总书记在继承这些主张合理内核的基础上,提出清洁美丽的生态价值取向,认为"绿水青山就是金山银山。我们应该遵循天人合一、道法自然的理念,寻求永续发展之路"②,为人类正确处理与自然的关系提供了借鉴。

第三,习近平新时代中国特色社会主义思想为实现全球治理提供了中国方案。习近平新时代中国特色社会主义思想不仅推动了中国社会的发展进

---

① 习近平:《在联合国教科文组织总部发表演讲》,《人民日报》2014年3月28日。

② 习近平:《共同构建人类命运共同体——在联合国日内瓦总部的演讲》,《人民日报》2017年1月20日。

步,而且为实现全球治理提供了中国方案,其中最具代表性的是人类命运共同体理念和"一带一路"倡议。人类命运共同体以普惠价值和共享发展为价值支撑,倡导建立平等相待、互商互谅的伙伴关系,营造公道正义、共建共享的安全格局,谋求开放创新、包容互惠的发展前景,促进和而不同、兼收并蓄的文明交流,构筑尊崇自然、绿色发展的生态体系,描绘了国际关系发展的美好前景,为构建公平正义的国际政治经济新秩序提供了基本原则。"一带一路"倡议是中国期望促进沿线各国共同发展的重要战略规划,它以政策沟通为重要保障,以基础设施互联互通为优先领域,以投资贸易合作为重点内容,以资金融通为重要支撑,以民心相通为社会根基,努力打造开放、包容、均衡、普惠的区域合作架构,将各国利益与中国快速发展的经济更好地结合起来,形成互利互助的共建平台,使各国都能享受到中国经济发展带来的机遇和红利,推动各国共同发展。

试论习近平关于
加强党的政治建设的思想[*]

党的十八大以来,习近平总书记反复强调,中国共产党作为马克思主义政党,必须旗帜鲜明讲政治,严肃认真开展党内政治生活。他指出,党员干部要注重提高政治能力,牢固树立政治理想,正确把握政治方向,坚定站稳政治立场,严格遵守政治纪律,加强政治历练,积累政治经验,自觉把讲政治贯穿于党性锻炼全过程。在党的十九大报告中,习近平总书记明确把党的政治建设纳入党的建设总体布局,强调"以党的政治建设为统领"[①]。这一系列重要论述,适应了党和国家事业发展新要求,丰富了全面从严治党思想内涵,发展了马克思主义党建思想,具有十分重要的理论意义和实践意义。

一、旗帜鲜明讲政治是我们党作为
马克思主义政党的根本要求

政党本质上是特定阶级利益的代表者,是有着共同政治纲领、政治路线、

---

[*] 原载《思想理论教育导刊》2018 年第 5 期。

[①] 习近平:《决胜全面建成小康社会　夺取新时代中国特色社会主义伟大胜利——在中国共产党第十九次全国代表大会上的报告》,人民出版社 2017 年版,第 62 页。

238

政治目标、政治纪律的政治组织。政治属性是政党的第一属性,政治建设是政党建设的内在要求。只有加强党的政治建设,才能保证党的政治方向对头、政治原则坚定、政治路线正确、政治纪律严明,才能统一全党意志、凝聚全党力量,为实现党的纲领和目标而共同奋斗。旗帜鲜明讲政治,注重政治建设,并将其作为党的建设的重要组成部分,这是我们党的优良传统和宝贵经验。中国共产党是马克思主义政党,是中国工人阶级的先锋队,同时又是中国人民和中华民族的先锋队,党的最高理想和最终目标是实现共产主义。党的性质决定了必须旗帜鲜明讲政治。

第一,在中国革命和建设时期,我们党就非常重视政治建设。我们党从成立之日起,就明确提出了自己的政治纲领,确立了党的最终奋斗目标,规定了严格的政治纪律。在古田会议上,毛泽东严肃批评军事好政治自然好、军事不好政治也不好的观点,强调红军是一个执行革命的政治任务的武装集团,要"从教育上提高党内的政治水平"①,要"教育党员使党员的思想和党内的生活都政治化,科学化"②,并首次提出党内生活政治化的命题。在抗日战争时期,他强调党的建设要同党的政治路线紧密联系,把"坚定正确的政治方向"作为抗大的首条教育方针③。在党的七大预备会议上,毛泽东明确提出"看齐"问题,强调"看齐是原则","我们要向中央基准看齐,向大会基准看齐"④。中华人民共和国成立后,毛泽东仍一再提醒广大干部要保持清醒的政治头脑,高度重视政治工作。在党成为执政党的条件下,为调动一切积极因素建设社会主义,他提出,我们的目标是努力造成一个"又有集中又有民主,又有纪律又有自由、又有统一意志、又有个人心情舒畅、生动活泼"⑤的政治局面。这一系列重要思想和要求,保证了党的团结统一,保证了党的凝聚力和战斗力,保

---

① 《毛泽东选集》第一卷,人民出版社 1991 年版,第 87 页。
② 《毛泽东选集》第一卷,人民出版社 1991 年版,第 92 页。
③ 《毛泽东文集》第二卷,人民出版社 1993 年版,第 188 页。
④ 《毛泽东文集》第三卷,人民出版社 1996 年版,第 298 页。
⑤ 《毛泽东文集》第八卷,人民出版社 1999 年版,第 293 页。

证了革命和建设事业的发展。

第二,在改革开放新时期,我们党一再强调要讲政治。改革开放以来,在推进中国特色社会主义事业进程中,邓小平等党和国家领导人一再强调讲政治,要善于从政治上观察问题和处理问题。邓小平指出,搞经济建设、搞现代化建设,必须有政治保证,明确提出要坚持四项基本原则,要求"各级组织、每个党员都要按照党章的规定,一切行动服从上级组织的决定,尤其是必须同党中央保持政治上的一致。"①他指出:"改革,现代化科学技术,加上我们讲政治,威力就大多了。到什么时候都得讲政治"②。江泽民指出:"必须坚定正确的政治方向、政治立场、政治观点,严守政治纪律,增强政治敏锐性和政治鉴别力,保证全党在思想上、政治上、组织上高度统一。"③正是因为我们党一再强调讲政治,始终保持清醒的政治头脑、坚定的政治信念,才经受住了国内外各种风险和困难的考验,胜利推进了中国特色社会主义事业。

第三,在中国特色社会主义新时代,习近平总书记反复强调要旗帜鲜明讲政治。党的十八大以来,以习近平同志为核心的党中央把讲政治放到了更加重要的位置,反复强调全党要旗帜鲜明讲政治。讲政治,是我们党补钙壮骨、强身健体的根本保证,是我们党培养自我革命勇气、增强自我净化能力、提高排毒杀菌政治免疫力的根本途径。历史经验表明,什么时候全党讲政治、党内政治生活正常健康,我们党就风清气正、团结统一,充满生机活力,党的事业就蓬勃发展;反之,就弊病丛生、人心涣散、丧失斗志,各种错误思想得不到及时纠正,给党的事业造成严重损失。他指出:"我们党作为马克思主义政党,讲政治是突出的特点和优势。没有强有力的政治保证,党的团结统一就是一句空话。"④讲政治是全面从严治党的内在要求,是坚持和发展中国特色社会主

---

① 《邓小平文选》第二卷,人民出版社 1994 年版,第 366 页。
② 《邓小平文选》第三卷,人民出版社 1993 年版,第 166 页。
③ 《江泽民文选》第二卷,人民出版社 2006 年版,第 361 页。
④ 《习近平关于全面从严治党论述摘编》,中央文献出版社 2016 年版,第 80 页。

义的重要保证。只有旗帜鲜明讲政治,我们党才能有效应对前进道路上的各种风险和挑战,防止出现颠覆性错误;只有旗帜鲜明讲政治,才能纲举目张,从根本上明确怎样从严治党,不断提高党自我净化、自我完善、自我革新、自我提高的能力。

二、新时代把党的政治建设
摆在首位的重要意义

党的十九大在继承我们党重视政治建设传统的基础上,把政治建设提到一个新的高度,而且赋予政治建设以更丰富的内涵,强调"以党的政治建设为统领""把党的政治建设摆在首位"①。这一重要思想和论述,凸显了党的政治建设的极端重要性,是对马克思主义党建理论的发展,对于推进新时代党的建设新的伟大工程,推进中国特色社会主义伟大事业,具有重大而深远的意义。

第一,把党的政治建设摆在首位,是对马克思主义党建理论的新发展。注重从思想上建党,是我们党的光荣传统和政治优势,新民主主义革命时期,我们一直把党的思想建设放在首位。其原因在于那时我们党的主体是农民和小资产阶级出身的党员,而且是在农村游击战争的环境中建党,是为了保持工人阶级先锋队的性质和党的纯洁性。从把思想建设放在首位到今天强调把政治建设摆在首位,并作为党的根本性建设,体现了我们党对自身建设规律认识的不断深化,在新的起点上丰富和发展了马克思主义党建理论。其突出贡献主要体现在:一是明确政治建设在新时代党的建设总体布局中居于统领地位,为其他方面建设指明了基本方向,也就是各项建设都要围绕党的性质和奋斗目标展开,共同促进党的奋斗目标的实现。二是政治建设的要求要融入渗透到

---

① 习近平:《决胜全面建成小康社会 夺取新时代中国特色社会主义伟大胜利——在中国共产党第十九次全国代表大会上的报告》,人民出版社 2017 年版,第 62 页。

各项具体建设之中,比如思想建设要用习近平新时代中国特色社会主义思想武装全党,坚定政治理想和政治道路;组织建设要突出政治标准,提拔重用牢固树立"四个意识"和"四个自信"、坚决维护党中央权威、全面贯彻执行党的理论和路线方针政策的干部;作风建设必须把党的宗旨意识、政治立场贯穿其中,不断厚植党执政的群众基础;纪律建设重点强化政治纪律和组织纪律,带动廉洁纪律、群众纪律、工作纪律、生活纪律严起来;而这一切都要通过制度建设予以有效保障。三是新时代党的建设成效必须首先用政治建设标准来衡量,比如要看党的性质和宗旨坚持得如何,党是否始终坚持自己确定的政治方向,如果党的性质发生变化,背离了政治初衷,即使经济和其他事业再发展,那也是没有意义的。总之,政治建设是党的建设的根本,决定党的建设的方向。政治建设抓好了,对党的其他方面建设可以起到纲举目张的作用。

第二,把党的政治建设摆在首位,是坚持和加强党的全面领导的必然要求。"中国特色社会主义最本质的特征是中国共产党领导,中国特色社会主义制度的最大优势是中国共产党领导。"[1]党政军民学,东西南北中,党是领导一切的。[2]习近平总书记指出:"历史已经并将继续证明,没有中国共产党的领导,民族复兴必然是空想。"[3]坚持党的领导是当代中国的最高政治原则,是党和国家的根本所在、命脉所在,是全国各族人民的利益所系、幸福所系,是中华民族的命运所系、前途所系,是夺取新时代中国特色社会主义伟大胜利、实现中华民族伟大复兴的根本保证。党的十八大以来,党和国家事业取得历史性成就、发生历史性变革,其根本就在于我们党的正确领导、坚强领导、全面领导。坚持和加强党的全面领导,必然要求全面加强党的建设,特别是加强党的政治建设,首先要做到政治过硬。只有明确政治方向,坚定政治理想,站稳政

---

[1] 《习近平关于全面从严治党论述摘编》,中央文献出版社 2016 年版,第 12 页。

[2] 习近平:《决胜全面建成小康社会 夺取新时代中国特色社会主义伟大胜利——在中国共产党第十九次全国代表大会上的报告》,人民出版社 2017 年版,第 20 页。

[3] 习近平:《决胜全面建成小康社会 夺取新时代中国特色社会主义伟大胜利——在中国共产党第十九次全国代表大会上的报告》,人民出版社 2017 年版,第 16 页。

治立场,保持政治定力,严守政治纪律,提高政治能力,我们党才能正确驾驭政治局面,有效防范政治风险,把握方向、把握大势、把握全局,为胜利推进中国特色社会主义事业提供坚强政治保证。

第三,把党的政治建设摆在首位,是推动全面从严治党向纵深发展的迫切需要。党的十八大以来,全面从严治党力度空前,成效卓著前所未有。但我们也要清醒地看到,党面临的执政考验、改革开放考验、市场经济考验、外部环境考验是长期的、复杂的、严峻的;精神懈怠的危险,能力不足的危险,脱离群众的危险,消极腐败的危险,更加尖锐地摆在全党面前,落实党要管党、全面从严治党的任务比以往任何时候都更为繁重、更为紧迫。习近平总书记指出,"政治问题,任何时候都是根本性的大问题。全面从严治党,必须注重政治上的要求"①,"干部在政治上出问题,对党的危害不亚于腐败问题,有的甚至比腐败问题更严重。在政治问题上,任何人同样不能越过红线,越过了就要严肃追究其政治责任。"②几年来,党中央持之以恒推进全面从严治党,采取一系列重大举措,取得了显著成效,正是着眼于从政治上建设党。注重抓党的政治建设是党的十八大以来全面从严治党的成功经验,也是推动全面从严治党向纵深发展的迫切需要,更是习近平总书记管党治党的一贯思想。

第四,把党的政治建设摆在首位,是完成新时代党的历史使命的重要保证。中国特色社会主义进入新时代,我们党正在围绕实现中华民族伟大复兴的历史使命,进行伟大斗争、建设伟大工程、推进伟大事业。这一任务极为复杂且艰巨。同西方国家的现代化道路不同,我国经济社会发展具有后发赶超性质,必须通过国家的主导作用,通过上层建筑的力量,自上而下强有力地引导和组织经济社会的各种要素,朝着现代化目标协力前进。这必然要求我们党具备强大的政治整合能力,成为推进国家现代化、实现国家统一和人民团

---

① 《习近平关于全面从严治党论述摘编》,中央文献出版社 2016 年版,第 87 页。
② 《习近平关于全面从严治党论述摘编》,中央文献出版社 2016 年版,第 80 页。

结、有效化解改革发展中各种矛盾、维护国家安全与社会和谐稳定的强大领导力量。打铁必须自身硬。只有把党的政治建设摆在首位,坚持从政治上谋划全局工作,以强大的政治定力引领中国发展,以强大的政治勇气攻坚克难,以崇高的政治品格凝聚力量,才能担负起党在新时代的历史使命,确保我们党在世界形势深刻变化的历史进程中始终走在时代前列,在应对国内外各种风险和考验的历史进程中始终成为全国人民的主心骨,在坚持和发展中国特色社会主义的历史进程中始终成为坚强领导核心。

三、新时代加强党的政治建设的主要着力点

全党旗帜鲜明讲政治,真讲政治、敢讲政治、严讲政治,使党的政治风气和政治面貌焕然一新。新时代加强党的政治建设,其主要着力点体现在以下几个方面:

第一,树牢"四个意识",坚持党中央权威和集中统一领导。这是党的政治建设的首要任务。只有增强政治意识、大局意识、核心意识、看齐意识,自觉在思想上政治上行动上同党中央保持高度一致,才能使我们党更加团结统一、坚强有力,始终成为中国特色社会主义事业的坚强领导核心。牢固树立"四个意识",是坚持党中央权威和集中统一领导的重要思想基础和根本政治要求。增强政治意识,就是要做到政治方向不偏、政治信仰不变、政治立场不移,确保红色江山永不变色。牢固树立"四个意识",就要对党绝对忠诚,忠诚于党的信仰,忠诚于党组织、忠诚于党的理论和路线方针政策,坚持"四个服从",全方位向党中央看齐,同以习近平同志为核心的党中央保持高度一致。习近平总书记指出:"同党中央保持高度一致必须是全面的,在思想上政治上行动上全方位向党中央看齐,做到表里如一、知行合一;必须是具体的,不能光口头讲讲,要落实在各个方面、各项工作上;必须是坚定的,党中央提倡的坚决响应,党中央决定的坚决照办,党中央禁止的坚决杜绝,任何时候任何情况下

都做到政治立场不移、政治方向不偏。"①

第二，坚定"四个自信"，始终保持政治定力。坚定"四个自信"，就是坚定对中国特色社会主义的道路自信、理论自信、制度自信、文化自信。习近平总书记指出："对中国特色社会主义要保持必胜信念，在涉及中国特色社会主义道路、理论、制度等重大原则问题上必须立场坚定、态度坚决。"②道路自信就是坚信中国特色社会主义道路的正确性，这条道路能够引领中国人民实现中华民族伟大复兴的中国梦；理论自信是基于中国特色社会主义的伟大实践得出的结论，这一理论是马克思主义中国化的理论成果，实践已经证明并将继续证明这一理论的正确性；对中国特色社会主义制度的自信是道路自信和理论自信的根本体现；文化自信是对中华优秀传统文化、中国共产党带领人民在革命和建设中形成的革命文化和社会主义先进文化的自觉认同。由于建设社会主义的艰巨性和曲折性，党内有的同志对中国特色社会主义的科学性产生了怀疑，在事关党和社会主义的原则性问题上失去立场、态度暧昧，还有一些党员不信马列信鬼神，大搞封建迷信活动，这些情况的出现说到底就是没有坚持"四个自信"，导致在一些是非问题上失去政治定力。中国特色社会主义道路自信、理论自信、制度自信、文化自信是中国共产党执政为民的思想根基，是每个共产党员必须具备的政治素养。只有坚定中国特色社会主义自信，用习近平新时代中国特色社会主义思想武装全党，我们才能始终保持政治定力。

第三，严肃党内政治生活，营造良好政治生态。习近平总书记指出："党要管党，首先要从党内政治生活管起；从严治党，首先要从党内政治生活严起。"③总体来讲，我们党内政治生活状况是好的，但也存在一些不良现象。如党内一些领导干部理想信念动摇，热衷于拉帮结派，搞"圈子"文化，把权力作为自己唯一的追求；一些领导干部"四风"问题严重，把自己凌驾于群众之上；

① 《习近平关于全面从严治党论述摘编》，中央文献出版社2016年版，第79页。
② 《习近平谈治国理政》第二卷，外文出版社2017年版，第143页。
③ 《习近平关于全面从严治党论述摘编》，中央文献出版社2016年版，第48页。

甚至有的高级干部野心膨胀,利令智昏,置党纪国法于不顾。这些现象严重损害了党的形象,破坏了党内政治生态,削弱了党的执政能力。严肃党内政治生活是党的政治建设的重要一环。党的十八届六中全会通过的《关于新形势下党内政治生活的若干准则》,目的就是为了从制度上来规范党内政治生活,解决新形势下党内政治生活中存在的各种复杂问题,做到党内政治生活有章可循,达到标本兼治。广大党员干部要坚决贯彻执行准则,这样党内政治生态才会逐步向好。严肃党内政治生活,要抓好思想教育这个根本,坚持不懈强化理论武装,毫不放松加强党性教育,持之以恒加强道德教育,引导广大党员干部筑牢信仰之基、补足精神之钙、把稳思想之舵;要抓好选人用人这个导向,落实好干部标准,严把政治关、品行关、作风关、廉洁关,使用人风气更加清朗,以用人环境的风清气正促进政治生态的山清水秀;要用好组织生活这个经常性手段,创新方式方法,增强吸引力和感染力,提高组织生活质量和效果。同时,要注意继承和发扬党在长期实践中形成的党内政治生活的优良传统,如批评和自我批评、民主集中制、理论联系实际等。

第四,发展积极健康的党内政治文化,弘扬共产党人价值观。长期以来,在一些党员身上存在一种不健康的政治文化,不讲忠诚、讲权谋,不讲团结一致、讲求"圈子"文化,不讲公道正派、讲求官场厚黑学,这样的做法不仅败坏了党风,而且全面消解了党内积极健康的政治文化。习近平总书记在党的十九大报告中指出:"坚决防止和反对个人主义、分散主义、自由主义、本位主义、好人主义,坚决防止和反对宗派主义、圈子文化、码头文化,坚决反对搞两面派、做两面人。"①弘扬共产党人的价值观,净化党内政治生态,发展积极健康的党内政治文化,是加强党的政治建设的重要内容。我们必须以马克思主义为指导,以中华优秀传统文化为基础,以革命文化、社会主义先进文化来培育健康的党内政治文化。马克思主义是中国共产党的指导思想,也是党内健康政治

---

① 习近平:《决胜全面建成小康社会 夺取新时代中国特色社会主义伟大胜利——在中国共产党第十九次全国代表大会上的报告》,人民出版社 2017 年版,第 63 页。

文化的活水源头,要以马克思主义指导培育共产党人的价值观,锤炼共产党人的优秀品格。中华优秀传统文化凝聚了中华民族的精神与智慧,为中国共产党人治国理政提供有益借鉴。革命文化是我们党在新民主主义时期形成的优秀文化,革命文化并没有随时间的推移而过时,反而由于其中所积淀的中国共产党人的崇高价值观而成为我们党的宝贵财富。社会主义先进文化亦是党内政治文化的重要载体,要弘扬社会主义核心价值观,并以之为引领,坚定中国特色社会主义共同理想,为党内政治文化建设提供精神支撑。

第五,严守政治纪律和政治规矩,做政治上的明白人。加强党的政治建设,一个重要方面就是要严守政治纪律和政治规矩。纪律严明是我们党的优良传统和政治优势,也是党的力量所在。习近平总书记指出:"严明党的纪律,首要的就是严明政治纪律。党的纪律是多方面的,但政治纪律是最重要、最根本、最关键的纪律,遵守党的政治纪律是遵守党的全部纪律的重要基础。"①"重点强化政治纪律和组织纪律,带动廉洁纪律、群众纪律、工作纪律、生活纪律严起来。"②严守政治纪律和政治规矩,要求党员干部必须严格遵守党章这个总规矩,必须维护党中央权威,必须维护党的团结,必须遵循组织程序,必须服从组织决定,必须管好亲属和身边工作人员,做政治上的明白人、老实人。③ 严守政治纪律和政治规矩,不仅要遵循党章和党的纪律等刚性约束,而且要遵守国家法律和党在实践中形成的优良传统和政治规矩。政治纪律和政治规矩绝不是可有可无的软性指标,而是对党员干部的刚性约束,是谁也不能触碰的红线。要坚决查处各种违反政治纪律、政治规矩的行为,做到党的纪律面前人人平等,遵守纪律没有特权,执行纪律没有例外,切实维护纪律的严肃性和权威性。

---

① 《习近平关于全面从严治党论述摘编》,中央文献出版社 2016 年版,第 95 页。
② 习近平:《决胜全面建成小康社会 夺取新时代中国特色社会主义伟大胜利——在中国共产党第十九次全国代表大会上的报告》,人民出版社 2017 年版,第 66 页。
③ 参见《习近平关于全面从严治党论述摘编》,中央文献出版社 2016 年版,第 109 页。

第六，自觉加强党性锻炼，不断提高政治能力。政治能力就是把握方向、把握大势、把握大局的能力，就是保持政治定力、驾驭政治局面、防范政治风险的能力。"把握方向、把握大势、把握大局"是政治能力在战略谋划上的体现，"保持政治定力、驾驭政治局面、防范政治风险"①是政治能力在工作层面上的体现。政治上不合格，经不起风浪，这样的干部能耐再大也不是我们党需要的好干部。讲干部素质，最重要的是政治素质；讲领导能力，第一位的是政治能力。全党同志特别是各级领导干部要加强党性锻炼，自觉把讲政治贯穿于党性锻炼全过程，不断提高政治觉悟和政治能力。要牢固树立政治理想，坚定中国特色社会主义共同理想和共产主义远大理想，在大是大非面前要旗帜鲜明，面对大风大浪无所畏惧，面对利益得失保持定力；要正确把握政治方向，以党的旗帜为旗帜、以党的意志为意志、以党的方向为方向，毫不动摇跟党走，坚定中国特色社会主义前进方向；要坚定站稳政治立场，牢牢站在党和人民的立场上，对党始终绝对忠诚，牢记"民心是最大的政治"②，全心全意践行党的宗旨，提高为人民服务的能力；要不断强化政治担当，把对党忠诚、为党分忧、为党尽职、为民造福作为根本政治担当，永葆共产党人的政治本色。

---

① 《习近平新时代中国特色社会主义思想学习纲要》，人民出版社2019年版，第227页。
② 《习近平关于全面从严治党论述摘编》，中央文献出版社2016年版，第190页。

习近平新时代中国特色
社会主义思想体系的建构逻辑*

　　历史逻辑是对历史发展规律的总结和原则概括,理论逻辑是理论特质和内在发展规律的具体体现,实践逻辑是对时代问题的现实解答。习近平新时代中国特色社会主义思想是系统完备、逻辑严密的理论体系,也是回应新时代实践发展要求的经验总结。科学把握和准确理解这一思想的科学内涵和精神实质,需要从整体性出发,从纵横交错的历史、理论、现实中探寻其建构逻辑。从历史逻辑来讲,它是世界社会主义和近代以来中国人民孜孜以求民族复兴和现代化的历史延续;从理论逻辑来讲,它是马克思主义基本原理和科学社会主义基本原则在当代中国的具体运用;从实践逻辑来讲,它是对新时代面临的新矛盾、新变局、新问题的回应和解答,历史逻辑、理论逻辑和实践逻辑相互联系、相互支撑。从这三个视角来研究和解读这一思想的建构逻辑,把握其与中国历史发展进程的统一,与马克思主义理论的统一,与新时代发展进步的统一,有助于理解其历史本源、精神实质和实践特征,有助于更好地指导新时代现代化强国建设的实践,有助于我们锚定航线,继续朝着中华民族伟大复兴的目标前进。

---

　　*　原载《求索》2021 年第 1 期。

一、习近平新时代中国特色社会主义思想体系建构的历史逻辑

历史逻辑是对历史经验的原则总结和凝练,表现为历史发展的必然性。在中国革命、建设和改革的过程中,马克思主义不断形塑自身的理论样态和叙事构架,构成了中国近代以来历史发展的总体场景。"一个国家实行什么样的主义,关键要看这个主义能否解决这个国家面临的历史性课题。"①中国共产党在革命、建设和改革的探索过程中,科学把握历史主体和历史事件的规定性和规律性,不断推进和发展中国化的马克思主义,是将马克思主义的基本原理同中国社会不同时期的主题和国情有机结合的逻辑必然。因此,要从社会主义发展史、党史、新中国史、改革开放史的角度展开研究,从世界社会主义五百年发展历程、中国共产党领导中国人民百年的伟大社会历史变革、新中国成立七十多年的艰辛探索历程、改革开放四十多年的伟大实践中去考察。在这种宏大历史视野中去研究为什么选择中国共产党的领导以及为什么选择建设中国特色社会主义,是把握习近平新时代中国特色社会主义思想体系建构的历史逻辑的必然要求。

1. 世界社会主义五百年的曲折发展历程

社会主义作为一种对资本主义批判的思想,自 16 世纪初期提出距今已历时五百多年。在这一长期的历史进程中,社会主义从空想到科学、从理论到实践、从一国实践到多国发展,展现出强大的生命力,为人类社会的发展指明了前进的方向。从世界社会主义五百年的历史大视野考察,方可厘清习近平新时代中国特色社会主义思想的历史本源和发展脉络。

---

① 《习近平谈治国理政》第一卷,外文出版社 2018 年版,第 22 页。

苏联社会主义制度的建立,标志着人类社会进入社会主义与资本主义两种制度和两种意识形态相互竞争、相互较量的时代。苏东剧变使得有人认为社会主义已经失败,世界社会主义遭受了不可逆转的挫折,甚至认为"历史已经终结"。但与此相反的是,中国特色社会主义的蓬勃发展和巨大成就,实质表明两种社会制度的竞争和较量已经发生了有利于社会主义的深刻转变,社会主义终将取代资本主义仍是历史发展的总趋势。"从世界社会主义500年的大视野来看,我们依然处在马克思主义所指明的历史时代"①。作为科学社会主义的中国样本和中国实践,中国特色社会主义检验、丰富和发展了科学社会主义,为世界社会主义发展注入新的活力。"中国特色社会主义是社会主义而不是其他什么主义"②。习近平总书记尤其强调坚持科学社会主义的基本原则,注意吸取世界社会主义运动的历史经验,就是因为中国特色社会主义始终行走在科学社会主义的光明大道上,仍处于世界社会主义发展的历史进程之中,并且越来越显示出巨大的优势和生命力。

2. 中国共产党领导革命、建设、改革一百年的伟大社会变革

近代以来,实现中华民族的繁荣富强和现代化是无数中国先进分子的夙愿,汇聚成了中华民族复兴的伟大梦想。为实现这一奋斗目标,在经过多种选择、尝试了不同方案、品尝了无数次失败的苦果之后,中国人民选择了中国共产党,选择了社会主义道路。资本主义解决不了中国问题,改良主义、自由主义等形形色色的其他主义也解决不了中国问题。封建地主阶级中的维新派和洋务派、资产阶级等都不能够带领中国走出困境,只有坚持中国共产党的领导和马克思主义的指导,才能使近代中国走出民族危亡、国家贫弱的状态,走上繁荣富强的康庄大道。这是近代中国历史发展的必然结论。

中国共产党以人民利益为自己最大的利益,始终牢记初心和使命,领导中

---

① 《习近平谈治国理政》第二卷,外文出版社2017年版,第66页。
② 《习近平谈治国理政》第一卷,外文出版社2018年版,第22页。

国人民取得了革命、建设、改革等伟大社会变革的胜利。中国共产党在1921年诞生后，肩负起挽救民族危亡、拯救人民于水火的历史使命，开始了不懈的奋斗历程。中国共产党人以勇于担当的历史使命感使马克思主义在东方古老的中国焕发出蓬勃生机，坚持从中国的具体国情出发，坚持实事求是的思想路线，不唯书、不唯上，探索符合自己国情的新民主主义革命道路。新中国成立后，中国共产党领导中国人民恢复和发展了国民经济，完成了社会主义改造这一巨大的社会变革，开启社会主义现代化建设新征程。改革开放以来，中国以经济建设为中心，以勇于变革的坚定信念破除了发展过程中的各种思想和体制障碍，取得了前所未有的发展成就，探索出一条方向明确、个性鲜明的中国特色社会主义道路。

历史证明，始终坚持党的领导，我们才能取得世所罕见的经济快速发展奇迹和社会长期稳定的奇迹。习近平总书记特别强调，新时代要继续加强党的政治、思想、作风等各方面的建设，时刻保持党的先进性、纯洁性和革命性，牢记党的宗旨使命不动摇，保证党的肌体不被侵蚀，承担起新时代赋予中国共产党的新使命。

3. 新中国成立七十多年的艰辛探索

新中国成立，中国逐步实现了由新民主主义向社会主义的转变。新中国成立七十多年的探索历程是党的几代中央领导集体一以贯之接力探索的总体进程。新中国成立初期，在很短时间内实现了国民经济的恢复发展，为社会主义基本制度的建立打下了坚实的物质基础。从新民主主义社会转变为社会主义社会，这是中国共产党在新中国成立后领导的一次伟大的社会变革。虽然过渡的过程存在一些失误，但是这一变革无疑是成功的，在当时的历史条件下，建立社会主义基本制度是历史的必然规律。在这一时期通过发挥社会主义制度的优越性和集中力量办大事的优势，新中国的国民经济体系和工业体系很快建立起来，中国在同国际上各种力量的较量中也站稳了脚跟。

以党的十一届三中全会为标志,我国社会主义建设分为改革开放前后两个历史时期。两个历史时期虽然在具体政策、方针上存在较大差异,但本质上都是统一的。社会主义改造完成后,毛泽东提出要以苏为鉴,"找到自己的一条适合中国的路线"①,自主探索中国道路,建立起了符合中国国情的社会主义制度。改革开放以来,我国经济社会发展取得历史性进步。在邓小平的大力推动下,实现了党和国家工作重心的转变,确保人民群众的物质文化生活需要得到满足。与此同时,在正确认识我国基本国情的基础上,邓小平提出了社会主义初级阶段理论,确立了以初级阶段论为基本依据的基本路线,大力推进经济体制改革,社会主义民主法治建设也在总结历史经验的基础上取得了重要进展,社会主义现代化建设走上了快速发展的轨道。在苏东剧变、国内发展中累积的矛盾开始显露时,以江泽民同志为主要代表的中国共产党人总结中国共产党执政规律,提出"三个代表"重要思想,丰富和发展了中国特色社会主义理论体系。在新世纪新阶段,以胡锦涛同志为主要代表的中国共产党人继续总结发展过程中的经验教训,提出科学发展观,继续推动我国经济社会发展事业阔步向前。党的十八大以来,以习近平同志为核心的党中央根据我国社会主要矛盾的转化,不断进行理论创新,回答时代之问,经济社会发展取得了令世界瞩目的成就。

4. 改革开放四十多年的伟大实践

实行改革开放,是对新中国成立后历史经验深刻反思的结果,也是实现中华民族伟大复兴的客观要求。改革开放四十多年来,我们积累了宝贵的成功经验,为进一步推动党和国家的事业发展提供了强大的理论支撑。改革开放四十多年的伟大实践告诉我们:第一,坚持党对一切工作的领导,从严治党。

---

① 《建国以来毛泽东文稿》第九册,中央文献出版社 1996 年版,第 213 页。

党的领导是改革开放不断前行的最根本的保障。有了这一坚强的领导核心，才能在改革开放过程中出现重大风险挑战的情况下，站稳脚跟，化危为机，才能坚持正确的方向，既不封闭僵化，也不改旗易帜。第二，坚持以人民为中心，把满足人民对美好生活的追求放在第一位，不断解决人民群众关注的各种问题，获得感和幸福感不断提升，人民群众才能真心赞成改革开放，才能不断深入推进改革开放。第三，坚持理论创新，不断丰富和发展中国马克思主义。"创新是改革开放的生命"①，发展当代中国的马克思主义是改革成功的根本保障。要不断强化问题意识，担负起时代赋予我们的历史使命，不断推进理论创新。第四，坚持和发展中国特色社会主义。改革开放伟大实践的经验集中起来就是要走中国特色社会主义道路。只有从中国的实际出发，主动探索符合中国国情的新路，才能取得改革开放的胜利。制度是关系党和国家发展的根本性问题，在选择正确道路的基础上，制度的健全显得尤为重要，要建设系统完备、科学规范、运行有效的中国特色社会主义制度体系。第五，坚持以发展为第一要务，统筹发展和安全，处理好改革、发展、稳定的关系。推动国家的发展，唯有紧紧抓住发展这一根本，实施科学发展和高质量发展战略，才能不断增强我国的综合国力，才能为实现中华民族伟大复兴奠定坚实的物质基础。必须处理好改革、发展与稳定的关系，既要坚持问题导向大胆探索，又要保障社会的稳定，稳中求进，防范发展过程中有可能出现的各种风险。

党的十八大以来，中国特色社会主义进入新时代，这是"我们党领导人民进行伟大社会革命的继续"②，是改革开放和社会主义现代化建设基本经验的总结和升华，是连接历史与未来的理论桥梁，是历史规律性的全面演绎和历史必然性的充分体现，必须一以贯之进行下去。

---

① 《习近平谈治国理政》第三卷，外文出版社 2020 年版，第 183 页。
② 《习近平谈治国理政》第三卷，外文出版社 2020 年版，第 69—70 页。

二、习近平新时代中国特色社会主义思想体系建构的理论逻辑

理论逻辑是事物本身的内在规定性以及内在要素之间的必然性联系。以习近平同志为核心的党中央坚持实践基础上的理论创新,发展出马克思主义中国化的最新理论成果——习近平新时代中国特色社会主义思想,开创了理论创新的新境界。作为一个科学严谨的理论体系,习近平新时代中国特色社会主义思想有着自洽的理论逻辑。

1. 理论基础是马克思列宁主义、毛泽东思想、邓小平理论、"三个代表"重要思想和科学发展观

马克思列宁主义、毛泽东思想、邓小平理论、"三个代表"重要思想和科学发展观是习近平新时代中国特色社会主义思想的理论基础和源头活水。把握这一新思想的丰富内涵和理论体系,必须将其置于马克思主义和科学社会主义的理论视野中进行认识。

坚持马克思主义即是要坚持其基本立场、观点和方法,根本是坚持其活的灵魂。"解放思想、实事求是、与时俱进,是马克思主义活的灵魂"[1],中国共产党始终坚持这一活的灵魂,坚持发展马克思主义,推动中国特色社会主义走向更加宽广的未来。从马克思主义中国化第一次伟大飞跃的理论成果——毛泽东思想的产生,到邓小平理论、"三个代表"重要思想和科学发展观的提出,我们党坚持马克思主义指导的立场一直没有变,运用马克思主义观点和方法的态度一直没有变,丰富和发展马克思主义进而形成中国马克思主义的信念一直没有变。

---

[1] 《十八大以来重要文献选编》上,中央文献出版社2014年版,第115页。

邓小平指出："我坚信，世界上赞成马克思主义的人会多起来的，因为马克思主义是科学。"①马克思主义的"老祖宗"不能丢，丢了就会失去根本，理论创新就没有了源头。同时，"马克思主义并没有结束真理，而是开辟了通向真理的道路"②。中国特色社会主义不仅没有丢掉"老祖宗"，而且继承、丰富和发展了"老祖宗"。中国共产党既把马克思主义书写在自己的旗帜上，又将马克思主义书写在生动的实践当中，不断推进理论与实际相结合，创新发展出中国特色社会主义。以习近平同志为核心的党中央在以往理论创新的基础之上，强化问题意识，借鉴吸收包括中华优秀传统文化在内的人类文明的一切优秀成果，回答时代提出的新的重大课题，总结实践中的新鲜经验，实现了理论创新的又一次飞跃。

2. 理论内核是为人民谋幸福、为民族谋复兴、为世界谋大同

理论的核心决定理论的特质或根本性质，规定理论发展的根本方向，是理论充满活力的根本原因。实现全体无产阶级的解放，是马克思主义的根本任务。把理论的落脚点放在人民立场之上，是马克思主义的基本原理。作为马克思主义政党的中国共产党把全心全意为人民服务作为根本宗旨。"中国共产党人的初心和使命，就是为中国人民谋幸福，为中华民族谋复兴。"③正是把为人民谋幸福、为民族谋复兴、为世界谋大同作为理论内核，习近平新时代中国特色社会主义思想才能在改革发展的实践中迸发出巨大的理论力量，才能在面对各种复杂多变的局面时发挥出理论的指导作用，使社会主义现代化建设事业不断向前推进。只有拥有这样的理论内核，这一思想才能具有旺盛的生命力，才能当之无愧地被称为21世纪的马克思主义。

以习近平同志为核心的党中央，始终把为人民谋幸福放在治国理政的第

① 《邓小平文选》第三卷，人民出版社1993年版，第382页。
② 《十八大以来重要文献选编》下，中央文献出版社2018年版，第346页。
③ 《习近平谈治国理政》第三卷，外文出版社2020年版，第1页。

一位，"人民对美好生活的向往，就是我们的奋斗目标"①，这是我们党对人民的郑重承诺。党的十八大以来，中国共产党始终秉持以人民为中心的发展思想，以造福人民为最大政绩，让发展成果更多更公平惠及全体人民。围绕全面建成小康社会，习近平总书记提出"全面建成小康社会，一个也不能少；共同富裕路上，一个也不能掉队"②；针对人民群众对美好生活的期盼，习近平总书记提出"绿水青山就是金山银山"的两山论，还老百姓一个环境优美的生态环境。我们党正是把人民立场作为自己的根本政治立场，在为人民群众谋幸福的过程中，形成和发展了新思想。

中国共产党也始终把为人类做出新的更大贡献作为自己的使命。2018年4月，习近平总书记提出，"我们所做的一切都是为人民谋幸福，为民族谋复兴，为世界谋大同。"③世界正处于百年未有之大变局，国际局势并不稳定，世界经济发展面临诸多挑战，单边主义、保护主义甚嚣尘上。但是"和平发展、合作共赢才是人间正道"④，不管国际风云如何变幻，中国始终站在维护世界和平与发展的正义一方，积极为世界发展贡献自己的力量。中国不再是国际规则的被动接受者，而是努力参与到全球治理当中。中国提出要为世界谋大同不是要强制输出中国模式和方案，而是要奉行互利共赢的原则，寻求与其他国家共同发展的道路。

3. 理论主题是坚持和发展中国特色社会主义

"中国特色社会主义是改革开放以来党的全部理论和实践的主题。"⑤只有坚持以之为理论主题，顺应时代发展的要求，不断对其进行丰富和发展，让

---

① 《十八大以来重要文献选编》上，中央文献出版社2014年版，第70页。

② 《习近平谈治国理政》第三卷，外文出版社2020年版，第66页。

③ 《习近平会见联合国秘书长古特雷斯》，《人民日报》2018年4月9日。

④ 习近平：《在纪念中国人民志愿军抗美援朝出国作战70周年大会上的讲话》，人民出版社2020年版，第13页。

⑤ 《习近平谈治国理政》第三卷，外文出版社2020年版，第13页。

其展现出强大的生命力,我们的事业才能不断获得成功。

中国特色社会主义是基于中国特殊国情进行改革开放实践经验的总结,是马克思主义的普遍真理性在中国实践中的生动体现,从本质上来讲,它是根植于中国大地的科学社会主义。我们党坚持马克思主义的指导,但不拘泥于马克思主义经典作家的个别结论,不仅专注于中国当代的基本国情,而且着眼于中华民族的长远发展,着力建设和发展中国特色社会主义。道路、理论、制度和文化共同构成中国特色社会主义,从理论特质性和实践逻辑性上将其规定为一个统一整体。

习近平新时代中国特色社会主义思想的提出,正是以习近平同志为核心的党中央以深邃的历史眼光和宽广的理论视野,将中国特色社会主义推进到了一个新的高度,完成了包括道路、理论、制度、文化在内的一整套的理论构建,形成了一个科学的理论体系,既是马克思主义中国化的理论创新成果,又是解决中国前途命运问题的实践创新成果。

4. 理论框架是"八个明确"和"十四个坚持"

习近平新时代中国特色社会主义思想是中国特色社会主义的最新理论成果,反映了科学社会主义的基本内涵和精神实质。其主要内容由"八个明确"和"十四个坚持"构成,分别从理论建构和实践指向两个不同层面对改革开放以来形成的经验进行了全方位概括。"八个明确"是发展目标和行动总纲领;"十四个坚持"是行动的基本方略,是完成行动总纲领的基本路径。两者有机融合、相互支撑。"八个明确"重在对理论创新的概括,在对改革开放以来的经验进行全面总结的基础上,对中国特色社会主义进行全方位的思考,是对坚持和发展什么样的中国特色社会主义这一时代主题进行的明确阐释。"十四个坚持"重在对中国特色社会主义实践经验的高度凝练,对改革开放以来中国特色社会主义形成发展过程中取得的实践经验和理论创新进行全面总结,是对中国共产党领导社会主义现代化建设以来形成的基本原则、基本经验的逻辑展开,进而升华为新时代治国理政的基本方略,是对如何坚持和发展中国特色社会主义这一实践要求进行的科学解答。两个方面相辅相成,共同构成了一个逻辑严密、系统科学、完整统一的理论框架,成为指导社会主义现代化强国建设的根本指南。

三、习近平新时代中国特色社会主义思想体系建构的实践逻辑

实践是理论之源。任何一个时代的理论创新,本质上都是对这个时代发展主题的回应,或者说是对时代所需要解决的实践问题的科学解答。正如习近平总书记所指出的:"每个时代总有属于它自己的问题,只要科学地认识、准确地把握、正确地解决这些问题,就能够把我们的社会不断推向前进。"①实践发展有其固有的逻辑,遵从客观实际、反映时代发展的要求,解决实践提出的问题,新思想才能站稳脚跟,才能在实践的检验中不断成熟完善。因此,实践逻辑是对回应时代发展要求的实践活动的必然性和规律性的概括。立足于中国特色社会主义生动实践,习近平新时代中国特色社会主义思想正是回应时代诉求,直面社会发展过程中出现的新矛盾、新变局和新问题而产生的,既是对实践经验的总结,也是在对实践要求的回答中不断发展完善。

1. 着力解决新时代面临的新矛盾

任何理论都是时代的产物,根植于一定的时代发展条件。探寻理论的实践逻辑首先要确立实践发展的历史方位,结合新的时代发展分析新的社会矛盾,解决新矛盾带来的新问题。"新时代"是一个时空概念,既是对当今中国基本国情和发展方位的重大判断,也是对实践发展时空和场景的定位,既是新

---

① 《之江新语》,浙江人民出版社 2007 年版,第 235 页。

思想回应时代诉求的逻辑起点,也是新思想的实践基点。从其时空特征来看,"新时代"是我国现代化进程中的关键阶段。

新时代我国的基本国情出现了新的变化,既取得了历史性成就,也发生了历史性变革,经济社会发展出现了许多新的特点。其中最根本的是我国社会的主要矛盾已经转变为"人民日益增长的美好生活需要和不平衡不充分的发展之间的矛盾"①。一方面,发展的不平衡不充分成为影响我国经济社会发展的一个焦点问题;另一方面,人民群众的需要也发生了重大转变,对物质文化生活的需要上升为对美好生活的需要。社会主要矛盾的转化必然对我国经济社会发展提出更高的要求。满足人民群众对美好生活的需要,经济发展要从以前追求高速增长阶段转变到高质量发展阶段,不仅要加快民主法治建设、建设社会主义文化强国、提高民生保障水平,而且要提供更加优美的生态环境。社会主要矛盾的转变并不意味着我国已经不是处于社会主义初级阶段,也不能够改变我国仍是最大发展中国家的事实,而是要适应时代的发展变化,在社会主要矛盾变化的基础上制定正确的方针、政策,将中国特色社会主义建设得更好。由此观之,实践逻辑的展开建立在对我国新的历史方位的精准把握和对社会主要矛盾历史性变化精准研判的基础之上,是对整个经济社会发展态势的总体思考,进而实现对实践探索的新的经验的科学总结。

2. 积极应对世界百年未有之大变局

我国正处于世界百年未有之大变局中,如何迎接这一大变局,处理好中国与世界的关系,处理好两种社会制度的竞争和较量,是新时代中国共产党人面临的新挑战。党的十八大以来,中国共产党正确把握世界发展大势,密切关注国际形势变化,以深远的世界眼光推动中国特色社会主义的新发展,为世界发展提供了中国智慧和中国方案。

---

① 《习近平谈治国理政》第三卷,外文出版社 2020 年版,第 9 页。

习近平总书记强调:"一个国家要发展繁荣,必须把握和顺应世界发展大势,反之必然会被历史抛弃。"①当前,以中国为代表的新兴市场经济国家和发展中国家开始崛起,西方发达国家在国际经济格局中的重要性不断下降。国际政治力量对比也发生明显变化,中国正逐步走向世界舞台中央,发挥越来越重要的作用,世界多极化格局加速形成。在国际治理体系方面,协同共治成为大多数国家的共识,由一个或几个国家主导国际治理的局面不断改观。新科技革命和产业革命深入发展,社会生产力进一步跃升的条件日益成熟。世界各国之间的关联性越来越紧密,人类越来越形成一个利益攸关的共同体。但是世界仍充满着不确定性,世界呈现出深刻复杂的变化,不稳定性和不确定性明显增加,逆全球化的浪潮不时涌现,单边主义、保护主义、霸权主义不时发出刺耳的声音。受新冠肺炎疫情的影响,全球经济陷入深度低迷之中,贸易保护主义愈演愈烈。国际上围绕制度话语权的竞争日趋激烈,民粹主义、民族主义沉渣泛起。全球治理体系正在深刻变革,全球治理任重道远。国际热点问题不断增多。虽然如此,和平和发展仍是时代主题,世界各国人民仍然期盼开放包容、互利合作的大国关系,在这种形势下,人类发展迫切需要新的思想引领。

习近平总书记在把握世界发展大势的基础上,提出要构建人类命运共同体这一全新的理念。在当今世界,国与国之间密切联系,全球化日益加深,很多全球性问题需要各国携起手来共同解决,个别国家背离世界发展趋势,奉行冷战思维,搞强权政治,恶意打压别国,虽然会一时得逞,但是逆历史潮流而动,不会成为世界的主流,也不会得到大多数国家的支持。只有用长远的全球视野看待世界发展,构建以和平发展、合作共赢为核心的人类命运共同体,才能实现世界的长久和平繁荣,正如习近平总书记所指出的:"只要坚持沟通、真诚相处,'修昔底德陷阱'就可以避免。"②我们致力于构建人类命运共同体,把其作为处理中国和世界关系的指导思想。在人类命运共同体理念的指

① 《习近平谈治国理政》第一卷,外文出版社 2018 年版,第 266 页。
② 《习近平谈治国理政》第二卷,外文出版社 2017 年版,第 541 页。

引下,中国继续扩大对外开放,提出"一带一路"倡议,努力构建相互尊重、公平正义、合作共赢的新型国际关系,积极参与全球治理,建立"共商共建共享"的全球治理新秩序,为世界和人类的发展贡献中国力量和中国方案。

3. 推进国家治理体系和治理能力现代化

实践逻辑要求对实践问题进行深刻解答。一个国家的发展在不同的发展阶段需要面临不同的重大实践问题。"我们还面临很多没有弄清楚的问题和待解的难题,对许多重大问题的认识和处理都还处在不断深化的过程之中"[①]。正确审视世情国情党情,坚持问题导向,紧密结合新的时代条件和新的变化不断进行理论创新,才能不断科学解答时代问题,这是实践逻辑得以展开的应然要求。

新时代的到来,对中国共产党治国理政提出了全新的要求,既要健全我国的制度体系,也要不断提升治理能力,实现治理体系和治理能力的现代化。新中国成立七十多年伟大成就的取得,是因为我们建立和完善了中国特色社会主义制度体系,这一制度体系已经在社会生活的各个领域发挥出重要作用,但还需要随着实践的发展和时代的要求不断进行完善。党的十九届四中全会对于如何推进国家治理体系和治理能力现代化,提出了党的领导制度体系、人民当家作主制度体系、社会主义法治体系等多方面的制度安排。[②] 治理体系建立在制度体系的基础之上,是相对于制度更为具体的、解决实际问题并完成具体目标的体制机制。国家治理体系是国家"各领域体制机制、法律法规安排",而国家治理能力则是"运用国家制度管理社会各方面事务的能力"[③]。既要形成完整的制度体系以及建立在制度体系基础上的体制机制,又要把制

---

① 《十八大以来重要文献选编》上,中央文献出版社 2014 年版,第 114 页。
② 《中共中央关于坚持和完善中国特色社会主义制度　推进国家治理体系和治理能力现代化若干重大问题的决定》,《人民日报》2019 年 11 月 6 日。
③ 《十八大以来重要文献选编》上,中央文献出版社 2014 年版,第 548 页。

度优势转化为国家治理效能。现代社会的发展愈加复杂,国家治理能力需要随着社会的发展不断提高,要明确治理主体的责任,加强制度执行的监督,增强领导干部的制度意识和治理能力。

必须明确认识到,"中国共产党领导是中国特色社会主义最本质的特征,是中国特色社会主义制度的最大优势"①,新时代实现中华民族伟大复兴,就必须确保党始终能够总揽全局、协调各方,发挥坚强核心的作用。坚持党的领导必须加强党的建设,确保党的先进性和执政地位的稳固。党的建设是国家治理取得成效的根本前提,也是党在新时代面临的重大课题。中国特色社会主义进入新时代,中国共产党能否始终如一地保持其先进性,保持其初心和使命的连贯性和统一性;能否适应时代发展的要求,与时俱进地加强自身的执政能力;能否克服自身肌体的腐败等,是中国共产党必须在实践发展的过程中不断加以解决的现实问题,这关系到共产党执政地位的稳固,关系到经济社会发展的稳定,关系到民族复兴中国梦的实现。因此,要遵循执政党的建设规律,科学回答如何加强执政党建设这一重大问题。治国必先治党,治党务必从严,这是习近平总书记在总结世界上许多国家政党兴衰成败的基础上得出的结论。新时代,党面临的风险和考验不断增多,党的建设的形势仍然十分严峻。中国共产党人要时刻牢记初心使命,以伟大的自我革命精神,全面从严治党,永葆党的生命力和活力。要加强党的制度建设,完善党内法规体系。制度事关根本,要把权力关在制度的笼子里,始终把党的制度建设放在重要位置,确保中国共产党始终成为中国特色社会主义的坚强领导核心。

---

① 《习近平谈治国理政》第三卷,外文出版社 2020 年版,第 181 页。

中国特色社会主义制度

毛泽东与我国社会主义基本制度的确立[*]

在中国确立和巩固社会主义制度是中国共产党的奋斗目标和价值理想。新中国成立前夕,毛泽东根据中国实际,对即将建立的新中国的社会制度做了具体构想;新中国成立后,随着社会主义改造任务的完成,社会主义基本制度在中国确立,奠定了当代中国一切发展和进步的根本制度基础。在社会主义建设时期,毛泽东针对苏联模式的弊端,对我国社会主义经济政治体制改革进行了初步探索,为新时期中国特色社会主义制度的创新和发展提供了一定历史经验。

一、毛泽东关于新中国政治经济制度的基本构想

中国革命胜利后,建立一个什么样的国家,这是党和毛泽东在长期的革命实践中认真思考和研究的一个重要问题。新中国成立前夕,毛泽东将思考的重点放在即将建立的新政治经济制度等重大问题上。

---

* 原载《高校理论战线》2012 年第 11 期。中国人民大学复印报刊资料《毛泽东思想》2013 年第 1 期全文转载。

1. 关于新中国政治制度的构想

第一,提出建立人民民主专政的思想。1948年在西柏坡召开的中央九月会议上,毛泽东第一次提出,中国革命胜利后,要建立无产阶级领导的以工农联盟为基础的人民民主专政的国家,这一"政权的阶级性是这样:无产阶级领导的,以工农联盟为基础,但不是仅仅工农,还有资产阶级民主分子参加的人民民主专政。"①人民民主专政的基础是工人阶级、农民阶级和城市小资产阶级的联盟,而主要是工农联盟。1949年2月初,他在西柏坡会见苏共中央政治局委员米高扬时又指出,新中国政权的性质是"在工农联盟基础上的人民民主专政,而究其实质就是无产阶级专政。不过对我们这个国家来说,称为人民民主专政更为合适、更为合情合理。"②同年9月,毛泽东在《论人民民主专政》一文中,对人民民主专政的性质和内容作了具体的说明。这一基本原则在《共同纲领》和新中国成立后制定的几部宪法中得到了始终如一的坚持。

第二,关于新中国政权的组织形式。1940年1月,毛泽东在《新民主主义论》中就明确指出:"国体——各革命阶级联合专政。政体——民主集中制。""没有适当形式的政权机关,就不能代表国家。"③他认为,与人民民主专政的国体相适应,政体应该采用民主集中制的人民代表会议制度,中央和地方各级政府,都应当由各级人民代表大会选举产生。新中国成立前夕,毛泽东在1949年中央九月会议上明确指出:"人民民主专政的国家,是以人民代表会议产生的政府来代表它的。""我们政权的制度是采取议会制呢,还是采取民主集中制?""我们采用民主集中制,而不采用资产阶级议会制。"④他认为,在中国采取民主集中制,开人民代表大会很合适的,各方面都能接受。在党的七届

---

① 《毛泽东文集》第五卷,人民出版社1996年版,第135页。
② 《在历史巨人身边——师哲回忆录》(修订本),中央文献出版社1995年版,第376页。
③ 《毛泽东选集》第二卷,人民出版社1991年版,第677页。
④ 《毛泽东文集》第五卷,人民出版社1996年版,第136页。

二中全会的总结中,毛泽东分析了人民代表大会制度与资产阶级议会制和列宁提出的工农民主专政的区别,认为人民代表大会制度不同于资产阶级的议会制度,而近似于苏维埃制度,不过,"在内容上我们和苏联的无产阶级专政的苏维埃是有区别的,我们是以工农联盟为基础的人民苏维埃。"①而民族资产阶级的代表是参加人民代表会议的。与人民民主专政的国体相适应的人民代表大会制度,构成了新中国的根本政治制度。

第三,阐述了中国共产党领导的多党合作的思想。新中国的国体是人民民主专政,同这种国体相适应的政党制度是中国共产党领导的多党合作和政治协商制度。"1949年初,党中央和毛主席考虑联合政府的组成时,曾设想过在联合政府中,中共与进步分子合为2/3,中间与右翼占1/3。"②除中国共产党以外,还有各民主党派,要在政府的各个岗位上给其留下一定位置。"但国家政权的领导权是在中国共产党手里的,这是确定不移的,丝毫不能动摇的。"③在党的七届二中全会上,毛泽东更明确地指出,我们党要去团结尽可能多的能够同我们合作的城市小资产阶级和民族资产阶级的代表人物,它们的知识分子和政治派别。同时要求我党同党外民主人士长期合作的决策,必须在全党思想上和工作上确定下来。这些同党外民主人士长期合作的政策在党的七届二中全会的《决议》中得到正式确认,为中国共产党领导的多党合作和政治协商制度的正式形成奠定了理论基础。党的七届二中全会以后,在向北平进军途中,毛泽东又对周恩来谈到,对于做出贡献的各民主党派领导人,应该在政府里安排职务。毛泽东关于中国共产党领导的多党合作制度的构想日益成熟。

第四,阐述了建立民族区域自治制度的思想。抗日战争时期,陕甘宁边区已经有过实施民族区域自治政策的实践,并积累了初步的经验。1937年8

---

① 《毛泽东文集》第五卷,人民出版社1996年版,第265页。
② 薄一波:《若干重大决策与事件的回顾》上卷,中共中央党校出版社1991年版,第32页。
③ 《在历史巨人身边——师哲回忆录》(修订本),中央文献出版社1995年版,第377页。

月,毛泽东在为中共中央宣传部起草的关于形势与任务的宣传鼓动提纲中明确提出:"动员蒙民、回民及其他少数民族,在民族自决和自治的原则下,共同抗日。"①这一主张被中央政治局扩大会议采纳,并写入《抗日救国十大纲领》。1945年,毛泽东在党的七大政治报告中又进一步强调:"改善国内少数民族的待遇,允许各少数民族有民族自治的权利"②。1947年5月1日,内蒙古自治政府成立。1947年10月,毛泽东在《中国人民解放军宣言》中指出:"中国境内各少数民族有平等自治的权利。"③1949年3月,在党的七届二中全会上,毛泽东提出要为恢复内蒙古历史地域创造条件,逐步实现东西蒙统一的内蒙古自治区。1949年9月,民族区域自治这一建立新型民族关系的重大决策写入《共同纲领》,规定在国家统一领导下,"各少数民族聚居的地区,应实行民族的区域自治,按照民族聚居的人口多少和区域大小,分别建立各种民族自治机关。"④

2. 关于新中国经济制度的构想

第一,关于新民主主义经济的性质。毛泽东在中央九月会议上指出:"我们的社会经济的名字还是叫'新民主主义经济'好。"⑤他认为"新资本主义经济"的名词是不妥当的,因为它没有说明在我们社会经济中起决定作用的东西是国营经济、公营经济,这些经济是社会主义性质的,整个国民经济是社会主义经济领导之下的经济体系。1948年9月,毛泽东在修改《关于东北经济构成及经济建设基本方针的提纲》时指出,在新民主主义经济建设中,放弃无产阶级的领导地位是错误的,同时,"又必须坚决地严密地防止任何急性的'左'倾冒险主义的倾向,即是过早地和过多地在国民经济中采取社会主义的

---

① 《毛泽东选集》第二卷,人民出版社1991年版,第355页。
② 《毛泽东选集》第三卷,人民出版社1991年版,第1064页。
③ 《毛泽东选集》第四卷,人民出版社1991年版,第1238页。
④ 《建国以来重要文献选编》第1册,中央文献出版社1992年版,第12页。
⑤ 《毛泽东文集》第五卷,人民出版社1996年版,第139页。

步骤,超出实际的可能性和必要性去机械地实现计划经济……这是一种极危险的'左'的偏向,我们必须严格的加以防止。"①新民主主义经济的发展方向是社会主义。毛泽东指出:"不要以为新民主主义经济不是向社会主义发展,而认为是自由贸易、自由竞争,向资本主义发展,那是极其错误的,我们历来反对。"②在这一问题上,既要坚持社会主义方向,这是坚定不移的。又要谨慎、稳重,不要急于社会主义化,这些思想对于反对"左"和右的错误具有十分重要的意义。

第二,关于新民主主义的经济结构。新民主主义的经济结构是以社会主义国营经济为主导、多种所有制经济并存。关于新民主主义经济成分的构成及其作用,毛泽东指出:"新中国的经济构成,首先是国营经济,第二是由个体向集体发展的农业经济,第三是私人经济"③。对此,毛泽东在党的七届二中全会的报告中又具体加以说明,国营经济是社会主义性质的,合作社经济是半社会主义性质的,加上私人资本主义,加上个体经济,加上国家和私人合作的国家资本主义经济,这些就是人民共和国的几种主要的经济成分,这些就构成新民主主义的经济形态。在这几种经济成分中,国营经济是领导成分,农村个体经济和城市私人经济数量大,但不起决定作用。

新中国成立前夕,毛泽东具体设计了未来我国的政治制度和经济制度,为新中国的建立奠定了重要基础。新民主主义与社会主义在制度上还存在着差异,但是新民主主义的发展方向是社会主义。毛泽东在新中国成立前夕设计的制度框架和基本思路,已经勾画出了未来社会主义制度的雏形,为我国成功地实现由新民主主义向社会主义的过渡奠定了基础。

---

① 《毛泽东经济年谱》,中共中央党校出版社1993年版,第251页。
② 《胡乔木回忆毛泽东》,人民出版社2014年版,第544页。
③ 《毛泽东文集》第五卷,人民出版社1996年版,第140页。

二、从《共同纲领》到《五四宪法》

——我国社会主义基本制度的确立

1949 年 9 月，《共同纲领》把以毛泽东同志为主要代表的中国共产党人的建国构想确定下来。1954 年 9 月，第一届全国人民代表大会第一次会议通过的《中华人民共和国宪法》，是在《共同纲领》基础上的进一步发展，从宪法层面对我国社会主义制度作出了系统全面的规定。1956 年，我国完成了对个体农业、手工业和资本主义工商业社会主义改造的任务，确立了社会主义经济制度。由此，毛泽东关于新中国政治经济制度的科学构想由抽象变为具体，由原则成为制度，由蓝图化为现实。

1. 社会主义政治制度的确立

第一，人民民主专政在全国的确立。1949 年 9 月，中国人民政治协商会议第一届全体会议通过的《共同纲领》规定："中华人民共和国为新民主主义即人民民主主义的国家，实行工人阶级领导的、以工农联盟为基础的、团结各民主阶级和国内各民族的人民民主专政"①。新中国的成立，标志着"革命根据地的人民民主专政……变成了全国的人民民主专政"②。人民民主专政不再只是一种科学构想和局部实践，而是变为具体现实并在全国实践。人民民主专政在实质上是无产阶级专政，它和资产阶级专政在性质上是完全不同的。在资本主义国家，无论怎样标榜民主和自由，终究只是占人口极少数的资产阶级居于统治地位，人民民主专政则使人民真正成为国家的主人。同时它又具有极其鲜明的中国特色，无论在语言表述还是在内容上，都明确地把民主和专政两个方面及其相互关系表达出来，有利于促进社会主义民主政治的发展。

---

① 《建国以来重要文献选编》第 1 册，中央文献出版社 1992 年版，第 2 页。
② 《建国以来毛泽东文稿》第 6 册，中央文献出版社 1992 年版，第 141 页。

1954 年 9 月,第一届全国人民代表大会第一次会议通过的《中华人民共和国宪法》,用国家根本大法的形式把人民民主专政的根本原则明确规定下来,保证了中国人民经过新民主主义革命长期浴血奋斗所取得的民主成果。

第二,人民代表大会制度的确立。《共同纲领》规定,各级政权机关一律实行民主集中制,并规定了实行民主集中制的主要原则。新中国成立时,作为我国根本政治制度的人民代表大会制度,因为各方面条件的限制,并没有能与新生的国家政权同步形成,而是采取了在中央通过中国人民政治协商会议全体会议、在地方通过逐级召开人民代表会议的方式,逐步地向人民代表大会制度过渡。在毛泽东的倡导和督促下,全国各地先后召开各界人民代表会议,为召开普选的各级人民代表大会准备了条件。1953 年通过的《关于召开全国人民代表大会和地方各级人民代表大会的决议》,要求必须依照《共同纲领》规定,及时地召开由人民普选方法产生的全国人民代表大会,使人民民主专政的国家制度更加完备,以适应国家计划建设的要求。1954 年,《中华人民共和国宪法》《中华人民共和国全国人民代表大会组织法》《中华人民共和国地方各级人民代表大会和地方各级人民委员会组织法》的颁布,标志着人民代表大会制度在宪法体制上的正式确立。它不仅为国家的政治民主化进程确定了一种新型政权组织形式和民主程序,更重要的是确立了人民代表大会这一同人民民主专政的国体相适应的根本政治制度,为实现人民当家作主提供了根本的制度保证。

第三,中国共产党领导的多党合作制度的形成。1948 年 4 月 30 日,中共中央发布《纪念"五一"节口号》,提出"各民主党派、各人民团体、各社会贤达迅速召开政治协商会议,讨论并实现召集人民代表大会,成立民主联合政府。"①这一提议受到各民主党派的拥护和支持。1949 年 6 月,新政协筹备会议第一次全体会议通过了《新政治协商会议筹备会组织条例》,规定筹备会的

---

① 《建党以来重要文献选编(1921—1949)》第 25 册,中央文献出版社 2011 年版,第 283—284 页。

23 个单位,包含了民主党派和无党派民主人士,中国共产党领导的多党合作制度开始运作起来。1949 年 9 月,各民主党派、无党派民主人士、各人民团体和中国共产党一道参加的中国人民政治协商会议的召开,不仅体现了中国共产党领导的多党合作的基本精神,而且标志着中国共产党领导的多党合作和政治协商制度在政治上、组织上的正式形成,这是我国社会主义制度的突出特点和优势。1954 年通过的《中华人民共和国宪法》,对我国的政党问题作了明确规定:"我国人民在建立中华人民共和国的伟大斗争中已经结成以中国共产党为领导的各民主阶级、各民主党派、各人民团体的广泛的人民民主统一战线。今后在动员和团结全国人民完成国家过渡时期总任务和反对内外敌人的斗争中,我国的人民民主统一战线将继续发挥它的作用。"①用根本大法的形式,确立了中国共产党领导的多党合作和政治协商制度。

第四,民族区域自治制度的确立。《共同纲领》明确规定:"各少数民族聚居的地区,应实行民族的区域自治,按照民族聚居的人口多少和区域大小,分别建立各种民族自治机关。"②从而把民族区域自治作为我国处理民族关系问题的制度选择以法律的形式确定下来。新中国成立以后,一方面,根据宪法和法律规定,在实践中开始在少数民族聚居的地方全面推行民族区域自治。另一方面,我国开始制定相关的民族区域自治的法律法规。1952 年 2 月,政务院 125 次政务会议,原则通过《中华人民共和国民族区域自治实施纲要》;1953 年中央民族事务委员会(扩大)会议,通过《关于推行民族区域自治经验的基本总结》。1954 年《中华人民共和国宪法》对民族区域自治作了更为全面细致的规定,标志着民族区域自治制度迈出了关键性的一步。随后,国务院又根据《纲要》精神和《中华人民共和国宪法》,于 1955 年 12 月发出《国务院关于更改相当于区的民族自治区的指示》《国务院关于建立民族乡若干问题的指示》《国务院关于改变地方民族民主联合政府的指示》,到 1956 年我国基本

---

① 《建国以来重要文献选编》第 5 册,中央文献出版社 1993 年版,第 521 页。
② 《建国以来重要文献选编》第 1 册,中央文献出版社 1992 年版,第 12 页。

形成全国统一的民族自治体制,基本确立了民族区域自治制度的框架。到 1958 年我国已成立四个自治区、29 个自治州和 54 个自治县。西藏也成立了自治区筹备委员会。1965 年 9 月,西藏自治区成立。

2. 社会主义法制的确立

1949 年新中国成立后,为适应新的社会政治经济的发展和维护全新的社会关系和社会秩序的要求,开始展开大规模的法律创制活动。《共同纲领》明确规定:"废除国民党反动政府一切压迫人民的法律、法令和司法制度,制定保护人民的法律、法令,建立人民司法制度。"[①]新中国成立后,根据《共同纲领》,建立了中央国家机关和地方各级人民政府,开展了全国范围内的法制建设,先后制定了地方各级人民政府和司法机关的组织通则,制定了工会法、婚姻法、土地改革法以及有关劳动保护、民族区域自治和公私企业管理等法律、法令。1954 年 9 月召开的第一届全国人民代表大会第一次会议通过《中华人民共和国宪法》后,又据此重新制定了一些有关国家机关和国家制度的各项重要法律法令。[②] 1956 年党的八大召开前,我国经济立法取得显著成效,民法立法框架已经基本形成,刑事立法初步展开,诉讼立法也开始启动,逐步形成了以宪法为核心的我国社会主义的法律框架。这些法律的制定和执行对社会关系领域的变革、调整、维持和巩固起到了重要作用,为新生政权和社会主义制度的巩固和发展创造了条件,对中国特色社会主义法律体系的形成也具有奠基性意义。

3. 社会主义经济制度的确立

第一,社会主义所有制结构的确立。《共同纲领》规定新中国成立后,我国的经济结构为国营经济、合作社经济、农民和手工业者的个体经济、私人资

---

① 《建国以来重要文献选编》第 1 册,中央文献出版社 1992 年版,第 5 页。
② 《董必武法学文集》,法律出版社 2001 年版,第 341—342 页。

本主义经济和国家资本主义经济,"各种社会经济成分在国营经济领导之下,分工合作,各得其所,以促进整个社会经济的发展。"①其中,国营经济为社会主义性质的经济,是整个社会经济的领导力量,合作社经济、国家资本主义经济为半社会主义性质的经济,为整个社会经济的重要组成部分。新中国成立后,随着国民经济恢复和发展以及国内外情况的发展变化,1952年底,毛泽东提出党在过渡时期的总路线,"总路线也可以说就是解决所有制的问题。国有制扩大——国营企业的新建、改建、扩建。私人所有制有两种,劳动人民的和资产阶级的,改变为集体所有制和国营(经过公私合营,统一于社会主义),这才能提高生产力,完成国家工业化。"②党在过渡时期的总路线的实质,就是使生产资料的社会主义所有制成为国家的经济基础。按照总路线的要求,我国对个体农业、手工业和资本主义工商业进行了社会主义改造,在较短的时间里,实现了生产资料所有制的深刻变革。到1956年,各种经济成分占国民收入的比重分别是:国营经济32.2%,合作社经济53.4%,公私合营经济7.3%,个体经济7.1%,社会主义所有制成为我国的经济基础。社会主义公有制在中国得到全面确立。

第二,社会主义计划经济体制的确立。随着所有制成分逐渐形成单一公有制,高度集中的计划经济体制逐渐建立。毛泽东指出:"恩格斯说,在社会主义制度下,'按照预定计划进行社会生产就成为可能',这是对的。资本主义社会里,国民经济的平衡是通过危机达到的。社会主义社会里,有可能经过计划来实现平衡。"③他还指出:"社会主义国家的经济能够有计划按比例地发展,使不平衡得到调节……因为消灭了私有制,可以有计划地组织经济。"④1954年9月通过的《中华人民共和国宪法》规定,国家用经济计划指导国民经

---

① 《建国以来重要文献选编》第1册,中央文献出版社1992年版,第7页。
② 《毛泽东文集》第六卷,人民出版社1999年版,第301页。
③ 《毛泽东文集》第八卷,人民出版社1999年版,第118页。
④ 《毛泽东文集》第八卷,人民出版社1999年版,第119页。

济的发展和改造,使生产力不断提高,以改进人民的物质生活和文化生活,巩固国家的独立和安全。随着我国计划经济体制的形成,在经济运行管理、工业企业管理、基本建设管理、财务管理、物资管理、价格管理等方面也建立了高度集中的管理体制。

从《共同纲领》到《五四宪法》,再到1956年完成社会主义改造的历史任务,社会主义基本制度在中国得以全面确立,奠定了当代中国一切发展和进步的根本制度基础。改革开放以来,中国特色社会主义制度的创新和发展,是在这一基础上进行的,是在新的历史条件下对我国社会主义制度的丰富和完善。

三、毛泽东对我国经济、政治体制改革的初步探索

社会主义制度在我国的确立是历史发展的必然和中国人民的选择,适合中国国情,同时在其表现和具体实践操作中而又具有中国特色。在社会主义建设时期,毛泽东在探索适合中国特点的社会主义建设道路的过程中,以苏为鉴,对我国社会主义经济、政治体制改革和完善进行了初步探索,提出了许多重要的思想观点。

1. 系统阐述社会主义基本矛盾理论

毛泽东关于社会主义社会基本矛盾的理论是我国社会主义政治经济体制改革和完善的理论基础。毛泽东指出:"在社会主义社会中,基本的矛盾仍然是生产关系和生产力之间的矛盾,上层建筑和经济基础之间的矛盾。"[1]认为社会基本矛盾是贯穿人类社会始终的矛盾,不论是敌我矛盾、人民内部矛盾,还是经济、政治、思想、文化各个领域中的矛盾,都受社会基本矛盾制约和规

---

[1] 《毛泽东文集》第七卷,人民出版社1999年版,第214页。

定。他还分析了社会主义基本矛盾的性质和特点，认为"社会主义生产关系已经建立起来，它是和生产力的发展相适应的；但是，它又还很不完善，这些不完善的方面和生产力的发展又是相矛盾的。除了生产关系和生产力发展的这种又相适应又相矛盾的情况以外，还有上层建筑和经济基础的又相适应又相矛盾的情况。"①这些矛盾不是对抗性的矛盾，它可以经过社会主义制度本身，不断地得到解决。以毛泽东同志为主要代表的中国共产党人，根据社会主义基本矛盾的理论，对不适应中国实际的政治经济体制及运行方式的改革进行了探索，以适应我国社会主义制度巩固和发展的需要。邓小平在谈到我国经济体制改革时曾指出："社会主义基本制度确立以后，还要从根本上改变束缚生产力发展的经济体制，建立起充满生机和活力的社会主义经济体制，促进生产力的发展，这是改革，所以改革也是解放生产力。"②这些思想是在新的历史条件下对毛泽东社会主义社会基本矛盾理论的运用和发展。

2. 提出"以苏为鉴"，走自己的路的重要思想

以苏为鉴，走自己的路，为我国社会主义经济、政治体制改革和完善提供了方法论原则。毛泽东在《论十大关系》中指出："特别值得注意的是，最近苏联方面暴露了他们在建设社会主义过程中的一些缺点和错误，他们走过的弯路，你还想走？过去我们就是鉴于他们的经验教训，少走了一些弯路，现在当然更要引以为戒。"③他在论述每个关系时都分析了苏联在处理这些问题时的经验教训，并提出解决问题的办法，体现出"走自己的路"的战略思想。他在"中国和外国关系"一节中明确提出："马克思列宁主义，斯大林讲得对的那些方面，我们一定要继续努力学习。我们要学的是属于普遍真理的东西，并且学习一定要与中国实际相结合。如果每句话，包括马克思的话，都要照搬，那就

---

① 《毛泽东文集》第七卷，人民出版社1999年版，第215页。
② 《邓小平文选》第三卷，人民出版社1993年版，第370页。
③ 《建国以来毛泽东文稿》第六册，中央文献出版社1992年版，第82页。

不得了。"①1958年3月,毛泽东在成都会议上的讲话中又指出:"一九五六年四月的《论十大关系》,开始提出我们自己的建设路线,原则和苏联相同,但方法有所不同,有我们自己的一套内容。"②1960年6月18日,他在《十年总结》一文中又谈道:"前八年照抄外国的经验。但从一九五六年提出十大关系起,开始找到自己的一条适合中国的路线。"③突破苏联模式,要走自己的道路的思想,对于建立适合中国国情的社会主义制度具有十分重要的意义。

3. 关于经济体制改革的探索

毛泽东在《论十大关系》中,针对苏联模式的弊端,提出经济体制改革的思想。他对社会主义公有制经济占优势的前提下,允许非公有制经济成分存在的问题进行了探讨,指出要实行"新经济政策","可以搞国营,也可以搞私营。可以消灭了资本主义,又搞资本主义……现在国营、合营企业不能满足社会需要,如果有原料,国家投资又有困难,社会有需要,私人可以开厂。"④在分配方面,提出国家、集体和个人三者兼顾的原则。毛泽东在领导纠正"大跃进"和人民公社化运动中急躁冒进错误的过程中,还提出不能剥夺农民,不能超越阶段,要发展商品生产,遵循价值规律。刘少奇在党的八大的政治报告中也指出:"我们应当改进现行的市场管理办法,取消过严过死的限制;并且应当在统一的社会主义市场的一定范围内,允许国家领导下的自由市场的存在和一定程度的发展,作为国家市场的补充。"⑤陈云提出"三个主体、三个补充"思想,即国家、集体经济是主体,一定数量的个体经济是补充;计划生产是主体,在计划许可范围内按市场变化的自由生产是补充;国家市场是主体,一

---

① 《建国以来毛泽东文稿》第六册,中央文献出版社1992年版,第103页。
② 《毛泽东文集》第七卷,人民出版社1999年版,第369—370页。
③ 《建国以来毛泽东文稿》第九册,中央文献出版社1996年版,第213页。
④ 《毛泽东文集》第七卷,人民出版社1999年版,第170页。
⑤ 《建国以来重要文献选编》第9册,中央文献出版社1994年版,第76页。

定范围内的自由市场是补充。这些思想观点,是对高度集中的计划经济体制的突破。

与此同时,对管理体制改革也进行了探索。党的八大以后,陈云主持体制改革工作,在充分调查研究的基础上,为国务院起草了《关于改进工业管理体制的规定》、《关于改进商业管理体制的规定》和《关于改进财政管理体制的规定》等文件,明确提出关于工业管理的两个"适当扩大",即"适当扩大省、自治区、直辖市管理工业的权限"①和"适当扩大企业主管人员对企业内部的管理权限"②1960 年 3 月,毛泽东在对中共鞍山市委《关于工业战线上的技术革新和技术革命运动开展情况的报告》的批示中,提出"两参一改三结合"的思想;邓小平在 1961 年 8 月给毛泽东和中央政治局常委的信中,提出适当扩大企业自主权,加强企业管理,实行生产责任制思想;邓子恢在 1962 年 5 月写给党中央和毛泽东的《关于当前农村人民公社若干政策问题的意见》和 7 月在高级党校的关于农业问题的讲话的报告和意见中,进一步提出和阐述他在 1954 年提出的在农村实行生产责任制的观点。

4. 关于政治体制改革的探索

毛泽东认为我国的基本政治制度是好的,是适合中国国情的,但仍需要不断完善。提出政治体制改革的目标就是要"造成一个又有集中又有民主,又有纪律又有自由,又有统一意志、又有个人心情舒畅、生动活泼,那样一种政治局面"③。

第一,扩大社会主义民主。毛泽东认为:"没有民主,就不可能正确地总结经验。没有民主,意见不是从群众中来,就不可能制定出好的路线、方针、政策和办法……没有民主,不了解下情,情况不明,不充分搜集各方面的意见,不

---

① 《陈云文选》第三卷,人民出版社 1995 年版,第 88 页。
② 《陈云文选》第三卷,人民出版社 1995 年版,第 91 页。
③ 《建国以来毛泽东文稿》第六册,中央文献出版社 1992 年版,第 543 页。

使上下通气,只由上级领导机关凭着片面的或者不真实的材料决定问题,那就难免不是主观主义的"①。他提出加强社会主义民主的主要途径:一是加强集体领导。中央和各级党委必须坚持集体领导的原则,反对个人独裁和分散主义两种偏向,必须懂得集体领导和个人负责这样两个方面,不是互相对立的,而是互相结合的。二是建立党代会常任制。邓小平在党的八大《关于修改党的章程的报告》中提出:"代表大会常任制的最大好处,是使代表大会可以成为党的充分有效的最高决策机关和最高监督机关"②。三是废除领导干部终身制。1957 年 4 月,毛泽东在与民主人士和无党派人士的谈话中,向党外人士透露不当国家主席的意愿,他说:"瑞士有七人委员会,总统是轮流当的。我们几年轮一次总可以,采取逐步脱身政策。"③四是加强党的监督。没有监督,就没有民主。毛泽东认为,主要监督共产党的是劳动人民和党员群众以及民主党派。

第二,改变中央高度集权。毛泽东指出,现在中央集中太多,要给地方更多一些权力,给地方更多的独立性。要有中央和地方两个积极性,比只有一个积极性好得多。他说,"我国宪法规定,地方没有立法权,立法权集中在全国人民代表大会。这一条也是学苏联的……但美国似乎不是这样……它的政治制度是可以研究的。"④谈到正确处理中央和地方的关系时,他指出:"处理好中央和地方的关系,这对于我们这样的大国大党是一个十分重要的问题。这个问题,有些资本主义国家也是很注意的。它们的制度和我们的制度根本不同,但是它们发展的经验,还是值得我们研究。"⑤他在 1970 年与斯诺的谈话中,仍然谈到在中央与地方的权力配置上,"要学你们美国的办法,分到五十

---

① 《建国以来毛泽东文稿》第十册,中央文献出版社 1996 年版,第 21—22 页。
② 《建国以来重要文献选编》第 9 册,中央文献出版社 1994 年版,第 141 页。
③ 逄先知、金冲及主编:《毛泽东传》(1949—1976)上卷,中央文献出版社 2003 年版,第 672—673 页。
④ 薄一波:《若干重大决策与事件的回顾》上卷,中央党校出版社 1991 年版,第 488 页。
⑤ 《建国以来毛泽东文稿》第六册,中央文献出版社 1992 年版,第 91—92 页。

个州去。""中央一个积极性,地方一个积极性! 讲了十几年了"①。

第三,反对官僚主义,精简机构。官僚主义是危害党和国家政治体制的弊病之一。毛泽东对官僚主义作风一贯深恶痛绝。毛泽东特别强调机构庞大,部门重叠,是官僚主义滋生的条件。因此,他指出:"在一不死人二不废事的条件下,我建议党政机构进行大精简,砍掉它三分之二。"②后来又指出,国家机构庞大,部门很多,很多人蹲在机关里头没有事做,这个问题要解决。第一条,必须减人;第二条,对准备减的人,必须做出适当安排,使他们都有切实的归宿。党、政、军都要这样做。"精简机关,下放干部,使相当大的一批干部回到生产中去"③。

第四,完善人民代表大会制度、中国共产党领导的多党合作和政治协商制度、民族区域自治制度。1954 年以后,毛泽东积极探索人民代表大会制度建设,从而在政治实践中发展了人民代表大会制度。比如,赋予地方人大立法权。毛泽东指出:"我们的宪法规定,立法权集中在中央。但是在不违背中央方针的条件下,按照情况和工作需要,地方可以搞章程、条例、办法,宪法并没有约束。我们要统一,也要特殊。"④这一设想在实践中得到了贯彻。关于多党合作制,毛泽东提出,处理好中国共产党同各民主党派的关系,要坚持"长期共存,互相监督"的方针,对中国共产党领导的多党合作制度的完善具有重要的指导意义,被民主党派称为"思想上的大解放""民主党派新生命的开始"⑤。关于民族区域自治制度,毛泽东提出不仅要坚持反对大汉族主义和地方民族主义,加强民族团结外,还要"在少数民族地区,经济管理体制和财政体制,究竟怎样才适合,要好好研究一下。"⑥

---

① 《建国以来毛泽东文稿》第十三册,中央文献出版社 1998 年版,第 181 页。
② 《建国以来毛泽东文稿》第六册,中央文献出版社 1992 年版,第 96 页。
③ 《毛泽东文集》第七卷,人民出版社 1999 年版,第 240 页。
④ 《建国以来毛泽东文稿》第六册,中央文献出版社 1992 年版,第 92 页。
⑤ 李维汉:《回忆与研究》下,中共党史资料出版社 1986 年版,第 820 页。
⑥ 《建国以来毛泽东文稿》第六册,中央文献出版社 1992 年版,第 94 页。

　　毛泽东对我国社会主义政治经济体制改革的探索,是基于对苏联模式的深刻反思,也是从我国社会主义基本制度建立后的实际出发所做的探索。毛泽东关于政治经济体制改革的思考和探索,是具有中国特点的社会主义建设道路内容的重要组成部分。虽然这一探索是初步的,有很多重要思想并没有在以后的实践中贯彻和实施。但是,这些探索的成果无疑为新时期中国特色社会主义制度的创新和发展,提供了重要经验。胡锦涛在 2011 年"七一讲话"中指出:"经过 90 年的奋斗、创造、积累,党和人民必须倍加珍惜、长期坚持、不断发展的成就是:开辟了中国特色社会主义道路,形成了中国特色社会主义理论体系,确立了中国特色社会主义制度。"[1]这一论述,也充分说明了中国共产党在领导革命、建设和改革的过程中,确立、创新和发展中国特色社会主义制度的一脉相承性。

---

　　[1]　胡锦涛:《在庆祝中国共产党成立 90 周年大会上的讲话》,《人民日报》2011 年 7 月 2 日。

邓小平与中国特色
社会主义制度的确立[*]

邓小平作为我国改革开放的总设计师,在中国特色社会主义制度设计、制度建设和创新方面进行了理论和实践上的艰辛探索,作出了历史性贡献。邓小平以坚持党的领导和社会主义基本原则为制度设计的核心,以解放发展社会生产力、改善人民生活、提高综合国力作为制度建设和创新的基本标准,把共同富裕作为制度完善和发展的根本落脚点,使中国特色社会主义制度在同资本主义制度的比较中不断体现其独特优势。

一、从制度建设的视角深刻总结历史经验

在改革开放和社会主义现代化建设新时期,邓小平通过对极左思潮的批判,从制度建设的根源上总结历史经验,深刻反思"文化大革命"教训。

1. 制度优势应从发展生产力方面体现出来

新中国成立后,经过国民经济的恢复和社会主义改造,确立了社会主义基

---

* 原载《江西社会科学》2014 年第 7 期。

本制度,实现了我国由新民主主义向社会主义的转变。在进入社会主义初级阶段后,党带领全国各族人民,对适合中国特点的社会主义建设道路进行了艰辛探索。然而,后来的"大跃进"、人民公社化运动和十年"文化大革命",使这一探索走入误区。

"文化大革命"结束后,邓小平严厉批驳当时盛行的强调以阶级斗争为纲、忽视生产力发展的错误思潮。他指出:"国家这么大,这么穷,不努力发展生产,日子怎么过?我们人民的生活如此困难,怎么体现出社会主义的优越性?'四人帮'叫嚷要搞'穷社会主义'、'穷共产主义',胡说共产主义主要是精神方面的,简直是荒谬之极!"①针对"越穷越光荣"的错误论调,邓小平指出:"林彪和'四人帮'反对马克思主义,他们不讲生产,谁讲发展生产就说谁是修正主义,那马克思写《资本论》是干什么的?马克思讲,共产主义是按需分配,要有物质基础。怎样才能体现列宁讲的社会主义的优越性,什么叫优越性?不劳动、不读书叫优越性吗?人民生活水平不是改善而是后退叫优越性吗?如果这叫社会主义优越性,这样的社会主义我们也可以不要。我们的潜力很大,加上认真学习外国经验,在学习外国东西的基础上加以创新。"②对于饱受僵化思想影响的中国社会而言,当时最大的实际是尽快恢复和发展经济,尽早实现现代化。"搞现代化就是要加快步伐,搞富的社会主义,不是搞穷的社会主义。社会主义优越于资本主义,是最大的阶级斗争。有的人说社会主义不如西方好,如果那样,这是什么社会主义,是'四人帮'的社会主义。生产力不发展,有什么社会主义优越性。"③这也就是说,社会主义制度的优势主要体现在解放和发展生产力方面。

2."要从制度方面解决问题"

尽管十年"文化大革命"给党和国家带来了深重灾难,但邓小平没有否定

---

① 《邓小平文选》第三卷,人民出版社 1993 年版,第 10 页。
② 《邓小平年谱(1975—1997)》上卷,中央文献出版社 2004 年版,第 250 页。
③ 《邓小平年谱(1975—1997)》上卷,中央文献出版社 2004 年版,第 540 页。

新中国成立后制度建设的所有探索成果,而是主张实事求是地总结历史经验。"要恢复和发扬我们行之有效的政策,恢复和发扬毛主席创立的一套好作风。"①在邓小平看来,无论是"大跃进"、人民公社化运动还是十年"文化大革命",这些事件发生的背后都有不可忽视的制度根源:"这个教训是极其深刻的。不是说个人没有责任,而是说领导制度、组织制度问题更带有根本性、全局性、稳定性和长期性";"我们过去发生的各种错误,固然与某些领导人的思想、作风有关,但是组织制度、工作制度方面的问题更重要。这些方面的制度好可以使坏人无法任意横行,制度不好可以使好人无法充分做好事,甚至会走向反面。"②在谈到如何避免或防止"文化大革命"类似事件再次发生时,他强调一定"要从制度方面解决问题"③。但是具体到中国的实际国情,解决制度层面的问题任重道远。邓小平指出:"我国的制度……基本上是从苏联照搬过来的。它很落后,只解决表面问题,造成机构重叠,助长官僚主义。"④因此,如何在总结制度建设经验的基础上,合理借鉴吸收其他国家的发展经验就显得尤为关键,邓小平清醒地意识到,"不能全盘照搬国外的整个制度,因为任何外来制度都不适合中国的特殊需要——中国有着丰富的文化传统,它幅员辽阔,各地差异很大,而且十分贫穷。他认识到了一些自由市场经济学家没有认识到的事情:单靠开放市场并不能解决问题;必须逐步建立各种制度。"⑤因此,邓小平"把中国从走历史捷径的大梦中唤醒,重回必须依据宏图伟略按部就班实现历史的现实世界中"⑥。这就是通过反思历史经验、探寻制度的深层根源来促使当代中国的社会主义制度创新与发展。

① 《邓小平年谱(1975—1997)》上卷,中央文献出版社 2004 年版,第 271 页。
② 《邓小平文选》第二卷,人民出版社 1994 年版,第 333 页。
③ 《邓小平文选》第二卷,人民出版社 1994 年版,第 348 页。
④ [美]傅高义:《邓小平时代》,生活·读书·新知三联书店 2013 年版,第 230 页。
⑤ [美]傅高义:《邓小平时代》,生活·读书·新知三联书店 2013 年版,第 18—19 页。
⑥ [美]亨利·基辛格:《论中国》,中信出版社 2012 年版,第 321 页。

3. 坚持社会主义方向,加强制度建设

"文化大革命"结束后,邓小平以拨乱反正为契机,致力于创造安定团结的政治环境,坚持社会主义原则,恢复党的三大作风和民主集中制,为中国特色社会主义制度创新提供了有利条件。一是创造一个安定团结的政治局面。"我们已经摆脱了林彪、'四人帮'所造成的十年混乱,获得了一个安定团结的政治局面,这是我们的社会主义现代化建设事业必不可少的条件和保证。"①二是坚持社会主义基本原则。"我们从实践上和理论上,都批判了'四人帮'那种以极左面目出现的主张普遍贫穷的假社会主义。我们坚持了社会主义公有制和按劳分配的原则。我们坚持自力更生为主、争取外援为辅、学习和引进外国先进技术发展我国社会主义经济建设的方针。我们努力按照客观经济规律办事。也就是说,我们坚持了科学社会主义。"②三是在实践上加强制度建设。"我们恢复了遭到破坏的党的三大作风,健全了党的民主集中制,增强了全党的团结、党和群众的团结,从而大大提高了党的威信,加强了党对国家和社会生活的领导。"③对此,美国学者李侃如(Kenneth Lieberthal)评价道,邓小平"在审视了危机四伏的中国体制后,认定只有实行重大改革才能保住中共的权力。他认为,党必须提高人民生活水平,而要达到这个目标,就必须抛开平均主义和集体主义。同20世纪大多数中国领导人一样,邓致力于中国的繁荣与富强",正是由于邓小平的支持和推动,"中国开始了迄今为止任何社会主义国家曾试图从事的影响最深远、最为系统的改革。"④

---

① 《邓小平文选》第二卷,人民出版社1994年版,第159页。
② 《邓小平文选》第二卷,人民出版社1994年版,第165页。
③ 《邓小平文选》第二卷,人民出版社1994年版,第165页。
④ 〔美〕李侃如:《治理中国:从革命到改革》,中国社会科学出版社2010年版,第139页。

二、以全面改革推动制度建设和制度创新

在中国特色社会主义制度形成和发展的过程中,邓小平始终要求以坚持党的领导和社会主义方向为基本原则,以改革开放为动力,以经济体制改革、政治体制改革为切入点,从根本上推动当代中国的制度创新。

1. 坚持党的领导和社会主义方向是制度创新的基本原则

一方面,坚持党的领导既是坚持四项基本原则的核心,也是中国特色社会主义制度建立和发展的关键。没有四项基本原则,特别是没有党的领导,就"什么事情也搞不好,会出问题。出问题就不是小问题。社会主义市场经济优越性在哪里? 就在四个坚持。四个坚持集中表现在党的领导"①。美国学者傅高义(Ezra Feivel. Vogel)认为,"邓小平推进经济现代化时喜欢讲'摸着石头过河'。其实,以往50年的经历已经使他对如何过这条特别的河形成了若干信条。其中之一便是必须坚持党的领导。"②改革党和国家领导制度首先要党政分开,但是绝不是为了削弱甚至放弃中国共产党的领导地位,而是"为了更好地加强和改善党的领导……我们有很多优越的东西,这是我们社会制度的优势,不能放弃。所以,我们要坚持四项基本原则"③;"在中国这样的大国,要把几亿人口的思想和力量统一起来建设社会主义,没有一个由具有高度觉悟性、纪律性和自我牺牲精神的党员组成的能够真正代表和团结人民群众的党,没有这样一个党的统一领导,是不可能设想的,那就只会四分五裂,一事无成。这是全国各族人民在长期的奋斗实践中深刻认识到的真理。"④而基辛

---

① 《邓小平年谱(1975—1997)》下卷,中央文献出版社2004年版,第1363页。
② [美]傅高义:《邓小平时代》,生活·读书·新知三联书店2013年版,第413页。
③ 《邓小平文选》第三卷,人民出版社1993年版,第257页。
④ 《邓小平文选》第二卷,人民出版社1994年版,第341—342页。

格(Henry Alfred. Kissinger)曾坦言:"邓小平的经济自由化和民族振兴构想并不包括朝西方认同的多元民主方向有太大的移动。邓小平之所以设法维系一党执政,并不是因为他乐于享受权力带来的特权,而是因为他认为不这样国家就要乱。"①

另一方面,当代中国发展必须在坚持社会主义基本制度的前提下,创新制度建设。我们进行的改革不是推倒重来,也不是另起炉灶,更不是连根拔起,而是社会主义制度的自我完善和发展。邓小平明确指出:"我们建立的社会主义制度是个好制度,必须坚持。"②究其原因在于,"我们在社会主义条件下取得了旧中国根本不可能达到的成就,初步地但又有力地显示了社会主义制度的优越性。我们能够依靠自己的力量战胜各种困难,同样也是社会主义制度具有强大生命力的表现。"③但是,如果过分强调社会主义制度"纯而又纯",则无异于重蹈"文化大革命"覆辙,因此邓小平主张,要实事求是地推动制度创新,"好的传统必须保留,但要根据新的情况来确定新的政策。过去行之有效的东西,我们必须坚持,特别是根本制度,社会主义制度,社会主义公有制,那是不能动摇的";在此前提下"引进先进技术,是为了发展生产力,提高人民生活水平,是有利于我们的社会主义国家和社会主义制度。至于怎么能发展得多一点、好一点、快一点、省一点,这更不违背我们的社会主义制度"④。为了纠正人们思想中业已存在的保守僵化观念,邓小平运用改革开放后的实践经验予以证明:"对内搞活经济,是活了社会主义,没有伤害社会主义的本质。至于吸收外国资金,这是作为发展社会生产力的一个补充,不用担心它会冲击社会主义制度……因为从政治上讲,我们的国家机器是社会主义性质的,它有能力保障社会主义制度。"⑤无论中国特色社会主义制度如何确立和发

① 〔美〕亨利·基辛格:《论中国》,中信出版社 2012 年版,第 332 页。
② 《邓小平文选》第三卷,人民出版社 1993 年版,第 116 页。
③ 《三中全会以来重要文献选编》下,中央文献出版社 2011 年版,第 167 页。
④ 《邓小平文选》第二卷,人民出版社 1994 年版,第 133 页。
⑤ 《邓小平文选》第三卷,人民出版社 1993 年版,第 135 页。

展,党的领导和社会主义方向都始终是邓小平在制度设计和创新方面所遵循的不可动摇的基本准则。

2. 经济层面的制度创新与体制改革

改革开放以来,摒弃阶级斗争为纲的错误路线、破除僵化的思想禁锢、以经济建设为中心、解放和发展社会生产力成为全社会的共识。在这种情况下,邓小平提出对经济体制进行改革和创新。

一是逐步改变高度集中的计划经济体制,实现市场经济与社会主义制度的有机结合。邓小平指出:"计划多一点还是市场多一点,不是社会主义与资本主义的本质区别","计划和市场都是经济手段。"①这一论述,不仅破除了计划经济和市场经济是制度属性的观念,也解除了把计划经济和市场经济看作社会主义基本制度范畴的思想束缚,为我国社会主义基本经济制度的确立奠定了坚实的理论基础。傅高义对此曾评价道,邓小平的观念和做法挑战了很多西方人士的固有观念,但事实上这一举措非常有助于中国的制度创新和经济社会发展,"要建立全国性的制度,并为之配备能够适应当地文化与环境的体制、规章、法律和训练有素的人员,这是一项费时而又至关重要的工作。中国缺少必要的经验、规章以及精明的企业家或私人资本,不可能突然转向市场经济。"②因此,党的十二届三中全会提出"社会主义经济是公有制基础上有计划商品经济"的论断,"超越了建国以来我国实行的高度集中的计划经济体制的理论和模式,确立了一个以公有制为基础的、以国家所有权和企业经营权适当分离的、在总体上实行指导性计划的有计划商品经济的理论和模式。"③邓小平高度认可这一重大突破,认为"解释了什么是社会主义,有些是我们老

---

① 《邓小平文选》第三卷,人民出版社 1993 年版,第 373 页。
② [美]傅高义:《邓小平时代》,生活·读书·新知三联书店 2013 年版,第 461 页。
③ 《三中全会以来重大决策的形成和发展》,中共中央文献出版社 1998 年版,第 146 页。

祖宗没有说过的话,有些新话"①。社会主义市场经济因而成为当代中国制度创新的重要成果。

二是调整之前过分追求单一公有制的思路,逐步允许非公有制经济的存在和发展,激发农村包产到户、乡镇企业与中外合资企业的发展潜力。邓小平认为,包产到户与乡镇企业本质上都是"社会主义制度下责任制的一种形式,没有剥削,没有违背集体所有的原则,可以调动人民的积极性,体现了按劳分配的社会主义原则,有利于发展社会主义经济,不是搞资本主义"②。而合资经营"不会影响我们社会主义的基础。至于管理方法、科学技术,则没有社会主义和资本主义之分,资本主义在管理方面好的东西,社会主义也可以用"③。经济体制改革和制度创新为改革开放后的中国社会注入了崭新的生机活力,为中国特色社会主义制度的发展奠定了坚实的基础。

3. 政治体制改革与制度恢复、制度创新

美国学者费正清(John King Fairbank)曾指出,面对"文化大革命"结束的百废待兴局面,邓小平"要走的是一条既要扶持首创精神,又要重建党和政府的新路子。他意识到中国的进步必须通过一个训练有素的权力机构进行,而不能绕过它。这是一种比毛的唯意志论更切合实际的看法,但同时也是复杂得多的任务"④。

在国家权力机构重建方面,"文化大革命"以后绝大多数权力机关几乎陷入瘫痪,为彻底改变这种状况,在邓小平的主持下,以五届全国人大一次会议的召开为标志,各级人民代表大会开始全面恢复日常工作,在立法和监督等方面的核心作用日益显著,人民代表大会制度得以重新确立。同时,根据邓小平

---

① 《邓小平文选》第三卷,人民出版社 1993 年版,第 91 页。
② 《邓小平年谱(1975—1997)》下卷,中央文献出版社 2004 年版,第 764 页。
③ 《邓小平年谱(1975—1997)》下卷,中央文献出版社 2004 年版,第 765 页。
④ [美]费正清:《伟大的中国革命(1800—1985)》,世界知识出版社 2000 年版,第 409 页。

建议,党的十二大在毛泽东提出的"长期共存、互相监督"方针后,又加上"肝胆相照、荣辱与共"八个字,形成了处理党和各民主党派关系的十六字方针。基辛格认为,"邓小平提出的政治方面建议在共产党历史上没有先例。他似乎是建议共产党维持对国家经济和政治结构的总的指导作用,但会逐渐减少先前对中国人生活各个方面巨细无遗的控制,中国人会得到宽广的个人发挥空间。"①到1987年,中国共产党领导的多党合作和政治协商制度作为我国一项基本政治制度的重要内容写进了党的十三大报告,成为中国特色社会主义政治制度发展的重要里程碑。

在党和国家领导制度改革方面,邓小平主张必须明确实现党政分开和党在法律范围内活动的基本原则,积极改革干部人事制度。党政分开主要是党政职能分开,邓小平把它作为政治体制改革的关键,"改革的内容,首先是党政要分开,解决党如何善于领导的问题。这是关键,要放在第一位。"②为废除领导干部职务终身制,逐步改革党和国家干部人事制度,邓小平力主采取稳妥的方式,以设立中央顾问委员会的创新形式,通过老干部离退休和退居二线等制度,既发挥中顾委在"中央委员会政治上的助手和参谋"作用,又为实现新老干部正常交替、干部年轻化、最终废除领导干部终身制提供了制度保证,并且邓小平以身作则,主动退居二线,为中央领导层的权力有序交接树立了榜样。有国外研究认为,邓小平主政以后,中国的精英政治就在经历着深思熟虑的、增量的制度化过程。由于实施了领导决策的制度化程序,领导层竞争的动力机制也发生了改变,更倾向于一种不断建立共识的集体领导。而且制度化正在不断修正原有选拔高层领导的政治秩序所定下的标准和过程。③ 从这个意义上来说,邓小平制度设计和制度建设的理论和实践探索,对于当代中国的

---

① [美]亨利·基辛格:《论中国》,中信出版社2012年版,第400页。

② 《邓小平文选》第三卷,人民出版社1993年版,第177页。

③ Alice L. Miller,"Institutionalization and the Changing Dynamics of Chinese Leadership Politics",in Li Cheng, ed. China's Changing Political Landscape: Prospects for Democracy, Washington DC: Brookings Institution Press, 2008, p.61.

政治制度再造和体制改革具有十分重要的价值。

"文化大革命"结束后,邓小平发表了一系列重要讲话,充分强调法制建设的重要性。邓小平指出:"必须使民主制度化、法律化,使这种制度和法律不因领导人的改变而改变,不因领导人的看法和注意力的改变而改变。"[①]此后,五届人大三次会议上提出"以法治国"的设想,对推动当代中国的法制建设、形成中国特色社会主义法律体系具有重要的指导意义。

4."一国两制"是当代中国制度创新的典范

为尽早实现祖国和平统一,邓小平指出:"我们的社会主义制度是有中国特色的社会主义制度,这个特色,很重要的一个内容就是对香港、澳门、台湾问题的处理,就是'一国两制'。"[②]这一宏伟构想既是妥善处理历史遗留问题和两岸关系问题的新创造,也是中国特色社会主义制度最具创新性的组成部分。1982年,"一国两制"作为基本国策写进宪法,明确提出国家在必要时设立特别行政区,对"一国两制"政策做了初步的制度性安排。此后,邓小平又对其进行了具体阐释:"我们的政策是实行'一个国家,两种制度',具体说,就是在中华人民共和国内,十亿人口的大陆实行社会主义制度,香港、台湾实行资本主义制度。"[③]"一国两制"不仅是中国处理两岸关系问题的重要原则,而且为世界各国解决相类似的争端提供了有益参照。邓小平指出,要根据新情况新问题,提出新办法。"一国两制"就是"从我们自己的实际提出来的,但是这个思路可以延伸到某些国际问题的处理上"[④]。"一国两制"构想并不是凭空想象,而是遵循了马克思主义立场、观点和方法,以实事求是为基本原则而不断创新的产物。邓小平认为"一国两制"要归功于"马克思主义的辩证唯物主义

① 《邓小平文选》第二卷,人民出版社1994年版,第146页。
② 《邓小平文选》第三卷,人民出版社1993年版,第218页。
③ 《邓小平文选》第三卷,人民出版社1993年版,第58页。
④ 《邓小平文选》第三卷,人民出版社1993年版,第87页。

和历史唯物主义,用毛泽东主席的话来讲就是实事求是。这个构想是在中国的实际情况下提出来的"①;"以社会主义制度为主体的国家包含不同的制度,马克思没有讲过这个问题,我们大胆地提了。如果不这样设想,绝对不可能统一。这样的设想是符合马克思主义的历史唯物主义和辩证唯物主义的,是符合毛主席的实事求是精神的。"②在一个统一的主权国家里,允许有不同的社会制度,这种史无前例的理论创新和实践创举使中国特色社会主义制度具有了宏大的国际视野与深远的世界影响。

三、科学规划制度建设的时间表和路线图,推动制度成熟、完善与定型

苏东剧变后,在世界社会主义运动陷入低潮、中国特色社会主义面临严峻挑战的背景下,邓小平将"发展生产力、改善人民生活"作为评判制度绩效的重要标准,把"共同富裕"视为制度完善和发展的根本落脚点,同时以"南方谈话"为契机,深刻总结改革开放以来制度建设的经验,强调在与资本主义制度比较中充分体现中国特色社会主义制度的特有优势。

1."发展生产力、改善人民生活"是评判制度绩效的重要标准,"共同富裕"是制度完善和发展的根本落脚点

一方面,贫穷不是社会主义。制度绩效必须通过"大力发展生产力,逐步消灭贫穷,不断提高人民的生活水平"③进行检验和衡量,归根到底要体现在"生产力比资本主义发展得更快一些、更高一些,并且在发展生产力的基础上

---

① 《邓小平文选》第三卷,人民出版社 1993 年版,第 101 页。
② 《邓小平年谱(1975—1997)》下卷,中央文献出版社 2004 年版,第 914 页。
③ 《邓小平文选》第三卷,人民出版社 1993 年版,第 10 页。

不断改善人民的物质文化生活"①;"社会主义经济政策对不对,归根到底要看生产力是否发展,人民收入是否增加。这是压倒一切的标准。空讲社会主义不行,人民不相信。"②从国内历史来看,"大跃进"、人民公社化和"文化大革命"都导致国家经济和人民生活出现严重困难;从国际环境来看,第二次世界大战以后的苏联东欧国家也未能实现生产力水平的大幅度提升,人民生活举步维艰。长此以往,人们只会愈加怀疑社会主义制度。在这样的背景下,邓小平指出:"社会主义的优越性总要通过生产的发展和人民生活的提高来体现,这是最起码的标准,空头政治不行"③;"我们讲不能有穷的社会主义,穷不能体现社会主义的优越性,搞社会主义就是要使国家和人民一步一步富起来。"④在实践层面则体现为三个具体要求:"(一)经济上,迅速发展社会生产力,逐步改善人民的物质文化生活;(二)政治上,充分发扬人民民主,保证全体人民真正享有通过各种有效形式管理国家、特别是管理基层地方政权和各项企业事业的权力,享有各项公民权利,健全革命法制,正确处理人民内部矛盾,打击一切敌对力量和犯罪活动,调动人民群众的积极性,巩固和发展安定团结、生动活泼的政治局面;(三)为了实现以上两方面的要求,组织上,迫切需要大量培养、发现、提拔、使用坚持四项基本原则的、比较年轻的、有专业知识的社会主义现代化建设人才。"⑤作为社会主义大国,这三个要求"能够也必须达到。所以,党和国家的各种制度究竟好不好,完善不完善,必须用是否有利于实现这三条来检验"⑥。基辛格评价道,"邓小平开始用普通人的幸福和发展来重新定义善政的标准。他专注于快速发展——其中也展现出相当多的民族特性——即使这要求采用昔日敌对的资本主义世界的方法","如今的中国——世界上第

---

① 《邓小平文选》第三卷,人民出版社 1993 年版,第 63 页。
② 《邓小平文选》第二卷,人民出版社 1994 年版,第 314 页。
③ 《邓小平年谱(1975—1997)》上卷,中央文献出版社 2004 年版,第 330 页。
④ 《邓小平年谱(1975—1997)》下卷,中央文献出版社 2004 年版,第 1143 页。
⑤ 《邓小平文选》第二卷,人民出版社 1994 年版,第 322 页。
⑥ 《邓小平文选》第二卷,人民出版社 1994 年版,第 323 页。

二大经济体,拥有最多外汇储备,多个城市都盖起了高于帝国大厦的摩天大楼——就是对邓小平的高瞻远瞩、锲而不舍和实事求是的见证"①。邓小平从理念和实践两方面突破了苏联模式的禁锢,本着对国家富强、民族振兴和人民幸福的深切关怀,为当代中国的制度发展建构起切实可行的检验标准。

另一方面,两极分化也不是社会主义。这一制度之所以比资本主义制度更加先进,其中一个关键要素在于,共同富裕是"社会主义制度不能动摇的原则"②。建设和发展中国特色社会主义首先要摆脱贫穷,克服平均主义的错误思想。然而,实践中势必有相当一部分人先富起来,如果对这一现象缺乏行之有效的监管手段与调配方案,就会造成收入差距过大直至两极分化,产生出新的资产阶级,本质上就无非是照搬了西方资本主义国家的发展路径。因此邓小平指出:"社会主义不是少数人富起来、大多数人穷,不是那个样子。社会主义最大的优越性就是共同富裕,这是体现社会主义本质的一个东西。如果搞两极分化,情况就不同了,民族矛盾、区域间矛盾、阶级矛盾都会发展,相应地中央和地方的矛盾也会发展,就可能出乱子。"③从根本意义上来说,"社会主义发展生产力,成果是属于人民的。就是说,在我们的发展过程中不会产生资产阶级,因为我们的分配原则是按劳分配。当然分配中还会有差别,但我们的目的是共同富裕。要经过若干年的努力,体现出社会主义的优越性,体现出我们走社会主义道路走得对。"④邓小平把发展生产力、改善人民生活的标准与共同富裕原则有机结合,实现了推动当代中国发展同坚持社会主义原则的辩证统一。

2. 形成一整套更加成熟、更加定型的制度

面对苏东剧变后的各种压力,邓小平明确指出:"不坚持社会主义,不改

---

① [美]亨利·基辛格:《论中国》,中信出版社2012年版,第436、317页。
② 《邓小平年谱(1975—1997)》下卷,中央文献出版社2004年版,第1253页。
③ 《邓小平年谱(1975—1997)》下卷,中央文献出版社2004年版,第1324页。
④ 《邓小平文选》第三卷,人民出版社1993年版,第255页。

革开放,不发展经济,不改善人民生活,只能是死路一条"①;"改革党和国家领导制度及其他制度,是为了充分发挥社会主义制度的优越性,加速现代化建设事业的发展。"②尽管中国在苏联东欧国家相继改旗易帜的不利环境中坚持社会主义制度并取得了巨大进步,但是,目前的社会主义"事实上不够格。只有到了下世纪中叶,达到了中等发达国家的水平,才能说真的搞了社会主义,才能理直气壮地说社会主义优于资本主义。现在我们正在向这个路上走"③;"如果中国要对国际共运、对人类做出重大贡献的话,关键是生产力的发展。这种发展不仅表现在国际上社会主义对资本主义比重的增加,而且要体现在社会主义比资本主义更加优越"④。邓小平认为,中国特色社会主义制度处在起步阶段,他在"南方谈话"中指出:"恐怕再有三十年的时间,我们才会在各方面形成一整套更加成熟、更加定型的制度。在这个制度下的方针、政策,也将更加定型化。"⑤这就为中国特色社会主义制度建设给出了初步的时间表和路线图。2011年,胡锦涛在"七一讲话"中首次提出了中国特色社会主义制度的概念,论述了其内涵和独特优势。2013年召开的党的十八届三中全会提出,到2020年,"形成系统完备、科学规范、运行有效的制度体系,使各方面制度更加成熟更加定型。"⑥应当说,邓小平当年在"南方谈话"中关于中国特色社会主义制度的规划,正在一步步成为现实。

从长远来看,中国特色社会主义制度建设必须实现发挥内在优势和借鉴西方先进经验的有机统一,"把自己的社会主义制度的优越性同经济发达国家的先进科学技术和经济管理、人才培养等方面的先进经验结合起来,对于加

---

① 《邓小平文选》第三卷,人民出版社1993年版,第370页。
② 《邓小平文选》第二卷,人民出版社1994年版,第322页。
③ 《邓小平文选》第三卷,人民出版社1993年版,第225页。
④ 《邓小平年谱(1975—1997)》下卷,中央文献出版社2004年版,第944页。
⑤ 《邓小平文选》第三卷,人民出版社1993年版,第372页。
⑥ 《中共中央关于全面深化改革若干重大问题的决定》,人民出版社2013年版,第7页。

快实现四个现代化具有重要的意义。"①傅高义则以国外学者的学理视角和话语深入解析了由邓小平主导的制度建设和发展转型。这种转型由多种因素共同塑造——"高度发达的中国传统;中国社会的规模和多样性;当时世界格局的性质;共享技术和管理方式的全球体系的开放性;中国共产党的性质;无数具有创造力和勤奋工作的人们的贡献等等。但这种转型发生在一个过渡时期,当时这位最高领导人被赋予相当大的自由去引导政治过程,并拥有最终决定权,所以这一转型也是由邓小平这位领导者个人塑造的"②。也有学者在全面审视和对比了俄罗斯等转型国家与中国的改革历程后指出,邓小平的历史贡献在于使得"由外界影响和革命活动带来的现代与传统二者之间冲突转向统一。改革以退却为起点,以恢复传统政治文化的作用为起点,其中包括新的革命传统"③。因而"在邓小平领导下出现的这种结构性转变,确实可以称为自两千多年前汉帝国形成以来,中国最根本的变化"④。

3. 中国的未来将向世界展现社会主义制度的独特优势

在邓小平看来,无论中国经受了多么严峻的考验,都要始终树立社会主义制度优于世界上任何一种现有社会制度的理想信念。"我们相信社会主义比资本主义的制度优越。它的优越性应该表现在比资本主义有更好的条件发展社会生产力"⑤;"我们依靠社会主义制度,用自己的力量比较顺利地战胜了林彪、'四人帮',使国家很快又走上了安定团结、健康发展的道路。社会主义的经济是以公有制为基础的,生产是为了最大限度地满足人民的物质、文化需要,而不是为了剥削。由于社会主义制度的这些特点,我国人民能有共同的政

---

① 《邓小平年谱(1975—1997)》上卷,中央文献出版社 2004 年版,第 480 页。

② [美]傅高义:《邓小平时代》,生活·读书·新知三联书店 2013 年版,第 641 页。

③ [俄]A.B.维诺格拉多夫:《中国文明发展的新阶段:起源与前景》,摘自王新颖主编:《奇迹的建构:海外学者论中国模式》,中央编译出版社 2011 年版,第 55 页。

④ [美]傅高义:《邓小平时代》,生活·读书·新知三联书店 2013 年版,第 641 页。

⑤ 《邓小平文选》第二卷,人民出版社 1994 年版,第 231 页。

治经济社会理想,共同的道德标准。以上这些,资本主义社会永远不可能有。"①《关于建国以来党的若干历史问题的决议》指出:"从历史发展的长远观点看问题,我们党的错误和挫折终究只是一时的现象,而我们党和人民由此得到的锻炼,我们党经过长期斗争形成的骨干队伍的更加成熟,我国社会主义制度优越性的更加显著,要求祖国兴盛起来的党心、军心、民心的更加奋发,则是长远起作用的决定性的因素。"②在实践中,为了更好地发挥中国特色社会主义制度的优势,"要根据社会主义国家自己的实践、自己的情况来决定改革的内容和步骤。每一个社会主义国家的改革又都是不同的,历史不同,经验不同,现在所处的情况不同,各国的改革不可能一样。但是,共同的一点是要保持自己的优势,避免资本主义社会的毛病和弊端。"③如果能够在实现经济社会快速发展的同时,不断提高人民生活水平、增强人们对于社会主义的自信心和认同感,那么"到下个世纪中叶,我们可以达到中等发达国家的水平。如果达到这一步,第一,是完成了一项非常艰巨的、很不容易的任务;第二,是真正对人类作出了贡献;第三,就更加能够体现社会主义制度的优越性"④。

从党的十一届三中全会到邓小平发表"南方谈话"这一时期,中国特色社会主义制度主要处在修复性建设时期,首先恢复了在"文化大革命"中被破坏了的基本制度和制度体系,同时,在恢复过程中对原有的政治经济体制进行了初步改革。这两方面内容互相联系、不可分割,共同构成了中国特色社会主义制度的创新实践。在新中国成立后确立的社会主义基本制度的基础上,形成了中国特色社会主义制度的主体框架。邓小平对中国特色社会主义制度提出了很多具有突破性的改革思路,为中国特色社会主义制度的完善和发展奠定

---

① 《邓小平文选》第二卷,人民出版社 1994 年版,第 167 页。
② 《三中全会以来重要文献选编》下,中央文献出版社 2011 年版,第 173 页。
③ 《邓小平文选》第三卷,人民出版社 1993 年版,第 241 页。
④ 《邓小平年谱(1975—1997)》下卷,中央文献出版社 2004 年版,第 1182 页。

了基础。对此,傅高义认为,邓小平"引导中国完成了从落后、封闭、僵化的社会主义制度走向一个有国际影响的现代化经济强国的艰难过渡。假如中国人要感谢某一个领导人改善了他们的日常生活,这个人就是邓小平"①。

---

① [美]傅高义:《邓小平时代》,生活·读书·新知三联书店 2013 年版,第 637 页。

习近平新时代中国特色
社会主义制度建设思想论析[*]

中国特色社会主义制度是当代中国发展进步的根本保障,集中体现了中国特色社会主义的特点和优势。党的十八大以来,习近平总书记围绕完善和发展中国特色社会主义制度发表了一系列重要讲话,不仅提出了中国共产党的领导是中国特色社会主义制度的最大优势,坚定中国特色社会主义制度自信,同时也强调要不断完善和发展中国特色社会主义制度,推进国家治理体系和治理能力现代化。习近平新时代中国特色社会主义制度建设思想立意高远、内涵丰富、思想深邃,对深刻把握中国特色社会主义制度的科学内涵、精神实质、重大意义,坚定中国特色社会主义制度自信具有十分重要的理论和现实意义。

一、中国共产党的领导是中国特色
社会主义制度的最大优势

办好中国的事情,关键在党。习近平总书记在党的十九大报告中明确指

＊　原载《马克思主义理论学科研究》2018 年第 2 期。

出："中国特色社会主义最本质的特征是中国共产党领导，中国特色社会主义制度的最大优势是中国共产党领导。"①

第一，中国共产党是最高的政治领导力量，党对一切工作的全面领导充分彰显了中国特色。坚持党的领导是中国特色社会主义制度的内在属性和根本要求，没有党的领导，就没有中国特色社会主义制度的创立和发展。

中国共产党是中国特色社会主义制度的设计者。在中国确立社会主义制度是中国共产党成立伊始就确定的目标。新中国成立后，在中国共产党领导下，我国建立了工人阶级领导的、以工农联盟为基础的人民民主专政的国家。同人民民主专政的国体相适应，其政体实行民主集中制基础上的人民代表大会制度，这是我国的根本政治制度；在政党制度上，实行中国共产党领导的多党合作和政治协商制度；在民族关系上，实行民族区域自治制度；在经济上，确立了公有制为主体、多种所有制经济共同发展的基本经济制度；在法律上，形成了以宪法为核心的中国特色社会主义法律体系。中国共产党关于社会主义制度的科学构想，由抽象到具体，由蓝图变为现实。

中国共产党是中国特色社会主义制度改革的探索者。社会主义制度不是僵化的、凝固不变的事物。20世纪50年代，以毛泽东同志为主要代表的中国共产党人，以苏为鉴，对社会主义经济、政治体制改革进行了艰辛探索。改革开放四十年来，党的历届中央领导集体不断探索中国特色社会主义制度的完善和发展。党的十八大以来，习近平总书记适应新时代特点和要求，强调我们要坚持和完善现有制度，从实际出发，及时制定一些新的制度。党的十八届三中全会强调，全面深化改革的总目标是完善和发展中国特色社会主义制度，推进国家治理体系和治理能力现代化，并确定了到2020年形成系统完备、科学规范、运行有效的制度体系。党的十九大根据中国特色社会主义新时代的要求，对制度创新和发展制定了新的规划。

---

① 习近平：《决胜全面建成小康社会　夺取新时代中国特色社会主义伟大胜利——在中国共产党第十九次全国代表大会上的报告》，人民出版社2017年版，第20页。

中国共产党是中国特色社会主义制度运行的根本保障。习近平总书记把坚持党的领导放在制度层面进行阐述。"推进改革的目的是要不断推进我国社会主义制度自我完善和发展,赋予社会主义新的生机活力。这里面最核心的是坚持和改善党的领导、坚持和完善中国特色社会主义制度。"①党的十九届三中全会以深化党和国家机构改革为主题,强调其目标是"构建系统完备、科学规范、运行高效的党和国家机构职能体系,形成总揽全局、协调各方的党的领导体系⋯⋯全面提高国家治理能力和治理水平。"②这凸显了党的领导对国家机关、人民团体、企事业单位、社会组织的全覆盖。

第二,实现全面依法治国,推进社会主义民主和法治建设,最根本的是要坚持中国共产党的领导。

坚持党的领导是实现人民当家作主的根本保证。人民民主是社会主义的生命,没有民主就没有社会主义,就没有社会主义现代化,就没有中华民族的伟大复兴。中国共产党从成立之日起,就把实现人民当家作主作为始终不渝的奋斗目标。经过长期努力,中国共产党领导中国人民探索并形成一整套发展社会主义民主政治的制度安排,其根本的目的就是为了保证和支持人民当家作主并将其落实到国家政治生活和社会生活之中。党的十八大以来,习近平总书记着眼于在新的历史起点上推进中国特色社会主义事业,突出强调坚持人民主体地位,充分调动人民积极性,始终是我们党立于不败之地的强大根基,而"中国共产党的领导,就是支持和保证人民实现当家作主"③。

中国共产党的领导为推进国家和社会生活制度化、法治化提供政治保证。党的十八届四中全会明确把坚持党的领导作为全面依法治国的基本原则,把依法治国确定为党领导人民治理国家的基本方略,并从理论和实践的结合上对党和法治的关系进行了清晰、透彻的阐释,同时强调要把党的领导贯穿于全

---

① 《习近平关于社会主义政治建设论述摘编》,中央文献出版社 2017 年版,第 25—26 页。
② 《中共中央关于深化党和国家机构改革的决定》,《人民日报》2018 年 3 月 5 日。
③ 《十八大以来重要文献选编》中,中央文献出版社 2016 年版,第 54 页。

面依法治国的全过程和各方面。习近平总书记指出："全面推进依法治国，要有利于加强和改善党的领导，有利于巩固党的执政地位、完成党的执政使命，决不是要削弱党的领导。"①坚持中国特色社会主义法治道路，坚持和加强党的领导，这是全面推进依法治国的根本要求。

党的领导、人民当家作主和依法治国是我国社会主义民主政治的基本要素，共同构成紧密联系、内在统一的整体。党的十九大报告系统阐述了三者之间的内在联系："党的领导是人民当家作主和依法治国的根本保证，人民当家作主是社会主义民主政治的本质特征，依法治国是党领导人民治理国家的基本方式，三者统一于我国社会主义民主政治伟大实践。"②党的领导在其中处于核心地位。坚持党的领导、人民当家作主和依法治国的有机统一，最根本的是坚持党的领导。

第三，中国共产党是中国特色社会主义事业的领导核心。"党政军民学，东西南北中，党是领导一切的。"③坚持党的集中统一领导，能够发挥总揽全局、协调各方的领导核心作用，是中国特色社会主义制度优势发挥的关键。

中国共产党处于中国特色社会主义制度体系和治理体系的核心地位。中国特色社会主义制度体系和治理体系是一个复杂的系统，坚持党的领导是确保制度体系和治理体系有效运行的关键。习近平总书记明确指出："我们说要推进国家治理体系和治理能力现代化，国家治理体系是由众多子系统构成的复杂系统，这个系统的核心是中国共产党"④，还形象地阐述了其内在关系："在国家治理体系的大棋局中，党中央是坐镇中军帐的'帅'，车马炮各展其长，一盘棋大局分明。"⑤具体而言，中央委员会，中央政治局，中央政治局常委

① 《习近平谈治国理政》第二卷，外文出版社 2017 年版，第 114 页。

② 习近平：《决胜全面建成小康社会　夺取新时代中国特色社会主义伟大胜利——在中国共产党第十九次全国代表大会上的报告》，人民出版社 2017 年版，第 36 页。

③ 《习近平关于社会主义政治建设论述摘编》，中央文献出版社 2017 年版，第 30 页。

④ 《习近平关于社会主义政治建设论述摘编》，中央文献出版社 2017 年版，第 34 页。

⑤ 《习近平关于社会主义政治建设论述摘编》，中央文献出版社 2017 年版，第 31 页。

会,这是党的领导决策核心。党中央作出的决策部署,党的组织、宣传、统战、政法等部门要贯彻落实,人大、政府、监察委、政协、法院、检察院的党组织要贯彻落实,事业单位、人民团体等的党组织也要贯彻落实。

人民代表大会制度是我国的根本政治制度,为中国共产党总揽全局、协调各方提供有效制度渠道。习近平总书记指出:"通过人民代表大会制度,保证党的路线方针政策和决策部署在国家工作中得到全面贯彻和有效执行……善于使党的主张通过法定程序成为国家意志,善于使党组织推荐的人选通过法定程序成为国家政权机关的领导人员,善于通过国家政权机关实施党对国家和社会的领导。"①

习近平总书记明确指出:"'党大还是法大'是一个政治陷阱,是一个伪命题。"②要坚决反对任何借口否定、歪曲党的领导与其他制度体制之间关系的错误倾向。任何人以任何借口否定中国共产党领导和中国特色社会主义制度,都是错误的、有害的,都是违反宪法的,都是绝对不能接受的。

二、坚定中国特色社会主义制度自信

中国特色社会主义制度自信是中国共产党和中国人民对中国特色社会主义制度的充分肯定和坚定信念。党的十八大以来,习近平总书记多次强调,要坚定中国特色社会主义制度自信,并对制度自信进行了深刻论述。

第一,没有坚定的制度自信就不可能有全面深化改革的勇气和定力。全面深化改革是系统工程,不仅包括经济体制、政治体制、文化体制、社会体制以及生态文明体制的改革,而且包括党的建设制度的改革,每一项改革都离不开强大的政治定力。

坚定制度自信才能有强大的信念支撑。制度自信是对中国特色社会主义

---

① 《十八大以来重要文献选编》中,中央文献出版社 2016 年版,第 54 页。
② 《习近平关于全面依法治国论述摘编》,中央文献出版社 2015 年版,第 34 页。

制度的坚定信念和信心。习近平总书记指出，我们要"不断增强道路自信、理论自信、制度自信，让理想信念的明灯永远在全国各族人民心中闪亮"①。同时，坚定制度自信才能有改革自觉和创新自觉，才能统一思想、凝聚共识，增强推进改革的责任感和使命感，自觉提出实践中的问题，并积极探寻解决问题之道。

坚定制度自信才能有强大的政治定力。政治定力就是在思想上政治上行动上排除各种干扰、消除各种困惑，坚持正确立场、保持正确方向，不为各种噪音杂音所扰，不为各种错误思潮所惑，始终做到咬定青山不放松，任尔东西南北风。习近平总书记强调："随着中国特色社会主义不断发展，我们的制度必将越来越成熟，我国社会主义制度的优越性必将进一步显现，我们的道路必将越走越宽广。"②坚定制度自信，要增强政治定力，不能照抄照搬别国发展模式，坚定不移走中国特色社会主义道路。

政治制度在国家各种制度中处于关键环节，坚定制度自信首先是坚定对政治制度的自信。习近平总书记指出："坚定中国特色社会主义制度自信，首先要坚定对中国特色社会主义政治制度的自信。"③中国特色社会主义制度坚持把根本政治制度、基本政治制度同基本经济制度以及各方面体制机制等具体制度有机结合起来，坚持把国家层面民主制度同基层民主制度有机结合起来，坚持把党的领导、人民当家作主、依法治国有机结合起来，符合我国国情，既坚持了社会主义的根本性质，又借鉴了古今中外制度建设的有益成果，集中体现了中国特色社会主义的特点和优势，是人民当家作主的制度保障。坚定对我国政治制度的自信，必须坚持走中国特色社会主义政治发展道路。

第二，制度自信源于深厚的理论和现实基础以及丰硕的实践成效。

---

① 《习近平在会见第四届全国文明城市、文明村镇、文明单位和未成年人思想道德建设工作先进代表时强调：人民有信仰民族有希望国家有力量 锲而不舍抓好社会主义精神文明建设》，《人民日报》2015年3月1日。

② 《习近平谈治国理政》第一卷，外文出版社2018年版，第22页。

③ 《十八大以来重要文献选编》中，中央文献出版社2016年版，第62页。

习近平总书记认为,制度自信不仅源于深厚的理论基础和现实成就,而且也源于雄厚的历史根基和制度优势。

制度自信源于坚持科学社会主义基本原则。科学社会主义基本原则是坚定制度自信的深厚理论基础。虽然由于各国国情不同,科学社会主义在每个国家具体的制度实现形式也不同,但是基本原则不能丢弃。习近平总书记指出:"包括坚持人民代表大会制度的根本政治制度,中国共产党领导的多党合作和政治协商制度、民族区域自治制度以及基层群众自治制度等基本政治制度,中国特色社会主义法律体系,公有制为主体、多种所有制经济共同发展的基本经济制度"等等,"这些都是在新的历史条件下体现科学社会主义基本原则的内容,如果丢掉了这些,那就不成其为社会主义了。"[1]

制度自信源于当代中国的进步和发展。习近平总书记指出,讲制度自信,"要有坚如磐石的精神和信仰力量,也要有支撑这种精神和信仰的强大物质力量。"[2]新中国成立以来,尤其是改革开放四十年来,党的历届中央领导集体接力探索,确立了中国特色社会主义制度,并在实践中不断得以完善和发展,"使具有五千多年文明历史的中华民族全面迈向现代化,让中华文明在现代化进程中焕发出新的蓬勃生机"[3]。经济建设成就显著,民主政治进一步发展,法律体系逐步完善,社会主义文化实现大发展大繁荣,社会保障体系日益完善,生态文明建设大力推进,国际地位不断提升。这些事实都证明,中国特色社会主义制度具有强大生命力,中国特色社会主义制度是符合中国国情、保障中国社会进步和发展的制度。

制度自信源于雄厚的历史根基。习近平总书记把制度自信放在宏大的、多维的历史视野中去考察。一是中华民族几千年的历史维度。习近平总书记

---

① 《习近平总书记系列重要讲话读本(2016年版)》,学习出版社、人民出版社2016年版,第29—30页。

② 《习近平谈治国理政》第一卷,外文出版社2018年版,第93页。

③ 习近平:《在庆祝中国共产党成立95周年大会上的讲话》,《人民日报》2016年7月2日。

指出:"站立在 960 万平方公里的广袤土地上,吸吮着中华民族漫长奋斗积累的文化养分,拥有 13 亿中国人民聚合的磅礴之力,我们走自己的路,具有无比广阔的舞台,具有无比深厚的历史底蕴,具有无比强大的前进定力。"①二是社会主义历史的维度。习近平总书记系统回顾和梳理了中国特色社会主义制度的历史渊源和发展历程,强调世界社会主义五百年的历史告诉我们,中国特色社会主义制度是科学社会主义理论逻辑和中国社会发展历史逻辑的有机统一,是历史的结论和人民的选择。三是中国社会主义建设历史的维度。中国特色社会主义制度是一代又一代中国共产党人在历经艰难曲折的奋斗过程中,是人民群众在创造历史的伟大实践中取得的根本成就。

制度自信源于制度的巨大优势。习近平总书记不仅强调中国发展要顺应世界大势,把握时代脉搏,而且始终站在世界的高度观察中国,思考中国。习近平总书记指出:"中国特色社会主义在解放和发展社会生产力、解放和增强社会活力、促进人的全面发展上比资本主义制度更有效率,更能激发全体人民的积极性、主动性、创造性,更能为社会发展提供有利条件,更能在竞争中赢得比较优势"②。谈到中国特色的新型政党制度时,他指出中国政党制度能够真实、广泛、持久代表和实现最广大人民根本利益、全国各族各界根本利益,有效避免了旧式政党制度代表少数人、少数利益集团的弊端;能够把各个政党和无党派人士紧密团结起来、为着共同目标而奋斗,有效避免了一党缺乏监督或者多党轮流坐庄、恶性竞争的弊端;能够通过制度化、程序化、规范化的安排集中各种意见和建议、推动决策科学化民主化,有效避免了旧式政党制度囿于党派利益、阶级利益、区域和集团利益决策施政导致社会撕裂的弊端。③

---

① 《习近平总书记系列重要讲话读本(2016 年版)》,学习出版社、人民出版社 2016 年版,第 39 页。

② 《习近平谈治国理政》第一卷,外文出版社 2018 年版,第 93 页。

③ 《习近平在看望参加政协会议的民盟致公党无党派人士侨联界委员时强调:坚持多党合作发展社会主义民主政治　为决胜全面建成小康社会而团结奋斗》,《人民日报》2018 年 3 月5 日。

第三，坚定制度自信，不是要故步自封，而是要不断革除体制机制弊端。制度自信不是制度迷信、不是制度盲目崇尚，而是一个开放的、发展的历程，是学习和借鉴人类制度文明成果，不断根据实践和时代诉求创新和完善的过程。习近平总书记明确指出："坚定制度自信，不是要固步自封，而是要不断革除体制机制弊端，让中国特色社会主义制度成熟而持久。"①他还对当前制度建设中面临的深层次问题有清醒的认识。他指出："中国改革经过 30 多年，已进入深水区，可以说，容易的、皆大欢喜的改革已经完成了，好吃的肉都吃掉了，剩下的都是难啃的硬骨头。"②比如，社会建设制度和生态文明建设制度相对落后；制度体系还缺乏系统性、耦合性；制度环境建设仍需不断加强；与制度需求相比，还存在制度的缺失、滞后、失灵的问题，存在制度贯彻和落实不力的问题。

坚定制度自信，不能以为我国的政治制度就是完美无缺的，而是"要把坚定制度自信和不断改革创新统一起来，在坚持根本政治制度、基本政治制度的基础上，不断推进制度体系完善和发展"③。只有这样，制度自信才能更为彻底和久远。习近平总书记指出："我们的主要历史任务是完善和发展中国特色社会主义制度，为党和国家事业发展、为人民幸福安康、为社会和谐稳定、为国家长治久安提供一整套更完备、更稳定、更管用的制度体系。"④为了实现这个目标，必须全面深化改革，不断革除体制机制弊端，推进中国特色社会主义制度更加成熟、更加定型，将制度优势转化为管理国家事务的实际效能，推进国家治理体系和治理能力现代化。

---

① 《习近平总书记系列重要讲话读本（2016 年版）》，学习出版社、人民出版社 2016 年版，第 75—76 页。

② 《习近平总书记系列重要讲话读本（2016 年版）》，学习出版社、人民出版社 2016 年版，第 70 页。

③ 《十八大以来重要文献选编》中，中央文献出版社 2016 年版，第 62 页。

④ 《习近平关于社会主义政治建设论述摘编》，中央文献出版社 2017 年版，第 7 页。

三、不断完善和发展中国特色社会主义制度

中国特色社会主义制度建设在实践中取得了巨大成就,全国各族人民对中国特色社会主义制度的信心更加坚定,但这并不意味着已经尽善尽美,已经成熟定型,它仍然需要在实践中不断完善和发展,从而更好地发挥中国特色社会主义制度优势,推进国家治理体系和治理能力现代化。

第一,在改革开放实践中完善和发展中国特色社会主义制度。新中国成立以来尤其是改革开放四十年来,全国各族人民在中国共产党的领导下,不断深化对人类社会发展规律、社会主义建设规律和共产党执政规律的认识,用制度的形式把在实践中积累的成功经验和成熟做法固定下来,逐步确立了中国特色社会主义制度,为中国特色社会主义事业的发展提供了有力保障。"我们对社会主义的认识,对中国特色社会主义规律的把握,已经达到了一个前所未有的新的高度,这一点不容置疑。同时,也要看到,我国社会主义还处在初级阶段,我们还面临很多没有弄清楚的问题和待解的难题,对许多重大问题的认识和处理都还处在不断深化的过程之中,这一点也不容置疑。对事物的认识是需要一个过程的,而对社会主义这个我们只搞了几十年的东西,我们的认识和把握也还是非常有限的,还需要在实践中不断深化和发展。"[1]习近平总书记指出,我们过去取得的实践和理论成果,能够帮助我们更好面对和解决前进中的问题,但不能成为我们骄傲自满的理由,更不能成为我们继续前进的包袱。"我们的事业越前进、越发展,新情况新问题就会越多,面临的风险和挑战就会越多,面对的不可预料的事情就会越多。"[2]因此,需要根据时代变化和实践的发展不断完善和发展中国特色社会主义制度。

完善和发展中国特色社会主义制度是制度自身建设的需要。同任何事物

---

① 《十八大以来重要文献选编》上,中央文献出版社 2014 年版,第 114 页。
② 《十八大以来重要文献选编》上,中央文献出版社 2014 年版,第 114—115 页。

的发展都需要经历一个过程一样,中国特色社会主义制度的完善和发展也需要一个长期的历史过程。邓小平1992年初在南方谈话中曾经指出:"恐怕再有三十年的时间,我们才会在各方面形成一整套更加成熟、更加定型的制度。在这个制度下的方针、政策,也将更加定型化。"①习近平总书记也指出:"应该看到,中国特色社会主义制度是特色鲜明、富有效率的,但还不是尽善尽美、成熟定型的。"②在谈到我国民主政治建设方面的现状时,他明确指出:"我们一直认为,我们的民主法治建设同扩大人民民主和经济社会发展的要求还不完全适应,社会主义民主政治的体制、机制、程序、规范以及具体运行上还存在不完善的地方,在保障人民民主权利、发挥人民创造精神方面也还存在一些不足,必须继续加以完善。"③为了克服这些不足,"要坚持以实践基础上的理论创新推动制度创新,坚持和完善现有制度,从实际出发,及时制定一些新的制度"④,通过制度革新加快构建系统完备、科学规范、运行有效的中国特色社会主义制度体系,为全面建成小康社会和全面开启社会主义现代化新征程提供更加有效的制度保障。

第二,完善和发展中国特色社会主义制度要坚持历史和现实的统一。习近平总书记指出:"设计和发展国家政治制度,必须注重历史和现实、理论和实践、形式和内容有机统一。"⑤要扎根于中国土壤,立足于现实国情,把握长期形成的历史传统和文化传承,结合走过的发展道路、积累的实践经验,并以解决现实问题为导向,坚持和发展中国特色社会主义制度。

完善和发展中国特色社会主义制度不能割断历史。历史不能任意选择,一个民族的历史是一个民族安身立命的基础。"不忘历史才能开辟未来,善

① 《邓小平文选》第三卷,人民出版社1993年版,第372页。
② 《十八大以来重要文献选编》上,中央文献出版社2014年版,第75页。
③ 《十八大以来重要文献选编》中,中央文献出版社2016年版,第62页。
④ 《十八大以来重要文献选编》上,中央文献出版社2014年版,第76页。
⑤ 《十八大以来重要文献选编》中,中央文献出版社2016年版,第59页。

于继承才能善于创新。"①完善和发展中国特色社会主义制度，必须坚持前人探索的正确成果，如人民民主专政的政权性质、人民代表大会的根本政治制度、中国共产党领导的多党合作和政治协商制度、民族区域自治制度等，这些都是完善和发展中国特色社会主义制度过程中须臾不可偏离的东西。即使前人在探索中的历史教训，也是一笔宝贵的财富，对完善和发展中国特色社会主义制度同样具有重要的借鉴意义。因此，"一切向前走，都不能忘记走过的路；走得再远、走到再光辉的未来，也不能忘记走过的过去。"②

完善和发展中国特色社会主义制度必须着眼于不断变化发展的现实。实践在发展，时代在进步，社会结构在调整，人民群众的需求在变化，新情况、新问题层出不穷。完善和发展中国特色社会主义制度，需要在坚持科学社会主义基本原则和被实践证明了的正确的制度、体制、机制基础上，清醒认识和深刻把握世情、国情、党情的变与不变，"以我国改革开放和现代化建设的实际问题、以我们正在做的事情为中心，着眼于马克思主义理论的运用，着眼于对实际问题的理论思考"③，在实践发展和理论创新的基础上，坚持发展的观点，不断推进制度创新。

第三，在制度文明学习互鉴中完善和发展中国特色社会主义制度。习近平总书记指出，和而不同是一切事物发生发展的规律。世界上有200多个国家和地区，每个国家和地区的人民都确立了各具特色的社会制度，为丰富多彩的人类文明做出了自己的贡献。为了更好完善和发展中国特色社会主义制度，我们应借鉴和吸收人类制度文明的成果。

独立自主地学习借鉴制度文明成果，但绝不搞制度"输入"。习近平总书记指出，丰富多彩的人类文明都有自己存在的价值，包括制度文明在内的"每一个国家和民族的文明都扎根于本国本民族的土壤之中，都有自己的本色、长

---

① 《习近平谈治国理政》第二卷，人民出版社2017年版，第313页。
② 《十八大以来重要文献选编》上，中央文献出版社2014年版，第695页。
③ 《十八大以来重要文献选编》上，中央文献出版社2014年版，第114页。

处、优点。"①文明因交流而多彩,文明因互鉴而丰富。对于他国在制度建设方面好的经验和做法,我们应在保持本国制度特色的基础上结合本国国情积极学习、借鉴,但决不照抄照搬别国制度,绝不搞制度"输入"。"橘生淮南则为橘,生于淮北则为枳。"鞋子合不合脚,自己穿了才知道。习近平总书记用这样的典故和形象比喻说明了,对于一个国家的制度来说,只有适合自己的才是最好的。"对丰富多彩的世界,我们应该秉持兼容并蓄的态度,虚心学习他人的好东西,在独立自主的立场上把他人的好东西加以消化吸收,化成我们自己的好东西,但决不能囫囵吞枣、决不能邯郸学步。照抄照搬他国的政治制度行不通,会水土不服,会画虎不成反类犬,甚至会把国家前途命运葬送掉。只有扎根本国土壤、汲取充沛养分的制度,才最可靠、也最管用。"②他还强调:"我们治国理政的本根,就是中国共产党领导和社会主义制度。我们思想上必须十分明确,推进国家治理体系和治理能力现代化,绝不是西方化、资本主义化!"③

积极为人类探索更好的社会制度提供中国方案,正如我们反对别国将本国制度强加给我国、反对别国搞制度"输出"一样,我们决不将本国制度强加给他国,决不对他国进行制度"输出"。中国特色社会主义制度确立以来,在实践中取得了巨大成功,对广大与中国具有相似国情的国家具有借鉴作用,为丰富人类制度文明成果作出了重要贡献。"我们要坚信,中国特色社会主义制度是当代中国发展进步的根本制度保障,是具有鲜明中国特色、明显制度优势、强大自我完善能力的先进制度。""中国共产党人和中国人民完全有信心为人类对更好社会制度的探索提供中国方案。"④完善和发展中国特色社会主

---

① 习近平:《在纪念孔子诞辰 2565 周年国际学术研讨会暨国际儒学联合会第五届会员大会开幕式上的讲话》,人民出版社 2014 年版,第 8 页。

② 《十八大以来重要文献选编》中,中央文献出版社 2016 年版,第 60 页。

③ 《习近平关于社会主义政治建设论述摘编》,中央文献出版社 2017 年版,第 8 页。

④ 习近平:《在庆祝中国共产党成立 95 周年大会上的讲话》,《人民日报》2016 年 7 月 2 日。

义制度,就是在不久的将来,使中国特色社会主义制度成熟定型,为党和国家事业发展、为人民幸福安康、为社会和谐稳定、为国家长治久安提供一整套更完备、更稳定、更管用的制度体系。

全面深化改革与完善和
发展中国特色社会主义制度[*]

改革开放以来,中国特色社会主义在不断发展过程中,形成了相互耦合、相互衔接的制度体系。在新时期中国特色社会主义制度创新的基础上,党的十八届三中全会围绕全面深化改革的总目标,在经济、政治、文化、社会、生态文明建设和党的建设等各个领域,对进一步完善中国特色社会主义制度作出整体部署,以构建系统完备、科学规范、运行有效的制度体系,使各方面制度更加成熟、更加定型。

一、新时期党对中国特色社会主义
制度创新的理论探索

改革开放初期,党在总结新中国成立以来的历史经验,尤其是"文化大革命"的惨痛教训时深刻认识到,制度建设是关系到整个国家和社会的根本性、全局性问题,提出"要从制度方面解决问题"①。这一深刻的经验教训,促使党不断探索中国特色社会主义制度的创新。以邓小平同志为主要代表的中国共

* 原载《山东社会科学》2014 年第 1 期。
① 《邓小平文选》第二卷,人民出版社 1994 年版,第 348 页。

产党人,确立了制度创新的理论原则和发展方向,为中国特色社会主义制度的确立奠定了理论基础。

党在这一时期的探索,主要体现在明确了改革的性质、原则和方向,开启了我国经济、政治和文化领域的体制改革。邓小平首先区分了基本制度和具体体制,反复强调,改革是在坚持社会主义基本制度的前提下进行的各项体制改革,必须"坚持社会主义","改革是社会主义制度的自我完善"①,改革必须坚持公有制和按劳分配,必须坚持"四项基本原则",这对中国特色社会主义制度创新具有重要的指导意义。此时,党对政治体制改革的探索主要集中在民主与法制、党政关系等问题上。邓小平提出:"必须使民主制度化、法律化","做到有法可依,有法必依,执法必严,违法必究"②,明确了社会主义民主法制建设的基本原则和任务。在此基础上,颁布了1982年宪法,党的十二大还确定了党在宪法和法律范围内活动的基本原则。党的十三大根据邓小平《党和国家领导制度的改革》讲话的精神,明确了党的领导主要是政治领导,提出党政职能要分开,党组织和国家机关要"各司其职,并且逐步走向制度化"③,为党的领导方式和执政方式转变奠定了基础。关于经济体制改革,党在总结承包制、放权让利等改革实践经验的基础上,党的十二届三中全会通过了《中共中央关于经济体制改革的决定》,提出"社会主义经济是公有制基础上有计划商品经济"的论断,在理论上开始突破高度集中的计划经济体制。党的十三大把私营经济和外资经济同个体经济一起作为公有制经济必要的和有益的补充,为社会主义初级阶段基本经济制度的形成奠定了理论基础。

党的十三届四中全会以来,以江泽民同志为主要代表的中国共产党人发展了社会主义市场经济理论、社会主义民主政治理论和社会主义文化建设理论,为中国特色社会主义制度创新提供了理论指导。

① 《邓小平文选》第三卷,人民出版社1993年版,第139、142页。
② 《邓小平文选》第二卷,人民出版社1994年版,第146、146—147页。
③ 《十三大以来重要文献选编》上,中央文献出版社2011年版,第31页。

　　这一时期,党的探索主要是以理论创新推动制度创新。经济领域,江泽民在坚持和发展邓小平社会主义市场经济理论的基础上,首次提出了社会主义市场经济体制的概念,党的十四大明确了建立社会主义市场经济体制的改革目标。党的十五大概括了基本经济制度和分配制度,指出:"公有制为主体、多种所有制经济共同发展,是我国社会主义初级阶段的一项基本经济制度。"①这种制度安排既体现了社会主义基本原则,又从中国的基本国情出发,兼顾了生产力的发展和实现共同富裕两个方面。党的十六大进一步提出了"两个毫不动摇"原则,强调要把公有制经济和非公有制经济的发展统一起来,反映了党对基本经济制度有了较为成熟的认识。政治领域,党的十四大提出,"人民民主是社会主义的本质要求和内在属性"②,并从完善人民代表大会制度以及共产党领导的多党合作和政治协商制度等方面做出了制度安排。之后,党把"依法治国"确立为党领导人民治理国家的基本方略,提出到 2010 年建立中国特色社会主义法律体系的任务和目标。党的十六大明确做出了文化事业和文化产业的区分,解决了长期以来制约文化体制改革的理论问题。

　　党的十六大以来,以胡锦涛同志为主要代表的中国共产党人提出了中国特色社会主义制度的概念,阐述了中国特色社会主义制度的内涵、特点和优势,在新的历史起点上不断深化改革开放和中国特色社会主义制度理论。

　　这一时期,党的探索主要体现在提出了社会治理和生态文明建设等方面的制度理论,进一步深化了党对经济体制、政治体制和文化体制改革的理论认识,形成了较为系统的中国特色社会主义制度理论。在科学发展观指导下,党的十六届六中全会通过了《关于构建社会主义和谐社会若干重大问题的决定》,从制度体系的角度对社会体制改革进行了总体设计和制度安排。针对日益严重的生态问题,党的十八大提出了生态文明制度建设的基本要求。经济领域,党的十六届三中全会做出了《关于完善社会主义市场经济体制若干

---

① 《十五大以来重要文献选编》上,中央文献出版社 2011 年版,第 17 页。
② 《十四大以来重要文献选编》上,中央文献出版社 2011 年版,第 24 页。

问题的决定》，对完善社会主义市场经济体制提出了更为明确的目标任务。党的十七大强调，要从制度上更好发挥市场在资源配置中的基础性作用，并创造性地提出了"坚持平等保护物权，形成各种所有制经济平等竞争、相互促进新格局"①，这一理论突破和之前通过的《物权法》，确认了市场经济体制下市场主体平等原则和物权平等保护原则。政治领域，党的十七大提出，发展社会主义民主政治要坚持党的领导、人民当家作主、依法治国有机统一，这一论断凸显了中国特色社会主义政治制度的特点和优势。在此基础上，党的十八大进一步提出，"政治体制改革是我国全面改革的重要组成部分"，强调"要把制度建设摆在突出位置"②，用制度管权管事管人。文化领域，党的十七届六中全会通过了《关于深化文化体制改革、推动社会主义文化大发展大繁荣若干重大问题的决定》，为进一步深化文化体制改革做出部署。2011 年，胡锦涛在"七一"讲话中首次提出了中国特色社会主义制度的概念，阐述了中国特色社会主义制度的内涵、特点和优势。党的十八大进一步提出了坚定中国特色社会主义的制度自信。

二、党的十八届三中全会对完善和发展中国特色社会主义制度的总体部署

党的十八届三中全会通过的《中共中央关于全面深化改革若干重大问题的决定》（以下简称《决定》）指出："全面深化改革的总目标是完善和发展中国特色社会主义制度，推进国家治理体系和治理能力现代化。"③在《决定》中，制度、体制、机制是三个高频词，分别出现了 183 次、88 次、115 次，这也是

---

① 《十七大以来重要文献选编》上，中央文献出版社 2013 年版，第 20 页。
② 胡锦涛：《坚定不移沿着中国特色社会主义道路前进　为全面建成小康社会而奋斗》，人民出版社 2012 年版，第 25 页。
③ 《中共中央关于全面深化改革若干重大问题的决定》，人民出版社 2013 年版，第 3 页。

在党的文件中,第一次系统地从制度、体制和机制三个层次,重点在六个方面做出总体部署。

第一,紧紧围绕市场在资源配置中起决定性作用深化经济体制改革。对于完善基本经济制度,必须坚持"两个毫不动摇"。我国的基本经济制度是中国特色社会主义制度的重要支柱,也是社会主义市场经济体制的根基。强调产权是所有制的核心,通过完善产权保护制度,健全归属清晰、权责分明、保护严格、流转顺畅的现代产权制度,推动国有企业完善现代企业制度,积极发展混合所有制经济和非公有制经济。对于完善现代市场体系,指出必须加快形成企业自主经营、公平竞争,消费者自由选择、自主消费、商品和要素自由流动、平等交换的现代市场体系,建立公平开放透明的市场规则,完善主要由市场决定价格的机制,建立城乡统一的建设用地市场,完善金融市场体系,深化科技体制改革。对于加快转变政府职能,指出经济体制改革的核心问题是处理好政府和市场的关系,必须尊重市场规律,健全宏观调控体系,全面正确履行政府职能,优化政府组织结构,划清政府和市场的边界,加强政府与市场的协调配合。对于深化财税体制改革,指出改进预算管理制度,完善税收制度,建立事权和支出责任相适应的制度,发挥中央和地方两个积极性。对于健全城乡发展一体化体制机制,指出必须加快构建新型农业经营体系,赋予农民更多财产权利,推进城乡要素平等交换和公共资源均衡配置,完善城镇化健康发展体制机制。

第二,紧紧围绕坚持党的领导、人民当家作主、依法治国有机统一深化政治体制改革。坚持和完善人民代表大会制度、中国共产党领导的多党合作和政治协商制度、民族区域自治制度以及基层群众自治制度,更加注重健全民主制度,充分发挥我国社会主义政治制度优越性。具体来说,发挥人民代表大会制度的根本政治制度作用。完善中国特色社会主义法律体系,健全立法起草、论证、协调、审议机制,提高立法质量,防止地方保护和部门利益法制化。健全"一府两院"由人大产生、对人大负责、受人大监督制度。同时,推进协商民主广泛多层制度化发展,构建程序合理、环节完整的协商民主体系,重点推进政治协商、民主监督、参政议政制度化、规范化、程序化。发展基层民主,畅通民主渠道,健全基层选举、议事、公开、述职、问责等机制。开展形式多样的基层民主协商,推进基层协商制度化,建立健全居民、村民监督机制。健全以职工代表大会为基本形式的企事业单位民主管理制度。在推进法治中国建设上,深化司法体制改革,加快建设公正高效权威的社会主义司法制度,普遍建立法律顾问制度。完善规范性文件、重大决策合法性审查机制。深化行政执法体制改革,推进综合执法,着力解决权责交叉、多头执法问题,建立权责统一、权威高效的行政执法体制。健全司法权力运行机制,完善人权司法保障制度。

第三,紧紧围绕建设社会主义核心价值体系、社会主义文化强国深化文化体制改革。在完善文化管理体制上,按照政企分开、政事分开原则,推动政府部门由办文化向管文化转变,推动党政部门与其所属的文化企事业单位进一步理顺关系。健全坚持正确舆论导向的体制机制,健全基础管理、内容管理、行业管理以及网络违法犯罪防范和打击等工作联动机制,健全网络突发事件处置机制。在建立健全现代文化市场体系上,继续推进国有经营性文化单位转企改制,加快公司制、股份制改造。对按规定转制的重要国有传媒企业探索实行特殊管理股制度。鼓励非公有制文化企业发展,降低社会资本进入门槛。在构建现代公共文化服务体系上,建立公共文化服务体系建设协调机制,促进基本公共文化服务标准化、均等化。建立群众评价和反馈机制,推动文化惠民项目与群众文化需求有效对接。明确不同文化事业单位功能定位,建立法人治理结构,完善绩效考核机制。引入竞争机制,推动公共文化服务社会化发展。

第四,紧紧围绕更好保障和改善民生、促进社会公平正义深化社会体制改革。一是推进社会事业改革创新,解决好人民最关心最直接最现实的利益问题。具体来说,深化教育领域综合改革,形成爱学习、爱劳动、爱祖国活动的有效形式和长效机制。大力促进教育公平,健全家庭经济困难学生资助体系,构建利用信息化手段扩大优质教育资源覆盖面的有效机制。创新高校人才培养机制,推进考试招生制度改革。健全促进就业创业体制机制,建立经济发展和扩大就业的联动机制。健全政府促进就业责任制度。健全工资决定和正常增长机制,完善最低工资和工资支付保障制度,完善企业工资集体协商制度。改革机关事业单位工资和津贴补贴制度,完善艰苦边远地区津贴增长机制。健全资本、知识、技术、管理等由要素市场决定的报酬机制。建立更加公平可持续的社会保障制度。坚持社会统筹和个人账户相结合的基本养老保险制度,完善个人账户制度,健全多缴多得激励机制。健全社会保障财政投入制度,完善社会保障预算制度。二是创新社会治理体制。改进社会治理方式,激发社会组织活力。创新有效预防和化解社会矛盾体制。健全重大决策社会稳定风险评估机制,建立畅通有序的诉求表达、心理干预、矛盾调处、权益保障机制。健全行政复议案件审理机制。改革信访工作制度,实行网上受理信访制度,健全及时就地解决群众合理诉求机制。健全公共安全体系,完善国家安全制度。

第五,紧紧围绕建设美丽中国深化生态文明体制改革。建立系统完整的生态文明制度体系,实行最严格的源头保护制度、损害赔偿制度、责任追究制度,完善环境治理和生态修复制度。具体来说,在健全自然资源资产产权制度和用途管制制度上,形成归属清晰、权责明确、监管有效的自然资源资产产权制度。健全能源、水、土地节约集约使用制度。健全国家自然资源资产管理体制,完善自然资源监管体制。在划定生态保护红线上,坚定不移实施主体功能区制度,建立国土空间开发保护制度,建立国家公园体制,建立资源环境承载能力监测预警机制,建立生态环境损害责任终身追究制。在实行资源有偿使用制度和生态补偿制度上,建立有效调节工业用地和居住用地合理比价机制,完善对重点生态功能区的生态补偿机制,推动地区间建立横向生态补偿制度,发展环保市场,推行节能量、碳排放权、排污权、水权交易制度,建立吸引社会资本投入生态环境保护的市场化机制。在改革生态环境保护管理体制上,建立和完善严格监管所有污染物排放的环境保护管理制度,建立陆海统筹的生态系统保护修复和污染防治区域联动机制,健全国有林区经营管理体制,完善集体林权制度改革,完善污染物排放许可制,实行企事业单位污染物排放总量控制制度。对造成生态环境损害的责任者严格实行赔偿制度。

第六,紧紧围绕提高科学执政、民主执政、依法执政水平深化党的建设制度改革。一是强化权力运行制约和监督体系,坚持用制度管权管事管人,把权力关进制度笼子的根本之策,构建决策科学、执行坚决、监督有力的权力运行体系,健全惩治和预防腐败体系。在形成科学有效的权力制约和协调机制上,完善党和国家领导体制,坚持民主集中制,推行地方各级政府及其工作部门权力清单制度,依法公开权力运行流程。在加强反腐败体制机制创新和制度保障上,改革党的纪律检查体制,健全反腐败领导体制和工作机制,落实党风廉政建设责任制,推动党的纪律检查工作双重领导体制具体化、程序化、制度化,健全反腐倡廉法规制度体系,推行新提任领导干部有关事项公开制度试点。在健全改进作风常态化制度上,加快体制机制改革和建设,健全领导干部带头改进作风、深入基层调查研究机制,完善直接联系和服务群众制度,改革会议公文制度,健全严格的财务预算、核准和审计制度,完善选人用人专项检查和责任追究制度,改革政绩考核机制,规范并严格执行领导干部工作生活保障制度,探索实行官邸制。二是完善科学民主决策机制,完善干部教育培训和实践锻炼制度,深化干部人事制度改革,构建有效管用、简便易行的选人用人机制,改革和完善干部考核评价制度,改进优秀年轻干部培养选拔机制,完善和落实领导干部问责制,完善从严管理干部队伍制度体系,加快建立专业技术类、行政执法类公务员和聘任人员管理制度,完善基层公务员录用制度,完善党政机关、企事业单位、社会各方面人才顺畅流动的制度体系,加快形成具有国际竞争力的人才制度优势,完善人才评价机制。

三、完善和发展中国特色社会主义制度
需要重点把握好的几个问题

在全面深化改革,完善和发展中国特色社会主义制度,需要重点把握以下几个方面的问题。

第一,坚持"顶层设计和摸着石头过河相结合,整体推进和重点突破相促进"①。"顶层设计"要求我们充分发挥人的主观能动性,从宏观、全局和整体层面完善制度设计。随着我国改革的深入,各领域各环节改革的关联性、互动性明显增强,只有从顶层做好规划,才能保证制度发挥整体功能,防止改革可能伴生的利益分化、城乡断裂、社会流动凝固的种种问题。"摸着石头过河"形象地表征着我国改革的探索实践,从尊重价值规律的初步试水,到建立市场经济体制的整体思路,无不体现着从实践中摸经验找规律的科学方法。深化改革仍需要在解决各种复杂问题时,采用"投石问路"的方法,从实践中找方法而不能从头脑中找方法。因此,完善和发展中国特色社会主义制度既要自上而下地落实制度规划,又要自下而上地创新制度运行,总结实践经验。党的十八届三中全会提出"到二〇二〇年,在重要领域和关键环节改革上取得决定性成果"②,使各方面制度更加成熟更加定型。这一目标,为全面深化改革划定了时间界限,要求我们在实践中采取有效的战略战术,才能按时完成任务。首先,要在战术上重点突破,紧紧扭住经济体制改革这个重点,"坚持发展仍是解决我国所有问题的关键这个重大战略判断,以经济建设为中心,发挥经济体制改革牵引作用"③,促进经济持续健康发展,为完善中国特色社会主义制度提供坚实的物质基础。其次,要在战略上坚持整体推进。经济发展、政

---

① 《中共中央关于全面深化改革若干重大问题的决定》,人民出版社 2013 年版,第 7 页。
② 《中共中央关于全面深化改革若干重大问题的决定》,人民出版社 2013 年版,第 8 页。
③ 《中共中央关于全面深化改革若干重大问题的决定》,人民出版社 2013 年版,第 6 页。

治民主、文化繁荣、社会和谐、生态良好是全面建成小康社会的目标,是经济社会的整体进步,中国特色社会主义制度的完善和发展应坚持从社会主义事业总体布局层面来谋划。

第二,"注重改革的系统性、整体性、协同性"①。2012 年底,习近平总书记在中央政治局第二次集体学习会上,首次提出这一改革方法论。并在党的十八届三中全会确定的总目标中进行了完整的表述,体现在全面深化改革的部署中。注重改革的系统性,要求我们在制度建设中有全局意识,将各领域各部分各环节的问题置于改革的总体进程之中,注重部分与整体的关系,在具体工作环节上也要坚持把握大势,关照全面。注重改革的整体性,要求我们在制度建设中有整体观念,将经济、政治、文化、社会和生态的总布局当作一盘棋,"一张蓝图抓到底"②。协调地区之间、城乡之间和行业之间等方面的平衡,解决经济总量增长和收入分配差距的协调问题。防止制度短板成为影响改革大局的"溃堤蚁穴"。注重改革的协同性,强调的是制度建设中的耦合意识。随着改革的深入,及时补充制度供给,不留制度空白;在制度创新中重视制度各环节的耦合,搞好制度衔接,不留制度缝隙;在制度运行中形成制度互动,扩大改革效果,产生综合效应。

第三,深化改革要"敢于啃硬骨头,敢于涉险滩"③。改革攻坚期是强调我国改革在取得了举世瞩目成就的同时,各种社会矛盾也逐渐处于胶着状态,改革的难度越来越大。一方面是全社会对改革的预期不断增加,从物质条件改善的简单目标升级成为生活幸福的总体愿望,加大了改革的难度;另一方面是利益格局逐渐形成,并呈现固化的趋势,增加了社会不稳定的风险。因此,制度自信显得尤为重要。改革要有壮士断腕的勇气和胸襟,敢于超越条条框框,

---

① 《中共中央关于全面深化改革若干重大问题的决定》,人民出版社 2013 年版,第 3—4 页。

② 《习近平关于全面深化改革论述摘编》,中央文献出版社 2014 年版,第 48 页。

③ 《中共中央关于全面深化改革若干重大问题的决定》,人民出版社 2013 年版,第 7 页。

破除阻碍生产力发展的各方面体制机制。当前,制约我国社会全面发展的主要矛盾仍旧是经济发展问题,所以,完善和发展制度仍旧要以解放和发展生产力为目标,找准矛盾,针对症结才是真正的制度自信。中国特色社会主义制度的优势在于能够充分激发社会活力,最大限度地凝聚社会共识。坚持制度自信的关键就是充分发挥这一优势,促进社会全面发展,使各方面制度更加成熟更加定型。

第四,把握正确方向,坚持社会主义基本原则。习近平总书记强调,"中国是一个大国,决不能在根本性问题上出现颠覆性错误"①。在完善和发展中国特色社会主义制度问题上尤其需要明确这一点。一是要坚守社会主义制度的价值准则。坚持以人为本,尊重人民主体地位,促进人的全面发展。实现每个人全面而自由的发展是共产主义制度的终极价值,也必然是贯穿于中国特色社会主义制度建设始终的核心价值。全面深化改革,既要坚守这一核心价值,又要使之与实践结合,使得以人为本,促进人的全面发展成为中国特色社会主义制度价值认同的核心。二是要"让发展成果更多更公平惠及全体人民"②。这一要求是以"让一切劳动、知识、技术、管理、资本的活力竞相迸发;让一切创造社会财富的源泉充分涌流"为前提的。这一层层递进的制度建设目标,是坚持社会主义原则的具体体现。我国不断深入的改革开放就是中国特色社会主义制度自我完善和发展的过程。党的十五大将人民共享改革发展成果作为社会主义发展目标;党的十六大将"促进社会各方面的活力迸发,让创造财富的源泉充分涌流"作为发展目标;党的十八届三中全会将三者结合并列为全面深化改革的目标,进一步明确了保障人民利益的制度立场,是坚守社会主义原则的集中表达。三是要"以促进社会公平正义、增进人民福祉为出发点和落脚点"③,确保最广大人民的根本利益是

---

① 习近平:《深化改革开放,共创美好亚太》,《人民日报》2013 年 10 月 8 日。
② 《中共中央关于全面深化改革若干重大问题的决定》,人民出版社 2013 年版,第 3 页。
③ 《中共中央关于全面深化改革若干重大问题的决定》,人民出版社 2013 年版,第 3 页。

完善和发展中国特色社会主义制度的根本目标。社会主义市场经济改革的方向,以增进人民福祉为根本要求。以制度保障社会公平正义,才能确保全面深化改革的社会主义方向。

依法治国与完善和
发展中国特色社会主义制度[*]

党的十八届四中全会审议通过了《中共中央关于全面推进依法治国若干重大问题的决定》。"认为全面建成小康社会、实现中华民族伟大复兴的中国梦，全面深化改革、完善和发展中国特色社会主义制度，提高党的执政能力和执政水平，必须全面推进依法治国。"①法治是国家治理现代化的根本标志，全面推进依法治国是实现国家治理体系和治理能力现代化的根本途径，完善和发展中国特色社会主义制度则保证了依法治国的正确方向。深入分析依法治国与完善和发展中国特色社会主义制度之间的关系，对于推进法治中国建设，完善和发展中国特色社会主义制度，促进国家治理体系和治理能力现代化具有十分重要的意义。

一、依法治国是党领导人民
治理国家的基本方略

党的十五大确立了依法治国的基本方略。九届全国人大二次会议将其载

---

　　* 　原载《科学社会主义》2014 年第 5 期。中国人民大学复印报刊资料《中国特色社会主义理论》2015 年第 2 期全文转载。
　　① 　《中国共产党第十八届中央委员会第四次全体会议公报》，《人民日报》2014 年 10 月24 日。

入宪法,成为治国的宪法原则和目标。十七年后,党的十八届四中全会专门研究依法治国问题,并对全面推进依法治国作出重要部署。这是新一届中央领导集体着眼于全面深化改革的大局作出的重大战略决策,反映了党对当前国家经济社会发展状况和人民群众需求的准确把握,体现了新时期党对社会主义民主政治建设认识的深化。

1. 坚持党的领导是全面推进依法治国方略的根本前提

中国共产党的领导是中国特色社会主义最本质的特征。坚持党的领导是实施依法治国方略、建设社会主义法治国家的根本保证。经过多年的发展,我们党所处的地位和环境,党所肩负的任务,都发生了重大变化。我们党已经从一个领导人民为夺取全国政权而奋斗的党,成为一个领导人民掌握着全国政权并长期执政的党;已经从一个在受到外部封锁的状态下领导国家建设的党,成为在全面改革开放条件下领导国家建设的党。执政地位、执政环境和历史任务的变化,要求我们党改变革命时期的领导方式,采取新的领导方式执政。然而,由于理论准备不足,法律体系不完备,法律意识淡薄,我们党在建国后相当长的一段时间里,仍然沿用革命年代为夺取政权而采用的领导方式来执政,主要依靠群众运动、政策和行政手段来管理国家和经济社会事务。党的十一届三中全会以后,我们党意识到了转变执政方式和领导方式的重要性。邓小平深刻指出:"为了保障人民民主,必须加强法制。必须使民主制度化、法律化,使这种制度和法律不因领导人的改变而改变,不因领导人的看法和注意力的改变而改变。"①党的十二大通过的党章提出"党必须在宪法和法律的范围内活动"②。1982 年修订的宪法明确规定:"一切国家机关和武装力量、各政党和各社会团体、各企业事业组织,都必须遵守宪法和法律。"③执政地位

---

① 《邓小平文选》第二卷,人民出版社 1994 年版,第 146 页。
② 《中国共产党第十二次全国代表大会文件汇编》,人民出版社 1982 年版,第 98 页。
③ 《中华人民共和国宪法修改草案》,人民出版社 1982 年版,第 12 页。

的转变,改革开放的实施,社会主义市场经济体制的确立,都要求我们转变执政方式和领导方式,实行依法治国、依法执政,建设社会主义法治国家。"善于使党的主张通过法定程序成为国家意志,善于使党组织推荐的人选通过法定程序成为国家政权机关的领导人员,善于通过国家政权机关实施党对国家和社会的领导,善于运用民主集中制原则维护党和国家权威、维护全党全国团结统一。"①

2. 实现人民当家作主是全面推进依法治国方略的本质要求

人民民主是社会主义的生命。无论是空想社会主义者还是马克思恩格斯,都认为未来的社会应该是一个没有剥削、没有特权、人人平等的民主社会。马克思恩格斯指出:"工人革命的第一步就是使无产阶级上升为统治阶级,争得民主"②。列宁认为苏联政治建设构想的中心内容和根本任务,就是发展社会主义的新型民主。邓小平提出"没有民主就没有社会主义,就没有社会主义的现代化"③。党的十二大提出"建设高度的社会主义民主,是我们的根本目标和根本任务之一"④。发展社会主义民主必须健全社会主义法制,使社会主义民主制度化、法律化,走依法治国的道路。这是中国共产党深刻总结国际、国内社会主义民主政治建设经验教训所得出的重要结论。无论是苏东剧变,还是"文化大革命",一个重要原因就在于忽视民主的制度化、法律化,不重视法治。民主作为一种国家形态,必须通过具体的制度和程序来实现,必须具体化为人民的民主权利,否则,就会成为空中楼阁。"权力只有通过制度才能得到实现,只有通过制度,个人和群体的自然权力才能转变为现实权力。"⑤

---

① 习近平:《在庆祝全国人民代表大会成立 60 周年大会上的讲话》,《人民日报》2014 年 9 月 6 日。

② 《马克思恩格斯选集》第 1 卷,人民出版社 2012 年版,第 421 页。

③ 《邓小平文选》第二卷,人民出版社 1994 年版,第 168 页。

④ 《中国共产党第十二次全国代表大会文件汇编》,人民出版社 1982 年版,第 44 页。

⑤ 转引自林红:《民粹主义——概念、理论与实证》,中央编译出版社 2007 年版,第 55 页。

而民主制度、民主权利只有通过法定程序上升为国家意志,转化为国家的宪法和法律,才能得到保障和落实。只有通过法治,才能实现更加广泛、更加充分、更加健全的人民民主,解决好人民最关心最直接最现实的利益问题,凝聚起广大人民群众的智慧和力量。

3. 法治是治国理政的基本方式,要在全面深化改革进程中更好发挥法治的规范和引领作用

我国是人民当家作主的社会主义国家,国家的一切权力属于人民。党和政府的各级领导干部手中的权力都是人民赋予的,只能用来为人民谋利益,而不能用作其他,无论是个人的私利还是少数人的小团体利益。约束权力滥用的唯一方法就是法治,也就是将"权力关进制度的笼子"。真正的法治才能形成有效的权力约束机制和协调机制,扎紧制度的笼子,防止"牛栏关猫"。

改革开放是党在新的历史条件下领导人民进行的新的伟大革命,是当代中国发展进步的活力之源,是党和人民大踏步赶上时代前进步伐的重要法宝,是坚持和发展中国特色社会主义的必由之路。当前,改革进入攻坚期和深水区,国际形势复杂多变,我们党面对的改革发展稳定任务之重前所未有,矛盾风险挑战之多前所未有。比如,发展不平衡、不协调、不可持续问题依然突出,城乡区域发展差距和居民收入分配差距依然较大,关系群众切身利益的问题依然较多,反腐败斗争形势依然严峻。这就需要更好发挥法治的引领和规范作用,使我们党更好统筹国内国际两个大局,更好维护和运用我国发展的重要战略机遇期,更好统筹社会力量、平衡社会利益、调节社会关系、规范社会行为,使我国社会在深刻变革中既生机勃勃又井然有序,实现经济发展、政治民主、文化繁荣、社会和谐、生态良好的目标。

二、法治建设与中国特色社会主义制度的关系

党的十八届四中全会提出，"全面推进依法治国，总目标是建设中国特色社会主义法治体系，建设社会主义法治国家。"①以什么样的思路来谋划和推进法治中国建设，实现中国特色社会主义法治国家、法治政府和法治社会一体建设，在我国当前政治生活中具有"管根本、管全局、管长远的作用"。中国特色社会主义法治体系与中国特色社会主义制度是内在统一的，"设计和发展国家政治制度，必须注重历史和现实、理论和实践、形式和内容有机统一。"②

1. 法治建设要坚持与中国特色社会主义制度历史与现实的有机统一，也就是实现法治与我国根本政治制度和基本制度的有机统一

人民代表大会的根本政治制度和基本政治制度、基本经济制度是中国特色社会主义制度的主要内容，是我国国家制度的本质规定，是制度体系的基本原则和根本属性。世界上不存在完全相同的政治制度，也不存在适用于一切国家的政治制度模式。各国的政治制度因为国情不同，而且有其独特性，都是由本国人民根据自己的历史传统、文化传承和经济社会条件确定并不断发展的。中国特色社会主义政治制度是根植于我国社会土壤中的，是我国历史与现实国情辩证统一的、内生的制度形式。中国特色社会主义政治制度对于我国的法治建设而言具有决定性。一方面，根本政治制度和基本制度需要通过宪法和法律得以确立和实施。我国宪法以国家根本法的形式，确立了中国特

---

① 《中国共产党第十八届中央委员会第四次全体会议公报》，《人民日报》2014年10月24日。

② 习近平：《在庆祝全国人民代表大会成立60周年大会上的讲话》，《人民日报》2014年9月6日。

色社会主义道路、理论体系、制度的发展成果,反映了我国各族人民的共同意志和根本利益,成为新时期党和国家的中心工作、基本原则、重大方针政策在国家法制上的最高体现,为根本政治制度和基本制度的确立和实施提供法律依据和法律保障。另一方面,法治建设必须坚持社会主义方向,必须坚持中国特色社会主义制度,尤其是中国特色社会主义根本政治制度和基本制度。毛泽东曾说:"用宪法这样一个根本大法的形式,把人民民主和社会主义原则固定下来,使全国人民有一条清楚的轨道,使全国人民感到有一条清楚的明确的和正确的道路可走,就可以提高全国人民的积极性。"①中国共产党通过根本政治制度、基本政治制度和基本经济制度,将人民群众的愿望和诉求,凝练上升为全体人民的整体利益和共同意志,并通过法定程序将其转化为国家的法律和政策,最终转变为党、政府和人民的自觉行动,确保人民基本权益得到有效保障,确保人民当家作主得以实现。

2. 法治建设要坚持与中国特色社会主义制度内容与形式的有机统一,就是实现法治与中国特色社会主义法律体系的有机统一

"法律是治国之重器,良法是善治之前提。"②中国特色社会主义法律体系是中国特色社会主义制度的重要内容,是中国特色社会主义制度的规范表达和文本形式。法治建设以中国特色社会主义法律体系的确立为前提,离开完备的法律规范体系,法治建设将无法进行。截至 2010 年底,以宪法为统帅,以宪法相关法、民法商法等多个法律部门的法律为主干,由法律、行政法规、地方性法规等多个层次的法律规范构成的中国特色社会主义法律体系已经形成,基本实现有法可依,为社会主义法治建设提供了有力的法制保障。然而,仅有完备的法律规范体系,还不意味着就是法治国家。法治国家不仅要求法律制

---

① 《建国以来重要文献选编》第 5 册,中央文献出版社 2011 年版,第 253 页。
② 《中国共产党第十八届中央委员会第四次全体会议公报》,《人民日报》2014 年 10 月 24 日。

定,而且重在法律实施。法律的生命在于实施,法律的权威也在于实施。全面推进依法治国,建设社会主义法治国家,不仅要加强法律法规的制定、修改和清理工作,不断完善中国特色社会主义法律体系,而且要把重点放在法律法规的实施上。要维护宪法和法律的权威和尊严,任何组织或者个人都必须在宪法和法律范围内活动,任何公民、社会组织和国家机关都要以宪法和法律为行为准则,一切违反宪法和法律的行为必须予以追究。执法机关和司法机关要严格执法、公正司法,严格按照法定权限和程序办事,维护好社会公平正义。要增强全社会的法律意识和法治观念,各级领导干部和国家机关工作人员要带头学法、守法、用法。要加强对法律实施的监督,充分发挥国家机关和社会的监督作用,保证法律法规落到实处。

3. 法治建设要坚持与中国特色社会主义制度理论与实践的有机统一,也就是实现法治理论与具体的政治、经济、文化、社会和生态管理体制的有机统一

中国特色社会主义制度不仅包括根本政治制度、基本制度和中国特色社会主义法律体系,还包括建立在根本政治制度、基本制度之上的政治体制、经济体制、文化体制和社会体制,即体制机制。体制机制是制度的具体实现形式,是为制度服务的。体制机制不仅要具有适应性和可行性,而且还要具有合法性,不能同宪法和法律相抵触。同时,部分具体制度只有上升为国家的法律,才能具有权威性、合法性,如民主集中制、家庭联产承包责任制、社会主义市场经济等具体制度现已成为我国宪法的重要内容。这是法治建设与体制机制关系的一方面。另一方面,无论是法律的制定,还是法律的实施,都需配以完备的体制机制。在立法阶段,无论是法律草案的提出、审议、表决,还是法律的公布都有相应的体制机制作保障。如法律草案评估制度、法律草案征求意见机制和公众意见采纳情况反馈机制等。这些体制机制的建立和运行都有利于提高立法的科学化、民主化水平。此外,还有以行政执法体制、司法管理体

制等为主要内容的法治实施体系,以宪法实施监督机制和具体制度等为主要内容、融国家监督和社会监督为一体的法治监督体系,以普法教育机制、法律援助制度和执法经费财政保障制度等为主要内容的法治保障体系。这些体制机制的建立和实行,都对推动法治建设发挥了不可替代的作用。

三、在实践中坚持和完善中国特色社会主义制度,全面推动法治中国建设

只有付诸实践的制度才具有现实意义,法治中国建设就是要坚持中国特色社会主义方向,推动制度实践的法治化、规范化。换言之,全面推进依法治国的抓手在于实践中落实中国特色社会主义制度。以中国特色社会主义法治理论为指导,"形成完备的法律规范体系、高效的法治实施体系、严密的法治监督体系、有力的法治保障体系,形成完善的党内法规体系"①落实依法治国基本方略,加快建设社会主义法治国家,必须全面推进科学立法、严格执法、公正司法、全民守法进程。这就需要完善和发展中国特色社会主义制度,为法治中国建设提供制度保障。

1. 科学立法

我国已经形成了以宪法为统帅的中国特色社会主义法律体系,国家和社会生活各方面总体上实现了有法可依,这是我们取得的重大成就,也是我们继续前进的新起点。要继续完善以宪法为统帅的中国特色社会主义法律体系,抓住提高立法质量这个关键,坚持科学立法、民主立法。推进科学立法、民主立法,一个重要的内容就是要完善和发展中国特色社会主义制度。要完善和发展人民代表大会制度,充分发挥人大在立法中的主导作用,加强全国人大常

---

① 《中国共产党第十八届中央委员会第四次全体会议公报》,《人民日报》2014 年 10 月 24 日。

委会对立法工作的统筹协调,加强全国人大常委会同全国人大代表在立法中的联系,并制定和完善相应的体制机制。要完善立法体制和程序,健全立法起草机制和审议机制,完善立法论证、听证和评估制度,凡是专业性很强或者涉及重大意见分歧和利益关联的法律草案都要举行论证会、听证会。要完善法律草案公开征求意见机制和公众意见采纳情况反馈机制,提供立法的科学化、民主化水平。

2. 严格执法

行政机关是实施法律法规的重要主体,应带头严格执法,维护公共利益、人民权益和社会秩序。党的十一届三中全会特别是依法治国基本方略实施以来,行政机关加强制度建设,严格行政执法,执法能力和水平得到很大提高。然而,与完善社会主义市场经济体制、建设社会主义政治文明以及依法治国的客观要求相比,还存在不少差距。有法不依、执法不严、违法不究现象在一些地方和部门依然存在,一些公职人员滥用职权、失职渎职、执法犯法甚至徇私枉法严重损害国家法制权威。这就需要深化执法体制改革,整合执法主体,相对集中执法权,推进综合执法,着力解决权责交叉、多头执法的问题,建立权责统一、权威高效的执法体制。要健全依法决策机制,完善重大行政决策法定程序,建立行政机关内部重大决策合法性审查机制和终身责任追究制度。要全面落实行政执法责任制,依法界定执法职责,科学设定执法岗位,规范执法程序,建立公开、公平、公正的评议考核制和责任追究制。要全面落实执法经费由财政保障制度,严格执行"收支两条线"制度。要完善行政执法监督机制,充分发挥人大、政协、法院和社会的监督作用,加强检查、审计等专门监督,强化对行政执法行为的监督。

3. 公正司法

"公正是法治的生命线。司法公正对社会公正具有重要引领作用,司法不公对社会公正具有致命破坏作用。"①近年来,随着改革开放的深入和社会主义市场经济的发展,由于社会环境的变化和制度体制的不完善,执法不公、司法腐败等违反司法公正的现象时有发生,严重伤害人民群众感情、损害人民群众权益。党中央提出要努力让人民群众在每一个司法案件中都感受到公平正义,所有司法机关都要紧紧围绕这个目标来改进工作,重点解决影响司法公正和制约司法能力的体制机制问题,不断完善和发展中国特色社会主义司法制度。要进一步深化司法管理体制改革,推动省以下地方法院检察院人财物统一管理,确保依法独立公正行使审判权和检察权。要建立符合职业特点的司法人员管理制度,实行司法人员分类管理,对法官、检察官实行有别于普通公务员的管理制度。要完善司法责任制,让审判者裁判、由裁判者负责,推进以审判为中心的诉讼制度改革,实行办案质量终身负责制和错案责任倒查问责制。要加大司法公开力度,推进审判公开、检务公开,实现办案工作全程录音录像、生效裁判文书上网,构建开放、动态、透明、便民的阳光司法机制。要建立健全违反法定程序干预司法的登记备案通报制度和责任追究制度,防止以言代法、以权压法、徇私枉法。通过完善司法体制机制,逐步建设公正高效权威的社会主义司法制度,守住社会公平正义的最后一道防线。

4. 全民守法

"法律的权威源自人民的内心拥护和真诚信仰。人民权益要靠法律保障,法律权威要靠人民维护。"②全民守法是建设法治国家的重要内容和重要基础,是科学立法、严格执法和公正司法的重要目标和有力推手,是全面贯彻落实依法治国基本方略、建设社会主义法治国家的必然要求。古希腊哲学家

---

① 《中国共产党第十八届中央委员会第四次全体会议公报》,《人民日报》2014 年 10 月 24 日。
② 《中国共产党第十八届中央委员会第四次全体会议公报》,《人民日报》2014 年 10 月 24 日。

亚里士多德曾说:"法律所以能见成效,全靠民众的服从","虽有良法,要是人民不能全都遵循,仍然不能实现法治。"①要实现全民守法,就要牢固树立宪法和法律权威,坚持法律面前人人平等,任何组织或者个人都必须在宪法和法律范围内活动。要深入开展法制宣传教育,在全社会弘扬社会主义法治精神,引导全体人民遵守法律,形成守法光荣、违法可耻的良好氛围。各级领导干部要带头遵守法律,提高运用法治思维和法治方式深化改革、推动发展、化解矛盾、维护稳定的能力。要建立健全法律学习制度、培训制度和考核制度,把法治建设成效作为衡量各级领导班子和领导干部工作实绩重要内容、纳入政绩考核指标体系。要坚持法制教育与法治实践相结合,通过严格执法、公正司法,在全社会树立宪法和法律的权威和尊严,引导群众通过法律程序、运用法律手段解决各类社会矛盾,推动形成办事依法、遇事找法、解决问题用法、化解矛盾靠法的良好环境。

---

① 亚里士多德著,吴寿彭译:《政治学》,商务印书馆 2009 年版,第 82、202 页。

中国共产党百年制度建构的基本逻辑[*]

2019 年 10 月召开的党的十九届四中全会聚焦"坚持和完善中国特色社会主义制度、推进国家治理体系和治理能力现代化"这一主题,为新时代中国特色社会主义制度的完善和发展指明了方向。"中国特色社会主义制度是党和人民在长期实践探索中形成的科学制度体系"①,具有深刻的理论逻辑、历史逻辑和实践逻辑。习近平总书记在党的十九届四中全会召开之前、中共中央政治局就"新中国国家制度和法律制度的形成和发展"举行集体学习时强调,中国特色社会主义制度"是人类制度文明史上的伟大创造"②。分析和研究中国共产党百年制度建构的基本逻辑,对于坚持和完善中国特色社会主义制度,推进国家治理体系和治理能力现代化,具有重要的理论意义和现实意义。

一、理论逻辑:马克思主义国家学说的中国化奠定制度理论之基

马克思主义认为,国家是相对于市民社会而言的一种存在,是阶级矛盾不

---

* 原载《江海学刊》2021 年第 1 期,中国人民大学复印报刊资料《中国共产党》2021 年第 7 期全文转载,《中国社会科学文摘》2021 年第 6 期转载。

① 《中国共产党第十九届中央委员会第四次全体会议文件汇编》,人民出版社 2019 年版,第 3 页。

② 《坚持、完善和发展中国特色社会主义国家制度与法律制度》,《求是》2019 年第 23 期。

可调和的产物。恩格斯指出,国家是在社会陷入"不可解决的自我矛盾"之后产生的"一种表面上凌驾于社会之上的力量"。他把这种"从社会中产生但又自居于社会之上并且日益同社会相异化的力量"称之为"国家"①。作为马克思主义政党,马克思主义对国家内在本质的深刻分析,是中国共产党人批判和摧毁旧社会的国家机器,建构新的、社会主义的国家制度的理论起点和思想源头。从理论层面来看,中国共产党制度建构的历史进程也是马克思主义国家学说中国化的进程,主要体现在以下几个方面。

1. 人民民主专政的国体源于无产阶级专政理论的中国化

无产阶级专政理论是马克思主义国家学说的重要组成部分。在《1848年至1850年的法兰西阶级斗争》一文中,马克思第一次提出"无产阶级的专政"这个概念。② 恩格斯在《1891年社会民主党纲领草案批判》中指出:"我们的党和工人阶级只有在民主共和国这种形式下,才能取得统治。民主共和国甚至是无产阶级专政的特殊形式"③。在马克思恩格斯所处的年代,虽然国际无产阶级已经为争取建立无产阶级专政做出了一些努力,但是真正意义上的无产阶级专政的国家政权还没有建立,相关政治思想也未能付诸实践。俄国十月革命胜利后,世界上第一个无产阶级专政的国家建立起来,列宁发展了马克思主义的无产阶级专政理论。《国家与革命》是列宁系统阐述马克思主义国家学说、无产阶级专政理论的重要著作。列宁深刻指出:"只有承认阶级斗争、同时也承认无产阶级专政的人,才是马克思主义者。"④列宁还阐述了民主与专政的关系问题,他指出:"无产阶级专政,向共产主义过渡的时期,将第一次提供人民享受的、大多数人享受的民主,同时对少数人即剥削者实行必要的

---

① 《马克思恩格斯选集》第4卷,人民出版社2012年版,第187页。
② 《马克思恩格斯全集》第10卷,人民出版社1998年版,第220页。
③ 《马克思恩格斯文集》第4卷,人民出版社2009年版,第415页。
④ 《列宁选集》第3卷,人民出版社2012年版,第139页。

镇压。"①同时,列宁认为,无产阶级专政在俄国的表现形式"就是实行无产阶级专政的苏维埃制度"②。

近代中国社会并不是一个资本主义国家,也不是一个独立的民主的国家,而是一个半殖民地半封建国家。这决定了中国革命的发展进程与具体道路,乃至革命胜利后建立的无产阶级政权都具有特殊性。以毛泽东同志为主要代表的中国共产党人在实践中形成了中国革命必须分为新民主主义革命和社会主义革命两步走的基本思路,并逐步形成了人民民主专政的思想。早在延安时期,毛泽东就曾指出,中国革命的目的就是"打倒帝国主义和封建主义,建立一个人民民主的共和国"③。在《新民主主义论》中,毛泽东进一步指出:"建设一个中华民族的新社会和新国家"④。他指出:"现在所要建立的中华民主共和国,只能是在无产阶级领导下的一切反帝反封建的人们联合专政的民主共和国,这就是新民主主义的共和国。"⑤在党的七大上,毛泽东提出,"建立一个以全国绝对大多数人民为基础而在工人阶级领导之下的统一战线的民主联盟的国家制度"⑥。随着解放战争的胜利推进,中国共产党关于革命胜利后无产阶级专政的思想也在不断深化。解放战争胜利前夕,在1948年中共中央政治局会议的报告中,毛泽东就指出:"我们政权的阶级性是这样:无产阶级领导的,以工农联盟为基础,但不是仅仅工农,还有资产阶级民主分子参加的人民民主专政。"⑦毛泽东还说:"人民民主专政的国家,是以人民代表会议产生的政府来代表它的。"⑧这为后来人民民主专政概念内涵的形成与深化奠定了理论基础。在党的七届二中全会的报告中,毛泽东明确提出了"无产阶

① 《列宁选集》第3卷,人民出版社2012年版,第191—192页。
② 《列宁全集》第35卷,人民出版社2017年版,第483页。
③ 《毛泽东选集》第二卷,人民出版社1991年版,第563页。
④ 《毛泽东选集》第二卷,人民出版社1991年版,第663页。
⑤ 《毛泽东选集》第二卷,人民出版社1991年版,第675页。
⑥ 《毛泽东选集》第三卷,人民出版社1991年版,第1056页。
⑦ 《毛泽东文集》第五卷,人民出版社1996年版,第135页。
⑧ 《毛泽东文集》第五卷,人民出版社1996年版,第136页。

级领导的以工农联盟为基础的人民民主专政"①这一概念:"总结我们的经验,集中到一点,就是工人阶级(经过共产党)领导的以工农联盟为基础的人民民主专政。这个专政必须和国际革命力量团结一致。这就是我们的公式,这就是我们的主要经验,这就是我们的主要纲领"②,体现了新中国成立前夕中国共产党对无产阶级专政问题的深刻认识。新中国成立后,人民民主专政得到了法理层面的确认。《共同纲领》确立了"人民民主专政"的国体。③ 1954年宪法对此再次予以明确。④ 社会主义改造完成后,我国顺利实现了由新民主主义向社会主义的过渡,但是人民民主专政仍然作为国体继续沿用,这既符合我国"工农联盟"的特殊国情,也有利于社会主义社会的和谐稳定。

2. 党和国家的根本组织原则源于民主集中制理论的中国化

马克思主义认为,民主集中制是无产阶级政党的根本组织原则。马克思恩格斯虽然没有明确提出"民主集中制"这个概念,但却在组织和开展无产阶级斗争的过程中体现出了民主集中制的一些理念。列宁在此基础之上,提出了民主集中制的理论,并将其贯彻到俄国无产阶级政党的建设中。1905年,"民主集中制"一词第一次见诸俄国社会民主工党的文件中。⑤ 1906年,列宁在《提交俄国社会民主工党统一代表大会的策略纲领》中提出,"党内民主集中制的原则是现在一致公认的原则"⑥。在俄国革命的实践中,列宁强调无产阶级政党组织的重要性,也高度强调党内民主的重要性。民主集中制原则是列宁无产阶级政党思想的重要组成部分,也是俄国无产阶级政党的重要组织

---

① 《毛泽东选集》第四卷,人民出版社1991年版,第1436页。
② 《毛泽东选集》第四卷,人民出版社1991年版,第1480页。
③ 《建国以来重要文献选编》第1册,中央文献出版社2011年版,第2页。
④ 《建国以来重要文献选编》第5册,中央文献出版社2011年版,第450—451页。
⑤ 参见《苏联共产党代表大会、代表会议和中央全会决议汇编》第一分册,人民出版社1964年版,第119页。
⑥ 《列宁全集》第12卷,人民出版社2017年版,第214页。

特征。

中国共产党将民主集中制贯穿进党的组织建设中。1927年6月1日中共中央政治局会议议决案指出:"党部的指导原则为民主集中制。"①这是中共首次在党内文件中以文字形式明确民主集中制的原则。1928年在莫斯科召开的党的六大进一步提出:要"实行真正的民主集中制","秘密条件之下尽可能的保证党内的民主主义;实行集体的讨论和集体的决定主要问题;同时反对极端民主主义的倾向"②。同时,党的六大还第一次阐述了民主集中制原则的内涵,提出了"民主集中制的根本原则"③。此后,民主集中制在革命实践中得到了贯彻实行。毛泽东认为:"要党有力量,依靠实行党的民主集中制去发动全党的积极性。"④实践证明,将集中与民主相结合使党的组织充满力量,又形成了良好的党内政治生态,真正将中共锻造成为一个坚强有力的"先锋队"。毛泽东在党的七大上指出:"新民主主义的政权组织,应该采取民主集中制,由各级人民代表大会决定大政方针,选举政府。它是民主的,又是集中的,就是说,在民主基础上的集中,在集中指导下的民主。"⑤七大党章明确了民主集中制的表述:"民主的集中制,即是在民主基础上的集中和在集中领导下的民主。"⑥

新中国成立后,中国共产党也将民主集中制的原则融入国家制度建设中,中国共产党始终将民主集中制作为党和国家的一项重要制度加以坚持和发展。1954年宪法规定:"全国人民代表大会、地方各级人民代表大会和其他国

---

① 《建党以来重要文献选编(1921—1949)》第4册,中央文献出版社2011年版,第268页。
② 《建党以来重要文献选编(1921—1949)》第5册,中央文献出版社2011年版,第395页。
③ 《建党以来重要文献选编(1921—1949)》第5册,中央文献出版社2011年版,第472页。
④ 《毛泽东选集》第一卷,人民出版社1991年版,第278页。
⑤ 《建党以来重要文献选编(1921—1949)》第22册,中央文献出版社2011年版,第155页。
⑥ 《建党以来重要文献选编(1921—1949)》第22册,中央文献出版社2011年版,第538页。

家机关,一律实行民主集中制。"①新中国成立之初,邓小平也提出:"民主集中制是党和国家的最根本的制度,也是我们传统的制度。"②改革开放后,民主集中制作为根本性制度写入宪法当中。1982 年宪法规定:"中华人民共和国的国家机构实行民主集中制的原则。"③民主集中制是新中国政治制度建设的特色与优势。有学者提出,民主集中制是"中国模式"的最好表述,"这一制度在理论上不但具有现代性的民主主义属性,同时也具有基于中国历史文化的内生性变迁的特征,并且克服了后发巨型国家因普遍国家能力缺失而导致的组织化不足的结构性病理"④。2019 年 9 月 24 日,习近平总书记在十九届中央政治局第十七次集体学习时指出:"民主集中制是我国国家组织形式和活动方式的基本原则,是我国国家制度的突出特点。"他认为民主集中制的主要优势体现在:"在党的领导下,各国家机关是一个统一整体,既合理分工,又密切协作,既充分发扬民主,又有效进行集中,克服了议而不决、决而不行、行而不实等不良现象,避免了相互掣肘、效率低下的弊端。"⑤

3. 中国共产党的领导核心地位源于无产阶级政党领导理论的中国化

马克思主义认为,无产阶级的革命与政权都离不开无产阶级先锋队——无产阶级政党的领导。《共产党宣言》指出:"在实践方面,共产党人是各国工人政党中最坚决的、始终起推动作用的部分;在理论方面,他们胜过其余无产阶级群众的地方在于他们了解无产阶级运动的条件、进程和一般结果。"⑥在

---

① 《建国以来重要文献选编》第 5 册,中央文献出版社 2011 年版,第 451 页。

② 《邓小平文选》第一卷,人民出版社 1994 年版,第 312 页。

③ 《十二大以来重要文献选编》上,中央文献出版社 2011 年版,第 187 页。

④ 参见杨光斌、乔哲青:《论作为"中国模式"的民主集中制政体》,《政治学研究》2015 年第 6 期。

⑤ 《坚持、完善和发展中国特色社会主义国家制度与法律制度》,《求是》2019 年第 23 期。

⑥ 《马克思恩格斯选集》第 1 卷,人民出版社 2012 年版,第 413 页。

马克思恩格斯看来，共产党在无产阶级革命中要发挥先锋和引领的作用。列宁继承和发展了这一思想，认为必须由强有力的无产阶级政党来领导无产阶级革命，"无产阶级的自发斗争如果没有坚强的革命家组织的领导，就不能成为无产阶级的真正的'阶级斗争'"①。列宁还认为，坚持共产党的领导是实现无产阶级专政的先决条件。他提出："无产阶级专政是对旧社会的势力和传统进行的顽强斗争"，"没有铁一般的在斗争中锻炼出来的党，没有为本阶级一切正直的人们所信赖的党，没有善于考察群众情绪和影响群众情绪的党，要顺利地进行这种斗争是不可能的。"②1920年，列宁再次指出："我们的全部经验表明，这个事业十分重要，因此我们要重视承认党的领导作用问题，在讨论工作和组织建设的时候，决不能忽视这一点。"③党的领导是俄国革命得以胜利、社会主义政权得以建立的重要保障。

中国共产党自成立起就强调党对革命斗争的领导，并在实践中逐渐形成了党的领导制度体系。1925年，毛泽东在《中国社会各阶级的分析》一文中指出："革命党是群众的向导，在革命中未有革命党领错了路而革命不失败的。"④在这里，毛泽东强调了革命党对革命前进方向的引领作用。中国共产党人不断加强党的自身建设，在实践中极大增强了中国共产党对中国革命的领导能力，丰富和发展了无产阶级政党领导的理论。毛泽东认为："要取得中国民主革命的胜利，必须要有共产党的领导。"⑤在党的七大上，毛泽东系统阐述了他对无产阶级政党领导的思想。他指出："所谓无产阶级领导，就是共产党领导。"他认为，共产党就是"无产阶级里头出了那样一部分比较先进的人，组织成一个政治性质的团体"⑥。在这次讲话中，毛泽东通过总结中国革命的

---

① 《列宁选集》第1卷，人民出版社2012年版，第414页。
② 《列宁选集》第4卷，人民出版社2012年版，第154—155页。
③ 《列宁选集》第4卷，人民出版社2012年版，第304—305页。
④ 《毛泽东选集》第一卷，人民出版社1991年版，第3页。
⑤ 《毛泽东文集》第三卷，人民出版社1996年版，第59页。
⑥ 《毛泽东文集》第三卷，人民出版社1996年版，第305页。

历史教训,批判了放弃无产阶级领导权的观点,他强调:"所谓领导权,你总要有一个东西去领导,有被领导者才有领导者,有被领导才发生领导的问题。"①新民主主义革命之所以能够取得胜利,根本原因就在于坚持共产党的领导。

新中国成立后,中国共产党带领中国人民实现了由新民主主义向社会主义的转变。1957 年 5 月,毛泽东在一次讲话时指出:"中国共产党是全中国人民的领导核心。没有这样一个核心,社会主义事业就不能胜利。"②改革开放后,针对社会上一些否定党的领导、否定社会主义的声音,邓小平坚定指出:"中国没有共产党的领导、不搞社会主义是没有前途的。这个道理已经得到证明,将来还会得到证明。"③在谈到社会主义制度的优越性问题时,邓小平还强调:"共产党的领导就是我们的优越性。"④实践证明,办好中国的事情,关键在党。20 世纪 80 年代末,面对国内一些错误思潮的泛滥,江泽民旗帜鲜明地提出:"要加强党的领导,发挥我们的政治优势。"⑤胡锦涛也曾提出:"要坚持发挥党总揽全局、协调各方的领导核心作用,提高党科学执政、民主执政、依法执政水平,保证党领导人民有效治理国家。"⑥回望中国共产党的百年历史进程,正是我们始终坚持中国共产党的领导,中国革命、建设和改革事业才能够始终蓬勃向上。习近平总书记指出:"中国特色社会主义最本质的特征是中国共产党领导,中国特色社会主义制度的最大优势是中国共产党领导。"⑦

4. 马克思主义在意识形态的指导地位源于无产阶级意识形态理论的中国化

马克思主义是无产阶级政党进行革命斗争的重要遵循。马克思恩格斯亲

① 《毛泽东文集》第三卷,人民出版社 1996 年版,第 308 页。
② 《毛泽东文集》第七卷,人民出版社 1999 年版,第 303 页。
③ 《邓小平文选》第三卷,人民出版社 1993 年版,第 195 页。
④ 《邓小平文选》第三卷,人民出版社 1993 年版,第 256 页。
⑤ 《江泽民文选》第一卷,人民出版社 2006 年版,第 46 页。
⑥ 《胡锦涛文选》第三卷,人民出版社 2016 年版,第 538 页。
⑦ 《十八大以来重要文献选编》下,中央文献出版社 2018 年版,第 355 页。

身参与革命斗争,并在无产阶级阵营内部针对错误思想进行了一次又一次激烈的论战,形成了马克思主义的科学理论。恩格斯指出:"工人比起资产阶级来,说的是另一种方言,有不同的思想和观念,不同的习俗和道德原则,不同的宗教和政治。"①在这里,恩格斯强调的是无产阶级和资产阶级在意识形态上的差别。作为俄国无产阶级的领导者,列宁指出:"马克思学说具有无限力量,就是因为它正确。"②列宁认为,革命理论对于革命政党而言是极为重要的,他指出:"没有革命理论,就不会有坚强的社会党,因为革命理论能使一切社会党人团结起来","我们决不把马克思的理论看做某种一成不变的和神圣不可侵犯的东西;恰恰相反,我们深信:它只是给一种科学奠定了基础,社会党人如果不愿落后于实际生活,就应当在各方面把这门科学推向前进。"③同时,他反对教条主义地对待马克思主义的做法,他指出:"应当时刻不忘我们的最终目的,随时进行宣传,保卫无产阶级的思想体系——科学社会主义学说,也就是马克思主义——不被歪曲,并使之继续发展。"④马克思恩格斯指出:"统治阶级的思想在每一时代都是占统治地位的思想。""支配着物质生产资料的阶级,同时也支配着精神生产资料,因此,那些没有精神生产资料的人的思想,一般地是隶属于这个阶级的。"⑤中国共产党是马克思列宁主义武装起来的政党,自觉重视马克思主义的意识形态作用。毛泽东指出:"既要革命,就要有一个革命党。没有一个革命的党,没有一个按照马克思列宁主义的革命理论和革命风格建立起来的革命党,就不可能领导工人阶级和广大人民群众战胜帝国主义及其走狗。"⑥新中国成立后,毛泽东庄严宣告:"领导我们事业的核

---

① 《马克思恩格斯文集》第 1 卷,人民出版社 2009 年版,第 437—438 页。
② 《列宁选集》第 2 卷,人民出版社 2012 年版,第 309 页。
③ 《列宁选集》第 1 卷,人民出版社 2012 年版,第 274 页。
④ 《列宁专题文集 论马克思主义》,人民出版社 2009 年版,第 303 页。
⑤ 《马克思恩格斯选集》第 1 卷,人民出版社 2012 年版,第 178 页。
⑥ 《毛泽东选集》第四卷,人民出版社 1991 年版,第 1357 页。

心力量是中国共产党。""指导我们思想的理论基础是马克思列宁主义。"①改革开放后,邓小平将"必须坚持马列主义、毛泽东思想"作为四项基本原则之一提出②,他指出:"我们坚持的和要当作行动指南的是马列主义、毛泽东思想的基本原理,或者说是由这些基本原理构成的科学体系。"③曾几何时,一些非马克思主义的思潮开始在社会上出现,甚至产生了资产阶级自由化的思潮,导致了严重的政治风波。对此,江泽民认为,要采取有效措施,"使马克思主义始终牢固地占领思想政治阵地,使各种唯心论、非马克思主义和反马克思主义的东西没有可乘之机"④。胡锦涛指出:"马克思主义是我们立党立国的根本指导思想。坚持和巩固马克思主义指导地位,是党和人民团结一致、始终沿着正确方向前进的根本思想保证。"⑤党的十八大以来,以习近平同志为核心的党中央高度重视马克思主义在意识形态领域的作用,习近平总书记强调:"我们要立足中国,面向现代化、面向世界、面向未来,巩固马克思主义在意识形态领域的指导地位。"⑥党的十九届四中全会提出,"坚持马克思主义在意识形态领域指导地位的根本制度"⑦,以党和国家"根本制度"的形式对马克思主义在意识形态领域的指导地位予以确立和巩固。

二、历史逻辑:中国共产党领导革命、建设和改革百年制度探索的一以贯之

近代以来,中华民族面对求得民族独立和人民解放、实现国家富强和人民

---

① 《建国以来重要文献选编》第5册,中央文献出版社2011年版,第400页。
② 《邓小平文选》第二卷,人民出版社1994年版,第165页。
③ 《邓小平文选》第二卷,人民出版社1994年版,第171页。
④ 《江泽民文选》第二卷,人民出版社2006年版,第362页。
⑤ 《十七大以来重要文献选编》上,中央文献出版社2013年版,第796页。
⑥ 《十九大以来重要文献选编》上,中央文献出版社2019年版,第430页。
⑦ 《中国共产党第十九届中央委员会第四次全体会议文件汇编》,人民出版社2019年版,第43页。

共同富裕两大历史任务;中国革命胜利之后,"建设什么样的国家""建立什么样的国家制度"是摆在中华民族和中国人民面前的历史性课题。中国共产党对国家制度的探索发端于革命时期,奠基于建设时期,完善于改革时期,是一个一以贯之的探索过程。

1. 中国共产党在民主革命时期就提出了关于未来国家制度的主张

中国共产党自成立之日起,就把实现共产主义作为自己的理想和追求,同时近代中国半殖民地半封建的社会现实也使中国共产党人深刻认识到,"想在旧制度范围内建立新社会的企图是无益的,即使我们试图这样做也是徒劳的"[①]。在领导中国人民开展革命斗争的过程中,党也在实践中思考未来国家制度建设的问题,进行建立无产阶级政权的探索。1931 年 6 月,中共苏区中央局第一次全国苏维埃代表大会宣言指出:"苏维埃政权是无产阶级领导下的工农民主专政。"[②]明确了苏维埃政权的性质。同年 11 月通过的《中华苏维埃共和国宪法大纲》规定:"中国苏维埃政权所建设的是工人和农民的民主专政的国家。苏维埃全政权是属于工人、农民、红军兵士及一切劳苦民众的。"[③]同时规定:"中华苏维埃共和国之最高政权为全国工农兵会议(苏维埃)的大会","在苏维埃政权领域内的工人、农民、红军兵士及一切劳苦民众和他们的家属",在苏维埃法律面前一律平等。[④] 同时,这部宪法还对工农权利、中国境内少数民族等问题作出了明确规定。从中我们可以看到,早在民主革命时期中国共产党就将无产阶级专政、民主集中制以及无产阶级政党领导等思想融合进了政权建设的尝试之中。

---

① 《建党以来重要文献选编(1921—1949)》第 1 册,中央文献出版社 2011 年版,第 23 页。
② 《建党以来重要文献选编(1921—1949)》第 8 册,中央文献出版社 2011 年版,第 440 页。
③ 《建党以来重要文献选编(1921—1949)》第 8 册,中央文献出版社 2011 年版,第 649—650 页。
④ 《建党以来重要文献选编(1921—1949)》第 8 册,中央文献出版社 2011 年版,第 650 页。

新民主主义理论体现了中共对未来国家制度的设想。1939 年至 1940 年,毛泽东分别发表了《中国革命与中国共产党》和《新民主主义论》两篇重要文章。在这两篇文章中,毛泽东系统阐发了他对革命胜利后国家制度建设的思考与设想。在《中国革命与中国共产党》中,毛泽东区分了中国革命的两个阶段,并提出:"中国革命的终极的前途,不是资本主义的,而是社会主义和共产主义的"①。《新民主主义论》是毛泽东新民主主义理论的系统阐发,在文中,毛泽东表达了"我们要建立一个新中国"的目标。② 对于理想中的"新民主主义共和国",毛泽东设想:"一方面和旧形式的、欧美式的、资产阶级专政的、资本主义的共和国相区别","另一方面,也和苏联式的、无产阶级专政的、社会主义的共和国相区别",所谓新民主主义共和国是"一定历史时期的形式",是"过渡的形式",但同时也是"不可移易的必要的形式"③。同时,对于未来国家的"国体"与"政体",毛泽东也有自己的设想。毛泽东认为,新民主主义共和国的国体应该是"各革命阶级联合专政",而政体则是"民主集中制"④。值得一提的是,虽然这一时期毛泽东所说的民主集中制政体与后来形成的人民代表大会制度政体在名称上略有不同,但是,在谈到政体问题时,毛泽东特别提到,"中国现在可以采取全国人民代表大会、省人民代表大会、县人民代表大会、区人民代表大会直到乡人民代表大会的系统,并由各级代表大会选举政府"⑤。这一思想与后来人民代表大会制度的建立有着内在关联。

党的七届二中全会是解放战争胜利前夕召开的一次极其重要的会议,也是中共规划"如何建设一个新世界"的一个节点。在这次会议上,毛泽东以"人民民主专政"代替了过去主张建立的"各革命阶级联合专政"。毛泽东认为,要"认真地团结全体工人阶级、全体农民阶级和广大的革命知识分子,这

①　《毛泽东选集》第二卷,人民出版社 1991 年版,第 650 页。
②　《毛泽东选集》第二卷,人民出版社 1991 年版,第 663 页。
③　《毛泽东选集》第二卷,人民出版社 1991 年版,第 675 页。
④　《毛泽东选集》第二卷,人民出版社 1991 年版,第 677 页。
⑤　《毛泽东选集》第二卷,人民出版社 1991 年版,第 677 页。

些是这个专政的领导力量和基础力量。没有这种团结，这个专政就不能巩固"。同时，还需要去尽可能地团结"能够同我们合作的城市小资产阶级和民族资产阶级的代表人物"①。这体现了中共对于新政权的基础问题有了更为清晰的思路。在《论人民民主专政》一文中，毛泽东指出了新政权的领导阶级、新政权在国际形势中的阵营等问题。毛泽东在回顾中国国民党一大宣言时指出："只许为一般平民所共有、不许为资产阶级所私有的国家制度，如果加上工人阶级的领导，就是人民民主专政的国家制度了。"②从某种意义上来说，新民主主义革命的目的，就在于领导人民建立一套新民主主义进而转变为社会主义的国家制度。中国共产党在民主革命时期对未来国家制度问题的思考、认识与尝试，为新中国成立后国家制度的建构奠定了理论基础，也积累了宝贵经验。

2. 新中国成立后中国共产党建构了社会主义基本制度

新中国的成立标志着中国半殖民地半封建历史的结束，开启了一个全新的时代，一个真正的人民当家作主的政权建立起来，"中国人民由被压迫的地位变成为新社会新国家的主人"③。新中国成立后，中国共产党便着手开始领导新中国的制度建设。

一是明确新中国的"国体"与"政体"。1949 年 9 月，中国人民政治协商会议召开。这次会议明确"以新民主主义即人民民主主义为中华人民共和国建国的政治基础"④。《共同纲领》载明："中华人民共和国为新民主主义即人民民主主义的国家，实行工人阶级领导的，以工农联盟为基础的、团结各民主阶级和国内各民族的人民民主专政。"⑤明确了新中国的国体问题。相比党的

---

① 《毛泽东选集》第四卷，人民出版社 1991 年版，第 1436—1437 页。
② 《毛泽东选集》第四卷，人民出版社 1991 年版，第 1478 页。
③ 《建国以来重要文献选编》第 1 册，中央文献出版社 2011 年版，第 1 页。
④ 《建国以来重要文献选编》第 1 册，中央文献出版社 2011 年版，第 1 页。
⑤ 《建国以来重要文献选编》第 1 册，中央文献出版社 2011 年版，第 2 页。

六大提出的"工农联合"专政①与民主革命时期毛泽东提出的"各革命阶级联合专政",《共同纲领》对于新中国国体的概括更加适应新中国成立时国内的政治环境,更有利于凝聚和团结最广大的政治力量。毛泽东关于新中国政体的认识在《新民主主义论》中就有表达,他认为,政体"是指的政权构成的形式问题,指的一定的社会阶级取何种形式去组织那反对敌人保护自己的政权机关。没有适当形式的政权机关,就不能代表国家"②。按照毛泽东的观点,"政权机关"是决定"政体"的关键。《共同纲领》指出:"人民行使国家政权的机关为各级人民代表大会和各级人民政府。""国家最高政权机关为全国人民代表大会。"③与国体的确立方式不同,人民代表大会并未在新中国成立时就立刻召开,而是经历了从政协代行人大职权再过渡到人民代表大会制度的过程。"国体"与"政体"的确立,为新中国的制度体系奠定了坚实的基础。

二是确立社会主义经济基础,形成以公有制经济为主的经济体制。《共同纲领》规定,新中国经济建设的根本方针"是以公私兼顾、劳资两利、城乡互助、内外交流的政策,达到发展生产、繁荣经济之目的"④。新中国成立后,中国共产党并未立刻着手向社会主义过渡,而是将从 1949 年新中国成立到社会主义改造基本完成这段时间作为一个过渡时期。在过渡时期,社会主义性质、半社会主义性质、国家资本主义性质以及私营经济并行存在,公有制尚未取得在城市和农村中的主体地位。1953 年,随着新中国国民经济基本恢复,国内因内战而导致的混乱局面基本稳定,中国共产党适时提出了向社会主义过渡的总路线,"要在一个相当长的时期内,逐步实现国家的社会主义工业化,并逐步实现国家对农业、对手工业和对资本主义工商业的社会主义改造"⑤。自

---

① 《建党以来重要文献选编(1921—1949)》第 5 册,中央文献出版社 2011 年版,第 710 页。
② 《毛泽东选集》第二卷,人民出版社 1991 年版,第 677 页。
③ 《建国以来重要文献选编》第 1 册,中央文献出版社 2011 年版,第 3 页。
④ 《建国以来重要文献选编》第 1 册,中央文献出版社 2011 年版,第 6 页。
⑤ 《建国以来重要文献选编》第 4 册,中央文献出版社 2011 年版,第 602 页。

1953 年起,中国共产党引导个体农业、手工业走上合作化道路,通过和平赎买的方式实现了对资本主义工商业的社会主义改造,实现了新中国生产资料所有制由私人所有向社会主义公有的转变,形成了以公有制为主体的经济体制,确立了社会主义制度的经济基础。

三是建立新中国基本政治制度。新中国成立后,建立一套什么样的国家政治制度运行体系,同样是摆在中国共产党面前的历史性课题。抗战结束后,国共两党及各民主党派曾在重庆召开过政治协商会议。虽然"旧政协"也曾形成了关于和平建国、民主改革的一些协议,得到各党派、社会团体以及全国人民的拥护和支持,但是国民党的破坏与阻碍,使得政协所确定的协议最终都变成了一纸空文,没能付诸实施。1948 年 5 月,中国共产党向全国人民提议召开新的政治协商会议,并迅速得到全国各界的广泛响应。1949 年 6 月,新政协筹备会召开,毛泽东在会上宣告:"我们召集新的政治协商会议成立民主联合政府的一切条件,均已成熟。"①1949 年 9 月中国人民政治协商会议第一届全国委员会第一次会议召开,会议通过的《共同纲领》明确:"中国人民政治协商会议为人民民主统一战线的组织形式。"②1954 年,随着一届全国人大一次会议召开,一届全国政协执行全国人大职权的任务也宣告结束。同年 12 月,全国政协二届一次会议召开,这次会议通过新的《中国人民政治协商会议章程》载明,中国人民政治协商会议是"团结全国各民族、各民主阶级、各民主党派、各人民团体、国外华侨和其他爱国民主人士的人民民主统一战线的组织"③。这为中国共产党领导的多党合作和政治协商制度的确立奠定了坚实的基础。早在 1947 年,中国共产党就已领导建立了内蒙古自治政府,这是中国共产党领导建立的第一个民族自治地区。按照《共同纲领》的规定,1952 年《民族区域自治实施纲要》颁行,全国一些地区先后建立起民族自治地方。

---

① 《毛泽东选集》第四卷,人民出版社 1991 年版,第 1466 页。
② 《建国以来重要文献选编》第 1 册,中央文献出版社 2011 年版,第 4 页。
③ 《建国以来重要文献选编》第 5 册,中央文献出版社 2011 年版,第 607 页。

1954 年宪法更是明确了自治区、自治州、自治县的三级民族自治地区行政规划,并规定在县以下的少数民族聚居区设置民族乡。① 此后,新疆维吾尔自治区、广西壮族自治区、宁夏回族自治区与西藏自治区先后建立,民族区域自治制度成为新中国的一项基本政治制度。

四是颁行一系列法律法规,建立社会主义法律体系。建立新型的法律体系是中国共产党关于政权建设的重要组成部分。1949 年 1 月,毛泽东在《关于时局的声明》中提出了八项和谈条件,其中就包括"废除伪宪法"和"废除伪法统"②。新中国成立前夕召开的一届全国政协就通过了包括《共同纲领》《中国人民政治协商会议组织法》《中华人民共和国中央人民政府组织法》这三个奠基性的法律文件。新中国成立后,在中国共产党领导下,《土地改革法》《婚姻法》等一系列法律法规先后颁行,涉及人民生产生活的方方面面,更为恢复和发展国民经济、开展广泛而深刻的社会建设提供了法律保障。1954 年 9 月,一届全国人大一次会议通过并颁布了《中华人民共和国宪法》这部体现社会主义和人民民主两大原则的根本性法律文件。同时,《中华人民共和国全国人民代表大会组织法》《中华人民共和国国务院组织法》《中华人民共和国人民法院组织法》《中华人民共和国人民检察院组织法》等一系列法律文件也先后通过颁行。新中国成立初期的法律体系建设体现了中国共产党在全国执政初期的法律思维,为社会主义法制体系建设奠定了基础,更为依法治国提供了基本依据。

3. 改革开放后中国特色社会主义制度在实践中不断发展和完善

党的十一届三中全会摒弃了"以阶级斗争为纲"的口号,实现了政治上的拨乱反正,开启了社会主义现代化建设的新时期。改革开放四十多年来,中国

---

① 《建国以来重要文献选编》第 5 册,中央文献出版社 2011 年版,第 461 页。
② 《毛泽东选集》第四卷,人民出版社 1991 年版,第 1389 页。

共产党领导中国人民开辟了一条具有中国特色的发展道路。中国特色社会主义制度也在改革开放的伟大实践中不断完善和发展，形成了中国特色社会主义制度体系。

一是完成了国家各项制度的恢复和重建，改革党和国家领导制度。20 世纪 50 年代中后期中国社会主义建设过程中出现的"左"的错误严重破坏了新中国的制度建设成果，也给党和国家事业的发展带来了很大的危害。党的十一届三中全会后，"左"的错误得到了根本纠正，党也深刻认识到党和国家制度体系中存在的弊端和问题。在谈到"文化大革命"教训时，邓小平强调"要从制度方面解决问题"①。叶剑英指出："一个国家非有法律和制度不可。这种法律和制度要有稳定性、连续性。"②1980 年，邓小平在《党和国家领导制度的改革》讲话中指出："不是说个人没有责任，而是说领导制度、组织制度问题更带有根本性、全局性、稳定性和长期性。"③因此，改革开放后，恢复了一批党和国家组织领导机构，中央纪委、中央书记处、中央政治局及其常委会先后恢复建立；人民代表大会制度、中国共产党领导的多党合作和政治协商制度、民族区域自治制度也得到了恢复和发展。在此基础上，进行了党和国家领导制度的改革，废除了领导干部职务终身制，恢复了民主集中制的组织和活动原则。国家各项制度的恢复和重建为中国特色社会主义制度体系的完善和发展奠定了基础。

二是形成了以公有制为主体、多种所有制经济共同发展，按劳分配为主体、多种分配方式并存，以及社会主义市场经济体制等社会主义基本经济制度。1956 年完成的三大改造确立了生产资料公有制的经济基础，但是在所有制结构问题、经济体制问题等方面还存在一些尚未解决的问题，过分强调全民所有与集体经济，必然导致在社会主义建设过程中出现管得过多、统得过死等

---

① 《邓小平文选》第二卷，人民出版社 1994 年版，第 348 页。
② 《叶剑英选集》，人民出版社 1996 年版，第 499 页。
③ 《三中全会以来重要文献选编》上，中央文献出版社 2011 年版，第 454 页。

问题。20 世纪 50 年代末期的"大跃进"和人民公社化运动就体现出在社会主义经济制度方面还缺乏建设经验。改革开放后,党对单一社会主义公有制模式进行了改革,逐步形成了以公有制为主体、多种所有制经济共同发展的模式,党的十五大将这一模式明确为"我国社会主义初级阶段的一项基本经济制度"①。改革开放后,邓小平明确表示:"贫穷不是社会主义,更不是共产主义。"②在发展社会生产力的过程中,中国共产党逐渐探索形成了以按劳分配为主体、多种分配方式并存的分配制度,这一制度也在党的十五大得到了明确。③ 同时,过去高度集中的计划经济体制也得到了改变,中国共产党在实践中建立了社会主义市场经济体制,实现了社会主义与市场经济的有机结合,体现了中国特色社会主义制度的创造性、灵活性,在实践中也彰显出其显著优势。党的十九届四中全会把这三方面的内容确立为社会主义基本经济制度,既体现了社会主义制度优越性,又同我国社会主义初级阶段生产力发展水平相适应,是党和人民的伟大创造。

三是在实践中完善和发展了中国特色社会主义政治制度。改革开放后,新中国成立初期所建立的根本政治制度、基本政治制度得到了恢复和重建。在此基础上,针对基层社会治理,中国共产党又创造了基层群众自治制度这一基本政治制度。1982 年宪法规定:"城市和农村按居民居住地区设立的居民委员会或者村民委员会是基层群众性自治组织。"④1989 年和 1993 年《中华人民共和国城市居民委员会组织法》和《中华人民共和国村民委员会组织法》分别通过,为基层群众自治制度的运行提供了法治保障。早在新中国成立初期,中国共产党就曾有过和平解决台湾问题的设想。改革开放后,这一设想凝练成为"一个国家,两种制度"的基本国策,并率先在香港和澳门的回归问题

---

① 《十五大以来重要文献选编》上,中央文献出版社 2011 年版,第 17 页。
② 《邓小平文选》第三卷,人民出版社 1993 年版,第 64 页。
③ 《十五大以来重要文献选编》上,中央文献出版社 2011 年版,第 21 页。
④ 《十二大以来重要文献选编》上,中央文献出版社 2011 年版,第 210 页。

上得到了实践。"一国两制"是中国共产党人的伟大政治创造,具有鲜明的中国特色,也体现出巨大的政治智慧。同时,改革开放后,中国共产党还提出了依法治国的基本方略,提出要"建设社会主义法治国家"①。中国特色社会主义法治体系也在改革开放的进程中得到了完善和发展。

三、实践逻辑:植根于实现中华民族 伟大复兴的历史进程

中国特色社会主义国家制度和法律制度是在长期实践探索中形成的,具有深厚的历史渊源与实践基础。当前,中华民族比以往任何历史时期都更加接近实现中华民族伟大复兴的宏伟目标,世界也正经历百年未有之大变局,在这样一个时间节点,我们需要从过去、现在与未来三个维度,正确认识中国特色社会主义制度的实践逻辑,在实践中坚持、完善和发展中国特色社会主义制度。

1. 中国革命、建设和改革是中国共产党制度建构的实践基础

"一个国家选择什么样的国家制度和国家治理体系,是由这个国家的历史文化、社会性质、经济发展水平决定的。"②近代以来,先进的国人曾针对制度问题进行过多种方案的尝试和探索,但无论是君主立宪制、议会制,还是多党制、总统制,最终都以失败告终。历史证明,这些从西方照搬照抄来的制度模式,并不符合近代中国实际,也注定不能解决近代中国所面临的历史任务。历史告诉我们,马克思主义的指导地位、社会主义制度和中国共产党的领导,不是从天上掉下来的,而是历史发展的必然,是中华民族和中国人民的选择。

---

① 《十五大以来重要文献选编》上,中央文献出版社 2011 年版,第 16 页。
② 《坚持和完善中国特色社会主义制度　推进国家治理体系和治理能力现代化》,《求是》2020 年第 1 期。

中国特色社会主义制度形成和发展的实践基础就是中国共产党探索中国道路的伟大实践。从源流上来看,中国特色社会主义制度生发于新中国成立初期的制度探索、完善于改革开放的伟大实践,是几代中国共产党人接力探索的成果,是中国共产党探索中国道路的重要组成部分。

新中国成立后,中国共产党在探索社会主义建设道路的过程中,建立起社会主义基本制度,国体、政体、政党制度、民族区域自治制度均形成于这一时期的制度探索。新中国成立之初,中国共产党的制度探索为中国特色社会主义制度的形成和发展奠定了坚实的基础。虽然在新中国成立之初,中共曾一度效仿苏联建设社会主义,但在制度建设问题上,中共进行了许多符合中国国情的探索与尝试,从而为中国特色社会主义制度搭建起基本框架、确立了制度的四梁八柱。

20世纪50年代末,社会主义建设遭受了挫折,严重影响了国家的制度建设和法治建设。改革开放后,随着党和国家各项工作的拨乱反正,中国特色社会主义制度得到了恢复和重建,并在此基础上进一步发展和完善,符合中国基层特点的"基层群众自治制度",中国特色社会主义法律体系均在这一时期成型、完善。2011年,胡锦涛在庆祝中国共产党成立90周年大会上第一次提出"中国特色社会主义制度"的概念。他指出:"中国特色社会主义制度,是当代中国发展进步的根本制度保障,集中体现了中国特色社会主义的特点和优势。"在这次讲话中,胡锦涛通过"根本政治制度""基本政治制度""中国特色社会主义法律体系""基本经济制度"以及"具体制度"这几个概念系统总结了中国特色社会主义制度体系的基本层次。① 这一概念的提出是对新中国成立以来中国共产党探索社会主义国家制度建设经验的总结,体现了中国共产党对社会主义国家制度建设规律的认识又前进了一步,具有深刻的理论意义与实践意义。党的十九届四中全会明确了以根本制度、基本制度、重要制度为

---

① 《十七大以来重要文献选编》下,中央文献出版社2013年版,第436页。

"四梁八柱"的中国特色社会主义制度体系，使中国特色社会主义制度体系的轮廓更加清晰。

2. 中国特色社会主义制度日益彰显出巨大优势

当今世界正经历百年未有之大变局，"大变局"意味着前所未有的机遇，同时也意味着前所未有的风险和挑战。同时，越是在变局中，越是能够检验制度的优劣，越是能够检验制度是否适合一个国家的基本国情。新中国成立七十多年来，特别是改革开放四十多年来，中国共产党团结带领中国人民在实践中探索出了中国特色社会主义道路，形成具有中国特色的发展模式，指引着中国大踏步地赶上了时代。

但是，这条道路的探索并不是一帆风顺的，而是在克服各种艰难险阻的过程中不断向前推进的。在这些艰难险阻中，既有洪水、地震、疫病等来自自然的灾害，也有政治风波、意识形态渗透、军事威胁等人为产生的危机与挑战。但是无论面对什么样的风险与挑战，中国共产党领导创立的这一套制度体系，总能够化危为机，在风险和挑战中不断前进，在风险和挑战中彰显出中国特色社会主义制度的显著优势，更为世界上其他国家特别是广大发展中国家提供了一条实现国家富强的全新路径。

2020年的新冠肺炎疫情肆虐全球是第二次世界大战以来人类面临的最严峻的考验。以习近平同志为核心的党中央统揽全局、果断决策，以非常之举应对非常之事，领导中国人民打响了一场与疫情的人民战争、总体战、阻击战，广大人民群众积极投身疫情防控，社会各界群策群力，汇聚成了抗击疫情的强大力量，充分彰显了集中力量办大事的显著优势。新冠肺炎疫情是一次公共卫生危机，疫情暴露出的法治短板，更促使国家以更大气力加强相关领域法治建设，公共卫生领域成为我国法治建设的重点，这彰显了依法治国切实保障社会公平和人民权利的显著优势。疫情肆虐期间，我国各地经济社会几乎都按下了"暂停键"，虽然经济遭到了巨大损失，但是中国共产党始终将人民群众的生命安全和身体健康放在第一位,各级党委和政府尽全力保障人民生产生活,彰显了保障和改善民生、增进人民福祉的显著优势,更体现出社会主义制度的核心价值取向。面对疫病的全球大流行,中国政府和中国人民积极参与全球疫情防控,为各国疫情防控工作贡献中国智慧与中国力量,更在国际舆论场上讲述中国人民的抗疫故事,彰显了积极参与全球治理、构建人类命运共同体的显著优势。中国人民在抗击新冠肺炎疫情的伟大斗争中形成了生命至上、举国同心、舍生忘死、尊重科学、命运与共的伟大抗疫精神,这些成就只有社会主义中国才能够做到。

习近平总书记指出:"衡量一个国家的制度是否成功、是否优越,一个重要方面就是看其在重大风险挑战面前,能不能号令四面、组织八方共同应对。"①新中国七十多年的历史充分证明,中国共产党所建构的中国特色社会主义制度体系,在各种风险和挑战面前彰显出了相对于其他制度而言更有组织力、更有号召力、更有凝聚力的制度优势,彰显了以人民为中心的制度价值。世界百年未有之大变局也意味着我们所面对的和将要面对的风险考验前所未有,也只有在变局中,中国特色社会主义制度才能够固根基、扬优势、补短板、强弱项,在危机中育新机,在变局中开新局,发展和完善中国特色社会主义。

3. 在新时代坚持和完善中国特色社会主义制度的实践中,推进国家治理体系和治理能力现代化

20 世纪 90 年代初期,邓小平曾预见性地指出:"恐怕再有三十年的时间,我们才会在各方面形成一整套更加成熟、更加定型的制度。"②经过新中国成立以来七十多年的发展,特别是改革开放四十多年来的发展,中国特色社会主义制度展现出巨大的政治优势。但是,我们也需要清醒地认识到,中国特色社会主义制度的成熟定型,是一个不断发展的过程。中国特色社会主义进入新

---

① 习近平:《在全国抗击新冠肺炎疫情表彰大会上的讲话》,《人民日报》2020 年 9 月 9 日。
② 《邓小平文选》第三卷,人民出版社 1993 年版,第 372 页。

时代,形势变化之快、改革发展稳定任务之重、矛盾风险挑战之多、对我们党治国理政考验之大前所未有。习近平总书记指出:"坚持和完善中国特色社会主义制度、推进国家治理体系和治理能力现代化,是关系党和国家事业兴旺发达、国家长治久安、人民幸福安康的重大问题。"①

中国特色社会主义进入新时代,制度建设成为摆在党和国家战略全局中的重要内容。党的十八大以来,以习近平同志为核心的党中央高度重视坚持和完善中国特色社会主义制度。党的十八大沿用了2011年胡锦涛"七一"讲话对中国特色社会主义制度的表述,提出在中国特色社会主义伟大实践中,"中国特色社会主义制度是根本保障"②。党的十八大刚刚结束,习近平总书记就多次论述发展和完善中国特色社会主义制度,他指出:"中国特色社会主义制度,坚持把根本政治制度、基本政治制度同基本经济制度以及各方面体制机制等具体制度有机结合起来,坚持把国家层面民主制度同基层民主制度有机结合起来,坚持把党的领导、人民当家作主、依法治国有机结合起来,符合我国国情,集中体现了中国特色社会主义的特点和优势,是中国发展进步的根本制度保障。"③2013年召开的党的十八届三中全会将"完善和发展中国特色社会主义制度,推进国家治理体系和治理能力现代化"作为全面深化改革的总目标,从而进一步将制度建设问题摆在极其重要的位置。④ 对于这一次全会提出关于"中国特色社会主义制度"和"国家治理体系现代化"关系问题,习近平总书记曾深刻指出:"党的十八届三中全会提出的全面深化改革总目标,是两句话组成的一个整体,即完善和发展中国特色社会主义制度、推进国家治理体系和治理能力现代化。前一句规定了根本方向,我们的方向就是中国特色社会主义道路,而不是其他什么道路。后一句规定了在根本方向指引

---

① 《坚持和完善中国特色社会主义制度 推进国家治理体系和治理能力现代化》,《求是》2020年第1期。
② 《十八大以来重要文献选编》上,中央文献出版社2014年版,第10页。
③ 《十八大以来重要文献选编》上,中央文献出版社2014年版,第75页。
④ 《十八大以来重要文献选编》上,中央文献出版社2014年版,第512页。

下完善和发展中国特色社会主义制度的鲜明指向。"①只有两句话都讲,才是完整的。2017 年召开的党的十九大将十八届三中全会所提出的这一目标确定为新时代中国特色社会主义思想的"八个明确"内涵之一②,充分体现出新时代中国共产党人对发展和完善中国特色社会主义制度的高度重视。2019年召开的党的十九届四中全会在中国特色社会主义制度发展史上具有重要意义,这次全会集中回答了中国特色社会主义制度和国家治理体系、治理能力现代化的一系列重大问题,从 13 个方面系统总结和概括了我国国家制度和国家治理体系的显著优势③,这是对中国共产党百年制度建设成就的系统总结和充分肯定。在党的十九届四中全会召开之前中共中央政治局的集体学习时,习近平总书记指出:"衡量一个社会制度是否科学、是否先进,主要看是否符合国情、是否有效管用、是否得到人民拥护。中国特色社会主义国家制度和法律制度是一套行得通、真管用、有效率的制度体系。"④中共十八大以来中国特色社会主义制度和国家治理体系治理能力所发生的变化是历史性的,"中国特色社会主义制度日趋成熟定型,中国特色社会主义法治体系不断完善,为推动党和国家事业取得历史性成就、发生历史性变革发挥了重大作用"⑤。

习近平总书记指出:"当今世界正面临百年未有之大变局,国与国的竞争日益激烈,归根结底是国家制度的竞争。"⑥因此,国家制度的发展完善也越来越具有国际意义与历史意义。2020 年肆虐全球的新冠肺炎疫情更将"大变局"的形态与趋势展现在世人面前。虽然在疫情这场"大考"面前,中国特色社会主义制度和国家治理体系彰显出了巨大的政治优势。但是,在疫情的巨

---

① 《十八大以来重要文献选编》中,中央文献出版社 2016 年版,第 63 页。

② 《十九大以来重要文献选编》上,中央文献出版社 2019 年版,第 14 页。

③ 《中国共产党第十九届中央委员会第四次全体会议文件汇编》,人民出版社 2019 年版,第 19—21 页。

④ 《坚持、完善和发展中国特色社会主义国家制度与法律制度》,《求是》2019 年第 23 期。

⑤ 《坚持、完善和发展中国特色社会主义国家制度与法律制度》,《求是》2019 年第 23 期。

⑥ 《坚持、完善和发展中国特色社会主义国家制度与法律制度》,《求是》2019 年第 23 期。

大冲击面前,我们的制度和治理体系也不可避免地暴露出一些短板和弱项。疫情期间,习近平总书记主持召开中央全面深化改革委员会第十二次会议时就强调:"要放眼长远,总结经验、吸取教训,针对这次疫情暴露出来的短板和不足,抓紧补短板、堵漏洞、强弱项,该坚持的坚持,该完善的完善,该建立的建立,该落实的落实,完善重大疫情防控体制机制,健全国家公共卫生应急管理体系。"①这也启示我们,制度建设贵在平时用力,贵在短板与弱项处用功,要及时发现制度的短板与漏洞,形成善于查缺补漏的体制机制,完善抗风险的制度性设计,增强精细化的制度性规划。

中共十九大面向未来提出了从 2020 年到 21 世纪中叶分两个阶段来安排的战略部署,其中也对国家制度建设的目标予以明确:到 2035 年要达到"各方面制度更加完善,国家治理体系和治理能力现代化基本实现"的阶段性目标,到本世纪中叶则要达到"实现国家治理体系和治理能力现代化"的宏伟目标。② 当前,中国特色社会主义制度和国家治理体系已在实践中不断发展完善,显示出了强大的制度比较优势和社会治理效能。但是,制度的关键还在于执行和落实。如果拥有完善的制度,但却没能形成一套有效的治理体系来执行,再好的制度也会成为空谈,再完美的制度设计也无法付诸实践、造福人民。因此,必须解决好"制度"与"治理"的关系问题,在实践中实现制度建设与治理体系治理能力的有机统一:努力为治理体系和治理能力的现代化提供强有力的制度保障,形成匹配制度建设成果的治理体系与治理能力,使中国特色社会主义制度和国家治理体系、治理能力成为全面建设社会主义现代化国家和中华民族伟大复兴的保障。

---

① 《习近平主持召开中央全面深化改革委员会第十二次会议强调:完善重大疫情防控体制机制,健全国家公共卫生应急管理体系》,《人民日报》2020 年 2 月 15 日。
② 《十九大以来重要文献选编》上,中央文献出版社 2019 年版,第 20—21 页。

中华民族伟大复兴
不可逆转的制度保障*

习近平总书记在庆祝中国共产党成立 100 周年大会上庄严宣告:"中华民族迎来了从站起来、富起来到强起来的伟大飞跃,实现中华民族伟大复兴进入了不可逆转的历史进程!"①实现中华民族伟大复兴,是近代以来中华民族最伟大的梦想,也是党领导革命、建设和改革百年历程一以贯之的奋斗主题。为了实现这一梦想,党带领中国人民进行了艰苦卓绝的伟大斗争,取得了前所未有的历史性成就。历史潮流浩浩荡荡,中华民族伟大复兴的趋势和进程没有任何力量能够逆转,这不仅源于当代中国不断提高的社会生产力发展水平、日益增强的综合国力和党的坚强领导,而且,其中一个重要的原因就是中国特色社会主义制度所提供的强大制度保障。中国特色社会主义制度是中国共产党理论和实践创新的成果,随着党领导中国人民实现中华民族伟大复兴奋斗进程的推进,日益彰显出巨大优势,也为第二个百年实现中华民族伟大复兴这一不可逆转的历史进程提供坚实的制度保障。

---

　*　原载《马克思主义研究》2021 年第 9 期。
　①　习近平:《在庆祝中国共产党成立 100 周年大会上的讲话》,人民出版社 2021 年版,第 7 页。

一、党的百年制度探索伴随着中华民族伟大复兴的历史进程

近代以来，为了使中国人民彻底推翻帝国主义、封建主义、官僚资本主义，完成民族独立、人民解放乃至国家富强、人民共同富裕的历史使命，中国共产党毅然决然地肩负起实现中华民族伟大复兴的历史使命，并领导中国人民努力探索适合中国国情的国家制度。百年来党在领导革命、建设、改革的实践过程中，坚持把马克思主义基本原理同中国具体实际相结合，坚持将道路开辟、理论创新、文化发展与制度建构有机统一起来，用马克思主义中国化的理论成果推动中国特色社会主义制度的建设和发展。经历了重重考验和艰辛探索，中国特色社会主义制度日臻成熟定型，有效保障了实现中华民族伟大复兴各个发展阶段历史任务的完成，其实践逻辑与实现中华民族伟大复兴的历史逻辑是一致的。从新民主主义革命时期的制度探索、新中国成立后社会主义基本制度的建构，到改革开放以来中国特色社会主义制度的确立，乃至新时代中国特色社会主义制度的成熟和定型，党的制度探索始终伴随着实现中华民族伟大复兴的历史进程。

1. 新民主主义革命时期的制度探索

"建立什么样的国家制度，是近代以来中国人民面临的一个历史性课题。"①在中国共产党成立之前，近代中国的地主阶级洋务派、资产阶级改良派、资产阶级革命派也曾经在一定程度上意识到民族独立与复兴的意义，并先后发动了洋务运动、戊戌变法、辛亥革命。特别是孙中山领导的辛亥革命，推翻了清王朝的统治，结束了中国历史上两千多年的君主专制制度，实现了20

---

① 习近平：《坚持、完善和发展中国特色社会主义国家制度与法律制度》，《求是》2019 年第23 期。

世纪中国的第一次历史性巨变。然而，由于缺乏先进阶级及其政党的领导，无论是资产阶级改良派，还是资产阶级革命派，都不能担负起实现民族独立和复兴的历史使命。随着君主立宪制、议会制、多党制、总统制等制度模式的纷纷"破产"，探寻科学的、崭新的、适合中国国情的国家制度成为无数仁人志士接续奋斗的目标。

中国共产党成立后，建立社会主义制度，实现中华民族伟大复兴成为历史发展的必然趋势。党始终将推翻旧制度、建立保护劳苦大众利益的新制度作为自己的初心理想和使命追求。习近平总书记指出："我们党自成立之日起就致力于建设人民当家作主的新社会，提出了关于未来国家制度的主张，并领导人民为之进行斗争。"①毛泽东在大革命时期提出，中国革命的"目的是建设一个革命民众合作统治的国家"②。党在探索农村包围城市、武装夺取政权的革命道路的过程中，也在不断思考未来国家制度建设的问题。1931 年 11 月，党在中华苏维埃第一次全国代表大会上通过的《中华苏维埃共和国宪法大纲》中明确提出，苏维埃政权的性质为无产阶级领导下的工农民主专政，其国家建设的目标为"工人和农民的民主专政的国家"③。《中华苏维埃共和国宪法大纲》具体设计了中华苏维埃共和国的民主集中制、法律体制及工农权利等问题，为将来新型社会主义国家制度的建立积累了经验。延安时期，毛泽东对新民主主义国家制度问题进行了深入思考和研究。在《中国革命和中国共产党》《新民主主义论》等文章中，毛泽东对中国革命胜利后的国家制度进行了构想。他认为，中国革命的目标是建立一个不同于资本主义的"新民主主义的共和国""国体——各革命阶级联合专政。政体——民主集中制"④，以

---

① 习近平：《坚持、完善和发展中国特色社会主义国家制度与法律制度》，《求是》2019 年第 23 期。

② 《毛泽东文集》第一卷，人民出版社 1993 年版，第 25 页。

③ 《建党以来重要文献选编（1921—1949）》第 8 册，中央文献出版社 2011 年版，第 649—650 页。

④ 《毛泽东选集》第二卷，人民出版社 1991 年版，第 677 页。

此凝聚起实现中华民族复兴的各方面力量。西柏坡时期,毛泽东在 1948 年召开的中共中央政治局扩大会议上,正式提出中国革命胜利后建立一个无产阶级领导的、以工农联盟为基础的"人民民主专政"的国家①,其政体是民主集中制基础上的人民代表会议制度。1949 年新中国成立,标志着"中国人民由被压迫的地位变成为新社会新国家的主人"②,为实现中华民族伟大复兴创造了根本社会条件。

2. 社会主义基本制度的建构

1949 年新中国成立,开启了实现中华民族伟大复兴新的历史时期。党创造性地运用马克思主义国家学说,为建设社会主义国家制度进行了不懈努力。基于《中国人民政治协商会议共同纲领》(以下简称《共同纲领》),人民民主专政的国家政权得以建立,民主集中制成为开展各项民主活动或制定人民民主制度的主要原则。同时,遵照《共同纲领》制度设计要求,中国共产党领导的多党合作和政治协商制度、民族区域自治制度等基本政治制度初步建立。1954 年,第一届全国人民代表大会第一次会议通过并正式颁布《中华人民共和国宪法》,人民民主专政的国体和人民代表大会制度这一根本政治制度得以确立,为人民当家作主提供了根本制度保证。1956 年,我国社会主义改造完成后,社会主义公有制结构逐步形成,计划经济体制得以确立。此外,党领导人民开展了大规模的社会主义性质的法律创制活动,初步形成了以宪法为核心的社会主义法律体系。习近平总书记指出:"我们党深刻认识到,实现中华民族伟大复兴,必须建立符合我国实际的先进社会制度。我们党团结带领人民完成社会主义革命,确立社会主义基本制度,推进社会主义建设,完成了中华民族有史以来最为广泛而深刻的社会变革,为当代中国一切发展进步奠定了根本政治前提和制度基础,实现了中华民族由近代不断衰落到根本扭转

---

① 参见《毛泽东文集》第五卷,人民出版社 1996 年版,第 135 页。
② 《建国以来重要文献选编》第 1 册,中央文献出版社 1992 年版,第 1 页。

命运、持续走向繁荣富强的伟大飞跃。"①

我国社会主义基本制度确立后,党勇于自我革命,不断对政治经济体制进行改革。毛泽东指出,我国社会主义社会的基本矛盾仍然是生产关系同生产力、上层建筑同经济基础之间的矛盾,以此作为经济体制和政治体制改革的理论基础。社会主义经济体制和政治体制改革的目的,是要改革与生产力发展需要不相适应的经济政治体制及其运行方式,建立充满生机和活力的社会主义经济政治体制。

3. 中国特色社会主义制度的确立

在探索适合中国国情的社会主义建设道路的过程中,社会主义基本制度也曾经历各种风险和挑战的考验。在中华民族何以复兴的十字路口,党的十一届三中全会作出把党和国家工作重心转移到经济建设上来、实行改革开放的历史性决策。以邓小平同志为主要代表的中国共产党人在总结新中国成立以来社会主义制度建设经验和教训的基础上,锐意改革和大胆创新,中国特色社会主义制度逐步确立,成为开启改革开放和社会主义现代化建设新时期、实现中华民族伟大复兴不可逆转进程的根本保障。

改革开放之初,党领导人民迅速完成了各项国家制度的恢复和重建,以1978年五届全国人大一次会议恢复人民代表大会制度为起点,社会主义根本政治制度和基本制度陆续得到恢复和重建,形成了基层群众自治制度等各项政治制度。对单一公有制形式进行了改革调整,逐步确立了以公有制为主体、多种所有制经济共同发展的所有制结构,形成了按劳分配为主体、多种分配方式并存的分配制度和社会主义市场经济体制。针对党和国家领导制度中存在的问题,邓小平指出:"我们过去发生的各种错误,固然与某些领导人的思想、

---

① 《十九大以来重要文献选编》上,中央文献出版社 2019 年版,第 10 页。

作风有关,但是组织制度、工作制度方面的问题更重要。"①基于此,党和国家领导制度改革成为这一时期政治体制改革的重要任务,民主集中制的组织和活动原则重新恢复,党和国家干部人事制度逐步完善起来。同时,党十分重视社会主义法制建设,提出了建设社会主义法治国家的目标及依法治国的基本方略。以法制建设为保障,中国特色社会主义制度体系愈加清晰,为实现中华民族伟大复兴提供了坚实的制度基础。

邓小平在1992年初的南方谈话中指出:"恐怕再有三十年的时间,我们才会在各方面形成一整套更加成熟、更加定型的制度。"②按照邓小平设想的关于制度建设和成熟定型的时间表和路线图,中国特色社会主义制度建设持续推进。2011年7月1日,在庆祝中国共产党成立90周年大会上的讲话中,胡锦涛回顾了中国共产党带领人民完成的"三件大事",从党紧紧依靠人民完成新民主主义革命、实现中国从几千年君主专制制度向人民民主制度的伟大跨越,到党紧紧依靠人民进行改革开放新的伟大革命、建立和发展中国特色社会主义制度,"从根本上改变了中国人民和中华民族的前途命运,不可逆转地结束了近代以后中国内忧外患、积贫积弱的悲惨命运,不可逆转地开启了中华民族不断发展壮大、走向伟大复兴的历史进军"③。这次讲话明确提出"中国特色社会主义制度"的概念,从根本政治制度、基本政治制度、基本经济制度、中国特色社会主义法律体系、体制机制等几个方面对中国特色社会主义制度体系进行了系统论述,初步概括了中国特色社会主义制度体系的基本架构,具体阐释了制度建设之于中华民族伟大复兴的重要意义。党的十八大报告进一步论述了制度建设对于全面建成小康社会的意义:"全面建成小康社会,必须以更大的政治勇气和智慧,不失时机深化重要领域改革,坚决破除一切妨碍科学发展的思想观念和体制机制弊端,构建系统完备、科学规范、运行有效的制度

---

① 《邓小平文选》第二卷,人民出版社1994年版,第333页。
② 《邓小平文选》第三卷,人民出版社1993年版,第372页。
③ 《十七大以来重要文献选编》下,中央文献出版社2013年版,第433—434页。

体系,使各方面制度更加成熟更加定型。"①中国特色社会主义制度的确立和日趋成熟,为保障人民生活实现从温饱不足到总体小康、奔向全面小康的历史性跨越,继而为实现中华民族伟大复兴提供了充满新的活力的制度保证和快速发展的物质条件。

4. 新时代中国特色社会主义制度的发展

"党的十八大以来,我们推进全面深化改革……中国特色社会主义制度日趋成熟定型,中国特色社会主义法治体系不断完善,为推动党和国家事业取得历史性成就、发生历史性变革发挥了重大作用。"②2012 年 11 月 29 日,在参观"复兴之路"展览时,习近平总书记提出了实现中华民族伟大复兴中国梦的目标,"这个梦想,凝聚了几代中国人的夙愿,体现了中华民族和中国人民的整体利益,是每一个中华儿女的共同期盼"③。实现中华民族复兴的伟大梦想,必然需要成熟完善的制度加以保障,因为制度建设是实现中华民族伟大复兴中国梦的前提和基础。以习近平同志为核心的党中央十分重视中国特色社会主义制度的完善和发展,在邓小平提出的"形成一整套更加成熟、更加定型的制度"的目标基础上,进一步提出社会主义实践的后半程主要历史任务为"提供一整套更完备、更稳定、更管用的制度体系"。党的十八届三中全会将"坚持和完善中国特色社会主义制度,推进国家治理体系和治理能力现代化"确立为全面深化改革的总目标。习近平总书记在党的十八届三中全会第二次全体会议上的讲话中提出:"使我们的制度安排更好体现社会主义公平正义原则,更加有利于实现好、维护好、发展好最广大人民根本利益。"④这就明确

---

① 《十八大以来重要文献选编》上,中央文献出版社 2014 年版,第 14 页。

② 习近平:《坚持、完善和发展中国特色社会主义国家制度与法律制度》,《求是》2019 年第 23 期。

③ 《习近平谈治国理政》第一卷,外文出版社 2018 年版,第 36 页。

④ 《十八大以来重要文献选编》上,中央文献出版社 2014 年版,第 554 页。

了坚持和完善中国特色社会主义制度与实现中华民族伟大复兴的内在联系。党的十九大在对党的十八大以来的五年进行总结时,将"中国特色社会主义制度更加完善"列入全面深化改革的重要工作成就,并将"坚持和完善中国特色社会主义制度"纳入新时代坚持和发展中国特色社会主义的基本方略。中国特色社会主义进入新时代,标志着中国特色社会主义制度进入新的实践创新阶段,也意味着中华民族迎来了实现伟大复兴的光明前景。党的十九大还将为中国人民谋幸福、为中华民族谋复兴明确为中国共产党人的初心和使命,进一步强调了党在中国特色社会主义制度建设探索和实现中华民族伟大复兴历史进程中肩负的使命。

党的十九届四中全会在总结党的制度建设经验和制度优势的基础上,接续改革开放后邓小平关于制度建设的时间表,提出了到建党一百年时,在各方面制度更加成熟更加定型上取得明显成效;到2035年各方面制度更加完善;到新中国成立一百年时,中国特色社会主义制度更加巩固,优越性充分展现。三个阶段的制度建设目标,"全面回答了在我国国家制度和国家治理体系上应该坚持和巩固什么、完善和发展什么这个重大政治问题"①。

中国特色社会主义制度是以马克思主义为指导,植根中国大地,具有深厚中华文化根基,深得人民拥护,具有强大生命力和巨大优越性的制度,是能够持续推动中华民族实现伟大复兴的制度。这一制度能够保障我们成功应对一系列重大风险考验、克服无数艰难险阻,使中华民族伟大复兴始终沿着正确方向稳步前进。实践充分证明,中国特色社会主义制度"为实现中华民族伟大复兴提供了更为完善的制度保证"②。

---

① 《习近平谈治国理政》第三卷,外文出版社2020年版,第118页。
② 习近平:《在庆祝中国共产党成立100周年大会上的讲话》,人民出版社2021年版,第7页。

二、实现中华民族伟大复兴的历史进程日益彰显中国特色社会主义制度优势

习近平总书记在庆祝中国共产党成立 100 周年大会上的重要讲话中,回顾了党领导人民为实现中华民族伟大复兴所创造的伟大成就。从社会主义基本制度在中国的确立,到改革开放以来中国特色社会主义制度的发展,中国特色社会主义制度在中国不断迸发新的活力,为实现中华民族伟大复兴提供了根本制度保障。中国特色社会主义制度的优势,是我们坚定走中国特色社会主义道路,坚信实现中华民族伟大复兴不可逆转的最大底气。关于中国特色社会主义制度的优势,改革开放以来,党的领导人都曾经进行分析和阐述。党的十九届四中全会系统总结了中国特色社会主义制度和治理体系在党的集中统一领导、人民当家作主、全面依法治国等 13 个方面的显著优势,主要集中体现在以下几个方面。

1. 坚持党的领导、人民当家作主、依法治国相统一的制度优势

实现中华民族伟大复兴的历史进程,日益彰显了中国特色社会主义制度优势。在庆祝全国人大成立 60 周年大会上的讲话中,习近平总书记从四个方面概括了中国特色社会主义政治制度的优势:"能够有效保证人民享有更加广泛、更加充实的权利和自由,保证人民广泛参加国家治理和社会治理;能够有效调节国家政治关系,发展充满活力的政党关系、民族关系、宗教关系、阶层关系、海内外同胞关系,增强民族凝聚力,形成安定团结的政治局面;能够集中力量办大事,有效促进社会生产力解放和发展,促进现代化建设各项事业,促进人民生活质量和水平不断提高;能够有效维护国家独立自主,有力维护国家主权、安全、发展利益,维护中国人民和中华民族的福祉。"①这四个方面的内

① 《十八大以来重要文献选编》中,中央文献出版社 2016 年版,第 61—62 页。

容集中表现为坚持党的领导、人民当家作主、依法治国相统一的制度优势。中国特色社会主义国家制度和法律制度是在长期实践中形成的，是人类制度文明史上的伟大创造，是我们党把马克思主义基本原理同中国具体实际相结合，在古老的东方大国建立起来的亿万人民当家作主的新型国家制度。中国特色社会主义制度具有显著优势和强大生命力，具有坚持党的领导、保障人民当家作主、坚持全面依法治国、实行民主集中制的优势，"保障我国创造出经济快速发展、社会长期稳定的奇迹"①，保障我们抵御住实现中华民族伟大复兴进程中的各种风险挑战。

党的领导是人民当家作主和依法治国的根本保证，也是中国特色社会主义制度的最大优势。在实现中华民族伟大复兴的进程中，党的领导地位是历史和人民的选择，是我国社会主义革命、建设和改革事业取得成功的关键所在。中国共产党始终代表中国最广大人民的根本利益，肩负着引领中华民族走向复兴的伟大使命，党的领导是实现中华民族伟大复兴的根本保证。从制度设计到制度实践，从新民主主义制度的初步探索到社会主义基本制度的确立，再到中国特色社会主义制度体系的成熟定型，都是党和人民百年奋斗的创造性成果。党是社会主义制度的设计者和领导者，并将制度变革和创新不断推向深入。无论是人民当家作主的民主实践，还是依法治国方略的实施，都离不开党的领导及其制度体系的保证。

人民当家作主是社会主义民主政治的本质，也是中国特色社会主义制度优势的集中体现。人民民主是社会主义的生命，离开人民民主而空谈民主制度，民主制度便没有了效力。近代以来，中华民族伟大复兴面临的第一道难题便是如何求得民族独立和人民解放，其在政治方面的诉求就是发展人民民主，实现人民当家作主。在党的领导下，中国人民建立了工人阶级领导的、以工农联盟为基础的人民民主专政的社会主义国家，确立了社会主义基本制度。从

---

① 习近平：《坚持、完善和发展中国特色社会主义国家制度与法律制度》，《求是》2019 年第 23 期。

此,国家的一切权力属于人民,制度建设体现人民意志,党和国家的活力持续增强。在实现中华民族伟大复兴的进程中,随着人民当家作主制度体系日益完善,抵御各种风险挑战的制度优势不断彰显。

依法治国是党领导人民治理国家的基本方略,也是中国特色社会主义制度优势发挥的重要支撑。法治是衡量一个政党执政能力与执政水平的重要尺度,也是评价国家治理体系和治理能力现代化的重要标志。从党的十五大明确把依法治国确立为治理国家的基本方略,到党的十八届四中全会对全面依法治国作出重要部署,再到党的十九届四中全会要求坚持和完善中国特色社会主义法治体系,依法治国的制度优势日益呈现出来。依法治国是发展社会主义民主政治的基本要求,也是将"权力关进笼子"、保障人民当家作主的基本方略。邓小平指出:"为了保障人民民主,必须加强法制。必须使民主制度化、法律化,使这种制度和法律不因领导人的改变而改变,不因领导人的看法和注意力的改变而改变。"①随着依法治国从理念走向实践化、制度化,党的领导、人民当家作主有了法制和法治的双重保障,社会主义民主愈加稳固,实现中华民族伟大复兴的历史进程愈加不可逆转。

2. 坚持全国一盘棋、集中力量办大事的制度优势

习近平总书记多次强调,我们最大的优势是我国社会主义制度能够集中力量办大事。新中国成立七十多年来,特别是改革开放四十多年来,中国共产党始终坚持全国一盘棋,统筹社会主义事业发展全局,领导全国各族人民不懈奋斗,全面建成小康社会,实现了第一个百年奋斗目标。

新中国成立初期,国内各项事业亟待发展,还面临着国外资本主义阵营企图"扼杀"新生政权的严峻形势,中国共产党集中力量,调动各方面积极性,以实现工业、农业、国防等重点领域的重大进展与突破。通过对生产资料私有制

---

① 《邓小平文选》第二卷,人民出版社1994年版,第146页。

的社会主义改造,初步建立起社会主义公有制,实现了从新民主主义社会向社会主义社会的转变。在社会主义建设时期,特别是改革开放以来所取得的一切成就表明,在社会主义初级阶段,集中力量办大事的制度优势,能够最大限度地集中力量开展社会主义建设,这是推动社会主义各项事业发展、实现中华民族伟大复兴不可逆转的重要法宝。

在中国特色社会主义政治制度领域,集中的基本前提是民主,离开了民主,集中便无从谈起,两者相辅相成、有机结合,才能够有效集聚各方力量。民主集中制作为党的根本组织制度和领导制度,是集中力量办大事的制度优势得以发挥的重要保障。中国共产党自成立以来,一直将民主集中制贯穿各项活动之中。改革开放以来,民主集中制作为党和国家的一项根本性制度,被写入宪法,成为中国特色社会主义政治制度的特色和优势。在中国共产党引领中华民族走向伟大复兴的进程中,社会主义政治制度在实践中能够有效保证各项决策的科学化与民主化,从而实现中国共产党和各民主党派、全国各族人民团结一致,积聚力量办好各项大事。

对于一个拥有 14 亿多人口的国家而言,如何实现全国一盘棋,调动各方积极性,发挥社会主义集中力量办大事的制度优势,面临着严峻挑战和风险考验。党在长期的制度实践中逐步建构了一套民主的、科学的、充满活力的中国特色社会主义制度体系,能够保障中华民族筑牢命运共同体,战胜各种风险和挑战,保持社会长期稳定。习近平总书记强调:"衡量一个国家的制度是否成功、是否优越,一个重要方面就是看其在重大风险挑战面前,能不能号令四面、组织八方共同应对。"①号令四面、组织八方的能力水平既是一个国家集中力量办大事的能力和水平,也是国家制度及其执行能力的集中体现。面对 2020 年新冠肺炎疫情肆虐的考验,中国共产党坚持全国一盘棋、集中力量办大事的制度优势得到充分彰显。在党的领导下,全国人民上下一心,共筑全民抗疫的

---

① 习近平:《在全国抗击新冠肺炎疫情表彰大会上的讲话》,《人民日报》2020 年 9 月 9 日。

坚强堡垒,形成了生命至上、举国同心、舍生忘死、尊重科学、命运与共的伟大抗疫精神,取得了抗击新冠肺炎疫情斗争的重大战略成果,最大限度地保障了人民生命安全。

3. 坚持社会主义基本制度与市场经济相结合的制度优势

中国共产党在进行社会主义制度建构和创新的过程中,一直注重把握制度建设与生产力发展的张力,并致力于依靠先进的社会制度,解放和发展生产力,推动经济社会全面发展。邓小平指出:"我们相信社会主义比资本主义的制度优越。它的优越性应该表现在比资本主义有更好的条件发展社会生产力。"①社会主义制度的优越性集中体现为制度自身的科学性和前瞻性,能够在协调社会生产关系的过程中,摆脱影响社会生产力发展的一切束缚。"社会主义制度优越性的根本表现,就是能够允许社会生产力以旧社会所没有的速度迅速发展,使人民不断增长的物质文化生活需要能够逐步得到满足。"②为此,党不断对经济体制改革进行探索,实现了社会主义基本制度与市场经济的有机结合,并在实践中发挥其制度优势。

新中国成立后,经过社会主义改造,社会主义公有制得到确立,并逐渐建立了高度集中的计划经济体制。在物质资源极度匮乏的时期,高度集中的计划经济体制推动了国民经济的发展。改革开放以来,以邓小平同志为主要代表的中国共产党人重新认识社会主义基本制度与市场经济、非公有制经济的关系。提出计划和市场不应作为区分社会主义与资本主义的根本标志,两者只是经济手段,社会主义市场经济体制开始逐步取代高度集中的计划经济体制。随着"市场在资源配置中起决定性作用"的地位愈加明确,社会主义市场经济体制在新时代进一步完善和发展。公有制为主体、多种所有制经济共同发展,按劳分配为主体、多种分配方式并存和社会主义市场经济体制在内的社

① 《邓小平文选》第二卷,人民出版社1994年版,第231页。
② 《邓小平文选》第二卷,人民出版社1994年版,第128页。

会主义基本经济制度,蕴含着党和人民对社会主义基本制度与市场经济内在关系的科学认识,是同我国社会生产力发展水平相适应的经济制度。

社会主义基本制度与市场经济的结合,迸发出巨大活力,我国社会生产力水平得到极大提升,经济持续快速增长,国内生产总值稳居世界第二,成为世界第二大经济体,工业和农业现代化稳步推进,综合国力显著增强。2020 年,受到突如其来的新冠肺炎疫情影响,世界各国经济受到严重影响,而中国在全球主要经济体中唯一实现经济正增长,并取得脱贫攻坚战的全面胜利和全面建成小康社会的历史性成就,实现中华民族伟大复兴的步伐进一步加快。经济领域取得的成就,源于社会主义基本制度与市场经济相结合的制度优势的发挥。进入新的发展阶段,我国经济已由高速增长转向高质量发展,质量第一、效益优先成为新时代社会主义市场经济体制改革的方向。社会主义基本经济制度优势的发挥,必将为我国经济快速健康发展、综合国力的持续增强,为实现中华民族伟大复兴提供强大的物质力量。

4. 坚持先进思想和价值观引领思想文化建设的制度优势

文化是一个民族的血脉和灵魂,文化自信是一个民族延续发展的持久力量。习近平总书记指出:"没有高度的文化自信,没有文化的繁荣兴盛,就没有中华民族伟大复兴。"[1]在领导中国人民实现中华民族伟大复兴的进程中,党一直十分重视文化建设,从建设新民主主义文化到建设社会主义文化,从党的十七届六中全会明确提出建设社会主义文化强国,再到党的十九届五中全会提出 2035 年建成文化强国的战略目标,逐渐走出了一条中国特色社会主义文化发展道路。而在这一过程中形成的中国特色社会主义文化制度在引领先进文化前进方向、推动文化大发展大繁荣、建设社会主义文化强国、实现中华民族伟大复兴等方面具有独特的制度优势。

---

① 《习近平谈治国理政》第三卷,外文出版社 2020 年版,第 32 页。

马克思主义在意识形态领域指导地位的根本制度是党在治国理政实践中确立的根本制度,也是关乎文化前进方向和前途的根本制度。"中国共产党为什么能,中国特色社会主义为什么好,归根到底是因为马克思主义行!"①马克思主义是社会主义先进文化制度建设的指导思想,也是巩固全体人民团结奋斗的共同思想基础。党的十九届四中全会提出"坚持马克思主义在意识形态领域指导地位的根本制度"②,体现了马克思主义之于意识形态乃至文化制度体系的关键作用和意义,这也是党对新时代中国特色社会主义文化制度的新认识和新贡献。在党的领导根本制度和人民代表大会根本政治制度基础上,马克思主义在意识形态领域指导地位的根本制度的确立,共同构成了中国特色社会主义根本制度体系。社会主义文化大发展大繁荣、社会主义文化强国建设是中华民族伟大复兴的题中应有之义,党始终保持高度的文化自觉和文化自信,坚持马克思主义在意识形态领域的指导地位,建设社会主义文化强国,满足广大人民群众的文化需求。

作为实现中华民族伟大复兴的价值引领和中国特色社会主义制度的价值表达,社会主义核心价值观集中反映了社会主义制度在民族精神和社会思想层面的价值规定性,凝结着全体人民的价值追求。在继承中华优秀传统文化、吸收世界文明有益成果和发展社会主义先进文化、建设文化强国过程中,成为当代中国精神的集中体现。社会主义核心价值观立足于中华优秀传统文化蕴含的丰富的思想道德资源,是对社会主义核心价值体系的科学凝练。自党的十八大以来,党坚持以社会主义核心价值观引领先进文化建设,积极发挥社会主义核心价值观在国民教育、精神文明、文化产业中的引领作用,将社会主义核心价值观融入人们社会生产生活的各个方面,推动社会主义核心价值观培

---

① 习近平:《在庆祝中国共产党成立 100 周年大会上的讲话》,人民出版社 2021 年版,第 13 页。

② 《中国共产党第十九届中央委员会第四次全体会议文件汇编》,人民出版社 2019 年版,第 43 页。

育活动常态化、制度化,有效凝聚和激发了全民族的文化创造活力,为实现中华民族伟大复兴提供了强大的精神力量。

三、中国特色社会主义制度是实现中华民族 伟大复兴不可逆转的根本保障

中国共产党百年来领导中华民族伟大复兴的历史,也是中国特色社会主义制度日臻成熟、国家治理体系和治理能力持续提升的历史。实现中华民族伟大复兴,离不开中国特色社会主义制度的根本保障。同时,中国特色社会主义制度也在实现中华民族伟大复兴的实践过程中不断创新和发展。两者构成了相辅相成、内在统一的紧密联系。制度改革和创新是社会最深层次的变革,制度保障是社会变革和实现民族复兴最为坚实的条件。党的十四大首次明确提出"到建党一百周年的时候,我们将在各方面形成一整套更加成熟更加定型的制度"①的发展目标。经过多年建设,中国特色社会主义制度体系已然成型,治理效能不断显现,并朝着更加完善的方向发展。习近平总书记指出:"相比过去,新时代改革开放具有许多新的内涵和特点,其中很重要的一点就是制度建设分量更重,改革更多面对的是深层次体制机制问题,对改革顶层设计的要求更高,对改革的系统性、整体性、协同性要求更强,相应地建章立制、构建体系的任务更重。"②在实现中华民族伟大复兴不可逆转的历史进程中,中国特色社会主义制度还需要进一步完善。只有坚持和巩固中国特色社会主义制度,才能应对前进道路上的各种风险挑战,在激烈的国际竞争中赢得主动。只有不断完善中国特色社会主义制度,才能确保党长期执政和国家长治久安,确保改革发展的成果惠及全体人民,从而实现中华民族的伟大复兴。在新的百年奋斗征程中,必须以制度建设和治理能力建设为主轴,继续深化各领域各方

---

① 《十四大以来重要文献选编》上,中央文献出版社 2011 年版,第 40 页。
② 《习近平谈治国理政》第三卷,外文出版社 2020 年版,第 112 页。

面体制机制改革创新,推动各方面制度更加完善成熟,使中国特色社会主义制度更加巩固,制度优势更好转化为治理的实际效能,以保障实现中华民族伟大复兴在不可逆转的历史进程中向前发展。

1. 实现中华民族的伟大复兴,需要坚持和完善党的领导制度体系

习近平总书记在党的十九大报告中强调:"中国特色社会主义最本质的特征是中国共产党领导,中国特色社会主义制度的最大优势是中国共产党领导。"[①]这是新时代党对社会主义本质特征的科学阐释,也是党对马克思主义政党学说的理论贡献。关于如何提高党科学执政、民主执政、依法执政的水平问题,党的十九届四中全会提出,建立不忘初心、牢记使命的制度等六项制度,以期构建完善的党的领导制度体系。中国共产党的初心是为中国人民谋幸福、为中华民族谋复兴,将不忘初心、牢记使命以制度的形式纳入党的领导制度体系,确立为加强党的建设的永恒课题和全体党员、干部的终身课题,充分体现了党团结带领人民实现中华民族伟大复兴的决心和气魄。习近平总书记所说的实现中华民族伟大复兴进入了不可逆转的历史进程,正是党深刻把握共产党执政规律、社会主义建设规律、人类社会发展规律,在对中国特色社会主义成功实践、历史经验进行深入研究的基础上作出的科学判断。"不可逆转"的关键是中国共产党的领导,这也是确保我国始终沿着社会主义方向前进的显著优势。开启实现第二个百年奋斗目标新的赶考之路,党需要自觉加强自身制度建设,充分发挥党总揽全局、协调各方的领导核心作用,坚持和完善党的领导制度体系,确保党始终成为实现中华民族伟大复兴的坚强领导核心。

---

① 《十九大以来重要文献选编》上,中央文献出版社 2019 年版,第 14 页。

2. 实现中华民族的伟大复兴,需要构建以人民为中心的制度体系

人民是历史的创造者。习近平总书记指出:"人民对美好生活的向往,就是我们的奋斗目标。"①尊重人民群众的实践,维护人民的根本利益,满足人民群众对美好生活的向往是中国特色社会主义制度确立与发展的动力源泉。中国特色社会主义制度生成于广大人民的实践之中,与人民的利益紧紧联系在一起,具有十分鲜明的人民性价值特征。构建以人民为中心的制度体系,不论是保障人民主体地位的人民当家作主制度体系,还是实现人民物质利益的基本经济制度,或是统筹城乡的民生保障制度,都要牢牢把握以人民为中心的制度建设理念。习近平总书记多次强调,江山就是人民,人民就是江山。中国特色社会主义制度凝聚了党和人民的意志,其代表和维护的是最广大人民的根本利益,党"没有任何自己特殊的利益,从来不代表任何利益集团、任何权势团体、任何特权阶层的利益"②。党领导人民进行中国特色社会主义制度探索和实践时,始终把维护人民的利益作为坚持和发展中国特色社会主义制度的价值取向;坚持马克思主义关于社会主义制度的构想,继承和发展中华优秀传统文化中的制度思想;构建以人民为中心的制度体系,尊重人民主体地位,在密切联系群众的过程中汲取人民智慧,发挥人民在制度创造中的首创精神,将为中国人民谋幸福的价值目标有机统一到为中华民族谋复兴的实践之中。

3. 实现中华民族的伟大复兴,需要把制度优势转化为治理效能

制度好不好,优势明显不明显,只有经得住"大变局"的风险挑战与考验,才能形成实现中华民族伟大复兴的根本保障。新冠肺炎疫情发生以来,以

---

① 《习近平谈治国理政》第一卷,外文出版社 2018 年版,第 4 页。
② 习近平:《在庆祝中国共产党成立 100 周年大会上的讲话》,人民出版社 2021 年版,第 11—12 页。

习近平同志为核心的党中央总揽全局,科学部署,有效诠释和践行了"人民至上""生命至上"的价值理念,疫情防控取得重大战略成果,"中国之治"与"西方之乱"形成鲜明对照,充分彰显了中国特色社会主义制度的显著优势。党的十八届三中全会将"完善和发展中国特色社会主义制度,推进国家治理体系和治理能力现代化"确立为全面深化改革的总目标,党的十九届四中全会明确提出发挥制度优势,提升国家治理效能。如何把制度优势转化为治理效能,成为党治国理政亟须解决的重大而又复杂的课题。人类社会历史上不乏好的制度,但制度优势没有发挥出来,甚至走向失败的例子也不胜枚举。制度的关键在于执行,从"中国之制"转向"中国之治",首先要强化政治引领,坚持党的根本领导制度,充分发挥党总揽全局、协调各方的领导核心作用,推动各项制度落到实处。党在国家治理体系中居于领导地位,这种领导地位是党在革命、建设和改革过程中形成的,是历史和人民的必然选择。坚持中国共产党领导,能够把多元主体的利益进行整合,妥善化解矛盾,形成共治合力,提高治理效率,从而形成统一高效的国家治理体系和运行机制。在制度优势转化为治理效能的过程中,要注重把握制度体系与治理体系之间的系统性、整体性与协同性关系,做好顶层制度设计与各领域治理实践的结合工作,着力固根基、扬优势、补短板、强弱项,构建系统完备、科学规范、运行有效的制度体系。坚持改革创新,既要大胆探索、勇于革新,也要善于总结经验、稳中推进,以实现制度优势向治理效能的平稳过渡和有效转化,为实现中华民族伟大复兴提供有力保证。

4. 实现中华民族的伟大复兴,需要持续推动制度完善与创新

任何一项制度都不是一成不变、一劳永逸的,制度的探索和创新没有终点。2020年新冠肺炎疫情这场"大考",在彰显中国特色社会主义制度优势的同时,也暴露了一些尚需改进的体制机制问题和薄弱环节。习近平总书记指出:"针对这次疫情暴露出来的短板和不足,抓紧补短板、堵漏洞、强弱项,该

坚持的坚持,该完善的完善,该建立的建立,该落实的落实,完善重大疫情防控体制机制,健全国家公共卫生应急管理体系。"①越是"大考"和"大变局",越是能够检验制度的绩效及其与现实的适配程度。当今世界正经历百年未有之大变局,实现中华民族伟大复兴面临的风险挑战之严峻前所未有。"我们要打赢防范化解重大风险攻坚战,必须坚持和完善中国特色社会主义制度、推进国家治理体系和治理能力现代化,运用制度威力应对风险挑战的冲击。"②

"科学社会主义和空想社会主义的一大区别,就在于它不是一成不变的教条,而是把社会主义看作一个不断完善和发展的实践过程。"③中国特色社会主义制度也是如此,这一制度是党领导人民守正创新的制度成果。制度体系是不断发展变化的,要辩证看待中国特色社会主义制度的"变"与"不变",变的是体制机制,不变的是社会主义根本制度和基本制度。作为一个逻辑严密的科学制度体系,起"四梁八柱"作用的是根本制度、基本制度、重要制度,与之相连的具体制度需要随着时代的发展不断进行变革。同时,根本制度、基本制度和重要制度也应随着实践的发展不断巩固和完善。习近平总书记指出:"坚持从我国国情出发,继续加强制度创新,加快建立健全国家治理急需的制度、满足人民日益增长的美好生活需要必备的制度。"④

总之,中国共产党引领中华民族不断走向伟大复兴的百年奋斗历程,也是党一以贯之探索和建构中国特色社会主义制度的过程,二者相辅相成。党把领导革命、建设和改革的实践经验经过总结、提炼并加以规范形成制度,制度体系的确立、成熟和不断完善,以及制度优势的彰显和发挥,保障了中国革命、建设和改革实践的发展,使中华民族伟大复兴进入不可逆转的历史发展进程。实践证明,中国特色社会主义制度体系符合马克思主义经典作家关于未来社

① 《习近平关于尊重和保障人权论述摘编》,中央文献出版社 2021 年版,第 77 页。
② 《习近平谈治国理政》第三卷,外文出版社 2020 年版,第 113 页。
③ 《习近平谈治国理政》第三卷,外文出版社 2020 年版,第 123 页。
④ 习近平:《坚持、完善和发展中国特色社会主义国家制度与法律制度》,《求是》2019 年第 23 期。

382

会主义制度的构想,是具有显著优势和鲜明中国特色的制度体系。随着中国特色社会主义新时代实践的发展和创新,中国特色社会主义制度体系也会日益巩固和完善,为实现中华民族伟大复兴提供根本制度保障。

彰显和发挥我国新型政党制度的优势[*]

中国共产党领导的多党合作和政治协商制度是从中国土壤中生长出来的新型政党制度，是中国特色社会主义制度体系的重要组成部分，是世界政党制度建设的中国方案，是人类政治文明的中国智慧。党的十九届四中全会提出，"加强中国特色社会主义政党制度建设""展现我国新型政党制度优势"。这对于增强中国特色社会主义制度自信，坚定不移走中国特色社会主义政治发展道路具有重大意义。

一、我国新型政党制度是符合国情的基本政治制度

一个国家的政党制度取决于其基本国情，民族生存发展、经济社会变迁、历史文化传承等多重因素共同构成一国政党制度的生长土壤。我国新型政党制度形成于近代政治道路的实践探索，植根于当代中国的政治现实，是具有鲜明中华民族文化特色的制度成果和我国民主政治发展内在演进的必然选择。

※ 原载《光明日报》（理论版）2019年12月20日。

新型政党制度是中国共产党与各民主党派、无党派人士共同的伟大政治创造。新中国成立前夕，中共中央发布纪念"五一"劳动节口号，发出了召开政治协商会议、成立民主联合政府的号召。各民主党派、无党派民主人士热烈响应，自觉接受中国共产党的领导。"五一口号"凝聚了各界的政治共识，表现了中国共产党对成立民主联合政府的诚意和决心，预示着新型政党制度的诞生。中国人民政治协商会议第一届全体会议的召开，标志着中国共产党领导的多党合作和政治协商制度的确立。会议选举了相当数量的民主党派和无党派民主人士加入中央人民政府，为其参加国家政权、有效参政议政提供了基本保障。

我国新型政党制度是中国特色社会主义民主政治实践的伟大成果。随着社会主义革命、建设和改革开放实践的推进，中国共产党与各民主党派的团结合作更加密切。党的八大正式提出"长期共存，互相监督"的方针，确立了多党合作的基本格局。改革开放以来，我国新型政党制度进一步发展完善。1989年颁布的《中共中央关于坚持和完善中国共产党领导的多党合作和政治协商制度的意见》指出，"长期共存、互相监督、肝胆相照、荣辱与共"是中国共产党同各民主党派合作的基本方针，明确中国共产党领导的多党合作和政治协商制度是我国一项基本政治制度，推动多党合作走上制度化轨道。八届全国人大一次会议将中国共产党领导的多党合作和政治协商制度载入宪法。党的十八大以来，以习近平同志为核心的党中央首次提出各民主党派是同中国共产党通力合作的中国特色社会主义参政党，进一步创新发展了新型政党制度的内涵。

我国新型政党制度是植根中国土壤、符合中国国情的现代政党制度，具有鲜明的中国特色。从中国土壤中生长出来的新型政党制度无疑是"伟大政治创造"，它不仅符合当代中国实际，而且符合中华民族一贯倡导的天下为公、兼容并蓄、求同存异等优秀传统文化，体现出浓郁的中国特色，是对人类政治文明的重大贡献。无论是中国共产党还是各民主党派、无党派人士，都是滋养于中华优秀传统文化中的先进分子，"天下为公"是各党派政治主张的最大公约数；"兼容并蓄""求同存异"是秉持优秀传统文化基因的中国政治哲学；"海纳百川有容乃大"，承认和尊重差异才是汇聚建设力量的有效途径。我国新型政党制度扎根民族文化土壤、汲取充沛养分，是这一制度行得通、充满生命力的奥秘所在。

二、我国新型政党制度的巨大优势

新型政党制度具有协商民主、利益整合、党派监督、维护稳定的治理功能，实现了集中领导和广泛参与的统一、社会稳定与快速发展的统一、充满活力与富有效率的统一、科学决策和执行有力的统一，生动彰显了社会主义民主的广泛性和真实性。

新型政党制度"新就新在它是马克思主义政党理论同中国实际相结合的产物，能够真实、广泛、持久代表和实现最广大人民根本利益、全国各族各界根本利益，有效避免了旧式政党制度代表少数人、少数利益集团的弊端"。旧式政党制度不外乎是两党制或多党制，各党通过竞选轮流执政，竞选胜出的党掌握国家权力，其他党派就成为在野党、反对党。各党派为了赢得选票，往往彼此倾轧、相互拆台，作出各种口惠而实难至的许诺，造成"选举时漫天许诺、选举后无人过问"的制度病，人民难以从中真正获利。我国新型政党制度是马克思主义政党理论与近代以来我国民主政治实践相结合而形成的制度成果。中国共产党始终代表最广大人民的根本利益。各民主党派、无党派人士的参政议政能够有效反映人民群众中各界别、各团体的具体利益和现实诉求，在增进人民群众整体利益和根本利益的同时，有效回应不同社会群体的合理诉求，使中国特色社会主义民主更具广泛性和代表性。

新型政党制度"新就新在它把各个政党和无党派人士紧密团结起来、为着共同目标而奋斗，有效避免了一党缺乏监督或者多党轮流坐庄、恶性竞争的弊端"。政党竞争是西方政党关系的本质,也是资产阶级民主的主要表现形式,其初衷是为了制约容易失控的公共权力。但各党派在政治实践中为了各自利益,热衷于彼此牵制、恶意攻讦,以贬损对手的方式博得选民好感,上演了一出出你方唱罢我登场的政治闹剧。习近平总书记指出:"民主不是装饰品,不是用来做摆设的,而是要用来解决人民要解决的问题的。"与西方政党坐跷跷板不同,在我国新型政党制度中,中国共产党是领导核心,各民主党派、无党派人士都以国家富强、民族振兴为共同使命,参政议政、合作共事,是共产党的诤友、益友,在中国共产党的指挥下唱大合唱。其突出特点是中国共产党发挥总揽全局、协调各方的领导核心作用,各民主党派为推动社会主义现代化建设事业顺利开展积极进行政治协商、民主监督,为更广泛地汇聚起推动经济社会发展的磅礴合力贡献力量。

新型政党制度"新就新在它通过制度化、程序化、规范化的安排集中各种意见和建议、推动决策科学化民主化,有效避免了旧式政党制度囿于党派利益、阶级利益、区域和集团利益决策施政导致社会撕裂的弊端"。旧式政党制度囿于党派利益,在公共政策的制定与实施过程中,往往表现出狭隘性。竞选获胜的党在短暂的执政期限内,需要尽快获得被选民认可的成绩,为下一个任期争取选票,公共政策目标经常是短期的,难以将精力集中在国计民生上。一项真正有利于多数人的政策,可能因为周期太长、见效太慢或者涉及社会底层,不容易引起关注而不能通过、不能顺利执行,甚至出现政策烂尾,更遑论面向更久远未来的发展规划。在公共政策实施过程中,各种阶级利益、集团利益之间往往容易产生破坏社会共识的冲突,导致深度的社会撕裂。我国新型政党制度中,多党合作、民主协商贯穿于公共政策全过程,从方案制定到方案选择再到方案执行,都能够充分发扬民主。"有事好商量、众人的事情由众人商量,找到全社会意愿和要求的最大公约数",各党派间形成了团结合作的党际关系,为了国家民族的长远发展,可以"功成不必在我",使得为人民谋利益的经济社会发展蓝图可以一绘到底。

三、推动我国新型政党制度
优势转化为治理效能

中国特色社会主义进入新时代，我国发展处于新的历史方位，国家治理也面临着更多新任务新要求。推动我国新型政党制度优势转化为治理效能，要站在全面建设社会主义现代化国家新征程的历史起点上，站在党和国家事业的战略高度，科学谋划、整体推进。

坚持中国共产党的领导。习近平总书记指出："中国共产党所做的一切，就是为中国人民谋幸福、为中华民族谋复兴、为人类谋和平与发展。"我国新型政治制度的发展历程充分表明，坚持中国共产党的领导是各民主党派、无党派人士和各界代表人士在历经曲折、反复比较之后的政治自觉和制度自觉。中国共产党的初心与使命体现了各民主党派的宗旨和追求；各民主党派和无党派人士见证参与了当代中国经济持续健康发展、社会长期稳定的奇迹；中国共产党擘画的中华民族复兴伟业昭示着中国特色社会主义才是符合中国国情的人间正道。做好中国特色社会主义参政党，拥护中国共产党的领导，与中国共产党通力合作、携手前行，是各民主党派、无党派人士实现政治抱负、永葆发展活力的根本遵循。

优化政党协商。协商民主是中国特色社会主义民主政治中独特的、独有的、独到的民主形式，是切实保障人民当家作主的制度安排。习近平总书记指出，新时代多党合作舞台极为广阔，要用好政党协商这个民主形式和制度渠道，有事多商量、有事好商量、有事会商量，通过协商凝聚共识、凝聚智慧、凝聚力量。健全相互监督特别是中国共产党自觉接受监督、对重大决策部署贯彻落实情况实施专项监督等机制，完善民主党派中央直接向中共中央提出建议制度。搞好合作共事，巩固和发展和谐政党关系。

增强履职能力。民主党派的自身建设是发挥新型政党制度优势的基础性工作。《中共中央关于进一步加强中国共产党领导的多党合作和政治协商制度建设的意见》明确了建设一个什么样的参政党、怎样建设参政党这一根本问题,是多党合作和中国特色社会主义参政党建设的行动指南。各民主党派应加强自身建设,着力提高政治把握能力、参政议政能力、组织领导能力、合作共事能力、解决自身问题的能力,做中国特色社会主义的亲历者、实践者和服务大局的维护者、捍卫者。

巩固思想基础。参政党思想建设是发挥我国新型政党制度优势的精神基础。各参政党应努力建设学习型党派,注重新一代民主党派成员思想基础工作,积极做好政治引导,在重大问题上做到明辨是非、头脑清醒、立场坚定。建立科学有效的理论学习机制,既搞好日常学习,又做好对重大事件、突发事件的思想引导,确保将党派成员的思想和行动统一到中国特色社会主义事业大局上来。

把我国制度优势更好
转化为国家治理效能[*]

党的十九届四中全会审议通过了《中共中央关于坚持和完善中国特色社会主义制度、推进国家治理体系和治理能力现代化若干重大问题的决定》(以下简称《决定》),从党和国家事业发展的全局和长远出发,着眼于充分发挥中国特色社会主义制度优越性,阐明了必须牢牢坚持的重大制度和原则,部署了推进制度建设的重大任务和举措,体现了守正与创新的辩证统一。现在距离这次全会提出的"到我们党成立一百年时,在各方面制度更加成熟更加定型上取得明显成效"还有不到两年时间,我们必须更加紧密地团结在以习近平同志为核心的党中央周围,坚定信心、保持定力、锐意进取、开拓创新,为把我国制度优势更好转化为国家治理效能作出更大努力。

一、长期保持并不断增强我国国家制度和
国家治理体系的显著优势

党的十八大以来,我们党把制度建设摆到更加突出的位置,重要领域和关

＊　原载《人民日报》(理论版)2019 年 12 月 20 日。

键环节改革成效显著,主要领域基础性制度体系基本形成,为推进国家治理体系和治理能力现代化打下了坚实基础。同时也要看到,这些改革举措有的尚未完成,有的甚至需要相当长的时间去落实,我们已经啃下了不少硬骨头但还有许多硬骨头要啃,我们攻克了不少难关但还有许多难关要攻克,我们决不能停下脚步,决不能有松口气、歇歇脚的想法。这次全会提出,推进全面深化改革,既要保持中国特色社会主义制度和国家治理体系的稳定性和延续性,又要抓紧制定国家治理体系和治理能力现代化急需的制度、满足人民对美好生活新期待必备的制度,推动中国特色社会主义制度不断自我完善和发展、永葆生机活力。这为我们在新时代把全面深化改革推向前进明确了方向、提出了要求。

在坚持上着力,努力固根基、扬优势。《决定》系统总结我国国家制度和国家治理体系的发展成就和显著优势,全面回答在我国国家制度和国家治理体系上应该"坚持和巩固什么、完善和发展什么"这个重大政治问题,推动全党全国各族人民坚定制度自信,使我国国家制度和国家治理体系多方面的显著优势更加充分地发挥出来,为实现"两个一百年"奋斗目标、实现中华民族伟大复兴的中国梦提供有力保证。这次全会聚焦坚持和完善支撑中国特色社会主义制度的根本制度、基本制度、重要制度,并明确了各项制度必须坚持和巩固的根本点,对于充分发挥制度优势具有重大理论和实践意义。

在完善上用功,努力补短板、强弱项。中国特色社会主义制度是党和人民在长期实践探索中形成的科学制度体系,我国国家治理一切工作和活动都依照中国特色社会主义制度展开,我国国家治理体系和治理能力是中国特色社会主义制度及其执行能力的集中体现。我国已经形成了一套行得通、真管用、有效率的制度体系,国家治理体系和治理能力现代化水平明显提高。同时也应看到,中国特色社会主义制度是特色鲜明、富有效率的,但还不是尽善尽美、成熟定型的。这就要求我们抓紧制定适应国家治理体系和治理能力现代化急需的制度、满足人民群众对美好生活新期待必备的制度。只有既坚持和巩固好、又完善和发展好，才能长期保持并不断增强我国国家制度和国家治理体系的显著优势。长期保持并不断增强这些优势，是我们在新时代坚持和完善中国特色社会主义制度、推进国家治理体系和治理能力现代化的努力方向。

二、统筹顶层设计和分层对接

习近平总书记指出："新时代改革开放具有许多新的内涵和特点，其中很重要的一点就是制度建设分量更重，改革更多面对的是深层次体制机制问题，对改革顶层设计的要求更高。"坚持和完善中国特色社会主义制度、推进国家治理体系和治理能力现代化是一项复杂的系统工程，零敲碎打调整不行，碎片化修补也不行，必须进行全面的系统的改革和改进，实现各领域改革和改进的联动和集成。只有加强顶层设计，才能使各项改革举措在政策取向上相互配合、在实施过程中相互促进、在改革成效上相得益彰。这次全会对坚持和完善中国特色社会主义制度、推进国家治理体系和治理能力现代化作出了全面部署、提出了明确要求，为我们推动各方面制度更加成熟更加定型明确了时间表、路线图，是对改革作出的最新顶层设计。

在优化顶层设计的同时，这次全会还强调统筹顶层设计和分层对接，着力构建系统完备、科学规范、运行有效的制度体系。分层对接就是通过根本制度、基本制度、重要制度的衔接和各领域具体制度的配套，使制度的顶层设计精准落地，真正发挥制度效能。这次全会从坚持和完善党的领导制度体系、坚持和完善人民当家作主制度体系、坚持和完善中国特色社会主义法治体系等13个方面部署了需要深化的重大体制机制改革、需要推进的重点工作任务。这些部署明确了发挥我国制度优势、提高国家治理水平的主攻方向和着力点，使各领域制度建设能够相互作用、环环相扣，做到分层对接，确保发挥制度体系的整体效能。

党的十八届三中全会以来，我们注重解决体制性的深层次障碍，推出一系列重大体制改革,有效解决了一批结构性矛盾,很多领域实现了历史性变革、系统性重塑、整体性重构。习近平总书记强调:"现在要把着力点放到加强系统集成、协同高效上来,巩固和深化这些年来我们在解决体制性障碍、机制性梗阻、政策性创新方面取得的改革成果。"这就要求我们在贯彻落实这次全会精神时,更好地处理顶层设计和分层对接的关系,搞好上下左右、方方面面的配套,注重各项改革协调推进、相互配合,确保改革在国家治理体系和治理能力现代化上形成总体效应、取得总体效果。

三、严格遵守和执行制度

治理国家,制度是起根本性、全局性、长远性作用的。但是,如果没有有效的治理能力,再好的制度也难以发挥作用。治理能力是制度执行能力的集中体现,只有切实提升制度执行能力,才能有效增强治理能力。习近平总书记指出,要强化制度执行力,加强制度执行的监督,切实把我国制度优势转化为治理效能。制度执行能力的强弱、制度执行效果的高低,直接影响制度优势能否更好转化为治理效能。提升制度执行能力,是推进国家治理体系和治理能力现代化的必然要求。

党的十八大以来,以习近平同志为核心的党中央狠抓制度执行,扎牢制度篱笆,坚持制度面前人人平等、执行制度没有例外,坚决维护制度的严肃性和权威性,坚决纠正有令不行、有禁不止的行为,使制度成为硬约束,真正让铁规发力、让禁令生威,推动制度执行能力显著提升、制度效能不断释放。

《决定》对加强制度执行作出部署,提出:"各级党委和政府以及各级领导干部要切实强化制度意识,带头维护制度权威,做制度执行的表率,带动全党全社会自觉尊崇制度、严格执行制度、坚决维护制度。健全权威高效的制度执行机制,加强对制度执行的监督,坚决杜绝做选择、搞变通、打折扣的现象。"同时,还对加强各项制度的执行提出了具体要求,如"严格执行向党中央请示报告制度""形成党的中央组织、地方组织、基层组织上下贯通、执行有力的严密体系""强化决策执行、评估、监督""健全强有力的行政执行系统,提高政府执行力和公信力"等,释放了着力加强制度执行的信号。

使执行制度成为人们的自觉行动,要靠制度本身的约束力、强制力,也要靠各方面的监督检查。我们必须按照这次全会的部署,构建全覆盖的制度执行监督机制,把制度执行和监督贯穿区域治理、部门治理、行业治理、基层治理、单位治理的全过程,确保制度时时生威、处处有效。通过党内监督、人大监督、民主监督、行政监督、监察监督、司法监督、审计监督、社会监督、舆论监督等各类监督渠道,加强对制度执行的监督,促进严格遵守和执行制度,加快形成以制度为行为准绳的浓厚氛围,确保把我国制度优势更好转化为国家治理效能。

中国特色社会主义文化

中华优秀传统文化与社会主义
核心价值观的内在联系[*]

党的十八大以来,习近平总书记围绕培育和弘扬社会主义核心价值观,深刻阐述了中华优秀传统文化与社会主义核心价值观的内在联系,这主要体现在 2014 年 2 月 24 日中央政治局第十三次集体学习时的讲话、2014 年 5 月 4 日北京大学师生座谈会上的讲话、2014 年 9 月 24 日纪念孔子诞辰 2565 周年国际学术研讨会上的讲话等一系列重要讲话中,他强调,培育和弘扬社会主义核心价值观必须立足中华优秀传统文化,多次使用了"涵养""滋养""营养"三个关键词,对于我们深入分析和科学把握二者之间的关系,具有十分重要的意义。

一、培育和弘扬社会主义核心价值观
必须立足中华优秀传统文化

中华民族在五千多年悠久文明的历史上,在改造自然和改造社会的过程中,创造了博大精深的中华优秀传统文化,哺育了一代又一代中华儿女。在这

---

* 原载《南京师大学报》(社会科学版)2015 年第 6 期。

一过程中,形成了具有自己民族特色的价值体系和价值观。从某种意义上来讲,中华优秀传统文化既是我们这个民族价值观的内在根基,也是我们这个民族价值观的外在表现。因为"中华优秀传统文化已经成为中华民族的基因,植根在中国人内心,潜移默化影响着中国人的思想方式和行为方式。"①

习近平总书记强调,培育和弘扬社会主义核心价值观必须立足中华优秀传统文化。培育和弘扬社会主义核心价值观要与中华民族优秀传统文化,即与中华民族的传统价值观、中华传统美德相结合。"牢固的核心价值观,都有其固有的根本。抛弃传统、丢掉根本,就等于割断了自己的精神命脉。博大精深的中华优秀传统文化是我们在世界文化激荡中站稳脚跟的根基。"②关于中华优秀传统文化,习近平总书记提出,这是中华民族的"精神命脉"、是中华民族的"文化根基",这里强调的是中华民族的发展和进步与中华优秀传统文化的关系。"优秀传统文化是一个国家、一个民族传承和发展的根本,如果丢掉了,就割断了精神命脉。"③

应当指出,他在这里所说的中华优秀传统文化不是我们一般意义上所说的传统文化,是指在中华民族五千年历史上传承下来的,而且对于当代中国的改革开放和现代化建设仍然具有生命力和重要影响的优秀思想文化,并不包括其封建糟粕。任何一个民族和国家,不论是在实现社会变革还是在实现现代化的过程中,都要受到本民族和本国文化传统的影响,而且这一精神命脉、文化根基是其发展的文化基础,尽管随着时光的流逝和岁月的冲刷也会使其改头换面,失去一些形式上和内容上的东西,但是其精神内核和文化基因不会轻易随之改变。"不忘本来才能开辟未来,善于继承才能更好创新。对历史文化特别是先人传承下来的价值理念和道德规范,要坚持古为今用、推陈出

---

① 习近平:《青年要自觉践行社会主义核心价值观》,《人民日报》2014 年 5 月 5 日。

② 习近平:《把培育和弘扬社会主义核心价值观作为凝魂聚气强基固本的基础工程》,《人民日报》2014 年 2 月 26 日。

③ 习近平:《在纪念孔子诞辰 2565 周年国际学术研讨会暨国际儒学联合会第五届会员大会开幕会上的讲话》,《人民日报》2014 年 9 月 25 日。

新,有鉴别地加以对待,有扬弃地予以继承,努力用中华民族创造的一切精神财富来以文化人、以文育人。"①

这里提出了一个如何对待传统文化的问题,这也是任何国家在实现现代化过程中都必须要解决好的问题。中国共产党在领导革命、建设、改革的进程中,善于总结、借鉴和运用历史经验。这方面我们有过成功的经验,也有着深刻的历史教训。毛泽东曾经指出:"今天的中国是历史的中国的一个发展;我们是马克思主义的历史主义者,我们不应当割断历史。从孔夫子到孙中山,我们应当给以总结,承继这一份珍贵的遗产。"②结合培育和弘扬社会主义核心价值观,习近平总书记多次强调,我国传统思想文化根源在社会生活本身,是人们思想观念、风俗习惯、生活方式、情感样式的集中表达。中国古代的思想文化对今人仍然具有很深刻的影响。在继承过程中,"我们要对传统文化进行科学分析,对有益的东西、好的东西予以继承和发扬,对负面的、不好的东西加以抵御和克服,取其精华、去其糟粕,而不能采取全盘接受或者全盘抛弃的绝对主义态度。"③我们应该认真研究历史经验,也应该认真研究哪些是应该继承的,哪些是应该扬弃的。

从中国近现代历史来看,中国共产党在领导革命、建设和改革的不同历史阶段,对于中国传统文化,"破"的方面比较彻底,而"立"的方面则显得不足。这也符合特殊历史阶段的主要矛盾和社会变革主要任务的变化。从传统价值观的继承来说,我们对"三纲"的批判是彻底的,也是正确的,而对于"五常"中几千年来已经植根于广大人民群众内心的正确的思想内容则继承不够,历史证明,不能把这些东西统统称之为封建礼教,应该吸收和继承其中合理的成分,当然要努力实现"创造性转化"和"创新性发展"。从某种意义上来说,旧

① 习近平:《把培育和弘扬社会主义核心价值观作为凝魂聚气强基固本的基础工程》,《人民日报》2014年2月26日。
② 《毛泽东选集》第二卷,人民出版社1991年版,第534页。
③ 《牢记历史经验历史教训历史警示 为国家治理能力现代化提供有益借鉴》,《人民日报》2014年10月14日。

的东西、旧的价值观打碎了,新的价值观构建和形成却并非易事,而且我们曾经一度过分强调了价值观的时代性,而忽视了其继承性以及对广大人民群众的深刻影响。而新的价值观的建构,又忽略了广大人民群众的接受和认同,与现实的社会实际较远,脱离了人民群众的生活,很难深入到其内心,也就不可能规范其行为。产生这些问题的原因固然与中国近现代的社会变革有关,但是价值观的培育,无论如何都不能脱离人民群众的实际需要和现实生活,更不能出现理论和实践脱节的情况。价值观不是空洞的口号和摆设,尤其是核心价值观是一个国家和民族提倡什么、向哪里发展的方向,也是规范人们行为的基本准则。

习近平总书记特别强调指出:"一个民族、一个国家的核心价值观必须同这个民族、这个国家的历史文化相契合,同这个民族、这个国家的人民正在进行的奋斗相结合,同这个民族、这个国家需要解决的时代问题相适应。世界上没有两片完全相同的树叶。一个民族、一个国家,必须知道自己是谁,是从哪里来的,要到哪里去,想明白了、想对了,就要坚定不移朝着目标前进。"①社会主义核心价值观的培育和弘扬不可能完全另起炉灶,也不是平地盖高楼,不能割断中华民族的精神血脉和文化根基,必须与中华优秀传统文化相衔接。

二、"涵养""滋养""营养"三个关键词深刻说明了中华优秀传统文化与社会主义核心价值观的内在联系

在论述中华优秀传统文化与社会主义核心价值观的关系时,习近平总书记使用了"涵养""滋养""营养"三个内涵相近却又各有侧重的关键词,十分清楚地表达了二者之间的关系,即中华优秀传统文化涵养了社会主义核心价

---

① 习近平:《青年要自觉践行社会主义核心价值观》,《人民日报》2014年5月5日。

值观、中华优秀传统文化为社会主义核心价值观提供了丰厚的滋养,培育和弘扬社会主义核心价值观要吸收中华优秀传统文化的营养。

1. 弘扬中华优秀传统文化,使其成为涵养社会主义核心价值观的文化沃土

"涵养"的本义是"蓄积并保持",强调的是从根本上、源头上对事物给予持续久远的滋润和养育。中华文明五千年的历史积淀了深厚的文化沃土,蕴含了博大精深、独具特色的文化资源,构成了我们在世界文化激荡中站稳脚跟的根基,提供了培育社会主义核心价值观的源头活水。

弘扬以爱国主义为核心的民族精神和以改革创新为核心的时代精神。家国一体同构、彼此相依相存的观念在中华文明五千年的进程中得到普遍的心理认同和文化认同。国家,对于社会个体而言,既是其生存繁衍的地域和资源,更是其共同的精神家园。"人有恒言,皆曰:'天下国家'。天下之本在国,国之本在家。"①爱其家而爱其国,天下兴亡,匹夫有责,天降大任、舍我其谁的责任和使命;忠心报国、舍生取义的担当和无畏;心怀天下、情系苍生的情怀和践行。爱国主义的价值理念早已经深刻地渗透在我们的文化血脉,成为中华民族核心价值观的重要组成部分。"富有之谓大业,日新之谓盛德。"②中华优秀传统文化具有传承性与创新性的双重特征。"一阖一辟谓之变,往来不穷谓之通。"③面对天地万物,"上下无常,刚柔相易",所以"不可为典要,唯变所适。"④不能拘泥守旧、墨守成规;面对社会潮流,"天地革而四时成,汤武革命,顺乎天而应乎人。""君子以治历明时。"⑤通过不断创新和变革,实现穷则变,变则通,通则久。

挖掘和阐发中华优秀传统文化讲仁爱、重民本、守诚信、崇正义、尚和合、

---

① 《孟子·离娄上》。
② 《易经·系辞上》。
③ 《易经·系辞上》。
④ 《易经·系辞下》。
⑤ 《易经·革卦》。

求大同的时代价值。孔子倡导"仁者爱人"，博施于民而能济众。孟子指出，"天时不如地利，地利不如人和""得道者多助，失道者寡助。"①强调"民为贵，社稷次之，君为轻。"②施仁政、行王道，大道之行，天下为公，"人不独亲其亲，不独子其子，使老有所终，壮有所用，幼有所长。"③和而不同，协和万邦，"首出庶物，万国咸宁。"④追求天人合一，社会和谐，天下大同。

中华优秀传统文化强调国家、社会、公民的价值要求融为一体。《大学》开宗明义，"大学之道，在明明德，在亲民，在止于至善。"沿着格物致知、正心诚意的道路，修身齐家治国平天下，包含了个人、社会、国家三个层面的要求。社会主义核心价值观 12 个词、24 个字，明确指出国家层面、社会层面和公民个人层面的价值要求，继承和汲取了中华优秀传统文化的养分，又体现了社会主义的本质要求，并具有鲜明的现实性和时代特点。

2. 中华传统美德是滋养社会主义核心价值观的重要思想道德资源

"滋养"的本义是"供给养分、补养"。弘扬社会主义核心价值观、实施社会主义公民道德建设，不仅不能隔断与中华传统美德的历史关联，而且应该从中汲取更多的精神滋养。"中华传统美德是中华文化精髓，蕴含着丰富的思想道德资源。"⑤包含着仁爱孝悌、谦和好礼、以和为贵、君子喻义、见利思义、诚实守信、知恩图报、安贫乐道、勤俭廉政、克己奉公、修己慎独、笃实宽厚、勇毅力行等丰富的思想内容。

中国传统美德具有鲜明的特色，表现在两个方面，一方面，既强调社会成

---

① 《孟子·公孙丑下》。
② 《孟子·尽心下》。
③ 《礼记·礼运》。
④ 《易经·乾卦》。
⑤ 习近平：《把培育和弘扬社会主义核心价值观作为凝魂聚气强基固本的基础工程》，《人民日报》2014 年 2 月 26 日。

员应该追求的价值目标和人生理想,同时又注重人性的自觉和道德践行的自觉;另一方面,注重个人品德的笃行、家庭美德的修为,更突出强调社会公德的推行和光大。

中华优秀传统文化在追求"至善"的道德理想过程中,强调"为仁由己,而由人乎哉"①"我欲仁,斯仁至矣"②的道德自律。强调道德的践行从个体开始、从对待身边的人开始、从小事做起。践行的起点是尊老事亲、家庭和睦。"孝悌也者,其为仁之本欤""君子务本,本立而道生。"③善待父母、善待兄弟、善待亲人,由近及远、推己及人,把家庭的价值原则推而广之,"老吾老,以及人之老;幼吾幼,以及人之幼。天下可运于掌。"④在道德践行的过程中,主张克己自省、忠恕友善、诚实守信、以和为贵、道法自然,做到"己所不欲,勿施于人"⑤,进一步实现"己欲立而立人,己欲达而达人。能近取譬,可谓仁之方也已"⑥。强调以义统利、义利兼顾、见利思义,在道义和生命发生冲突时,主张"志士仁人,无求生以害仁,有杀身以成仁。"⑦最终实现人与人、人与社会、人与自然三个维度的和谐与协同。

中华优秀传统文化不仅以其丰富的精神资源滋养着一代又一代中华儿女,成为中华民族丰富的文化宝库,而且以其践行性、可为性,打通了实现道德理想的路径,提供了滋养中国人道德实践的方法论。

3. 培育和弘扬社会主义核心价值观,必须汲取中华优秀传统文化的丰富营养

"营养"的本意是指"有机体吸收养料维持生命活动的作用"。任何营养

---

① 《论语·颜渊》。
② 《论语·述而》。
③ 《论语·学而》。
④ 《孟子·梁惠王上》。
⑤ 《论语·卫灵公》。
⑥ 《论语·雍也》。
⑦ 《论语·卫灵公》。

物质只有通过生命有机体的吸收和转化才能成为其存续的有效动力,强调生命体的主动性和生命力。价值观是现实性和历史性的统一、主体性和客观性的统一。在中华民族漫长的历史长河中形成的价值理念具有自身的延续性和稳定性,也不可避免有其时代性和局限性。只有站在马克思主义的立场、立足当代中国实际,运用历史唯物主义的方法,继承和发扬传统文化的优秀成果,不断赋予其新的时代内涵,转化新的表现形态,实现其创造性转化,使之成为涵养、滋养社会主义核心价值观丰厚的思想文化资源。

应该看到,中国传统士人的家国情怀、忠君报国,代代相传,造就了一代又一代中华民族的脊梁,推动了社会的前行。但传统士大夫所忠于的国家,往往是君主一家一姓的王朝,维护的是君权至上的专制制度;"民惟邦本""民贵君轻""保民爱民"的观念,在促进社会稳定和推动历史进步方面具有积极意义,但是基于君权至上、强调君主对百姓的统治,目的是治民、牧民,而且缺乏制度的保证也往往流于理论;传统的孝悌为本、仁者爱人的理念,在维护家庭、社会关系中起到重要的作用,对于社会的有序和稳定功不可没。但毕竟是以血缘亲疏、阶级等差为基础,而且其中许多具体做法和认识,不免迂腐而不合时宜。对于大同小康、社会和谐的追求,同样由于缺乏相应的经济基础和制度保障,不过是人们的社会理想和价值诉求。

培育和弘扬社会主义核心价值观,实现中华民族伟大复兴,需要研究中华优秀传统文化的历史渊源、发展脉络、基本走势,探究其中蕴含的价值理念、鲜明特色,并根据时代提出的新课题,经权有度、述而作之、借鉴吸收,以马克思主义为指导,吸收其精华,剔除其糟粕,结合当代中国改革开放和社会主义现代化建设的实践,赋予其新的时代内涵,使其与建设和发展中国特色社会主义的实践相符合,与中国特色社会主义先进文化相融相通。既符合中国人的伦理道德、审美情趣,为中国人喜闻乐见,又符合世界发展的趋势和潮流,按照新的时代特点和要求,对那些至今仍有生命力的内容、具有借鉴价值的内涵及其表现形式加以改造,使其焕发出新的生机,真正实现其创造性转化和创新性发展,使之成为中华优秀文化传统,进一步增强文化自信和民族自豪感。将中华民族独具特色、源远流长的优秀传统文化发扬光大、薪火相传。

中华优秀传统文化从根本上、源头上,持续长久、源源不断地涵养社会主义核心价值观,中华传统美德是滋养社会主义核心价值观的重要道德资源和精神补养,培育和弘扬社会主义核心价值观还必须在汲取丰富营养的过程中实现其创造性转化。"涵养""滋养""营养"内涵相近却有细微差别,"涵养"强调的是长久、持续、根本,"滋养"强调的是补养、补给,"营养"注重汲取、转化。三个关键词构成了辩证统一的关系,深刻地揭示了中华优秀传统文化与社会主义核心价值观的内在联系。既强调中华优秀传统文化是社会主义核心价值观的文化渊源,又重视培育和弘扬社会主义核心价值观的过程中,汲取中华优秀传统文化的营养,实现中华优秀传统文化的创造性转化和创新性发展,落脚到培育和弘扬社会主义核心价值观的实践上来。

三、厘清关于社会主义核心价值观的几个理论问题

习近平总书记指出:"我们提出的社会主义核心价值观,把涉及国家、社会、公民的价值要求融为一体,既体现了社会主义本质要求,继承了中华优秀传统文化,也吸收了世界文明有益成果,体现了时代精神。"①这就清楚地表达了社会主义核心价值观与马克思主义、中华优秀传统文化以及人类文明发展成果之间的关系。

1. 核心价值观体现了社会主义的本质要求

一种社会制度与另一种社会制度的本质区别,不仅仅体现在生产力和生

---

① 习近平:《青年要自觉践行社会主义核心价值观》,《人民日报》2014 年 5 月 5 日。

产关系等方面,也突出体现在不同社会制度所彰显的价值观。社会主义核心价值观是社会主义核心价值体系的"价值内核"和精髓,体现了社会主义的本质要求,在国家、社会、个人三个层面,其基本内容鲜明体现着中国特色社会主义制度的价值取向。

富强、民主、文明、和谐是国家层面的价值目标,也是改革开放以来中国共产党孜孜以求的现代化发展目标。1982年党的十二大提出"把我国建设成为高度文明、高度民主的社会主义国家"①;1987年党的十三大提出"为把我国建设成为富强、民主、文明的社会主义现代化国家而奋斗"②;2007年党的十七大提出"建设富强民主文明和谐的社会主义现代化国家"③;2012年党的十八大又增加了生态文明建设方面的内容,也就是到新中国成立100周年时,把中国建设成为经济发展、政治民主、文化繁荣、社会和谐、生态良好的社会主义现代化国家。中国特色社会主义是全面发展、全面进步的社会,既需要不断完善经济、政治、文化、社会和生态文明等各方面的制度,也需要不断探索社会主义在价值层面的本质规定性。

自由、平等、公正、法治是社会层面的价值取向。世界发展的历史表明,一个社会的发展与进步,以建立自由、平等、公正、法治的社会秩序为基础。没有自由、平等、公正、法治的社会秩序,社会的全面发展和进步就难以真正实现。自由、平等、公正、法治既是衡量一个社会进步程度的重要尺度,也是反映一个国家发展水平的根本标志,因此是一种核心价值追求。关于社会主义核心价值观社会层面的价值取向,目前有一些不同理解,这是学术层面的探讨。不能认为这是把资本主义的普世价值机械照搬进来。首先,自由、平等、公正、法治属于人类文明的共同成果,不是资本主义的专利,中国共产党人曾经为此进行了艰辛探索。其次,从人类文明成果的继承来看,社会主义不是沙滩上盖高

---

① 《十二大以来重要文献选编》上,中央文献出版社2011年版,第11页。
② 《十三大以来重要文献选编》上,中央文献出版社2011年版,第13页。
③ 《十七大以来重要文献选编》上,中央文献出版社2011年版,第9页。

楼,也需要继承人类文明的积极成果。培育和弘扬社会主义核心价值观,我们需要继承中华优秀传统文化,或者说继承传统价值观,也应当继承自由、平等、公正、法治这一资产阶级在反对封建专制过程中提出的,但是属于人类文明的共同成果。"对历史文化特别是先人传承下来的价值理念和道德规范,要坚持古为今用、推陈出新,有鉴别地加以对待,有扬弃地予以继承,努力用中华民族创造的一切精神财富来以文化人、以文育人。"①对自由、平等、公正、法治的内涵,更应该结合时代特点,进行马克思主义的解读。既不要标签化,也不要机械拿来,以免误入普世价值的话语陷阱。

爱国、敬业、诚信、友善,是个人层面的价值准则。集中体现了社会主义公民道德的基本规范和要求,是新形势下对公民道德和价值理念的新发展。它覆盖了人们日常生活的各个领域,是公民应当恪守的基本道德准则,也是评价公民道德行为的基本价值标准。

2. 核心价值观是当代中国文化软实力的灵魂

习近平总书记 2013 年 8 月 19 日在全国宣传思想工作会议上的讲话中指出:"中华优秀传统文化是中华民族的突出优势,是我们最深厚的文化软实力。"②2014 年 2 月 24 日在中共中央政治局第十三次集体学习时的讲话中又指出:"核心价值观是文化软实力的灵魂、文化软实力建设的重点。这是决定文化性质和方向的最深层次要素。一个国家的文化软实力,从根本上说,取决于其核心价值观的生命力、凝聚力、感召力。"③关于这一问题,也有学者指出,中国的传统文化是其"软实力"的主要资源,但当代中国仍需要充实并完善有自己特色的政治意识形态价值和感召力,来平衡西方社会的以"自由民主"为

---

① 《把培育和弘扬社会主义核心价值观作为凝魂聚气强基固本的基础工程》,《人民日报》2014 年 2 月 26 日。

② 《习近平关于社会主义精神文明建设论述摘编》,中央文献出版社 2022 年版,第 210 页。

③ 《把培育和弘扬社会主义核心价值观作为凝魂聚气强基固本的基础工程》,《人民日报》2014 年 2 月 26 日。

核心的价值体系。"没有现代的核心价值体系,中国对内的凝聚力势必受到影响,对外则很难占领所谓'道德制高点'。没有一个富有竞争性的政治价值体系,在国际上很难得到真正的尊重。其他国家只是根据他们是否可以在经济、安全和外交上得到好处来决定他们的对华政策,而不是出于他们对中国政治价值的认同。"①关于这一问题,习近平总书记作了很深刻的阐述,我们要全面认识这一问题。中华优秀传统文化是我们最深厚的软实力源泉,但是,社会主义核心价值观是当代中国文化软实力的灵魂和建设的重点,这两者不能偏废,不能只强调一个方面而否定另一方面,只有注意到二者的辩证统一,核心价值观的培育和弘扬才不至于走偏。

培育和弘扬社会主义核心价值观,必须处理好马克思主义与中华优秀传统文化的关系。中华优秀传统文化是中华民族的"根"和"魂",积淀着中华民族最深沉的精神追求,包含着中华民族最根本的文化基因,代表着中华民族独特的精神标识。我们这样讲并不是否定马克思主义的指导地位,也并非是用中华优秀传统文化替代马克思主义,中华优秀传统文化与马克思主义并非一种相互替代的关系。马克思主义是中国共产党的指导思想,而且这一条也写进了宪法,这是必须坚持而不能动摇的。中华优秀传统文化是涵养社会主义核心价值观的重要源泉,这样讲不是否定马克思主义在意识形态领域的指导地位。

关于学习掌握马克思主义理论,习近平总书记2010年3月1日在中共中央党校春季学期开学典礼上的讲话中,特别强调从七个方面学习和掌握马克思主义的基本观点。他认为,马克思主义观点是马克思主义关于自然、社会和人类思维规律的科学认识,是对自然界规律和人类社会实践经验的科学总结,体现在马克思主义哲学、政治经济学和科学社会主义这三个组成部分之中,涵盖面非常广泛。比如,关于世界观、人生观、价值观的基本观点;关于辩证唯物

---

① 裴敏欣:《"软硬失衡"影响国力 "软实力"也是强国之本》,《环球时报》2004年4月16日。

主义和历史唯物主义的基本观点;关于社会形态和社会基本矛盾运动规律的基本观点;关于社会主义必然代替资本主义的基本观点;关于社会主义革命和无产阶级专政的基本观点;关于无产阶级政党的基本观点;关于社会主义本质和社会主义建设的基本观点,等等。① 2013 年 1 月 5 日,习近平总书记在新进中央委员会的委员、候补委员学习贯彻党的十八大精神研讨班开班式上的讲话中指出:"中国特色社会主义是社会主义而不是其他什么主义,科学社会主义基本原则不能丢,丢了就不是社会主义。一个国家实行什么样的主义,关键要看这个主义能否解决这个国家面临的历史性课题。历史和现实都告诉我们,只有社会主义才能救中国,只有中国特色社会主义才能发展中国,这是历史的结论、人民的选择。"②实践也证明,弘扬中华优秀传统文化,并不是要否定作为党和国家指导思想的马克思列宁主义,而是强调运用马克思主义基本原理,分析、研究和解决建设和发展中国特色社会主义面临的新情况、新问题,发展 21 世纪中国的马克思主义。

3. 培育和弘扬核心价值观要联系文化建设的具体实际

一是要切实把核心价值观的弘扬贯穿于社会生活方方面面,形成健康向上的文明规范和社会氛围。要通过教育引导、舆论宣传、文化熏陶、实践养成、制度保障等,使社会主义核心价值观内化为人们的精神追求,外化为人们的自觉行动。榜样的力量是无穷的,要通过先进人物的模范行为和高尚人格感召群众、带动群众。比如,通过评选和表彰感动中国的十大人物、道德模范的先进事迹、家风家教、校训校风等形式,以及寻找最美乡村教师、最美乡村医生等活动,都是培育和弘扬社会主义核心价值观的生动有效载体。培育和弘扬社会主义核心价值观要从青少年抓起,做到进教材、进课堂、进头脑。要随风入

---

① 《深入学习中国特色社会主义理论体系　努力掌握马克思主义立场观点方法》,《人民日报》2010 年 3 月 2 日。

② 《习近平谈治国理政》第一卷,外文出版社 2018 年版,第 22 页。

夜、润物细无声,运用各种文化形式,生动具体地体现社会主义核心价值观,用高质量高水平的优秀文学艺术作品形象地告诉人们,什么是真善美,什么是假恶丑,什么是值得肯定和赞扬的,什么是必须反对和否定的。

核心价值观要真正发挥作用,就需要融入人们日常的社会生活,让人们在实践中感知它、领悟它。习近平总书记指出:"培育和践行社会主义核心价值观,贵在坚持知行合一、坚持行胜于言,在落细、落小、落实上下功夫。要注意把社会主义核心价值观日常化、具体化、形象化、生活化,使每个人都能感知它、领悟它,内化为精神追求,外化为实际行动,做到明大德、守公德、严私德。要面向全社会做好这项工作,特别要抓好领导干部、公众人物、青少年、先进模范等重点人群。"①要组织开展形式多样的重大纪念日的庆典活动,利用各种大型纪念活动积极传播主流价值,增强广大人民群众的认同感和归属感。把核心价值观的要求融入社会主义精神文明创建活动的方方面面,培育符合时代要求的新的文明风尚,形成有利于培育和弘扬社会主义核心价值观的生活情景和社会氛围,使核心价值观的影响像空气一样无所不在、无时不有。

二是要用社会主义核心价值观引领社会思潮,凝聚社会共识。要发挥政策导向作用,使中国特色社会主义经济、政治、文化、社会等方方面面政策都有利于核心价值观的培育,要用法律来推动核心价值观建设。近几年来,一些引起社会广泛关注并引起强烈争议的案例,把法律和社会正义推向了冲突的对立面,导致出现"老人摔倒无人敢扶"等畸形社会心态的广泛传播,对于弘扬社会主义核心价值观带来了严重的消极影响。在强调法治社会的今天,必须要通过完善法律来为正确价值观的培育和弘扬保驾护航,在全社会形成培育和弘扬社会主义核心价值观的法治环境。各种社会管理也要承担起倡导社会主义核心价值观的责任,注重在日常管理中体现价值导向,使符合核心价值观的行为得到鼓励、违背核心价值观的行为受到制约。

---

① 《习近平关于社会主义精神文明建设论述摘编》,中央文献出版社2022年版,第109页。

当前,我国正处在发展的重要战略机遇期,同时也进入了改革开放攻坚期和矛盾凸显期,经济体制深刻变革、社会结构深刻变动、利益格局深刻调整、思想观念深刻变化,人民思想活动的独立性、选择性、多变性、差异性不断增强,特别是随着经济成分、组织形式、就业方式、利益关系和分配方式的日益多样化,社会思想文化更加活跃,人们的价值观念领域也日益呈现出多样化的趋势。这就需要我们在经济全球化和市场经济的背景下,逐步形成统一的指导思想、共同的理想信念、基本的道德规范,以解答广大人民群众的种种思想疑虑和各种困惑,为多元时代凝聚思想共识指明方向。弘扬主流价值观,形成多元时代的价值共识,提高中华民族的思想道德素质,树立良好的大国形象。

三是要深入分析和研究网络文化的价值观问题,建设积极向上的网络文化,用核心价值观引领网络文化的发展方向。毋庸置疑,网络文化日益成为21世纪的一道势不可当的文化景观,深刻影响着人们的社会生活和价值观的养成,网络文化对主流价值观建设和主流意识形态认同的消极影响不可低估。一些不稳定、不成型的价值态度、文化品位,一些玩世不恭、批判、围攻主流意识形态的段子和虚假信息,借助网络载体广泛流传,在思想内容和话语体系上构成了对主流意识形态和主流价值观的消解力量。而且碎片化、快餐化、平面化的网络文化产品大量吞噬和挤压主流意识形态文化产品,削减了主流文化的数量和空间。加强网络文化的价值引领,就是要突出核心价值观引领网络文化发展方向的作用,抵制腐朽的、错误的社会思潮,同时还要掌握引领网络文化的技巧,既要强调包容性,又要维持主流意识形态的底线,使核心价值观深入到广大网民的头脑中,成为人们的自觉追求,形成符合主流价值观的思维方式和价值认同。

试论中国共产党的价值观[*]

价值观是人们对客观世界及其行为结果的评价和看法,对诸事物的看法和评价在心目中主次、轻重的排列次序,构成了价值体系。中国共产党的价值观,体现了党的根本性质和宗旨,是中国共产党在领导革命、建设和改革的过程中,制定正确的理论、路线、方针和政策的基础。中国共产党的价值观对整个社会价值观和价值体系的构建具有重要的导向和引领作用。分析和研究中国共产党的价值观,准确把握中国共产党价值观的科学内涵,深入总结中国共产党践行其价值观的基本经验,对于推进社会主义核心价值体系建设,凝练社会主义核心价值观,具有十分重要的意义。

一、代表最广大人民的根本利益,
全心全意为人民服务

在人类历史上,马克思主义经典作家第一次把广大人民群众作为社会历史的实践主体和价值评价主体,以实现绝大多数人的利益作为最高价值准则,并且把代表和实现人民利益作为无产阶级政党的根本宗旨。"过去的一切运

---

* 原载《山东社会科学》2012 年第 11 期。2012 年 12 月 11 日《光明日报》学术文摘。

动都是少数人的,或者为少数人谋利益的运动。无产阶级的运动是绝大多数人的,为绝大多数人谋利益的独立的运动。"①中国共产党坚持科学社会主义的基本原则,重视人民的主体地位,代表人民的根本利益,始终保持与人民群众的血肉联系,坚持全心全意为人民服务。

第一,重视人民的主体地位。唯物史观告诉我们,人民群众不仅是物质财富和精神财富的创造者,而且是历史变革的主体。"历史上的活动和思想都是'群众'的思想和活动","决定历史的是行动着的群众"②。党领导中国革命、建设和改革的实践证明,无论是新民主主义革命、社会主义建设,还是改革开放,都离不开广大人民群众的实践和创造。新民主主义革命时期,毛泽东在深入分析中国国情和准确把握中国革命规律的基础上明确指出,真正的铜墙铁壁不是武装到牙齿的反动派,而是千百万拥护革命的群众。"战争的伟力之最深厚的根源,存在于民众之中。"③基于人民群众在革命中的主体地位,中国共产党广泛深入群众、发动群众,实施人民战争的战略战术,取得了新民主主义革命的伟大胜利。邓小平在总结新中国成立以来的历史经验时指出:"我们党提出的各项重大任务,没有一项不是依靠广大人民的艰苦努力来完成的。"④中国的事情能不能办好,从一定意义上来说,关键在于能否得到人民群众的支持和拥护。在新世纪现阶段,胡锦涛告诫全党,一定不要忘了人民的主体作用。"每一个共产党员都要把人民放在心中最高位置,尊重人民主体地位,尊重人民首创精神"⑤。他要求在党的各项工作中都必须坚持以人为本,始终贯彻群众路线,相信群众,依靠群众,最充分地调动人民群众的积极性、主动性、创造性,最大限度地集中人民群众的智慧和力量,最广泛地动员人民群众投身中国特色社会主义伟大事业。实践证明,没有广大人民群众的积

① 《马克思恩格斯选集》第1卷,人民出版社2012年版,第411页。
② 《马克思恩格斯全集》第2卷,人民出版社1957年版,第103—104页。
③ 《毛泽东选集》第二卷,人民出版社1991年版,第511页。
④ 《邓小平文选》第三卷,人民出版社1993年版,第4页。
⑤ 胡锦涛:《在庆祝中国共产党成立90周年大会上的讲话》,人民出版社2011年版。

极参与和首创精神，就不可能有中国革命、建设和改革事业的胜利发展；没有广大人民群众的拥护和支持，就没有中国共产党的发展和壮大。"人民，只有人民，才是创造世界历史的动力。"①

第二，代表最广大人民群众的根本利益，以是否符合人民根本利益作为党的一切工作的价值判断标准。始终代表中国最广大人民的根本利益，坚持党的利益与人民群众根本利益的一致性，是中国共产党党性的本质要求。"共产党是为民族、为人民谋利益的政党，它本身决无私利可图。"②党在任何时候、遇到任何事情都必须以人民群众的利益作为考虑问题的出发点，并以是否符合广大人民的根本利益作为党的一切工作的价值判断标准。"共产党人的一切言论行动，必须以合乎最广大人民群众的最大利益，为最广大人民群众所拥护为最高标准。"③只有关心群众的实际生活，帮助群众解决实际问题，"满足了群众的需要，我们就真正成了群众生活的组织者，群众就会真正围绕在我们的周围，热烈地拥护我们。"④在中国革命、建设和改革的不同时期，中国共产党始终坚持人民利益高于一切，秉承人民利益至上的价值标准，不断丰富和完善各项方针、政策，赢得了广大人民群众的衷心拥护和支持。新民主主义革命时期，党从满足占中国人口大多数的农民的土地要求出发，制定了一条变封建半封建的土地所有制为农民土地所有制的土地革命路线，解决了农民的土地问题，为中国革命的胜利提供了坚实的物质基础和人力保障。"文化大革命"结束后，邓小平从广大人民群众迫切希望摆脱贫穷落后面貌的需求出发，果断地做出了改革开放的伟大决策，并把是否有利于提高人民群众的生活水平作为判断各项工作是非得失的重要标准。新世纪新阶段，江泽民根据人民群众在新形势下对执政党提出的新要求，明确提出党要始终代表中国最广大

---

① 《毛泽东选集》第三卷，人民出版社 1991 年版，第 1031 页。
② 《毛泽东选集》第三卷，人民出版社 1991 年版，第 809 页。
③ 《毛泽东选集》第三卷，人民出版社 1991 年版，第 1096 页。
④ 《毛泽东选集》第一卷，人民出版社 1991 年版，第 137 页。

人民群众的根本利益,在任何时候、任何情况下,都必须"把实现人民群众的利益作为一切工作的出发点和归宿"①。党的十六大以来,胡锦涛根据我国经济社会发展中出现的新情况、新问题,提出以人为本的科学发展观,强调"必须始终把人民利益放在第一位,把实现好、维护好、发展好最广大人民根本利益作为一切工作的出发点和落脚点"②,做到发展为了人民、发展依靠人民、发展成果由人民共享。

第三,全心全意为人民服务。重视人民的主体地位、尊重人民的创造精神、代表人民的根本利益,凝练成中国共产党最重要的价值理念就是全心全意为人民服务。毛泽东指出,中国共产党与任何政党区别的显著标志"就是和最广大的人民群众取得最密切的联系","全心全意地为人民服务,一刻也不脱离群众"③。全心全意为人民服务,就要勇于向人民负责。"我们的责任,是向人民负责。每句话,每个行动,每项政策,都要适合人民的利益,如果有了错误,定要改正,这就叫向人民负责。"④为了做到向人民负责,就必须敢于说真话,多做实事,公私分明,坚持原则、任人唯贤。在新的历史条件下,坚持全心全意为人民服务,最根本的就是坚持并践行"以人为本,执政为民"的执政理念。"以人为本、执政为民是我们党的性质和全心全意为人民服务根本宗旨的集中体现,是指引、评价、检验我们党一切执政活动的最高标准。"⑤坚持问政于民、问需于民、问计于民,真诚倾听群众呼声,真实反映群众愿望,真情关心群众疾苦,始终做到权为民所用、情为民所系、利为民所谋。

中国共产党自成立以来,始终坚持全心全意为人民服务的价值理念,密切

---

① 《十六大以来重要文献选编》上,中央文献出版社2011年版,第42页。
② 胡锦涛:《在庆祝中国共产党成立90周年大会上的讲话》,人民出版社2011年版,第14—15页。
③ 《毛泽东选集》第三卷,人民出版社1991年版,第1094页。
④ 《毛泽东选集》第四卷,人民出版社1991年版,第1128页。
⑤ 胡锦涛:《在庆祝中国共产党成立90周年大会上的讲话》,人民出版社2011年版,第14页。

联系人民群众,获得了取之不竭、用之不尽的力量源泉,推动中国革命、建设和改革事业不断向前发展。"来自人民、植根人民、服务人民,是我们党永远立于不败之地的根本。"①

二、解放和发展生产力,不断改善人民生活

解放和发展生产力,不断改善人民生活状况、提高人民生活水平,是党的性质和宗旨得以彰显,党的价值目标和价值追求得以实现的根本途径。

第一,解放和发展生产力是中国共产党的根本任务。尽管在中国革命、建设和改革不同的历史时期,党所面临的主要矛盾和主要任务不同,但归根到底都是为了解放和发展生产力。新民主主义革命时期,帝国主义和封建主义严重束缚了中国生产力的发展,是阻碍近代中国社会发展的主要障碍。要改变近代中国贫穷落后、被动挨打的局面,必须进行彻底的反帝反封建的民族民主革命。从这个意义上来说,革命的目的就在于解放和发展生产力。"革命是干什么呢? 就是要冲破这个压力,解放中国人民的生产力"②。新中国成立后,随着恢复国民经济任务的顺利完成,党又适时提出了向社会主义过渡的任务。"社会主义革命的目的是为了解放生产力",通过对生产资料所有制的社会主义改造,使农业和手工业的个体所有制变为社会主义的集体所有制,私营工商业由资本主义所有制变成社会主义所有制,必然"使生产力大大地获得解放",从而"为大大地发展工业和农业的生产创造了社会条件"③。在改革开放的新时期,邓小平多次强调:"社会主义的任务很多,但根本一条就是发展生产力"④。他联系和平与发展的时代主题,在总结国内外历史经验的基础

---

① 胡锦涛:《在庆祝中国共产党成立 90 周年大会上的讲话》,人民出版社 2011 年版,第 14 页。

② 《毛泽东文集》第三卷,人民出版社 1996 年版,第 432 页。

③ 《毛泽东文集》第七卷,人民出版社 1999 年版,第 1 页。

④ 《邓小平文选》第三卷,人民出版社 1993 年版,第 137 页。

上,提出"社会主义的优越性归根到底要体现在它的生产力比资本主义发展得更快一些、更高一些"①。社会主义基本制度在中国确立后,在生产关系和各项制度、体制中还存在许多制约生产力发展的环节和方面,对此我们必须进行第二次革命,通过社会主义制度的自我完善和发展不断推动生产力的发展。"过去,只讲在社会主义条件下发展生产力,没有讲还要通过改革解放生产力,不完全。应该把解放生产力和发展生产力两个讲全了。"②经过30多年的改革开放,中国特色社会主义事业取得了举世瞩目的伟大成就,充分体现了中国社会主义制度的生机与活力。

第二,坚持生产力标准。生产力的发展是人类社会发展的最终决定力量,因此,一切变革生产关系活动的成败,一切阶级、集团、政党在社会组织中作用的大小及其政策的优劣,归根到底要看其能否推动生产力发展和发展快慢来决定。"中国一切政党的政策及其实践在中国人民中所表现的作用的好坏、大小,归根到底,看它对于中国人民的生产力的发展是否有帮助及其帮助之大小,看它是束缚生产力的,还是解放生产力的。"③中国共产党是以先进生产力的代表走上历史舞台的,党的一切方针政策都要促进生产力尤其是先进生产力的不断发展。改革开放以来,我国采取了一系列新的方针、政策以促进经济社会的发展,对这些方针、政策在经济社会中的作用,社会上一度产生了激烈的争论。对此邓小平提出:"社会主义经济政策对不对,归根到底要看生产力是否发展,人民收入是否增加。这是压倒一切的标准。"④党的十三大报告首次以"生产力标准"概念概括了邓小平生产力判断标准的思想:"是否有利于发展生产力,应当成为我们考虑一切问题的出发点和检验一切工作的根本标准。"⑤在1992年年初的南方谈话中,邓小平明确提出了"三个有利于"标准:

---

① 《邓小平文选》第三卷,人民出版社1993年版,第63页。
② 《邓小平文选》第三卷,人民出版社1993年版,第370页。
③ 《毛泽东选集》第三卷,人民出版社1991年版,第1079页。
④ 《邓小平文选》第二卷,人民出版社1994年版,第314页。
⑤ 《十三大以来重要文献选编》上,中央文献出版社2011年版,第12页。

"判断的标准,应该主要看是否有利于发展社会主义社会的生产力,是否有利于增强社会主义国家的综合国力,是否有利于提高人民的生活水平。"①其中,生产力标准是核心,它决定着综合国力的增强和人民生活水平的提高。在新的历史条件下,党对生产力标准的认识进一步深化,把党的先进性与解放和发展生产力联系起来,提出中国共产党要始终代表先进生产力的发展要求。党要承担起推动中国社会进步的历史责任,必须始终紧紧抓住发展这个执政兴国的第一要务,把坚持党的先进性和发挥中国特色社会主义制度的优势,落实到发展先进生产力、发展先进文化、实现最广大人民的根本利益上来,推动社会全面进步,促进人的全面发展。

第三,解放和发展生产力的根本目的在于提高人民的生活水平。恩格斯曾指出:"通过社会化生产,不仅可能保证一切社会成员有富足的和一天比一天充裕的物质生活,而且还可能保证他们的体力和智力获得充分的自由的发展和运用"②。也就是说,无产阶级革命的目的和意义不仅在于解放和发展生产力,更在于不断改善社会成员的生活状况,使社会成员的精神和智力得到自由和发展。实现国家富强和人民富裕,是中国共产党一切方针、政策的出发点和落脚点。20世纪50年代,在谈到社会主义改造的目的时毛泽东指出:"我们实行这么一种制度,这么一种计划,是可以一年一年走向更富更强的,一年一年可以看到更富更强些。"③邓小平始终把提高人民的生活水平作为党的一切工作的出发点和归宿,他多次指出:"在社会主义国家,一个真正的马克思主义政党在执政以后,一定要致力于发展生产力,并在这个基础上逐步提高人民的生活水平。"④"社会主义必须大力发展生产力,逐步消灭贫穷,不断提高人民的生活水平。"⑤进入新世纪以来,党更加重视解放和发展生产力,坚持科

---

① 《邓小平文选》第三卷,人民出版社1993年版,第372页。
② 《马克思恩格斯文集》第3卷,人民出版社2009年版,第563—564页。
③ 《毛泽东文集》第六卷,人民出版社1999年版,第495页。
④ 《邓小平文选》第三卷,人民出版社1993年版,第28页。
⑤ 《邓小平文选》第三卷,人民出版社1993年版,第10页。

学发展、全面发展,促进国民经济又好又快发展,并在此基础上,加快推进以改善民生为重点的社会建设,使人民的生活水平和生活质量得到显著改善,尤其是与人民生活密切相关的教育、医疗、住房、就业、个人收入等方面得到明显提高,努力实现全体社会成员学有所教、劳有所得、病有所医、老有所养、住有所居,使广大人民群众共享社会进步和经济发展所带来的物质和精神成果。

三、坚持社会主义方向,走中国特色 社会主义道路

坚持社会主义方向,走中国特色社会主义道路,既是中国共产党价值观的重要组成部分,也是实现最终价值目标和价值追求的必由之路和必经阶段。

第一,走社会主义道路,建设中国特色社会主义,是中国共产党把科学社会主义原理与中国实际相结合做出的历史选择。中国共产党领导人民走社会主义道路,不仅是因为社会主义代表了历史发展的必然趋势,更主要的是它符合中国国情、符合中国人民的根本利益和愿望。新民主主义革命时期,毛泽东通过对近代中国国情的深入分析,正确地解决了中国革命的性质、任务、对象、动力等问题,明确指出"中国革命的终极的前途,不是资本主义的,而是社会主义和共产主义的"①。对于中国如何走上社会主义道路,毛泽东提出了中国革命的"两步走"战略:"只有经过民主主义,才能到达社会主义,这是马克思主义的天经地义。"②"民主主义革命是社会主义革命的必要准备,社会主义革命是民主主义革命的必然趋势。而一切共产主义者的最后目的,则是在于力争社会主义社会和共产主义社会的最后的完成。"③邓小平也多次强调,中国搞资本主义不行,必须搞社会主义。因为走资本主义道路,无法结束旧中国的

---

① 《毛泽东选集》第二卷,人民出版社 1991 年版,第 650 页。
② 《毛泽东选集》第三卷,人民出版社 1991 年版,第 1060 页。
③ 《毛泽东选集》第二卷,人民出版社 1991 年版,第 651—652 页。

混乱状态,无法改变中国贫穷落后的状况,更解决不了广大人民群众的生活富裕问题。"把马克思主义的普遍真理同我国的具体实际结合起来,走自己的道路,建设有中国特色的社会主义,这就是我们总结长期历史经验得出的基本结论。"①改革开放的成功实践证明:"这条道路是可行的,是走对了。"②党的十七大报告明确指出:"改革开放以来我们取得一切成绩和进步的根本原因,归结起来就是:开辟了中国特色社会主义道路,形成了中国特色社会主义理论体系。"③

第二,公有制和共同富裕,是社会主义最根本的原则,也是中国共产党始终坚持的价值原则。消灭剥削、消除私有制是工人阶级政党的基本价值理念。"共产党人可以把自己的理论概括为一句话:消灭私有制。"④中国共产党领导人民通过社会主义改造确立了社会主义公有制,并以国家大法的形式确立社会主义经济制度。改革开放以来,我国逐步确立了公有制为主体、多种所有制经济共同发展的基本经济制度和社会主义市场经济体制。在这个过程中,党的几代领导集体始终强调,要坚持公有制经济的主体地位,保证我国经济建设的社会主义方向。邓小平指出:"我们允许个体经济发展,还允许中外合资经营和外资独营的企业发展,但是始终以社会主义公有制为主体。"⑤江泽民强调:"我们是社会主义国家,必须坚持公有制为主体。""公有制是我国社会主义经济制度的基础……离开公有制为主体,就不成其为社会主义经济。"⑥党的十七大重申:"坚持和完善公有制为主体、多种所有制经济共同发展的基本经济制度,毫不动摇地巩固和发展公有制经济"⑦。社会主义公有制为逐步实

---

① 《邓小平文选》第三卷,人民出版社 1993 年版,第 3 页。
② 《邓小平文选》第三卷,人民出版社 1993 年版,第 65—66 页。
③ 《十七大以来重要文献选编》上,中央文献出版社 2013 年版,第 8—9 页。
④ 《马克思恩格斯选集》第 1 卷,人民出版社 2012 年版,第 414 页。
⑤ 《邓小平文选》第三卷,人民出版社 1993 年版,第 110 页。
⑥ 《江泽民文选》第二卷,人民出版社 2006 年版,第 256 页。
⑦ 《十七大以来重要文献选编》上,中央文献出版社 2013 年版,第 20 页。

现共同富裕奠定了坚实的物质基础和制度保障。毛泽东在20世纪50年代就指出,我们要追求和实现的富裕与强大应该是"共富、共强","这个富,是共同的富,这个强,是共同的强,大家都有份"①。邓小平认为共同富裕不仅是社会主义的目的,更是社会主义的本质,明确指出:"社会主义的本质,是解放生产力,发展生产力,消灭剥削,消除两极分化,最终达到共同富裕。"②他一再强调,公有制经济占主体,促进共同富裕,这是社会主义的根本原则。"社会主义的目的就是要全国人民共同富裕,不是两极分化。如果我们的政策导致两极分化,我们就失败了;如果产生了什么新的资产阶级,那我们就真是走了邪路了。"③

第三,建设富强民主文明和谐的社会主义现代化国家,是中国共产党和中国人民的共同价值目标。以毛泽东同志为主要代表的中国共产党人,在20世纪60年代就提出了社会主义现代化建设的目标:"要在不太长的历史时期内,把我国建设成为一个具有现代农业、现代工业、现代国防和现代科学技术的社会主义强国,赶上和超过世界先进水平"④。改革开放以来,党对社会主义现代化建设目标的认识有了新的突破,提出建设"富强民主文明和谐的社会主义现代化国家"的目标。其中"富强"是经济发展的目标和要求,要发展社会主义市场经济,不断解放和发展生产力、改善人民生活、提高综合国力、提升国际地位;"民主"是政治目标和要求,坚定不移地走中国特色社会主义政治发展道路、扩大社会主义民主、建设社会主义法治国家、发展社会主义政治文明;"文明"是思想文化目标和要求,提高中华民族的思想道德素质和科学文化素质,建设中国特色社会主义先进文化,大力推进社会主义文化发展和繁荣;"和谐"是社会领域的目标和要求,要建设民主法治、公平正义、诚信友爱、

① 《毛泽东文集》第六卷,人民出版社1999年版,第495页。
② 《邓小平文选》第三卷,人民出版社1993年版,第373页。
③ 《邓小平文选》第三卷,人民出版社1993年版,110—111页。
④ 《周恩来选集》下册,人民出版社1984年版,第439页。

充满活力、安定有序、人与自然和谐相处的社会。这一目标落实在党和国家各项制度、政策之中，就是要"以解决人民群众最关心、最直接、最现实的利益问题为重点，着力发展社会事业、促进公平正义、建设和谐文化、完善社会管理、增强社会创造活力，走共同富裕道路，推动社会建设与经济建设、政治建设、文化建设协调发展"①，开创中国特色社会主义事业的新局面。

中国特色社会主义在当代中国有着广泛的社会共识，已成为全国各族人民的共同理想和价值目标。它把党在社会主义初级阶段的目标、国家的发展、民族的振兴和个人的幸福紧密联系在一起，具有令人信服的必然性、广泛性和包容性，具有强大的感召力、亲和力和凝聚力，成为引领当代中国顺利发展的一面旗帜。

四、坚持共产主义理想，促进人的 全面而自由的发展

共产主义是人类社会的最高理想，人的全面而自由发展是共产主义的基本原则和特征，也是中国共产党人孜孜追求的最终价值目标。

第一，中国共产党追求的最终目标是实现人的全面而自由的发展。马克思、恩格斯把人的全面而自由发展作为未来社会的根本特征："代替那存在着阶级和阶级对立的资产阶级旧社会的，将是这样一个联合体，在那里，每个人的自由发展是一切人的自由发展的条件。"②人的全面而自由的发展，不仅是科学社会主义的价值目标，也是马克思主义关于人类解放的全部学说和实践的主题。中国共产党从建立的时候就以实现共产主义为最高社会理想和奋斗目标，这个理想成为中国共产党领导人民进行革命、建设和改革不懈努力和奋斗的力量源泉和精神支柱。邓小平曾经指出："为什么我们过去能在非常困

---

① 《十六大以来重要文献选编》下，中央文献出版社2011年版，第650页。

② 《马克思恩格斯选集》第1卷，人民出版社2012年版，第422页。

难的情况下奋斗出来,战胜千难万险使革命胜利呢?就是因为我们有理想,有马克思主义信念,有共产主义信念。"①在现阶段,党把促进人的全面而自由的发展作为一个重要实践目标和工作内容。党的十六大把全面建设小康社会作为党在 21 世纪前二十年的奋斗目标,提出要"把坚持党的先进性和发挥社会主义制度的优越性,落实到发展先进生产力、发展先进文化、实现最广大人民的根本利益上来,推动社会全面进步,促进人的全面发展"②,"在发展社会主义社会物质文明和精神文明的基础上,不断推进人的全面发展。"③在我国经济建设取得巨大成就、人民生活极大改善的形势下,党的十六届三中全会提出"坚持以人为本,树立全面、协调、可持续的发展观,促进经济社会和人的全面发展。"④党的十七大报告重申:"尊重人民主体地位,发挥人民首创精神,保障人民各项权益,走共同富裕道路,促进人的全面发展,做到发展为了人民、发展依靠人民、发展成果由人民共享。"⑤促进人的全面发展已经成为建设中国特色社会主义各项事业的出发点和归宿,成为中国共产党价值观的重要内容。

第二,党领导全国人民进行革命和建设的过程,就是不断实现人的全面而自由发展的过程。一个政党的价值目标可分为阶段性目标和最终目标,中国共产党的最高目标是实现共产主义,这是一个长期发展而不断实现的过程。党的最高目标与现阶段目标既有区别,又有联系。共产主义的目标为现阶段路线、纲领、政策的制定指明了前进方向;现阶段纲领政策为最高目标的实现准备了必要的条件。党的最高目标和阶段性目标辩证统一于为实现共产主义而奋斗的全部实践过程。我们既反对那种超越阶段的不切实际的"空想论",也反对认为共产主义是不可实现的"渺茫论"。建设和发展中国特色社会主义,归根结底都是在为实现人的自由全面发展创造条件。新民主主义革命时

---

① 《邓小平文选》第三卷,人民出版社 1993 年版,第 110 页。
② 《十六大以来重要文献选编》上,中央文献出版社 2011 年版,第 11 页。
③ 《江泽民文选》第三卷,人民出版社 2006 年版,第 294 页。
④ 《十六大以来重要文献选编》上,中央文献出版社 2011 年版,第 465 页。
⑤ 《十七大以来重要文献选编》上,中央文献出版社 2013 年版,第 12 页。

期,毛泽东就非常重视人民的民主权利和个性自由,认为"没有几万万人民的个性的解放和个性的发展"①,要想在半殖民地半封建的废墟上建立起社会主义,那只是不切实际的空想。1957年,毛泽东从教育方针的角度强调人的发展的全面性,提出培养德、智、体全面发展的社会主义新人。中国特色社会主义制度的确立和日益完善,社会主义现代化建设取得的巨大成就,为人的全面发展尤其是占社会绝大多数的劳动人民的发展提供了制度保障和物质基础。我国仍然处于并将长期处于社会主义初级阶段,这就要求我们结合中国具体实际,把党的最终目标和现阶段发展实际联系起来,把社会的发展与人的发展统一起来,不断为实现人的全面而自由的发展创造条件。

人的自由而全面发展过程是具体的、历史的、长期的。只有坚持社会主义原则、坚定不移地走社会主义道路、不断完善中国特色社会主义制度,把人的需要的充分满足、人的才能的全面发展、人的价值的充分实现当成社会主义的目标和原则,才能不断为实现人的自由而全面发展创造条件。

---

① 《毛泽东选集》第三卷,人民出版社1991年版,第1060页。

邓小平文化发展战略探微[*]

邓小平在领导我国进行改革开放和社会主义现代化建设的新时期,站在世纪之交的高度,从我国文化建设的具体实际出发,提出了符合时代潮流的建设中国特色社会主义文化的发展战略,对于建设富强、民主、文明的社会主义现代化国家具有重要的意义。

一、文化建设要以马克思列宁主义、毛泽东思想为指导,用建设中国特色社会主义的共同理想动员和团结全国各族人民

建设中国特色社会主义文化,必须以马克思列宁主义、毛泽东思想为指导。"坚持马克思列宁主义、毛泽东思想的指导地位,是我们立党立国的根本,也是社会主义文化建设的根本,决定着我国文化事业的性质和方向。"[1]只有这样,我们的文化建设才能健康发展,不断创造出先进的、健康的社会主义崭新文化。

---

* 原载《社会主义研究》2000 年第 3 期。

[1] 江泽民:《在庆祝中国共产党成立七十周年大会上的讲话》,人民出版社 1991 年版,第 21 页。

文化建设以马克思列宁主义、毛泽东思想为指导，不仅是由我国社会主义文化的性质决定的，也是由思想文化建设的目的和任务所决定的。思想文化建设不能搞指导思想的多样化。中国特色社会主义的文化是要创造出先进的、健康的社会主义崭新文化，不断满足广大人民群众的精神文化需求，形成有利于建设中国特色社会主义的事业、有利于改革开放的价值观念、精神风貌、舆论氛围、文化条件和社会环境，提高整个中华民族的思想道德素质和科学文化素质。我们的文化要保持自己的先进性质，承担起自己的历史使命，顺利地完成自己的任务，就必须坚定不移地把马克思主义、毛泽东思想和邓小平理论作为自己的指导思想。只有这样，我们的文化建设才能有助于广大干部和群众确立科学的世界观和方法论，不断提高他们的思想道德素质和认识世界、改造世界的能力，才能沿着正确的方向健康发展，冲破一切愚昧落后的思想文化的束缚，抵制和战胜各种剥削阶级腐朽思想文化的侵蚀。

在当代中国，坚持马克思列宁主义、毛泽东思想，最重要的就是以邓小平理论为指导。只有把马克思主义普遍原理与当代中国实际和时代特征相结合的邓小平理论才能解决社会主义的前途和命运问题。要认真学习和研究邓小平理论，特别是用邓小平关于文化建设的一系列思想指导我们的文化建设。邓小平提出的文化建设要以经济建设为中心、服务于社会主义现代化建设的思想；坚持百花齐放、百家争鸣的方针和为人民服务、为社会主义服务的方向；文化工作要把社会效益放在第一位的思想；继承优秀的民族文化，借鉴和吸收人类文明共同成果的思想；大力发展教育和科学、科学技术是第一生产力、实施科教兴国战略等思想，对于建设中国特色社会主义文化具有重要的指导作用和意义。

要用建设中国特色社会主义的共同理想动员和团结全国各族人民，开展以为人民服务为核心、集体主义为原则的社会主义道德教育，引导人们树立正确的世界观、人生观、价值观。大力弘扬爱国主义、集体主义、社会主义和艰苦创业精神。把先进性要求和广泛性要求结合起来，鼓励一切有利于国家统一、民族团结、经济发展、社会进步的思想道德。青少年是祖国的未来,民族的希望,要十分重视和加强青少年的思想道德建设,提高整个中华民族的思想道德素质和科学文化素质。

二、文化建设要以经济建设为中心,大力发展教育和科学,营造良好的文化环境

发展教育和科学是文化建设的基础工程。培养同现代化要求相适应的数以亿计高素质的劳动者和数以千万计的专门人才,发挥我国巨大人力资源的优势,关系到 21 世纪社会主义事业的全局。

邓小平指出:"四个现代化,关键是科学技术的现代化。没有现代科学技术,就不可能建设现代农业、现代工业、现代国防。没有科学技术的高速度发展,也就不可能有国民经济的高速度发展。"①我国经济的继续发展,离不开科学技术,要在 21 世纪中叶基本实现现代化,就必须重视科学技术的进步。邓小平指出,科学技术是第一生产力。从世界范围来看,科学技术进步愈益成为经济发展的决定性因素。要正确把握世界科技迅速发展的趋势,充分估量未来科学技术特别是高科技对社会经济结构、现代化进程和综合国力的巨大影响,把加速科技进步放在经济和社会发展的关键地位,把经济建设转到依靠科技进步和提高劳动者素质的轨道上来。要努力提高科技水平,普及科技知识,引导人们树立科学精神,掌握科学方法,鼓励创造发明。

科技进步,经济繁荣和社会发展,从根本上来说取决于提高劳动者的素质,培养大批人才。而人才的培养离不开教育,教育是立国之本、兴国之本。我国的人力资源十分丰富,但是,人口的文化素质不高。因此,要把教育放在优先发展的战略地位,充分发挥教育在开发我国巨大人力资源方面的优势,全

---

① 《邓小平文选》第二卷,人民出版社 1994 年版,第 86 页。

面提高广大人民的思想道德素质和科学文化素质，培养我国社会主义现代化建设所需要的各类专门人才。根据邓小平一贯重视发展教育的思想，党的十二大把教育列为经济建设的战略重点；党的十三大提出："必须坚持把发展教育事业放在突出的战略位置"；党的十四大更明确提出，"我们必须把教育摆在优先发展的战略地位，努力提高全民族的思想道德和科学文化水平，这是实现我国现代化的根本大计"；党的十五大又重申科教兴国战略，这对于我国教育的发展必将产生深远的影响。教育事业必须同现代化建设的要求相适应。"教育要面向现代化，面向世界，面向未来。"[①]要贯彻教育必须为社会主义现代化建设服务，必须与生产劳动相结合，培养德、智、体等全面发展的建设者和接班人的方针，为现代化建设培养各类合格人才。要在全社会形成尊师重教、崇尚科学的风气，不断提高全民族的思想道德素质和科学文化素质。

三、文化建设要坚持为人民服务、为社会主义
　　服务的方向和百花齐放、百家争鸣的方针，
　　繁荣中国特色社会主义文化

建设中国特色社会主义文化，必须坚持为人民服务、为社会主义服务的方向和百花齐放、百家争鸣的方针，这是党在总结我国文化发展历史经验的基础上提出来的，符合文化发展的规律，为繁荣社会主义文化指明了正确的方向。

坚持"二为"方向是改革开放和社会主义现代化建设这一时代的要求。党在改革开放的新时期，在科学把握时代特征和认真分析国际形势的基础上，指出我国社会主义社会的主要矛盾是人民日益增长的物质文化生活的需要同落后的社会生产之间的矛盾，党和国家的中心任务是以经济建设为中心，大力发展生产力，不断满足人民日益增长的物质文化生活的需要。随着主要矛盾

---

① 《邓小平文选》第三卷，人民出版社1993年版，第35页。

和党的工作中心的转变,文化建设为人民服务、为社会主义服务成为改革开放和社会主义现代化建设的时代要求。邓小平指出:"实现四个现代化,是今后一个相当长的时期内全国人民压倒一切的中心任务,是决定祖国命运的千秋大业"。"对实现四个现代化是有利还是有害,应当成为衡量一切工作的最根本的是非标准"①。文化建设也要服务于社会主义现代化建设这一中心任务,坚持为人民服务、为社会主义服务的方向,用社会主义思想教育人民,弘扬积极进取、奋发图强的时代精神。

"我们的文化必须坚持为人民服务、为社会主义服务,充分体现人民的利益和愿望,满足人民不同层次的、多方面的、丰富的、健康的精神需要,激发人民建设社会主义的积极性。"②文化建设应该始终坚持为人民服务的方向,始终不渝地面向广大人民群众。人民是创作的源泉,也是中华民族的文化源远流长的根基。我们的文学家和艺术家要深入生活,同人民群众打成一片,与人民群众同呼吸、共命运,从人民群众的生活和实践中汲取思想营养,使其创作获得真正的艺术生命。

百花齐放,百家争鸣的方针,是促进艺术发展、科学进步,繁荣社会主义文化的方针。邓小平指出:"我们要永远坚持百花齐放、百家争鸣的方针。"③坚持"'双百'方针的目的是促进社会主义文化的繁荣。"④艺术上的不同形式和不同风格可以自由发展,科学上不同的学派可以自由争论。要在坚持四项基本原则的基础上,提倡不同学术观点、艺术流派的争鸣和切磋,提倡健康的、说理的批评与反批评。用行政的力量去强制推行一种风格、一种学派,禁止另一种风格、另一种学派,会有害于艺术和科学的发展。邓小平指出:"我们坚持

---

① 《邓小平文选》第二卷,人民出版社 1994 年版,第 208—209 页。
② 江泽民:《在庆祝中国共产党成立七十周年大会上的讲话》,人民出版社 1991 年版,第 22 页。
③ 《邓小平文选》第二卷,人民出版社 1994 年版,第 256 页。
④ 《邓小平文选》第三卷,人民出版社 1993 年版,第 47 页。

'双百'方针和'三不主义'，不继续提文艺从属于政治这样的口号"①，"写什么和怎样写，只能由文艺家在艺术实践中去探索和逐步求得解决。在这方面，不要横加干涉。"②"双百"方针同四项基本原则是统一的而不是对立的，要在坚持四项基本原则的前提下，努力发展学术自由和创作自由，努力创造一种勇于探讨和创新的气氛，增进不同学术、艺术观点之间的相互了解、相互借鉴。科学文化领域里的是非，最终要靠实践来评判。

"双百"方针是符合我国社会主义文化发展的规律、繁荣中国特色社会主义文化的正确方针。科学的进步、理论的发展、文化的繁荣和艺术的创新，都必须长期坚持"双百"方针。要以科学的理论武装人，以正确的舆论引导人，以高尚的精神塑造人，以优秀的作品鼓舞人，促进中国特色社会主义文化的繁荣和发展。

四、建设中国特色社会主义文化，要继承和发扬中华民族的优秀文化传统，吸收人类文明的共同成果

一个国家和民族在走向现代化的历程中，都面临着既要保留自己的文化传统，又要吸收外来文化营养的问题。建设中国特色社会主义的文化，一方面要继承中华民族的优秀文化传统，并使之在新的历史条件下发扬光大；另一方面又要博采众长，积极借鉴和吸收人类文明的共同成果。使我们的文化无论是内容还是形式，既体现着浓郁的民族特色，又充满着鲜活的时代气息。并使其以民族的形式、科学的内容和大众的方向为广大人民群众所喜闻乐见，成为凝聚中华民族的巨大精神力量。

---

① 《邓小平文选》第二卷，人民出版社 1994 年版，第 255 页。
② 《邓小平文选》第二卷，人民出版社 1994 年版，第 213 页。

中国特色社会主义的文化有着深厚的历史渊源，又植根于建设中国特色社会主义的伟大实践，必将为人类的进步和文明的发展作出新的贡献。"我们的文化建设不能割断历史。对民族传统文化要取其精华、去其糟粕，并结合时代的特点加以发展，推陈出新，使它不断发扬光大。我们还必须积极吸收人类所创造的一切优秀文化成果，把它熔铸于有中国特色社会主义的文化之中。只有深深植根于中国大地和依靠人民的力量，面向现代化，面向世界，面向未来，才能创造出无愧于伟大时代的社会主义文化。"[1]

建设中国特色社会主义的文化，离不开人类文明的共同成果。文化上的对外开放和交流是中国特色社会主义文化建设的重要条件。要坚持以我为主、为我所用的原则，开展多种形式的对外文化交流，博采世界各国文化之长，广泛地吸取营养来发展自己，并向世界展示中国文化的建设成就。对于外来文化的借鉴和吸收，不仅是面向社会主义国家，也要面向资本主义国家。邓小平指出："我们要向资本主义发达国家学习先进的科学、技术、经营管理方法以及其他一切对我们有益的知识和文化，闭关自守、故步自封是愚蠢的。"[2]人类创造的一切积极的文化成果和精神财富，我们都要加以借鉴和吸收。"经济上实行对外开放的方针，是正确的，要长期坚持。对外文化交流也要长期发展。"[3]这是新的历史时期我国开展对外文化交流与借鉴、吸收外来文化的方针。同时，邓小平从战略发展的高度认识学习外来文化的问题。他指出："社会主义要赢得与资本主义相比较的优势，就必须大胆吸收和借鉴人类社会创造的一切文明成果，吸收和借鉴当今世界各国包括资本主义发达国家的一切反映现代社会化生产规律的先进经营方式、管理方法。"[4]当然，这种借鉴和吸收不是不加区别地照抄照搬。"属于文化领域的东西，一定要用马

---

① 江泽民：《在庆祝中国共产党成立七十周年大会上的讲话》，人民出版社 1991 年版，第 22—23 页。
② 《邓小平文选》第三卷，人民出版社 1993 年版，第 44 页。
③ 《邓小平文选》第三卷，人民出版社 1993 年版，第 43 页。
④ 《邓小平文选》第三卷，人民出版社 1993 年版，第 373 页。

克思主义对它们的思想内容和表现方法进行分析、鉴别和批判。"①"我们要有计划、有选择地引进资本主义国家的先进技术和其他对我们有益的东西,但是我们决不学习和引进资本主义制度,决不学习和引进各种丑恶颓废的东西。"②对于民族文化的继承,对于外来文化的借鉴,其目的是通过继承和借鉴,使中华民族的优秀文化传统和外来文化的精华,同党领导我国人民在长期革命和建设中形成的优良传统和革命精神有机地结合在一起,并在新的实践基础上不断创新,建设和发展中国特色社会主义的文化。

---

① 《邓小平文选》第三卷,人民出版社1993年版,第44页。
② 《邓小平文选》第二卷,人民出版社1994年版,第168页。

历史虚无主义的实质和危害[*]

中国共产党领导是中国特色社会主义最本质的特征，是中国特色社会主义制度的最大优势。中国共产党领导是历史和人民的选择，没有中国共产党领导，民族复兴必然是空想。历史虚无主义是近年来思想理论界出现的一股以抹黑党的领袖、歪曲党的历史为主要表现的错误社会思潮。坚持以马克思主义的立场、观点、方法去研究和评价党史国史，认清历史虚无主义思潮的实质和危害，对于全党全国人民增强"四个自信"，在新时代更好地坚持和发展中国特色社会主义，具有重大意义。

一、历史虚无主义的表现和危害

历史虚无主义妄图通过捏造事实、割裂联系、否定规律等手段篡改和丑化党的历史，集中表现为攻击党的领袖和英雄人物，抹黑进而否定党领导人民进行的革命斗争和社会主义建设史，通过颠覆社会公众对党史国史的基本认知，鼓噪和宣泄对党的领导和社会主义制度的不满情绪。

  ＊ 原载《求是》2018 年第 8 期。中国人民大学复印报刊资料《马克思主义文摘》2018 年第 4 期转载。中国人民大学复印报刊资料《高校思想政治理论课教学研究》2018 年第 4 期全文转载。

历史虚无主义思潮首先表现为攻击和否定党的领袖,特别是攻击和否定作为中国共产党和中华人民共和国主要缔造者的毛泽东同志。毛泽东是中国共产党、中国人民解放军和中华人民共和国的主要缔造者,是社会主义现代化建设事业的开创者和中国特色社会主义事业的探索者。对毛泽东历史地位的评价,绝不只关乎他个人的名誉和声望,更关乎对党史和国史的评价。正是由于在全党全国人民心中享有崇高威望,毛泽东首当其冲地受到了历史虚无主义的攻击和抹黑。他们或者无中生有,假借历史亲历者的口吻编造并不存在的生活丑闻;或者以偏概全,通过片面突出个别事件的细节遮蔽历史的主流和本质;或者无视规律,将历史进程中的曲折和失误简单归咎于个人。凡此种种,都是以毛泽东、周恩来、邓小平等老一辈无产阶级革命家和刘胡兰、雷锋等英雄人物为目标,企图通过抹杀他们的历史功绩、颠覆他们的历史形象来否定党领导人民团结奋进的光辉历史。

历史虚无主义对党史和国史的歪曲还体现为对中国革命必然性和必要性的否定。以革命方式推翻帝国主义、封建主义、官僚资本主义在旧中国的反动统治,建立实现民族独立、人民解放的人民共和国,是近代中国历史的主题和主线。但历史虚无主义却以历史研究的"范式转换"为名,违背事实地将革命斗争和实现国家现代化对立起来,提出"救亡压倒启蒙"等论调,喊出"告别革命"的口号,甚至将中国革命说成是外国的"舶来品",以阻碍现代化为名否定中国革命的伟大进步意义。历史虚无主义罔顾历史事实和历史规律,从一厢情愿的假设出发,凭空设想某些偶然因素的变化可以改变历史发展的总体趋势,其对历史的浅薄认识完全偏离了近代以来中国革命发生发展的内在规律与客观必然性。历史已经并将继续证明,只有社会主义才能救中国,只有坚持和发展中国特色社会主义才能实现中华民族伟大复兴。

历史虚无主义无限夸大社会主义改造和建设期间经历的曲折、出现的失误。例如,他们提出,中国并不具备建立社会主义制度的条件,社会主义改造是个别领导人民粹主义思想的产物,应当退回到新民主主义社会;把"文化大革命"与1966年至1976年的十年历史完全等同起来,把改革开放前后的历史完全对立起来,将改革开放前的中国描绘成一团漆黑,企图借此彻底否定社会主义建设的巨大成就。新中国社会主义建设中挫折和失误的出现,其原因既有建设经验不足而产生的认识偏差,也有发展基础薄弱和体制机制欠缺带来的现实困难。我们应当把握历史的主流和本质,立足当时的社会条件具体分析历史发展的内在逻辑,不能片面放大建设过程中的失误进而抹杀建设成就,也不能将其简单归咎于领导人的个人品质。

总之,历史虚无主义在本质上是一种具有特定政治目的和现实诉求的唯心史观,其目的就是要否定党的领导、否定社会主义制度、否定马克思主义的指导地位、否定党和人民经过千辛万苦奋斗得来的中国道路。如果任由历史虚无主义思潮传播和泛滥,必将严重动摇党和人民团结奋进的思想基础,破坏当代中国团结和谐、安定有序的政治局面,阻碍中华民族伟大复兴的历史进程。对此,我们必须高度警觉,有力批驳。

二、历史虚无主义的实质

灭人之国,必先去其史。历史是过去的现实,现实是未来的历史,如何看待历史决定了如何看待现实。国内外敌对势力拿我们党的历史、新中国历史来做文章,竭尽攻击、丑化、污蔑之能事,其根本目的就是要篡史乱今、搞乱人心,否定党的领导和社会主义制度。历史虚无主义不仅是一种体现在学术研究领域的思想观点和研究倾向,更是一种带有强烈现实诉求的政治思潮。它不同于一般的历史唯心主义观点,并非对全部历史一概采取虚无主义的态度,而是根据自己的价值取向和政治意图有所虚、有所不虚,运用历史唯心主义的方法片面放大个别事件的细节,用孤立片面的眼光分析评价重大历史事件,甚至捏造莫须有的史实来污蔑党的领袖和英雄人物,抹黑党领导人民进行革命、建设和改革的光辉历史,带有鲜明的政治倾向和现实诉求。

　　历史虚无主义的理论实质是典型的具有特定政治诉求的历史唯心主义，它背离了历史唯物主义的基本原则，从主观臆想而非客观史实出发认识某一特定的历史事件，从片面而非整体的视角切入把握所谓的"历史本质"，将历史当作"任人打扮的小姑娘"，按照特定的价值标准和政治目的抹黑、遮蔽甚至歪曲历史，通过否定党的历史达到否定党的领导和社会主义制度的政治目的。历史虚无主义背离了历史研究的基本规范，一方面其所叙述的历史事实并不来源于可靠的历史材料，而是基于所谓的"私人回忆"，妄图通过捏造党的领袖和英雄人物的奇闻逸事来吸引读者的眼球，以凸显自己在相关史学研究领域中的独创性；另一方面，历史虚无主义热衷于挖掘领袖或英雄人物"鲜为人知的故事"，以孤立的视角片面凸显历史的特定侧面，割裂、剪辑和扭曲具体事件与周围环境以及历史脉络的有机联系，用表面真实的历史事件拼接出荒诞的历史图景，以历史的表面现象遮蔽历史的深层本质。

　　历史虚无主义从个人意志入手分析历史发展，将近代以来中国历史走向归结于少数重要人物的思想认识和道德品质，是一种错误的历史观。社会历史发展既有偶然性，又有必然性，是历史规律性和个人能动性的辩证统一。历史虚无主义片面强调个人意志对社会历史发展的决定性作用，回避甚至扭曲历史变迁的真正动因。对个人意志和历史进程的辩证关系，应该放在其所处时代和社会的历史条件下去分析，才能科学说明个人与历史的辩证关系，既不能把历史顺境中的成功简单归功于个人，也不能把历史逆境中的挫折简单归咎于个人。至于通过否定党的领袖来否定党的历史，就更是别有用心之举了。

　　正确看待历史虚无主义思潮的危害和实质，不只是一个学术和理论问题，更是一个政治问题，必须注意区分政治原则问题、思想认识问题、学术观点问题，不能将学术研究中思想认识和理论观点上的正常分歧当作政治问题，通过简单粗暴的方式进行谴责和批判，也不允许别有用心的团体和个人将具有政治图谋的鼓动和渗透装扮成严肃的学术作品，打着学术研究、学术自由的幌子，恣意污蔑党的历史和社会主义制度。

三、坚定不移推进新时代改革开放伟大事业

认清历史虚无主义的实质和危害,其重要意义在于科学评价党的领袖和历史,正确看待党的现在和未来,不断增强对中国特色社会主义的信念和信心,既不封闭僵化,也不改旗易帜。

党在改革开放以来创立的理论、制定的政策、取得的成绩不是无源之水、无本之木,而是对党在改革开放以前艰辛探索的继承和发展。只有正确理解和把握改革开放前后两个不同历史时期的关系,才能更加清楚地认识改革开放的性质、明晰改革开放的方向。我们党领导人民进行社会主义建设的历程可以分为改革开放前和改革开放后两个历史时期,虽然这两个历史时期在进行社会主义建设的思想指导、方针政策、实际工作上有很大差别,但两者绝不是彼此割裂的,更不是根本对立的,本质上都是我们党领导人民进行社会主义建设的实践探索。必须以历史唯物主义的观点正确看待两者的辩证统一关系,不能用改革开放前的历史时期否定改革开放后的历史时期,也不能用改革开放后的历史时期否定改革开放前的历史时期。改革开放前的社会主义实践探索为改革开放后的社会主义实践探索积累了条件,改革开放后的社会主义实践探索是对改革开放前的社会主义实践探索的坚持、改革、发展,两者既一脉相承又与时俱进,共同构成新中国成立后党为实现民族复兴和人民幸福而不懈探索的完整历程。

改革开放是立足中国实际的自我完善,新时代进一步推进全面深化改革,必须始终坚持正确政治方向。一个国家选择什么样的社会制度和治理模式,是由这个国家的历史传承、文化传统、经济社会发展水平决定的,是由这个国家的人民决定的。中国特色社会主义制度是在我国历史传承、文化传统、经济社会发展的基础上长期发展、渐进完善、内生性演化的结果。全面建设社会主义现代化国家,需要继续坚持和推进改革开放伟大事业,不断完善和健全中国

特色社会主义制度。但改什么、怎么改,必须立足中国实际和发展需要。中国特色社会主义制度的性质,再过多长时间也不能改、不能变,不能把西方的理论、观点生搬硬套在我们身上,否则就背离了改革开放的初衷和方向。我们借鉴人类一切文明成果,但不会亦步亦趋地照抄照搬任何国家的发展模式,也绝不会罔顾国情而照抄照搬别国的制度模式。

在改革开放攻坚克难之际,我们要进一步增强中国特色社会主义道路自信、理论自信、制度自信、文化自信,进一步提升对党史国史的研究水平和宣传力度,讲深、讲透当代中国历史发展的主流、主线和本质,以历史唯物主义的观点揭示历史虚无主义的理论实质,揭露其险恶政治意图,清除其恶劣政治影响。

加强党内政治文化建设的思考[*]

在党的十八届六中全会上，习近平总书记提出"要注重加强党内政治文化建设"，"党内政治生活、政治生态、政治文化是相辅相成的，党内政治文化是政治生活的灵魂，对政治生态具有潜移默化的影响"①。这一重大课题的提出，表明党对自身组织建设的认识达到了新高度，对执政规律和国家治理理念的把握达到了新境界。以高度的政治自觉和文化自觉切实加强党内政治文化建设，是坚定推进全面从严治党，坚持思想建党和制度治党紧密结合的具体要求和治本之策。

一、加强党内政治文化建设是坚定
推进全面从严治党的治本之策

党内政治文化建设是永葆党的先进性纯洁性的精神根基。"没有文化的积极引领，没有人民精神世界的极大丰富，没有全民族精神力量的充分发挥，一个国家、一个民族不可能屹立于世界民族之林。"②对于一个长期执政的马

---

* 原载《中国浦东干部学院学报》2017 年第 2 期。

① 习近平：《在党的十八届六中全会第二次全体会议上的讲话（节选）》，《前进》2017 年第 1 期。

② 《中共中央关于深化文化体制改革推动社会主义文化大发展大繁荣若干重大问题的决定》，人民出版社 2011 年版，第 7 页。

439

克思主义政党来说,尤其需要以文化和信仰来凝聚组织意志、提高组织力量。党内政治文化是立党兴党的精神支柱,与党的创造力、凝聚力和生命力紧密相关。积极、健康、先进的党内政治文化才有助于党自我净化、自我完善、自我革新、自我提高。党内政治文化是党的政治优势、思想优势、组织优势和纪律优势充分发挥的有效载体。党内政治文化为发挥马克思主义的科学指导作用、发挥共产主义理想的凝神聚气作用、发挥严格党内纪律的组织规范作用,提供了一种更基本、更深层、更持久的力量。对于每一位党员来说,党内政治文化是党员干部所认同的意识形态、所坚定的政治理想、所坚守的政治价值和所践行的政治品格的具体体现。积极健康的党内政治文化对于党员干部铸牢政治灵魂、守住精神家园、保持优良作风发挥着重要的作用。只有在积极健康向上的党内政治文化氛围中,党员干部的思想境界、政治素养、道德水平和业务能力才能得到不断提高,全党才能呈现出旺盛生机和蓬勃活力。

以先进的党内政治文化涵养和塑造良好政治生态。党的十八大以来,以习近平同志为核心的党中央坚定推进全面从严治党,在反腐败斗争和党风廉政建设等方面取得了重要的阶段性成果。但是,仍然有一些问题没有完全得到解决。例如,党员干部作风问题随时有反弹回潮的可能,在严厉惩治乱作为的情况下出现了一些不作为的现象等。如何把纪律监督上升为行动自觉?如何实现不敢腐、不能腐到不想腐的转变?如何经受住"四大考验"、克服"四种危险"?如何最大限度激发党内活力和凝聚党内力量?有效解决这些深层次问题,必须从党内政治文化建设着手,发挥文化育人功能,确保党的理论入脑入心,制度规范落地生根。切实加强党内政治文化建设是严肃和规范党内政治生活、净化党内政治生态、巩固全面从严治党成效的治本之策。党内政治文化是否积极向上,直接关系到党内政治生活是否积极健康,关系到党内政治生态是否风清气正。因而"倡导和弘扬忠诚老实、光明坦荡、公道正派、实事求是、艰苦奋斗、清正廉洁等价值观,旗帜鲜明抵制和反对关系学、厚黑学、官场术、'潜规则'等庸俗腐朽的政治文化,不断培厚良好政治生态的土壤"①,才能促进党内政治生活健康发展,形成政治生态的山清水秀,才能推进全面从严治党向纵深发展。

二、加强党内政治文化建设提升中国特色马克思主义政党的文化品质

党内政治文化建设要"坚持马克思主义的指导地位,坚持把马克思主义基本原理同当代中国实际和时代特点紧密结合起来"②。中国共产党是马克思主义政党,建设党内政治文化不能套用苏联共产党的建设模式,更不能照搬西方政党的经验,必须立足世情、国情、党情,走自己的道路,建设有中国特色的马克思主义政党文化,既体现马克思主义政党基本特征、又具有鲜明中国特色的党内政治文化。在政治方向上,只有坚持马克思主义的指导地位,才能保证党内文化建设服务于巩固党的执政地位,提高党的执政能力;在理论指导上,要以党的理论创新成果引领党内政治文化建设;在推进国家治理体系和治理能力现代化的时代背景下,要以党中央十八大以来的治国理政新理念新战略新思想为指南,建设有中国特色的马克思主义政党文化。

党内政治文化建设要根植于中华优秀传统文化的沃土。中华优秀传统文化积淀着中华民族最深层的精神追求,是涵养当代中国共产党党内政治文化的根本。抛弃中华优秀传统文化,就等于割断了民族的精神命脉。"不忘本来才能开辟未来",党内政治文化建设要以中华优秀传统文化为根基,不断从优秀传统文化的源泉中汲取政治智慧和思想精华,使党内政治文化更契合民

---

① 习近平:《在党的十八届六中全会第二次全体会议上的讲话(节选)》,《前进》2017年第1期。

② 习近平:《在庆祝中国共产党成立95周年大会上的讲话》,人民出版社2016年版,第8页。

族心理结构,更具有中国风格、中国气派。"善于继承才能更好创新",建设有中国特色的马克思主义政党文化,要结合全面从严治党实践,推进马克思主义与优秀传统文化的辩证融合,把优秀传统文化赋予马克思主义的时代解读,注重将优秀传统文化中的道德规范创造性地转化为党内政治文化的价值理念,将传统文化中的优秀因子创造性地发展为党内政治文化的新内涵。

发挥红色文化和革命精神涵养、滋养、营养党内政治文化的积极作用。由无数中国共产党人和革命志士用鲜血和生命铸造、在长期革命斗争的伟大实践中形成和发展起来的红色文化和革命精神,为党内政治文化建设留下了宝贵的文化遗产。苏区精神、长征精神、延安精神、西柏坡精神等革命文化,是中国共产党党内政治文化的重要源泉和优秀基因,要将其放置于当今社会环境中去焕发活力,深入阐发红色文化和革命精神的内涵特质和时代价值,挖掘和利用红色资源,传承革命文化基因,弘扬革命文化传统。既要汲取红色文化和革命精神的养分,又要继承和发扬党内优良传统,促进党内政治文化建设理论和实践活动的深入发展。

三、准确把握加强党内政治文化建设的着力点

党内政治文化代表着中国共产党的政治理想、政治伦理和价值追求,代表着共产党人独特的精神标识和人格风貌。党内政治文化建设只有落实到全体党员和领导干部的思想言行上,才能发挥"以文化人""以文育人"的塑造作用,培育信念坚定、党性牢固、政治品格高尚的社会主义事业带头人。

铸牢信仰之魂。社会主义的信念和共产主义的理想,是共产党人的政治灵魂。习近平总书记强调指出,"理想信念是共产党人精神上的'钙'","理想信念坚定,骨头就硬,没有理想信念,或理想信念不坚定,精神上就会'缺钙',就会得'软骨病',就可能导致政治上变质、经济上贪婪、道德上堕落、生活上腐化。"[①]

---

① 《习近平总书记系列重要讲话读本》,学习出版社 2016 年版,第 159 页。

只有坚定马克思主义信仰,才能补足精神之钙,保持共产党人的政治本色和政治灵魂,永葆共产党人的先进性和纯洁性,自觉抵制腐朽思想的入侵,经受住一切挫折困难的考验,才能矢志不渝为共产主义事业奋斗终身。学好马克思主义理论这门必修课是坚定马克思主义信仰的内在要求。党员干部要努力学习马克思主义基本原理、毛泽东思想、中国特色社会主义理论体系,尤其要深入学习领会习近平总书记系列重要讲话精神,准确把握马克思主义理论的科学内涵,不断提高马克思主义思想觉悟和理论水平,学会运用马克思主义立场、观点、方法分析和解决实践问题。

强固党性之根。党性是"党员干部立身、立业、立言、立德的基石"①,也是党内政治文化的基石。信仰动摇是最危险的动摇,党性滑坡是最危险的滑坡。一些党员、干部妄议中央,或是作风问题严重,或是渎职不作为、贪污腐化堕落,根本原因在于党性出现了偏差。牢固树立政治意识、大局意识、核心意识和看齐意识是增强党性的根本要求。广大党员干部要忠诚于党,紧密团结在以习近平同志为核心的党中央周围,坚决维护党中央集中统一领导,坚定维护党中央权威,防止和反对个人主义、分散主义、自由主义、本位主义,自觉站在党和国家的大局上思考和处理问题,自觉服从和维护大局,自觉在思想上政治上行动上同党中央保持高度一致,毫不动摇地贯彻落实中央的决策部署。认真学习党章党规党纪,严格遵守党的政治纪律和政治规矩,是一名党员干部加强党性修养的基本要求,也是依规治党的基本前提。党内政治纪律是最根本的纪律,党内政治规矩是党的各级组织和全体党员的行为规范和行动准则,党员干部必须按党的政治纪律和政治规矩办事。

培养政治品格之本。政治品格是理想信念和理论素质的外化,是党性修养的具体体现,是党内政治文化建设在党员干部个人身上的现实功效。加强党内政治文化建设,培养党员干部的政治品格,一是要增强公仆意识,继承发

---

① 《习近平在指导河北省委常委班子专题民主生活会时强调:坚持用好批评和自我批评的武器　提高领导班子解决自身问题能力》,《人民日报》2013 年 9 月 26 日。

扬党"密切联系群众"的优良传统,通过党的群众路线教育实践活动,体察民情、了解民意、关心民暖,为群众排忧解难,并不断提高为人民服务的本领。二是要勤政务实,"空谈误国,实干兴邦",党员干部要求真务实、勤勉敬业,为人民群众办实事。三是要敢于担当,全面深化改革步入攻坚期和深水区,全面建成小康社会进入决胜期,党员干部要勇于担当,迎难而上,以更大的勇气和信心推进工作。四是要清正廉洁,坚持自我反省、自我批评、自我教育、自我改造,保持克己奉公的政治本色,把为党和人民事业无私奉献作为人生的最高追求。

中国特色社会主义
文化建设理论形成发展的轨迹[*]

　　党的十九届六中全会审议通过的《中共中央关于党的百年奋斗重大成就和历史经验的决议》指出："党的十八大以来，我国意识形态领域形势发生全局性、根本性转变，全党全国各族人民文化自信明显增强，全社会凝聚力和向心力极大提升，为新时代开创党和国家事业新局面提供了坚强思想保证和强大精神力量。"①从新民主主义文化建设理论的探索到新时代中国特色社会主义文化的繁荣发展，中国共产党始终坚持以马克思主义文化建设理论为指导，深深植根于中华优秀传统文化的土壤，实现了马克思主义基本原理同中华优秀传统文化的有机结合。踏上实现第二个百年奋斗目标新的赶考之路，梳理中国特色社会主义文化建设理论形成发展的轨迹，对于坚定文化自信、建设文化强国具有十分重要的理论意义和现实意义。

---

　　*　原载《西北工业大学学报》(社会科学版)2022 年第 3 期。
　　①　《中国共产党第十九届中央委员会第六次全体会议文件汇编》，人民出版社 2021 年版，第 72 页。

一、中国特色社会主义文化建设理论是
对新民主主义文化和社会主义文化
建设理论的继承和发展

近代以来，面对国家蒙辱、人民蒙难、文明蒙尘的民族劫难，中国人民苦苦探索民族独立、国家富强的出路，从洋务运动寻求器物层面的变革，到戊戌变法、辛亥革命尝试制度层面的变革，都没能解决中国的实际问题。尤其是辛亥革命的失败，使中国先进知识分子将变革的注意力逐渐转向文化层面，从政治思想变革洞察社会政治和经济的矛盾问题，从而引领社会变革。随着五四运动后马克思主义在中国的广泛传播，以毛泽东同志为主要代表的中国共产党人接受并选择马克思主义作为中国革命的指导思想，开启了中国先进文化建设的探索之路。

1. 新民主主义文化建设理论

毛泽东指出："一定的文化（当作观念形态的文化）是一定社会的政治和经济的反映，又给予伟大影响和作用于一定社会的政治和经济。"[①]一定社会的文化与其所处的社会政治和经济状况有紧密联系。毛泽东在《湖南农民运动考察报告》中揭示了封建社会的文化本质，指出"中国历来只是地主有文化，农民没有文化。可是地主的文化是由农民造成的，因为造成地主文化的东西，不是别的，正是从农民身上掠取的血汗。"[②]着资本—帝国主义的入侵，中国逐渐沦为半殖民地半封建社会，其文化内容也逐渐成为一种半殖民地半封建性质的文化形态。在此背景下，中国思想界出现了文化保守主义、"全盘西化论"和马克思主义三派分流与抗衡的局面。中国共产党以马克思主义为指

---

① 《毛泽东选集》第二卷，人民出版社1991年版，第663—664页。
② 《毛泽东选集》第一卷，人民出版社1991年版，第39页。

导思想,引领中华民族新文化的前进方向,使中国人的精神由被动转向主动。新民主主义文化——社会主义文化成为中华民族新文化的发展方向。

基于中国民主革命的任务,毛泽东指出,中国共产党革命的重要目标是革除半殖民地半封建性质的旧政治、旧经济和旧文化,建立一种由无产阶级领导的新政治、新经济和新文化。毛泽东在《新民主主义论》中精辟阐释新民主主义文化的内涵,指出"民族的科学的大众的文化,就是人民大众反帝反封建的文化,就是新民主主义的文化,就是中华民族的新文化。"①这一论断作为新民主主义文化建设纲领,指明了中国革命文化发展的根本方向。毛泽东还阐述新民主主义文化的基本特征。新民主主义文化的民族性,强调它不是一种狭隘的民族主义或文化保守主义,而是继承中华民族的历史遗产,保证始终带有中国特点和民族特性,使中华民族新文化具有中国作风和中国气派。新民主主义文化的科学性,要求"它是反对一切封建思想和迷信思想,主张实事求是,主张客观真理,主张理论和实践一致的。"②要坚持用马克思主义立场观点和方法,批判地继承中华文化。新民主主义文化的大众性,指"它应为全民族中百分之九十以上的工农劳苦民众服务,并逐渐成为他们的文化。"③作为世界无产阶级的社会主义文化革命的重要组成部分,社会主义文化的因素起着决定性作用。无产阶级在领导中华民族文化革命运动中,同"一切奴化的、封建主义的和法西斯主义的文化和教育"④进行斗争。新民主主义文化是人民大众创造的、为人民大众革命斗争服务的文化。毛泽东在延安文艺工作座谈会上阐述了文艺为什么人的问题。文艺应当站在无产阶级和人民大众的立场,为最广大人民服务。所谓最广大人民,是"占全人口百分之九十以上的人民,是工人、农民、兵士和城市小资产阶级。"⑤这指明了新民主主义文

---

① 《毛泽东选集》第二卷,人民出版社 1991 年版,第 708—709 页。
② 《毛泽东选集》第二卷,人民出版社 1991 年版,第 707 页。
③ 《毛泽东选集》第二卷,人民出版社 1991 年版,第 708 页。
④ 《毛泽东选集》第三卷,人民出版社 1991 年版,第 1083 页。
⑤ 《毛泽东选集》第三卷,人民出版社 1991 年版,第 855 页。

化发展的方向。

2. 社会主义文化建设理论

毛泽东在中国人民政治协商会议第一届全体会议上指出:"随着经济建设的高潮的到来,不可避免地将要出现一个文化建设的高潮。中国人被认为不文明的时代已经过去了,我们将以一个具有高度文化的民族出现于世界。"①在继承和发展新民主主义文化的基础上,实现新民主主义文化向社会主义文化的转变,是新中国成立后文化建设的重要任务。毛泽东在一届全国人大一次会议上提出社会主义文化建设的目标,强调"准备在几个五年计划之内,将我们现在这样一个经济上文化上落后的国家,建设成为一个工业化的具有高度现代文化程度的伟大的国家。"②社会主义改造的基本完成,社会主义政治和经济制度基本确立,为社会主义文化建设奠定了基础。党的八大把人民对于经济文化迅速发展的需要同经济文化不能满足人民需要之间的矛盾作为社会的主要矛盾,反映了社会主义文化建设成为重要任务。

按照"建设一个具有现代工业、现代农业和现代科学文化的社会主义国家"③的目标要求,以毛泽东同志为主要代表的中国共产党人对社会主义文化进行了全方位规划。社会主义文化必须始终坚持马克思主义的指导地位。毛泽东强调:"无论在党内,还是在思想界、文艺界,主要的和占统治地位的,必须力争是香花,是马克思主义。"④毛泽东在《关于正确处理人民内部矛盾的问题》中,提出鉴别"香花"或"毒草"的六条政治标准,"这六条标准中,最重要的是社会主义道路和党的领导两条。"⑤马克思主义在社会主义文化中占主导地位,决定其发展方向。领导社会主义事业的核心力量,是中国共产党。只有坚

---

① 《毛泽东文集》第五卷,人民出版社 1996 年版,第 345 页。
② 《毛泽东文集》第六卷,人民出版社 1999 年版,第 350 页。
③ 《毛泽东文集》第七卷,人民出版社 1999 年版,第 268 页。
④ 《毛泽东文集》第七卷,人民出版社 1999 年版,第 197 页。
⑤ 《毛泽东文集》第七卷,人民出版社 1999 年版,第 234 页。

持无产阶级文化思想的领导,才能建设社会主义文化。"百花齐放、百家争鸣""古为今用,洋为中用"是发展社会主义文化的基本方针。毛泽东指出:"百花齐放、百家争鸣的方针,是促进艺术发展和科学进步的方针,是促进我国的社会主义文化繁荣的方针。艺术上不同的形式和风格可以自由发展,科学上不同的学派可以自由争论。"①社会主义文化的艺术形式和风格应充分体现自由、民主的要素,只有不同学派、不同观点、不同创作手法的自由竞争与发展,才能够促进社会主义科学文化事业的持续繁荣。"古为今用,洋为中用"是对待中华传统文化和外来文化的一种态度立场和创新手段。毛泽东倡导用历史唯物主义的批判精神,对中华传统文化进行改造和创新。对待外来文化,他反对"全盘西化"或"全部排斥"的论调。外来民族或国家文化的长处要学习,但必须坚持一分为二的原则,学习其真正好的东西为我所用。毛泽东指出,社会主义文化的发展方向是为工农兵服务和为社会主义服务,以此引领社会主义文化发展道路。

二、中国特色社会主义文化建设理论的形成和发展

党的十一届三中全会开启了改革开放和社会主义现代化建设新时期。党明确提出建设中国特色社会主义的重大命题,"中国特色社会主义文化"的概念亦应运而生。"什么是中国特色社会主义文化,怎样建设中国特色社会主义文化",成为党在新时期探索和发展中国特色社会主义文化理论的主题。

1. 建设社会主义精神文明

物质文明和精神文明历来是衡量人类社会文明程度的两个重要维度,缺

---

① 《毛泽东文集》第七卷,人民出版社 1999 年版,第 229 页。

一不可。在深刻总结社会主义文化建设经验教训的基础上，以邓小平同志为主要代表的中国共产党人创造性提出了社会主义精神文明建设理论。1979年春天，时任中国科学院副院长兼党组副书记的李昌提出"建设精神文明"的建议。同年9月，叶剑英在庆祝中华人民共和国成立30周年大会上的讲话中，第一次提出"建设高度的社会主义精神文明"[1]，且将其纳入四个现代化的总目标。1979年10月，邓小平在第四次文代会的祝词中重申，"我们要在建设高度物质文明的同时，提高全民族的科学文化水平，发展高尚的丰富多彩的文化生活，建设高度的社会主义精神文明。"[2]在次年12月的中央工作会议上，邓小平论述了社会主义精神文明的内涵，"所谓精神文明，不但是指教育、科学、文化（这是完全必要的），而且是指共产主义的思想、理想、信念、道德、纪律，革命的立场和原则，人与人的同志式关系，等等。"[3]1982年9月，党的十二大把"建设高度的社会主义精神文明"明确为"建设社会主义的一个战略方针问题"[4]。1986年，党的十二届六中全会通过《中共中央关于社会主义精神文明建设指导方针的决议》，进一步强调社会主义精神文明建设的重要意义。邓小平强调，不加强精神文明建设，物质文明必然无法建设好，物质文明和精神文明必须"两手抓，两手都要硬"，两个方面都搞好，才是"有中国特色的社会主义"。

社会主义精神文明必须是以培育"四有"新人为目标。所谓培育"四有"新人，就是"教育全国人民做到有理想、有道德、有文化、有纪律"[5]。特别是对广大青少年而言，只有加强社会主义精神文明洗礼，努力向"四有"标准看齐，才能够真正担当起社会主义建设接班人的使命和任务。

---

① 《叶剑英选集》，人民出版社1996年版，第540页。
② 《邓小平文选》第二卷，人民出版社1994年版，第208页。
③ 《邓小平文选》第二卷，人民出版社1994年版，第367页。
④ 《十二大以来重要文献选编》上，中央文献出版社2011年版，第21页。
⑤ 《邓小平文选》第三卷，人民出版社1993年版，第110页。

2. 建设有中国特色的社会主义文化

20 世纪 80 年代末 90 年代初,世界社会主义运动遭遇严重挫折,关于中国社会主义何去何从的疑惑亦反映在文化领域。党的十三届四中全会以后,以江泽民同志为主要代表的中国共产党人在进一步回答什么是社会主义、怎样建设社会主义这一基本问题时,明确提出了"中国特色社会主义的文化"这一概念。江泽民在庆祝中国共产党成立七十周年大会上指出:"有中国特色社会主义的文化,必须以马克思列宁主义、毛泽东思想为指导,不能搞指导思想的多元化"①。在 1996 年的全国宣传部长会议上,江泽民进一步强调:"建设有中国特色社会主义的文化,这是事关中华民族振兴的大问题,事关建设有中国特色社会主义事业取得全面胜利的大问题。"②1997 年,江泽民在党的十五大报告中指出,建设中国特色社会主义的文化"就是以马克思主义为指导,以培育有理想、有道德、有文化、有纪律的公民为目标,发展面向现代化、面向世界、面向未来的,民族的科学的大众的社会主义文化。"③中国特色社会主义文化是对毛泽东、邓小平社会主义文化建设理论的继承和创新,是马克思主义文化理论与中国文化实践相结合的创新发展。而党的十五大制定的社会主义初级阶段的文化建设纲领,标志着中国特色社会主义文化建设理论的形成。

江泽民指出:"有中国特色社会主义的文化,就其主要内容来说,同改革开放以来我们一贯倡导的社会主义精神文明是一致的。文化相对于经济、政治而言。精神文明相对于物质文明而言。只有经济、政治、文化协调发展,只有两个文明都搞好,才是有中国特色社会主义。"④阐述了社会主义精神文明和中国特色社会主义文化的有机统一。文明是人类社会由低级阶段向高级阶

---

① 《江泽民文选》第一卷,人民出版社 2006 年版,第 158 页。
② 《江泽民文选》第一卷,人民出版社 2006 年版,第 507 页。
③ 《十五大以来重要文献选编》上,中央文献出版社 2011 年版,第 16 页。
④ 《十五大以来重要文献选编》上,中央文献出版社 2011 年版,第 30 页。

段发展和进化的程度,文化是人类改造自然和改造社会的成果。精神文明和文化建设的统一还表现在,通过文化建设提高精神文明程度。

建设中国特色社会主义文化,必须牢牢把握社会主义文化的前进方向。中国先进文化的方向即是中国特色社会主义文化的方向。江泽民强调:"在当代中国,发展先进文化,就是发展有中国特色社会主义的文化,就是建设社会主义精神文明。"①因此,发展中国特色社会主义文化,必须搞好社会主义精神文明建设,坚持"以科学的理论武装人,以正确的舆论引导人,以高尚的精神塑造人,以优秀的作品鼓舞人"②。五千多年的中华文明孕育出以爱国主义为核心的团结统一、爱好和平、勤劳勇敢、自强不息的伟大民族精神,是社会主义精神文明建设的动力之源,要把弘扬和培育民族精神纳入精神文明建设全过程。江泽民还提出"以德治国"的思想,要求加强社会主义思想道德建设,建立与社会主义市场经济相适应、与社会主义法律规范相协调、与中华民族传统美德相承接的思想道德体系。社会主义精神文明建设好了,人民精神振奋,其他各项事业就会繁荣兴盛起来。

3. 中国特色社会主义文化发展道路

党的十六大以后,以胡锦涛同志为主要代表的中国共产党人从中国特色社会主义事业总体布局出发,以科学发展观引领中国特色社会主义文化发展道路和推进社会主义文化强国建设,创造性地提出了"和谐文化""文化生产力""文化体制改革""文化强国"等概念。2004 年 9 月,胡锦涛在党的十六届四中全会上强调"深化文化体制改革,解放和发展文化生产力"的任务,并将提高建设社会主义先进文化的能力明确为党的六大执政能力建设的重要内容之一,突出了中国特色社会主义文化建设的重要战略地位和意义。2006 年 10 月,党的十六届六中全会审议通过了《中共中央关于构建社会主义和谐社会

---

① 《江泽民文选》第三卷,人民出版社 2006 年版,第 276 页。
② 《江泽民文选》第三卷,人民出版社 2006 年版,第 85 页。

若干重大问题的决定》。"建设和谐文化,是构建社会主义和谐社会的重要任务。"①在次月召开的中国文联第八次全国代表大会、中国作协第七次全国代表大会上,胡锦涛强调:"和谐文化既是和谐社会的重要特征,也是实现社会和谐的精神动力。"②繁荣社会主义先进文化,建设和谐文化,是中国特色社会主义的显著标识。

按照党的十七大提出的"推动社会主义文化大发展大繁荣""兴起社会主义文化建设新高潮""提高国家文化软实力"③等要求,文化建设与经济、政治、社会建设一道被纳入中国特色社会主义事业的总体布局,标志着中国特色社会主义文化建设上升到战略地位。2011 年 10 月,胡锦涛在党的十七届六中全会上提出"坚定不移走中国特色社会主义文化发展道路,努力建设社会主义文化强国"④的战略目标。

作为社会主义先进文化的精髓和兴国之魂,"社会主义核心价值体系是根源于民族优秀文化和社会主义先进文化并吸收人类文明成果发展起来的,适应了时代发展要求,集中反映着当代中国人民的理想信念和精神追求,是我国社会主义文化的引领和主导。"⑤必须坚持推进社会主义核心价值体系建设,用社会主义核心价值体系引领社会思潮,巩固全党全国各民族人民团结奋斗的共同思想道德基础。

三、新时代中国特色社会主义
文化建设理论的创新

党的十八大以来,以习近平同志为主要代表的中国共产党人从党和国家

---

① 《十六大以来重要文献选编》下,中央文献出版社 2011 年版,第 660 页。
② 《十六大以来重要文献选编》下,中央文献出版社 2011 年版,第 753 页。
③ 《十七大以来重要文献选编》上,中央文献出版社 2013 年版,第 26 页。
④ 《十七大以来重要文献选编》下,中央文献出版社 2013 年版,第 584 页。
⑤ 《十七大以来重要文献选编》下,中央文献出版社 2013 年版,第 618 页。

事业全局出发,深刻阐述了我国文化建设的战略地位、重点任务和基本原则,不仅发展和创新了中国特色社会主义文化建设理论,也为建设社会主义文化强国提供了根本遵循。

1. 坚持马克思主义在意识形态领域指导地位的根本制度

意识形态工作事关党的前途命运,事关国家长治久安,事关民族凝聚力和向心力。党的十八大以来,以习近平同志为核心的党中央把意识形态工作放到总体国家安全观中加以审视,多次强调"意识形态工作是党的一项极端重要的工作"①,是为国家立心、为民族立魂的工作,就意识形态领域的许多方向性、战略性问题作出部署,从根本上扭转了意识形态领域一度出现的被动局面,使我国意识形态领域形势发生了全局性、根本性的转变,巩固和发展了主流意识形态。党的十九届四中全会将"坚持马克思主义在意识形态领域指导地位"作为中国特色社会主义的一项根本制度加以明确,将其从思想层面的原则要求上升为制度层面的刚性约束,为文化建设确定了"定海神针"。

社会主义意识形态是新时代中国特色社会主义文化理论在思想观念形态上的集中体现。社会主义意识形态的凝聚力、吸引力强,新时代中国特色社会主义文化理论的认同度、认可度就会高。建设具有强大凝聚力和引领力的社会主义意识形态,是坚定文化自信和理论自信的必然要求。党的十九大报告提出:"意识形态决定文化前进方向和发展道路。必须推进马克思主义中国化时代化大众化,建设具有强大凝聚力和引领力的社会主义意识形态,使全体人民在理想信念、价值理念、道德观念上紧紧团结在一起。"②建设具有强大凝聚力和引领力的社会主义意识形态,是以习近平同志为核心的党中央针对新时代的文化境遇提出的一个创新性命题,也是全党必须担负起的一个战略任务。凝聚力和引领力既有区别又有联系,凝聚力是基础,引领力是关键。"当

---

① 《十八大以来重要文献选编》上,中央文献出版社2014年版,第464页。
② 《中国共产党第十九次全国代表大会文件汇编》,人民出版社2017年版,第33页。

今时代,社会思想观念和价值取向日趋活跃,主流的和非主流的同时并存,先进的和落后的相互交织,社会思潮纷纭激荡。"①社会主义意识形态必须具有强大凝聚力,真正发挥凝心聚力作用。同时,社会主义意识形态作为主流意识形态,在与当前世界范围内各种思想文化交流交融交锋中,必须占据主导地位、发挥引领作用。

党的十九届四中全会不仅提出坚持马克思主义在意识形态领域指导地位的根本制度,还提出坚持以社会主义核心价值观引领文化建设制度,健全人民文化权益保障制度,完善坚持正确导向的舆论引导工作机制,建立健全把社会效益放在首位、社会效益和经济效益相统一的文化创作生产体制机制等四项制度。在中国特色社会主义文化制度结构中,马克思主义在意识形态领域的指导地位是根本文化制度,具有鲜明的时代价值和实践意义。其一,它是坚持和发展中国特色社会主义的思想保障。四项基本原则是相互联系相互制约的统一体,是立国之本,是中国特色社会主义制度的政治规定性。只有坚持马克思主义在意识形态领域指导地位的根本制度,才能为防止党变修、国变色提供思想定力和政治定力,坚定不移走中国道路。其二,它是坚定"四个自信"的双重保障。马克思主义是指引中国发展方向、开辟中国道路、构建社会形态、引领社会全面进步的行动指南。习近平指出:"我们党以马克思主义为立党之本,以实现共产主义为最高理想,以全心全意为人民服务为根本宗旨。这就是共产党人的本。没有了这些,就是无本之木。我们整个道路、理论、制度的逻辑关系就在这里。"②坚持马克思主义在意识形态领域指导地位的根本制度,是坚定"四个自信"的思想根基和制度保障。其三,它是文化建设担当新时代使命任务的制度保证。坚持马克思主义的指导地位,是中国特色社会主义文化建设的根本。在新时代,坚持马克思主义在意识形态领域指导地位的

---

① 习近平:《在全国党校工作会议上的讲话》,人民出版社 2016 年版,第 20 页。

② 《习近平关于协调推进"四个全面"战略布局论述摘编》,中央文献出版社 2015 年版,第138 页。

根本制度，是坚守中华文化立场，把握先进文化前进方向的思想保证和制度保障。

2. 培育和弘扬社会主义核心价值观

习近平总书记指出："社会主义核心价值观是当代中国精神的集中体现，凝结着全体人民共同的价值追求"①，要"把培育和弘扬社会主义核心价值观作为凝魂聚气、强基固本的基础工程"②，自觉把培育社会主义核心价值观融入文化建设全过程，以更好构筑中国力量、中国精神、中国效率，为中国特色社会主义事业提供源源不断的精神动力。

改革开放以来，从"加强精神文明建设""加强思想道德建设""践行社会主义荣辱观""建设核心价值体系"，到"弘扬和培育社会主义核心价值观"，我国的价值观建设工程深入推进。面对国内外思想观念纷纭复杂、多元共生的客观现实，党的十八大提出了弘扬社会主义核心价值观的新部署，将国家价值目标、社会价值取向、个体价值准则有机融合，深入回答了"我们要建设什么样的国家、建设什么样的社会、培育什么样的公民的重大问题"③，集中体现了中国特色社会主义的价值目标和愿景，是新时代中国特色社会主义文化建设理论在价值层面落地生根的重要举措，也是建设社会主义文化强国、提升国家文化软实力的关键环节。社会主义核心价值观内在规定着当代中国的文化是以马克思主义为指导的文化，是坚持社会主义性质和方向的文化，是以实现中华民族伟大复兴为宏伟目标的文化，是以培养担当民族复兴大任的时代新人为着眼点的文化。习近平总书记多次强调，"我们要建设的是中国特色社会主义，而不是其他什么主义。"④同样，我们所要推动的文化繁荣兴盛是中国特

---

① 《中国共产党第十九次全国代表大会文件汇编》，人民出版社2017年版，第34页。
② 《习近平关于社会主义文化建设论述摘编》，中央文献出版社2017年版，第107页。
③ 《习近平关于社会主义文化建设论述摘编》，中央文献出版社2017年版，第114页。
④ 习近平：《在庆祝中国共产党成立95周年大会上的讲话》，人民出版社2016年版，第13页。

色社会主义的文化,而不是其他什么性质的文化。因此,推进文化改革发展就要牢牢把握社会主义方向,始终坚持以社会主义核心价值观为引领。

在新时代的历史条件下,习近平总书记不仅从理论来源、本质内涵、重要价值等维度,系统阐释了新时代社会主义核心价值观建设的一系列问题,还明确指出了培育和践行社会主义核心价值观的基本路径:"要以培养担当民族复兴大任的时代新人为着眼点,强化教育引导、实践养成、制度保障,发挥社会主义核心价值观对国民教育、精神文明创建、精神文化产品创作生产传播的引领作用,把社会主义核心价值观融入社会发展各方面,转化为人们的情感认同和行为习惯。坚持全民行动、干部带头,从家庭做起,从娃娃抓起。"①为了深入推进社会主义核心价值观建设,2013 年 12 月,中共中央办公厅印发《关于培育和践行社会主义核心价值观的意见》,明确要求把社会主义核心价值观融入国民教育、落实到经济发展实践和社会治理之中,并在加强宣传教育、实践活动以及组织领导等方面,进行了总体部署。2015 年 4 月,中宣部、中央文明办印发《培育和践行社会主义核心价值观行动方案》,要求各行各业各部门紧密联系群众生产生活实际,广泛深入开展人们喜闻乐见的主题教育活动,把社会主义核心价值观的要求日常化、具体化、生活化。党的十九大把"坚持社会主义核心价值体系"纳入新时代坚持和发展中国特色社会主义的基本方略,党的十九届四中全会将"以社会主义核心价值观引领文化建设制度"确立为坚持和完善繁荣发展社会主义先进文化的制度的重要组成部分,使社会主义核心价值观在新时代文化建设中的引领性地位和作用规范化、制度化、常态化,反映了我们党对社会主义文化建设规律的认识达到一个新的高度。

3. 建设社会主义文化强国

党的十八大以来,党中央把文化建设和提高国家文化软实力摆在更加突

---

① 《中国共产党第十九次全国代表大会文件汇编》,人民出版社 2017 年版,第 34 页。

出的位置,从社会主义核心价值体系建设、提高公民道德素质、丰富人民精神文化生活、增强国家文化整体实力和竞争力等方面,对"扎实推进社会主义文化强国建设"提出了明确要求。党的十八届三中全会进一步指出:"建设社会主义文化强国,增强国家文化软实力,必须坚持社会主义先进文化前进方向,坚持中国特色社会主义文化发展道路,培育和践行社会主义核心价值观,巩固马克思主义在意识形态领域的指导地位,巩固全党全国各族人民团结奋斗的共同思想基础。"[①]并就深化文化体制改革、完善文化管理体制、建立健全现代文化市场体系、构建公共文化服务体系、提高文化开放水平等方面提出了具体要求。党的十九大再次强调了文化强国的极端重要性,指出"文化是一个国家、一个民族的灵魂。文化兴则国运兴,文化强则民族强。没有高度的文化自信,没有文化的繁荣兴盛,就没有中华民族伟大复兴。要坚持中国特色社会主义文化发展道路,激发全民族文化创新创造活力,建设社会主义文化强国。"[②]党的十九大把中国特色社会主义文化同中国特色社会主义道路、中国特色社会主义理论体系、中国特色社会主义制度一道写入党章,将文化的地位和作用提升到一个新高度。中国特色社会主义文化不仅与经济、政治、社会、生态文明建设相并列,作为"五位一体"总体布局的构成要素,而且与道路、理论体系、制度相并列,作为中国特色社会主义基本内涵的重要组成部分。要坚定中国特色社会道路自信、理论自信、制度自信、文化自信。这些重要论述是习近平新时代中国特色社会主义思想的理论创新。

党的十九届四中全会提出繁荣和发展社会主义先进文化的制度,把文化制度上升到国家制度层面,强调文化是社会发展的精神支柱和制度保障,标志着党对中国特色社会主义文化建设规律的认识提升到新的高度,具有重大的理论和实践意义。党的十九届五中全会站在党和国家事业发展全局高度,明

---

① 《中国共产党第十八届中央委员会第三次全体会议文件汇编》,人民出版社 2013 年版,第 58 页。

② 《中国共产党第十九次全国代表大会文件汇编》,人民出版社 2017 年版,第 33 页。

确提出到 2035 年建成文化强国的远景目标。这是党中央首次划定建成文化强国的具体时间表,标志着对文化建设重要地位及其规律认识的深化,为在全面建设社会主义现代化国家新征程中推动建成文化强国指明了前进方向。此外,党的十九届五中全会还提出了"十四五"时期文化建设的主要目标:"社会文明程度得到新提高,社会主义核心价值观深入人心,人民思想道德素质、科学文化素质和身心健康素质明显提高,公共文化服务体系和文化产业体系更加健全,人民精神文化生活日益丰富,中华文化影响力进一步提升,中华民族凝聚力进一步增强。"①充分体现了党中央坚持远景目标与近期目标的辩证统一、有机衔接。远景目标进一步明确了"十四五"时期文化建设的方向和着力点。"十四五"时期文化建设的主要目标是对远景目标的阶段性细化,是为实现建成文化强国远景目标所做的必要准备。

4. 推动中华优秀传统文化创造性转化和创新性发展

继承弘扬中华优秀传统文化是建设具有中国特色、中国风格、中国气派的中国特色社会主义文化的精神沃土。离开了中华优秀传统文化,新时代文化建设就成为无源之水、无本之木。中国共产党是中华优秀传统文化的继承者和弘扬者。习近平新时代中国特色社会主义思想的显著特征,就是善于从中华优秀传统文化中汲取治国理政的经验与智慧。习近平总书记始终从中华民族"根"和"魂"的高度看待中华优秀传统文化,从国家战略资源的高度继承中华优秀传统文化,从建设社会主义文化强国的高度创新发展中华优秀传统文化,使之成为中华民族最深厚的文化软实力。

中华优秀传统文化在当今社会具有重要的时代价值,主要表现在:第一,它是中华民族的精神命脉和精神家园。习近平总书记指出:"中华文化源远流长,积淀着中华民族最深层的精神追求,代表着中华民族独特的精神标识,

---

① 《中国共产党第十九届中央委员会第五次全体会议文件汇编》,人民出版社 2020 年版,第 27 页。

为中华民族生生不息、发展壮大提供了丰厚滋养。"①中华民族在长期的历史发展过程中形成的优秀思想文化,记载着各民族人民的生存智慧和信仰追求,这些优秀思想不断发展和积淀成为中华民族的文化基因和独特的精神品质,深深地融入中国人的内心,潜移默化地影响着中国人的思想方式和行为方式。中华文明之所以绵延不绝并且不断得到传承、弘扬、创新,根本原因在于"我们民族有一脉相承的精神追求、精神特质、精神脉络"②。第二,它是涵养社会主义核心价值观的重要源泉。一个国家的核心价值观既要和本国的历史文化紧密相连,也要紧扣时代主题。习近平总书记强调:"培育和弘扬社会主义核心价值观必须立足中华优秀传统文化"③,"必须从中汲取丰富营养,否则就不会有生命力和影响力"④。中华传统优秀文化是一个博大精深的思想体系,习近平总书记将其精神内涵高度凝练为"讲仁爱、重民本、守诚信、崇正义、尚和合、求大同"⑤,这六个方面涵盖了政治思想、伦理道德、价值观念以及社会理想信念等,是构建社会主义核心价值观的重要思想道德资源。第三,它为党治国理政提供了有益启示。习近平总书记指出,中华民族在漫长的历史发展中"积累了丰富的治国理政经验,其中既包括升平之世社会发展进步的成功经验,也有衰乱之世社会动荡的深刻教训"⑥。对中华民族历史发展中长期积累的治国经验和教训加以认真总结,对党实现治理体系和治理能力现代化具有重要价值。

传承和发展中华优秀传统文化,就要结合实践发展和时代精神,弘扬中华优秀传统文化中的核心思想、传统美德和人文精神。习近平总书记不仅高度

① 《习近平谈治国理政》第一卷,外文出版社 2018 年版,第 164 页。
② 《习近平谈治国理政》第一卷,外文出版社 2018 年版,第 181 页。
③ 《习近平谈治国理政》第一卷,外文出版社 2018 年版,第 163—164 页。
④ 《习近平关于社会主义文化建设论述摘编》,中央文献出版社 2017 年版,第 115 页。
⑤ 《习近平关于社会主义文化建设论述摘编》,中央文献出版社 2017 年版,第 141 页。
⑥ 《牢记历史经验历史教训历史警示　为国家治理能力现代化提供有益借鉴》,《人民日报》2014 年 10 月 14 日。

重视中华优秀传统文化,而且形成了继承、阐发、创新中华优秀传统文化的科学方法论,即"推动中华优秀传统文化创造性转化、创新性发展,让中华文明的影响力、凝聚力、感召力更加充分地展示出来"①。所谓"创造性转化",就是要根据时代发展要求,赋予中华优秀传统文化以新的时代内涵和新的表达方式,激活其生命力,使之与现代社会相协调。"创新性发展"则是要根据时代的发展和进步,补充、拓展和完善中华优秀传统文化的内涵,以增强其影响力和感召力。"两创"方针与中国共产党历来倡导的"取其精华、去其糟粕""批判继承、古为今用"等原则既一脉相承,又结合新的时代特点做出了新的概括,成为中华优秀传统文化传承创新的核心要求。作为新时代文化建设的基本方针,"创造性转化"与"创新性发展"是不可分割的整体,两者相辅相成、相得益彰,彰显了马克思主义执政党与时俱进的品质,反映了中华优秀传统文化发展的内在规律,展现了中华优秀传统文化的历史连续性、空间广延性和价值普遍性。为了进一步推动中华优秀传统文化的传承与发展,铸就中华文化的新辉煌,2017年1月,中共中央办公厅、国务院办公厅出台《关于实施中华优秀传统文化传承发展工程的意见》,对传承发展中华优秀传统文化工作进行了全面部署,进一步明确了总体要求、方针原则、重点任务、保障措施,是新时代传承中华文脉、推动中华文化现代化的重要战略举措。

5. 推动文明交流互鉴

任何一个国家、一个民族都不可能孤立于人类文明发展的大道。历史与现实皆表明,只有在坚持自己文化传统、延续祖宗精神血脉的同时,积极借鉴和吸收世界其他文明的精华为我所用,才能确保自身的文化永葆生机和活力。习近平总书记不仅高度重视对世界上其他民族和国家优秀文化的吸收,积极

---

① 习近平:《在第十三届全国人民代表大会第一次会议上的讲话》,《人民日报》2018年3月21日。

推动世界文明交流互鉴,还反复强调讲好中国故事、传播好中国声音,充分展现了党在文化建设方面的远见卓识,反映了党高度的文化自觉、坚定的文化自信和强烈的文化担当。

文明是民族发展历史印记与时代精神的融合,是世界各国人民相互了解的重要桥梁和纽带,文明互学互鉴是文化建设的重要指标和实现"民心相通"的有效途径。当今世界正处于百年未有之大变局,世界多极化、经济全球化、文化多样化、社会信息化深入发展,科学技术日新月异,各种思想文化交流交融交锋更加频繁,形成了文化发展的重要契机。习近平总书记指出:"推动文明交流互鉴,可以丰富人类文明的色彩,让各国人民享受更富内涵的精神生活、开创更有选择的未来。"①一方面,文明交流互鉴是发展中华文化的内在要求。在中华民族的历史和现实中,民族文化起着维系社会生活、维持社会稳定的重要作用,是中华文化历史发展的产物和人民智慧的结晶。因此,文明互学互鉴首先要尊重自己民族的文化,培育好、发展好本民族文化。另一方面,新时代文化建设的重要途径,有助于在高水平的文化开放格局中不断扩大中国特色社会主义文化的国际影响力和感染力,凝聚世界发展的新兴力量。习近平总书记在全国宣传思想工作会议上要求"推进国际传播能力建设,讲好中国故事、传播好中国声音,向世界展现真实、立体、全面的中国"②。习近平总书记在不同场合均讲述中国故事,推介中国文化,不仅让世界人民感受到深厚的文化涵养,也拉近了中国和其他国家的距离。

基于对文化建设规律及其发展趋势的判断,针对当前世界各国文化建设和交流中存在的问题,习近平总书记提出了增强中国国际话语权,提升中华文化国际影响力的基本路径。其一,讲好中国故事。要想在国际上树立良好的

① 习近平:《出席第三届核安全峰会并访问欧洲四国和联合国教科文组织总部、欧盟总部时的演讲》,人民出版社 2014 年版,第 11 页。
② 《习近平关于社会主义精神文明建设论述摘编》,中央文献出版社 2022 年版,第 85 页。

形象,让国际社会充分了解和认识中国,必须牢牢树立文化自信,没有文化自信就讲不好中国故事。习近平总书记指出:"我们有本事做好中国的事情,还没有本事讲好中国的故事? 我们应该有这个信心!"①他还指出,只有讲好中国故事,才能在世界上树立起中国的"文明大国形象""东方大国形象""负责任大国形象"和"社会主义大国形象"。其二,传播好中国声音。习近平总书记指出:"我国成功走出了一条中国特色社会主义道路,实践证明我们的道路、理论体系、制度是成功的。要加强提炼和阐释,拓展对外传播平台和载体,把当代中国价值观念贯穿于国际交流和传播方方面面。"②在对外宣传中,要紧密联系当代中国的价值观念,深刻阐述中国梦与世界各国人民的梦想是相通的,中国的发展只会对人类的和平与发展事业做出更大的贡献,从而引导国际社会全面客观公正地认识和看待中国梦。其三,阐释好中国特色。中国特色社会主义是科学社会主义理论逻辑和中国社会发展历史逻辑的辩证统一,是中国人民在改革开放和社会主义现代化建设实践中逐步探索出来的,是符合中国国情的社会主义。阐释好中国特色,有利于世人全面客观公正地认识中国道路,也有利于坚定全党全国人民坚定不移地走中国特色社会主义道路的决心和信心。

---

① 《习近平关于社会主义文化建设论述摘编》,中央文献出版社 2017 年版,第 208—209 页。

② 《习近平谈治国理政》第一卷,外文出版社 2018 年版,第 161 页。

修订版后记

收录在本书中的论文是我十多年来在完成教学任务之余,学习和研究中国特色社会主义的习作。考虑到本书的容量,只选取和收录了一些独立发表的拙作。

1978年12月召开的党的十一届三中全会,开启了当代中国改革开放和社会主义现代化建设新时期,改革开放是中国人民和中华民族发展史上一次伟大革命。四十多年来,在中国共产党领导下,当代中国生产力快速发展、综合国力显著增强、人民群众生活水平不断提高。改革开放四十多年来,中国共产党在实践和理论上的创新,归结起来就是开创了中国特色社会主义。党的十九大通过的党章明确指出,改革开放以来我们取得一切成绩和进步的根本原因,归结起来就是:开辟了中国特色社会主义道路,形成了中国特色社会主义理论体系,确立了中国特色社会主义制度,发展了中国特色社会主义文化。全党同志要倍加珍惜、长期坚持和不断发展党历经艰辛开创的这条道路、这个理论体系、这个制度、这个文化,高举中国特色社会主义伟大旗帜,坚定道路自信、理论自信、制度自信、文化自信。中国特色社会主义道路、理论、制度、文化,构成了中国特色社会主义的基本框架。据此,为了读者阅读方便,本书分为总论、道路、理论、制度、文化五个篇章,按内容而非按发表时间排序,对我十多年来发表的关于中国特色社会主义学习和研究的习作大致分类,呈现给大家。

我本科专业所学的是思想政治教育,硕士和博士研究生专业则为中共党史。但是,参加工作四十年来,一直从事马克思主义中国化研究专业的教学和研究,或者说是从事党的创新理论的教学和研究,尤其是十几年来在清华大学马克思主义学院的教学和研究更是围绕中国特色社会主义来展开。尽管在中国特色社会主义研究方面做了一些尝试,也有一些相关文章见诸报刊,但是深感自己功力不足,需要再下功夫。书中所收文章记录了我对中国特色社会主义研究的一些不成熟的思考和浅见,甚至谬误。唯恐耽误读者的阅读时间,也欢迎大家提出宝贵意见。

本书曾于 2018 年 6 月出版,先后经过两次印刷。基于近年来新的思考和研究成果,修订版在删减了初版所收录的 7 篇文章的基础上,增加了发表在《求是》《马克思主义研究》《人民日报》《光明日报》等报刊的 11 篇文章。为了保持发文时的原貌,修订版只对相关引文注释进行了版本更新和校对,并未对文章内容进行修改。

本书出版得到了清华大学马克思主义学院的资助和支持。本书修订版由我指导的博士后李云峰负责选编,我指导的几位博士研究生帮助核对了全书引文注释。另外,本书出版也得到了人民出版社的大力支持,在此一并表示衷心感谢!

肖贵清

2022 年春于清华园·善斋

责任编辑：马长虹　汪　逸

封面设计：木　辛

图书在版编目（CIP）数据

道路·理论·制度·文化：中国特色社会主义论/肖贵清 著. —修订本 —北京：
　人民出版社，2024.5
ISBN 978 − 7 − 01 − 026600 − 8

Ⅰ.①道…　Ⅱ.①肖…　Ⅲ.①中国特色社会主义−研究　Ⅳ.①D616

中国国家版本馆 CIP 数据核字（2024）第 103277 号

道路·理论·制度·文化

DAOLU LILUN ZHIDU WENHUA

——中国特色社会主义论（修订版）

肖贵清　著

人民出版社 出版发行

（100706　北京市东城区隆福寺街 99 号）

北京中科印刷有限公司印刷　新华书店经销

2024 年 5 月第 1 版　2024 年 5 月北京第 1 次印刷
开本：710 毫米×1000 毫米 1/16　印张：29.5
字数：420 千字

ISBN 978 − 7 − 01 − 026600 − 8　定价：98.00 元

邮购地址 100706　北京市东城区隆福寺街 99 号
人民东方图书销售中心　电话 （010）65250042　65289539